beck'sche reihe

W0177144

b sr

Die scheinbare Ohnmacht westlicher Politik gegenüber den weltweit sich zuspitzenden sozialen, ökonomischen und ökologischen
Problemen hat das Vertrauen vieler Menschen in die Demokratie
erschüttert. Otfried Höffe, einer der namhaftesten politischen Philosophen der Gegenwart, legt die Faktoren offen, die demokratische Systeme dazu befähigen, in wirksamer Weise Verantwortung
für die Zukunft zu übernehmen und damit letztlich ihre eigene
Legitimationsgrundlage zu sichern. Sein philosophischer Essay ist
zugleich ein Plädoyer für die Demokratie, geführt mit großer argu-
mentativer Klarheit und einem scharfen Blick für die Wirklichkeit.

Otfried Höffe ist Professor für Philosophie an der Universität
Tübingen. Er leitet die Forschungsstelle Politische Philosophie und
ist Mitherausgeber der *Zeitschrift für philosophische Forschung.*
Bei C. H. Beck sind zuletzt von ihm erschienen: *Lebenskunst und
Moral oder Macht Tugend glücklich?* (2007) und *Wirtschaftsbürger,
Staatsbürger, Weltbürger. Politische Ethik im Zeitalter der Globali-
sierung* (2004). Er ist Herausgeber der Reihe *Denker.*

Otfried Höffe

Ist die Demokratie zukunftsfähig?

Über moderne Politik

Verlag C. H. Beck

Für Evelyn,
für eine andere Zukunftsfähigkeit:
Moritz, Sibylle, Julia, Teresa und Jörg, Cosima,
Philippa, Valentin, Leonore und alle weiteren

© Verlag C. H. Beck oHG, München 2009
Gesamtherstellung: Druckerei C. H. Beck, Nördlingen
Umschlagentwurf: malsyteufel, willich
Printed in Germany
ISBN 978 3 406 587177

www.beck.de

Inhalt

1. Einführung

Eine Politik, die drohende Übel erst erkennt, wenn sie sich deutlich zeigen, verletzt ihre Grundaufgabe. Ebenfalls verletzt sie ihre Aufgabe, wenn sie Chancen nicht rechtzeitig ergreift, überdies, wenn sie das Gemeinwesen für Innovation und Kreativität nicht offenhält. An den Pflock des Augenblicks nicht gebunden, lebt der Mensch nämlich aus der Vergangenheit und im Blick auf die Zukunft. Notgedrungen erwartet er von der Politik, daß sie sich darauf einstellt, für die Zukunft eine facettenreiche Verantwortung übernimmt und dafür aus der Vergangenheit lernt. Eine Gesamtverantwortung für die Zukunft darf man niemandem, auch der Politik nicht, aufbürden. Weil noch andere Faktoren hereinspielen, Sachgesetzlichkeiten, natürliche und gesellschaftliche Vorgaben, die Politik anderer Gemeinwesen, nicht zuletzt die einzelnen Menschen selber, wird die Politik nie Herr über die Zukunft. Mit gutem Grund erwartet man jedoch eine Elementar- und Rahmenverantwortung: beispielsweise für den inneren und den äußeren Frieden, für Rechte und Freiheiten sowie für die Rechtssicherheit, aber auch für materielles Auskommen, seit langem für die Bildung und Ausbildung, für das Gesundheitswesen und die Sozialversicherungen, die Chancengleichheit nicht zu vergessen. Ein Gemeinwesen, das diese Verantwortungen für die Zukunft wahrnimmt, darf zukunftsfähig heißen.

Sowohl Mitglieder autokratischer Staaten, also Bürger, die primär Untertanen sind, als auch die veritablen Bürger, die Mitglied einer Demokratie sind, blicken teils in Sorge, teils in Hoffnung auf die Zukunft. Und die Bürger erwarten, was Untertanen sich zumindest wünschen: daß die Gemeinwesen sich auf die Sorgen und die Hoffnungen einstellen, daß sie für die Zukunft entsprechende Verantwortung übernehmen und zu diesem Zweck eine hohe Zukunftsfähigkeit entwickeln.

Die Menschen hegen nicht bloß diese Erwartung; sie haben auch recht, da die Gemeinwesen genau dafür zuständig sind: das menschliche Zusammenleben nicht allein in der Gegenwart zu ordnen, sondern es auch im Blick auf die Zukunft zu gestalten.

Erstaunlicherweise ist die Zukunftsfähigkeit trotzdem kein klassisches Thema der politischen Philosophie. Indirekt spielt sie natürlich eine Rolle; die Entstehung des politischen Denkens bei den Griechen läßt sich schwerlich ohne einen Gedanken der Zukunftsfähigkeit verstehen. Als direkter Gegenstand, als Grundbegriff der klassischen politischen Philosophie, tauchen aber Zukunft und Zukunftsfähigkeit nicht auf. Diese Sachlage beeinflußt die Art der Erörterung. Üblicherweise führt die Philosophie zumindest im Vorübergehen ein Gespräch mit ihrer Tradition. Die sogenannten systematischen Überlegungen gehen selten anders vor, nur schränken sie beim jeweiligen Thema oft das Gespräch auf Zeitgenossen ein, deren Beiträge sie für den neuesten Stand der Debatte halten. Mangels klassischer Debatten entfällt bei der Zukunftsfähigkeit ein Großteil dieser Gespräche. Weil man hier Neuland betritt, braucht man hier noch andere Inspirationsquellen, und mehr als einen Versuch kann man nicht beanspruchen. (Zu einem Überblick aus sozialwissenschaftlicher Sicht s. Kocka 2007.)

Dieser Versuch ist kein Essay im klassischen Sinn, keine Abhandlung, die ihren Gegenstand kunstvoll erörtert. Beabsichtigt ist eine Untersuchung, die sich nicht annähernd um Vollständigkeit der Themen und der Argumente bemüht, also eine Abhandlung mit dem Mut zum Fragmentarischen. Ohnehin darf man hier, wie generell von der Philosophie, keine Handreichungen, keine Rezepte erwarten. Trotzdem bleibt das methodische Repertoire der Philosophie reich. Es umfaßt die phänomenologische Erhellung des Gegenstandes und zugleich Klärung des Begriffs («Was heißt ‹Zukunftsfähigkeit›?»). Es enthält die Suche nach Argumentationsmustern und Prinzipien und wirft, ohne selber empirische Forschung zu betreiben, doch einen Blick in die Wirklichkeit. Der moralische Zeigefinger und die Klage über die schlech-

ten Zeitläufte gehören aber nicht in das philosophische Repertoire.

Einer Politik, die drohende Übel erst spät erkennt, mangelt es
nicht bloß an Verantwortung. Da sie ihre Macht- und zugleich Legitimationsgrundlage gefährdet, fehlt es ihr auch an Klugheit. Dasselbe trifft auf die andere Seite, nicht die drohenden Gefahren, sondern die sich abzeichnenden Chancen zu: Eine Politik, die sie erst
wahrnimmt, wenn sie offen zutage treten, zeichnet sich weder
durch verantwortliche Voraussicht noch durch ein aufgeklärtes
Selbstinteresse, durch Klugheit, aus. Daher die Frage dieser Studie:
Wie kann die Politik, wie kann die moderne Demokratie Zukunftsfähigkeit entwickeln, um ihrer Verantwortung vor den Bürgern gerecht zu werden, nicht zuletzt, um ihre Existenzgrundlage, ihre
Macht, zu sichern? Nach dem Ideal der Demokratie fallen beide sogar zusammen, das Eigeninteresse der Macht und die Verantwortung für die Bürger.

Vielerorts ist die Demokratie noch nicht verwirklicht. Als wünschenswerte Grundgestalt ist sie aber weithin anerkannt, zumindest
verbal. Der Weg dorthin, eine fortschreitende Demokratisierung,
gilt fast überall als positive Entwicklung: als politischer Fortschritt.
Eine Studie über die Zukunftsfähigkeit von Demokratie geht nicht
davon aus, daß alle Gemeinwesen schon Demokratien geworden
sind. Sie untersucht aber, wie die Staatsform wirklicher Bürger, die
Demokratie, sich sinnvollerweise auf die Zukunft einstellt.

Für Individuen müssen wir mit Geburt und Tod rechnen und damit, daß in der Zwischenzeit die Kräfte erst aufblühen, dann nach-
lassen und trotz gestiegener Lebenserwartung schließlich schwinden. Die Politik hat dagegen die Aufgabe, ein Schwinden der Kräfte
und das schließliche Sterben ihres Gemeinwesens nicht nur hinaus-
zuschieben, sondern zu vermeiden. Wo ein Gemeinwesen von einem Bürgerkrieg, eventuell sogar dem Zerfall heimgesucht wird,
hat die Politik in einem Höchstmaß versagt. Auch gewalttätige
Revolutionen zeigen die vorausgehende Unfähigkeit zu friedlichen
Reformen, also ein Politikversagen, an. Bringt dagegen die Politik

erforderliche Reformen rechtzeitig auf den Weg, sorgt sie darüber hinaus, mit oder ohne Reform, für den gesellschaftlichen Spielraum, in dem sich Innovation und Kreativität entfalten, so verfügt sie über Zukunftsfähigkeit, und sie verfügt darüber um so mehr, je früher sie die allfälligen Reformen einzuleiten und je offener sie den gesellschaftlichen Spielraum zu halten vermag. Auch die globale Finanzkrise ist zu einem erheblichen Teil auf ein Politikversagen zurückzuführen, nämlich auf eine nicht ausreichende politische Kontrolle der Finanzmärkte.

Heute findet die Politik unter externen Bedingungen statt, die die unterschiedlichen Staats- oder Verfassungsformen gleicherweise bestimmen. Dazu gehören die machtvolle Präsenz des elektronischen Weltnetzes, des Internets, und eine Globalisierung, die aber im Gegensatz zur immer noch vorherrschenden ökonomistischen Verkürzung in drei Dimensionen stattfindet. Die einschlägigen Phänomene sind sattsam bekannt: daß die Menschheit in einer globalen Gewaltgemeinschaft, einer nicht bloß ökonomischen Kooperationsgemeinschaft und in einer Schicksalsgemeinschaft von Not und Leid lebt.

Man kann die zugrundeliegenden Entwicklungen als einen Modernisierungsprozeß verstehen, der zu einem Gutteil vom Westen ausgegangen ist, mittlerweile aber alle Gesellschaften, wenn auch nicht in derselben Intensität, erfaßt. Diese Sachlage steuert dem angeblichen «Kampf der Kulturen» entgegen: Trotz beträchtlicher Unterschiede zwischen den Kulturen und noch mehr zwischen den Epochen gibt es weitgehend gleiche Aufgaben und bei der Verantwortung für die Zukunft wesentliche Gemeinsamkeiten.

Versteht man die angedeuteten Entwicklungen als Modernisierungsprozesse, so hat der Ausdruck eine deskriptive Bedeutung. Er beschreibt Bedingungen der Gegenwart, denen sich selbst diejenigen schwerlich entziehen können, die sich diesen Bedingungen, weil sie belasten, entgegenstemmen oder sie, weil sie Ressentiments hervorrufen, verachten. In dieser Studie hat «Modernisierung» noch eine zweite Bedeutung: In einem normativen Sinn darf sich ein

Gemeinwesen «modern», und zwar im politischen Sinn «modern» nennen, wenn es den die Menschenrechte einschließenden Kern der liberalen Demokratie anerkennt und zuverlässig durchsetzt.

Erörtert wird die Zukunftsfähigkeit vornehmlich im Blick auf die Demokratie. Weil sie nicht überall herrscht, sie mancher Hoffnung zum Trotz nicht einmal als ein Selbstläufer erscheint, der sich über kurz oder lang überall in der Welt durchsetzt, kann es aber auf die Demokratie allein nicht ankommen. Im übrigen ist es für den Systemvergleich wichtig zu sehen, welche Aufgaben die Demokratie und ihr Gegensatz, die Autokratie, miteinander teilen, wo es sogar gemeinsame Lösungsmuster gibt und ob bei den Lösungsunterschieden die Demokratien den Autokratien überlegen sind.

Offensichtlich besitzt die Demokratie einen Legitimationsvorsprung. Denn sie rechtfertigt die in der Politik enthaltene Herrschaft vom Menschen über Menschen von den Betroffenen her. In der Systemkonkurrenz stellt sich allerdings die Frage, ob die Demokratie für ihren Legitimationsvorsprung den hohen Preis einer geringeren Zukunftsfähigkeit zahlt. Dabei kommt es nicht auf einzelne Aspekte an. Insbesondere erläge man erneut einer ökonomistischen Verkürzung, wenn man wie gebannt nur auf die Wirtschaft und hier bloß auf die Wachstumsraten der letzten ein oder zwei Generationen schaut. Entscheidend ist eine Gesamtbilanz der oben angedeuteten Faktoren. Erst wenn man beim inneren und äußeren Frieden sowie der Rechtssicherheit beginnt, dann auf das Auskommen und eine hohe Beschäftigungschance achtet, wenn man das Bildungs- und Gesundheitswesen sowie die Sozialversicherungen berücksichtigt, ferner Rechte, Freiheiten und Chancengleichheit nicht vergißt, auch an die Effektivität der Staatsorgane, an die Überwindung von Korruption, nicht zuletzt an Toleranz und an Innovationsfähigkeit denkt, kann man abschätzen, ob die Demokratie der Autokratie unterlegen oder ob sie zumindest konkurrenzfähig, sogar überlegen ist.

Vielleicht muß sie aber, um tatsächlich überlegen zu sein, sich noch fortentwickeln. Es gibt genügend Defizite, die die derzeitigen

Demokratien vor einer selbstgerechten Zufriedenheit warnen. Tritt spätestens wegen entsprechender Fortentwicklung die Konkurrenzfähigkeit, besser noch: Überlegenheit hinzu, so erweist sich die Demokratie aber in einem zweiten Sinn als zukunftsfähig: Sie vermag nicht bloß die Zukunft einigermaßen zu bewältigen, sondern hat wegen dieser Bewältigungsfähigkeit als Staatsform eine Zukunft.

Noch aus einem anderen Grund schaue man nicht lediglich auf die Demokratie. Weil sich im Zeitalter der Globalisierung Fragen der Zukunftsfähigkeit stellen, empfiehlt es sich, von den Unterschieden der Staatlichkeit und der Verfassungsform einmal abzusehen und auf die Ähnlichkeiten achtzugeben.

Die Ähnlichkeiten beginnen mit einem modernitätsunabhängigen Moment: daß man die Verantwortung für die politische Zukunft in der jeweiligen Gegenwart wahrzunehmen hat. Obwohl die Zukunft als das Noch-Nicht stets unsicher, daher risiko- oder hoffnungsreich, überdies vieldeutig ist, entscheidet sich die Zukunftsfähigkeit in der Gegenwart. Hier und jetzt hat man zu überlegen, was die Zukunft bringen könnte; hier und jetzt macht man sich Sorgen oder Hoffnungen oder begnügt sich nüchtern mit realistischen Erwartungen; in der Gegenwart sind die unterschiedlichen Szenarien und alternative Reaktionen zu entwerfen und ist am Ende zu entscheiden, was man im Blick auf die Zukunft unternimmt und was man unterläßt.

Modernitätsunabhängig ist auch der allein sinnvolle Anspruch der Politik: Eine Zukunftskompetenz im Sinn einer Macht, die die Zukunft beherrschen will, ist unmöglich. Man vermag die Zukunft nicht einmal vorherzusehen, geschweige denn, sie nach den eigenen Plänen durchzugestalten. Und was der Mensch generell nicht vermag, kann auch die Politik nicht leisten. Auf der einen Seite kennt man bestenfalls einige wenige Faktoren, aber nicht jene Gesamtkonstellation und deren Bedeutung für das Gemeinwesen, aus denen die zukünftige Gegenwart bestehen wird. Andererseits kann man selbst von den bekannten Faktoren nur einen Teil beeinflussen.

In der alleinigen Verfügungsgewalt der Politik liegt fast kein Faktor. Infolgedessen besteht die zu suchende Zukunftsfähigkeit lediglich im Vermögen, sich für die Zukunft zu wappnen, sich gegen leidvolle Entwicklungen zu wehren und günstige Entwicklungen, sofern sie sich abzeichnen, zu stärken und, wo sie noch fehlen, ins Rollen zu bringen. Herr über die Zukunft kann weder eine Demokratie noch eine Autokratie werden.

Nicht erst eine so hochentwickelte Staatsform wie die Demokratie und auch nicht erst ihre heutigen Alternativen setzen sich mit der Zukunft auseinander. Weil es schon früher, weit früher geschieht, ist mit inter- und transkulturell gültigen Elementen zu rechnen. Um die charakteristische Gestalt von heute zu profilieren, blickt diese Studie auch auf andere Kulturen und gibt sich dabei nicht mit den heute anerkannten fremden, nichtwestlichen Kulturen zufrieden. Es genügt auch nicht, so weithin bekannte Fremde wie die frühe Neuzeit, das Mittelalter, Rom und Athen zu berücksichtigen. Um den darin liegenden Eurozentrismus, die Konzentration auf die europäische Kultur, abzumildern, öffne man sich auf heute so unbekannte Fremde wie die altorientalischen Kulturen und die Indianerkulturen.

Für eine zeitgenössische Zukunftsfähigkeit sind Bedingungen wesentlich, die für die heutige Politik den Rahmen abgeben. Einige haben einen anthropologischen Hintergrund, sind daher so gut wie unveränderbar. Andere sind leichter zu ändern, so daß die Demokratie und jede Politik, und zwar sowohl deren Praxis als auch die Theorie, sich klugerweise auf sie einstellen: *Teil I.*

Die Rahmenbedingungen stecken den Horizont ab, in dem die Zukunftsfähigkeit gefordert ist. Dazu gehört, daß man die Demokratie nicht als eine selbstverständliche Vorgabe ansieht. Mag man sie im Westen als klar überlegen einschätzen – der in Zeiten der Globalisierung erforderliche interkulturelle Blick hält sie für eine Staatsform, die sich zu rechtfertigen hat. Und weil die Rahmenbedingungen die Zukunftsfähigkeit herausfordern, zeigen sie schon auf die Aufgaben, an denen sich die Zukunftsfähigkeit zu bewähren hat.

Wie die Politik mit der Zukunft umgeht, hängt, wie gesagt, nicht von ihr allein ab. Von den zahlreichen Vorgaben sind der Politik einige im Prinzip bekannt, andere spielen sich dagegen hinter ihrem Rücken ab. Zu den so gut wie unvermeidlichen Vor-Bestimmungen gehören Grundeinstellungen, sich zur natürlichen, zur sozialen und zur personalen Welt zu verhalten. Sie stellen tiefreichende Weichenstellungen dar, die sich großenteils sehr früh, lange vor der Moderne herausbildeten.

Derartige Verhaltensmuster werden in dieser Studie in *Teil II* unter dem Titel «Strategien» untersucht. Im wörtlichen Verständnis ist der Stratege ein Feldherr, und Strategie heißt die Art und Weise, wie er einen gesamten Krieg führt. Mittlerweile haben die Ausdrücke ihre militärische Bedeutung weitgehend verloren. «Strategie» heißt jetzt die Art und Weise, wie jemand, sei es eine Person, eine Institution oder ein gesellschaftliches Teilsystem, sich für seine Ziele, die verschiedenen Facetten der Macht einsetzt. Ein philosophischer Versuch wie diese Studie gibt sich mit Strategien in dem technokratisch verengten Sinn von Verfahren nicht zufrieden, mit deren Hilfe man kleine Ziele geschickt erreicht. Es kommt vielmehr auf jene ebenso weitläufigen wie umfassenden Aufgaben an, die in der Zukunftsfähigkeit zusammenlaufen. Weil die Aufgaben nur langfristig zu bewältigen sind, kann man statt von «Strategien» auch von «strategischen Prozessen» sprechen. Mit Strategien oder strategischen Prozessen versucht ein Gemeinwesen, den Lauf der Welt langfristig und möglichst stark «zu beeinflussen».

Die Studie schließt mit dem Versuch einer Antwort auf die Leitfrage, inwiefern die Demokratie Zukunftsfähigkeit besitzt, und ob sie dabei den Alternativen wie autokratischen Regimes per saldo überlegen oder eher unterlegen ist: *Teil III*.

Noch eine generelle Bemerkung: Zu vielen der zu behandelnden Teilfragen gibt es weitläufige Debatten. Ist es für die Leitfrage erforderlich, so tritt die Studie in die einschlägigen Feindebatten ein, andernfalls wird auf sie nur verwiesen.

Entstanden ist die Studie in einem Forschungsjahr, das das Baden-Württembergische Ministerium für Wissenschaft, Forschung und Kunst großzügig unterstützt hat. Die Anregung zum Rahmenthema kam vom Heidelberger Assyrologen Stefan Maul, der die gemeinsame Leitfrage, wie die Politik mit der Zukunft umgeht, für den Alten Orient untersucht. Ich danke dem Ministerium für seine finanzielle Unterstützung und meinem Kollegen für seine Initiative, ferner sowohl ihm als auch Wolfgang Hellmich und meinem Tübinger Kollegen PD Dr. Wolfgang Schröder sowie den Mitgliedern zweier Arbeitskreise, den Referenten und Teilnehmern zweier Symposien für zahlreiche Anregungen, nicht zuletzt meinen Mitarbeitern Dirk Brantl, M. A., Axel Rittsteiger, M. A. und Giovanni Rubeis, M. A.

Tübingen im Herbst 2008

Teil I
Rahmenbedingungen

Die Zukunftsfähigkeit der Demokratie hängt von Rahmenbedingungen ab, denen nicht nur die Demokratie, sondern die heutige Politik insgesamt unterworfen ist. Die Bedingungen enzyklopädisch zu untersuchen ist nicht nötig. Stichworte wie Pluralismus, Individualisierung und Wertewandel, auch Fortschritte im Bereich der Wissenschaften, Medizin und Technik sind zu vertraut, als daß man sie noch vorstellen müßte.

Die Studie setzt bei einer noch nicht zeitspezifischen Rahmenbedingung an. Sie verbirgt sich hinter der Frage, die auf Begriffsklärung zielt: Was heißt für die Politik «Zukunft»? (*Kapitel 2*). Es folgen Rahmenbedingungen, die sich zunehmend den Besonderheiten der Gegenwart annähern: Schon des längeren gibt es eine eigentümliche, basale Säkularisierung (*Kapitel 3*): weil ihr zufolge die Verantwortung der Politik wächst, erhöht sich der Anspruch an die Zukunftsfähigkeit. Unglücklicherweise steht der erhöhte Anspruch im Kontrast zu einer geringeren Kompetenz. Der Zuwachs an Verantwortung verbindet sich nämlich mit Faktoren, die die Fähigkeit, Verantwortung wahrzunehmen, erschweren. Zu den Erschwernissen gehören eine Gliederung der Gesellschaft in eigenständige Teilbereiche, allerdings auch die Vernetzung der Bereiche und die schon angedeutete facettenreiche Globalisierung (*Kapitel 4*). Nach diesen auch vor- und außerdemokratisch wirksamen Bedingungen nehmen wir die im normativen Sinn moderne Politik, die der Demokratie, in den Blick. In ihr scheinen zwei Gefahren zu drohen: eine Politisierung, die die ohnehin geminderte Verantwortungsfähigkeit der Politik überfordert, und eine Ökonomisierung, die sie zugleich unterminieren könnte (*Kapitel 5*). Nach einem exemplarischen Blick auf zwei vorpolitische Mächte, die von Theorien der Moderne oft unterschlagen werden, die Familie und die Religion (*Kapitel 6*), schließt der erste Teil mit einer Skizze der Verantwortungen, denen eine zukunftsfähige Demokratie, aber auch jede andere Politik gerecht werden muß (*Kapitel 7*).

2. Was heißt «Zukunft» für die Politik?

Philosophie beginnt gern mit Präliminarien wie einer Begriffsklärung, allerdings trägt diese schon zur Klärung der Sache bei. Klärungsbedürftig sind beim Leitbegriff dieser Studie, der Zukunftsfähigkeit, beide Bestandteile, die Frage, was für die Politik «Zukunft» heißt, und die Frage, worin die zuständige Fähigkeit besteht.

2.1 Bekannt–unbekannt

Bildlich gesprochen ist die Zukunft der Ort, zu dem jeder geführt wird, obwohl niemand je dort war und niemand je von dort zurückkehrt. Nüchtern gesagt ist sie der Zeitraum, der auf die Gegenwart folgt, das Morgen nach dem Gestern und Heute. Zukunft ist die Zeit, die bevorsteht, eventuell die Zeit, die noch übrigbleibt. Prägnant sagt Friedrich Schiller im «Spruch des Confucius»: «Dreifach ist der Schritt der Zeit./Zögernd kommt die Zukunft hergezogen,/pfeilschnell ist das Jetzt entflogen,/ewig still steht die Vergangenheit.» (*Werke*, Bd. 2.1, 412)

Auf die Vergangenheit richtet sich die Erinnerung, die freilich unvollständig, sogar irrig sein kann, auf die Gegenwart die Wahrnehmung, auf die ebensowenig Verlaß ist, auf die Zukunft die Erwartung oder die Vermutung, auch die Prognose. Wer die Zukunft planen will, muß daher die Vergangenheit kennen, freilich weder die gesamte noch die ferne Vergangenheit. Ohnehin gilt nicht selten die merkwürdige Umkehrung: Um die Vergangenheit zu erfassen, muß man die Zukunft kennen. Man kann daher mit Samuel Butler fragen, was der Hauptunterschied zwischen Gott und den Historikern sei, und süffisant antworten: «Gott kann die Vergangenheit nicht ändern.» Obwohl Historiker die Geschichte von Zeit zu Zeit umschreiben, im Fall neuer Ansichten es sogar sollen, herrscht doch

diese selbst Gott vorgegebene Unumkehrbarkeit: Die Vergangenheit liegt abgeschlossen hinter uns; bildlich gesagt ist sie zugeknöpft,
sogar geizig: Sie gibt nichts, vor allem keine einmal ausgeführte
Entscheidung wieder her.

Nach Ansicht von Begriffshistorikern ist ein wahrer Begriff der
Zukunft relativ neu, namentlich dem Mittelalter und der frühen
Neuzeit unbekannt (Hölscher 1999, 34 ff.). Für einen echten, «modernen» Zukunftsbegriff seien nämlich zwei Dinge erforderlich:
ein abstrakter Begriff, die Zukunft als das Ganze der zukünftigen
Dinge, und die Ansicht, daß das Zukünftige nicht schon in gewissem Sinn vorhanden, nur dem menschlichen Auge noch verhüllt ist.

Für die Zukunftsfähigkeit der Demokratie und allgemein der Politik sind allerdings beide Dinge nicht wesentlich. Das Abstraktum
«Zukunft» braucht es nicht. Im Familienkreis und im Gespräch mit
Freunden, selbst in Umfragen kommt es vor, daß man den erwar-
tungsvollen Blick in die Zukunft wirft und das versucht, was dem
Blick in die Vergangenheit, dem Rückblick auf ein Jahr, auf einen
bestimmten Lebens- oder Berufsabschnitt oder auf das gesamte bisherige Leben, leichter fällt: Man zieht eine Bilanz des insgesamt
«Schlechter oder Besser». Ähnliche voraus- oder rückblickende
Gesamtbilanzen finden sich bei Schulen, Hochschulen und Unternehmen, sogar bei Gemeinwesen. Auch wenn sich die Politik mit
mancher Verantwortung viel, sogar zu viel aufbürdet (s. Kap. 7), ist
sie aber schwerlich für das Ganze zuständig. Und gegen den anderen Gesichtspunkt drängen sich Zweifel auf, von denen hier nur
zwei angeführt seien:

In einem Text, der seit der Spätantike über das Mittelalter bis
heute viel und kontrovers diskutiert wird (vgl. Weidemann 1994,
223 ff.), im neunten Kapitel der Schrift *Hermeneutik* (*Peri hermeneias, De interpretatione*), überlegt sich Aristoteles, ob eine Aus-
sage über ein kontingent-zukünftiges Ereignis, also ein Ereignis,
das in der Zukunft sowohl eintreten als auch ausbleiben könnte, bereits in der Gegenwart einen Wahrheitswert habe, also wahr oder
falsch sei. Mit dem Argument, daß es in der Gegenwart noch nicht

feststehe, ob das Ereignis eintrete oder ausbleibe, scheint Aristoteles abzustreiten, derartige Aussagen hätten einen bereits in der Gegenwart zutreffenden Wahrheitswert. Schon er ist also davon überzeugt, daß das Zukünftige bereits jetzt vorhanden, bloß dem menschlichen Auge verhüllt sei.

Ein zweites Gegenargument liegt in der Maxime Machiavellis, auf die die Einführung anspielt: Wer ein drohendes Übel erst erkennt, wenn es sich deutlich zeigt, ist ein schlechter Staatsmann (*Der Fürst/Il principe*, Kap. 3). Nach dieser eher trivialen Maxime ist die Politik für die Zukunft unabhängig von der Frage verantwortlich, ob das Zukünftige schon gewissermaßen vorhanden oder stärker offen ist. Darüber hinaus hält man schon damals, im Jahr 1513, die Zukunft für etwas, das in den Händen der Menschen liegt. Und schon damals, in der frühesten Neuzeit, dürfte man von der Politik noch mehr als bloß die rechtzeitige Wahrnehmung von Übeln verlangt haben:

Nicht erst im späten 17. Jahrhundert (Hölscher 1999, 41), schon mehr als eineinhalb Jahrhunderte vorher, im frühen 16. Jahrhundert, beginnt die politische Klugheitslehre. Diese greift zudem auf einen Text zurück, der noch mehr als achtzehn Jahrhunderte älter ist: In einer berühmten Passage der *Nikomachischen Ethik* (VI 5, 1140b7–11) erklärt Aristoteles den Athener Staatsmann Perikles zum Vorbild für Klugheit (*phronêsis*). Und wer auf einen so wichtigen Teil wie die Katastrophenprophylaxe achtet, findet die Wirklichkeit politischer Klugheit noch früher, überdies nicht bloß in Europa, sondern in vielen Kulturen.

Der Alte Orient beispielsweise kennt beides, die mit der näheren Zukunft befaßte Sterndeutung und Eingeweideschau und die auf die weite Zukunft gerichtete Prophylaxe. Kanäle etwa, gebaut, um fruchtbares Land zu bewässern, finden sich bereits seit dem 4. Jahrtausend v. Chr. In dieser Zeit entwickelt sich auch eine Architektur, die das Erdbebenrisiko berücksichtigt. Und daß sich die alten Ägypter auf ihre entscheidende Zukunft, die jährlichen Nilüberschwemmungen samt dem dann auftretenden Ungeziefer, einstellen, weiß man schon aus der Schulzeit. In der Begriffsgeschichte herrscht zwar die Neigung vor, sich auf die Wortgeschichte zu beschränken. Die Sachgeschichte ist aber mitzuberücksichtigen und zusätzlich ein Blick in zeitlich und geographisch fernere Kulturen wie Ägypten und das Zweistromland zu werfen.

Die Erwartung der Zukunft tritt idealtypisch in zwei emotional und normativ durchtränkten Gestalten auf. Die nur positive Erwartung richtet ihre ungetrübte Hoffnung auf eine gute Zukunft; in oft naiver Zuversicht rechnet sie damit, daß alles schon gut gehen werde. Die negative Erwartungshaltung, die Sorge vor einer wichtigen Zukunft, kann sich zu einem grundsätzlichen Argwohn verfestigen und sich in Verbindung mit einer Mutlosigkeit zur Verzweiflung steigern. Dort malt man sich die Zukunft in rosigen Farben, freut sich daher auf sie; man sieht sich aufleben und aufblühen. Hier dagegen rechnet man mit schlechteren Verhältnissen, fürchtet sich deshalb vor der Zukunft oder ängstigt sich vor ihr.

Gegen beide setzt sich eine dritte Haltung ab, die, emotional und normativ neutral, auf ein positives oder negatives Vorabgestimmtsein verzichtet. Emotional und normativ richtet sie sich auf das, was vernünftigerweise, das heißt: nach Lage der Dinge zu erwarten ist. Da kaum jemand von den oft unbemerkten Vorprägungen frei ist, erfordert Neutralität freilich die Anstrengung, störende Vormeinungen aufzudecken und zu überwinden.

Eine zukunftsfähige Politik nimmt auf die positiven und die negativen Einstellungen der Bürger Rücksicht. Statt aber mit Stimmungen von Mutlosigkeit oder voreiliger Zuversicht zu spielen oder sogar Bildern goldener Zeiten oder apokalyptischen Unheils zu erliegen, konzentriert sie sich auf die tatsächlichen Aussichten. Kluge Politik fragt, welche zukünftigen Weltverhältnisse, welche Ereignisse und deren Konstellationen, objektiverweise zu erwarten sind, zusätzlich, auf welche Verhältnisse sie welchen Einfluß nehmen kann. Manche Ereignisse wie eine Sonnenfinsternis lassen sich gut vorhersagen, andere wie Börsenkurse zeigen ein weithin unberechenbares Verhalten. Dabei kann die Politik dort keinerlei und hier bestenfalls einen indirekten, zudem schwer zu steuernden Einfluß nehmen.

Allerdings ist die Frage berechtigt, ob sie beispielsweise die Finanzmärkte sich so weitgehend selbst überlassen soll, daß es zu den enormen Verwerfungen der Jahre 2007 und 2008 kommen konnte. Man ist nicht bloß im nachhinein klüger. Die Finanzmärkte, wenn man sie denn vorsichtig regulieren will, sind ein Beispiel für die Notwendigkeit internationaler, sogar globaler Maßnahmen. Zukunftsfähige Politik sorgt jedenfalls für eine übernationale, teilweise sogar globale Rechtsordnung (s. Kap. 14).

In erster Annäherung kann man von der zukünftigen Weltlage sagen, man wisse, *daß* sie, aber nicht, *wie* sie eintrete: Die Konstellation ist unbekannt, freilich nur im Prinzip. Vieles ist nämlich, durch die Naturgesetze und so gut wie unabänderliche Randbedingungen bestimmt, schon heute wohlbekannt, etwa die Abfolge von Tag und Nacht oder in unseren Breiten der Wechsel von Jahreszeiten. Dieses Wissen schließt aber die entscheidende existentielle Bedeutsamkeit nicht ein. In «objektiver» Hinsicht weiß man nicht, ob die Sonne sichtbar oder von Wolken verdeckt sein wird, ebensowenig, wie kalt oder warm, wie regen- und wie sonnenreich die Jahreszeiten ausfallen, ob daher mit guten oder schlechten Ernten zu rechnen ist. Hinzu kommt das «subjektive» Wissensdefizit: Man weiß nicht, wie die Subjekte sich auf die tatsächliche Lage einstellen: Sehen sie bloß Chancen oder nur Gefahren oder eine Mischung von beiden; sind sie enttäuscht, positiv überrascht oder emotional indifferent; können sie eventuell Gegenmaßnahmen ergreifen?

Zweifellos ist die Politik nicht für die Ereignisse zuständig, die aus Naturgesetzen unbeeinflußbar folgen. In anderen Bereichen wie der Wirtschaft herrschen vielleicht keine echten Gesetze, aber doch Gesetzmäßigkeiten, auf die sich die Politik klugerweise einzustellen hätte. In anderen Bereichen trägt sie durchaus Verantwortung, aber nicht allumfassend. Die Sorge, daß keinem Menschen je ein Unfall zustößt, daß niemand alt und gebrechlich wird und keiner stirbt, überträgt niemand der Politik. Der einzelne hat daher

zu lernen, was die Politik ihm nicht abnehmen kann, eine Gelassenheit, die mit Unabänderlichem umzugehen vermag (vgl. Höffe
2007, Kap. 10.2). Schließlich kann die Politik auf die Art und Weise,
wie Menschen emotional reagieren, nur in engen Grenzen Einfluß
nehmen.

Man könnte glauben, für die Politik im engen und strengen Sinn,
für die Politik im Unterschied zur Verwaltung, sei die Zukunft
grundsätzlich unsicher, die eigene Arbeit daher von Wagnis durchsetzt. Auf die Zukunft im Singular und mit bestimmtem Artikel, für
die Gesamtkonstellation der zukünftigen Weltverhältnisse, trifft es
zu. Trotz einer Unmenge von Informationen kennt man nicht die
Konstellation von Faktoren, die im nächsten Augenblick zusam-
mentreffen, noch weniger, was die Konstellation existentiell bedeutet. Selbst von rationalen, überdies erfahrungsgesättigten Überlegungen darf man keine Straßenkarte der Zukunft erwarten. Dies
trifft aber auf alle einzelnen Themen und Projekte nicht gleichermaßen zu. Das Wirtschaftswachstum bleibt sogar für das nächste
Quartal unsicher, wenn man die Möglichkeit ökonomischer Katastrophen wie den (Fast-)Zusammenbruch der Finanzmärkte im
Herbst 2008 nicht ins Kalkül zieht. Die Bevölkerungsentwicklung
dagegen, die Demographie, läßt sich für die nahe und mittlere Zukunft ziemlich verläßlich einschätzen. Selbst hier, wo man die Zukunft ziemlich gut vorhersagen kann, bleibt aber das existentielle
Wissensdefizit bestehen: Man kennt die Folgen der demographischen Veränderungen für die Gesellschaft nur zum geringen Teil.
Zu den Zusatzfaktoren, die man nicht kennt, gehört die Frage,
wann die Menschen nicht nur nach Gesetzeslage, sondern tatsächlich in Rente oder Pension gehen. Noch weniger weiß man, wie
rasch und in welcher Weise die Gesellschaft sich umstellt.

Generell ist die Politik nur dort zuständig, wo Menschen eine
Rolle spielen, was auf dreierlei Weise möglich ist: als Akteure («Tä-
ter»), als Betroffene («Opfer») und als Subjekte mit positiven oder
negativen Erwartungen. Dort, wo die Menschen Hand anlegen und
den Lauf der Dinge ändern können, sind sie selbst dann Akteure,

wenn sie vom Hand-Anlegen Abstand nehmen. Denn das Nicht-
Hand-Anlegen, das Unterlassen, ist auch eine Form des Agierens.
«Opfer» sind die Menschen dagegen, wenn sie nicht selber tätig sein
können, vom Tun oder Unterlassen der anderen aber betroffen sind.
Offensichtlich tritt beides nicht bloß in Reinform auf. Man kann als
Akteur auch Betroffener, ebenso als Betroffener auch Akteur sein.
Schließlich darf man das Gewicht der Wertschätzungen nicht ver-
gessen. Denn die gesamte, sowohl die vom Menschen mitgestaltete
als auch die von ihm bloß erlittene Zukunft ist Gegenstand von
Hoffnungen und Ängsten.

2.2 Zukunftsfähigkeit

Die bloße Möglichkeit erreicht keine Wirklichkeit. Wer die Zukunft
tatsächlich mitgestalten will, braucht als zweites den Willen, den
Lauf der Dinge zu beeinflussen, in der Regel zu den eigenen Gunsten. Er will beispielsweise ein drohendes Unheil abwenden, zumindest abschwächen; er arbeitet darauf hin, daß es einem inskünftig
besser geht; oder er will Gegner oder gar Feinde in ihrer Fähigkeit
zu schaden schwächen, vielleicht sogar unschädlich machen.
  Immer wieder taucht die Erwartung auf, die Zukunft sei zunehmend beherrschbar, sogar in den drei Dimensionen, sowohl im
technischen als auch im sozialen und vor allem im politischen Sinn.
Selbst Johann Gottfried Herder sieht in der Abhandlung «Vom
Wissen und Nicht-Wissen der Zukunft» eine Zeit kommen, «da es
eine Wissenschaft der Zukunft wie der Vergangenheit giebt» (*Werke*
16, 375). Diese Zeit ist nie gekommen und wird es vermutlich nie
geben, so daß das Vertrauen darauf zu Recht weitgehend verbraucht
ist. Endgültig verbraucht ist die Erwartung von Beherrschbarkeit
zwar nicht; in gewissen Wellen taucht sie immer wieder auf. Der
Optimismus der frühen Neuzeit, die Wissenschaftsutopie eines
Francis Bacon samt deren Bekräftigung durch René Descartes, und
der Optimismus der europäischen Aufklärung werden zwar durch
das Erdbeben von Lissabon bis in die Grundlagen erschüttert (vgl.

Kap. 10.2). Die Französische Revolution läßt aber einen neuartigen Optimismus aufleben, einen anderen die sowjetische Revolution, wieder andere Hoffnungen wecken die Industrielle Revolution und neuerdings die Computer-Revolution. Völlig wirklichkeitsfremd, zeigen schon wenige Beispiele, sind die jeweiligen Hoffnungen nicht: Kaum jemand, der in den Genuß einer liberalen Demokratie oder der neuen medizinischen Möglichkeiten oder auch nur der Haushaltsgeräte und der Telekommunikation gelangt, sehnt sich nach den früheren Zeiten mit ihren weit geringeren Rechten, Möglichkeiten und Fähigkeiten zurück.

Die immer wieder neuen Versuche, sowohl die Prognosemöglichkeiten als auch die Einfluß- und Gestaltungsmöglichkeiten zu steigern und selbst die Rechtsverhältnisse zu verbessern, sind nicht schlicht allesamt erfolglos. Häufig tauchen zwar negative Nebenwirkungen auf, deren Versuch, sie zu beheben, andere negative Nebenwirkungen nach sich zieht. Mit der Behauptung einer zunehmend positiven Gesamtbilanz halten sich daher vorsichtige Zeitgenossen lieber zurück. Den Glauben, die materielle, soziale und politische Zukunft lasse sich «technokratisch» in den Griff nehmen, teilen sie nicht. Trotzdem läßt sich kaum bestreiten, daß man die Zukunft zu den eigenen Gunsten beeinflussen kann, weshalb man sie besser nicht «fatalistisch» bloß auf sich zukommen läßt.

Mit der ersten (partiellen) Ernüchterung hängt eine zweite zusammen. Wo der Glaube an eine zunehmende Beherrschbarkeit geschwächt ist, gibt es zwar teils eher optimistische, teils mehr pessimistische Zeitgenossen. Auch breiten sich schwankende gesellschaftliche Stimmungen aus. Die Grunderwartung, für die Zukunft sei mit einer steten Verbesserung der Lebensverhältnisse zu rechnen, ist aber als eine stabile Dauererwartung verlorengegangen. Freilich muß man einschränken: vielerorts und weithin. Wo man hungert oder in Armut lebt, unter Unterdrückung, Ausbeutung oder unter Ausschluß (Exklusion) leidet, wo man von Kriegen oder Bürgerkriegen heimgesucht wird, dort kann man sich die Fortschrittsskepsis wirtschaftlich saturierter Demokratien nicht leisten.

Selbst diese Gemeinwesen haben sich im Laufe der letzten Generationen größere Pflichten aufgelastet, womit auch sie noch unausgesprochen Verbesserung erwarten: daß nämlich die Gemeinwesen den Pflichten tatsächlich nachkommen können. Und unrealistisch ist die Erwartung nicht, daß sowohl im eigenen Land als auch weltweit die Armut ab- und der Wohlstand zunehme, daß Medizin und Technik, daß Bildung, Toleranz und die Herrschaft von Recht und Menschenrechten Fortschritte machen.

Zukunftsfähigkeit bedeutet die Fähigkeit eines Gemeinwesens, sowohl anstehende als auch neu aufkommende Probleme unter Berücksichtigung der Handlungsspielräume nachhaltig zu lösen. Wird diese Zukunftsfähigkeit von einer angeblich grundlegend neuen Weltlage bedroht: daß die heutige Welt riskanter sei? Nach einer vielzitierten Diagnose leben die Menschen zunächst in einer Risikogesellschaft (Beck [17]2003), mittlerweile in einer Weltrisikogesellschaft (Beck 2007), wofür das Bankendebakel vom Herbst 2008 als Bestätigung erscheint. Weil ein quantitatives Kriterium für Risiko fehlt, folglich Vergleiche zwischen heute und früher spekulativ sind, auch weil dank eines gewachsenen natur- und sozialtechnischen Wissens den eventuell gestiegenen Risiken andernorts eine Risikominderung entgegensteht, läßt sich aber schwerlich eine Bilanz ziehen: Die These des erhöhten Risikos steht auf schwankendem Boden. Eher kann man wegen der jeweils herrschenden Rechts- und Staatsverhältnisse relativ sicherere von relativ unsichereren Weltgegenden unterscheiden. Darauf kommt es hier aber nicht an.

Wichtiger ist, daß man die Weltlage in drei Stufen beeinflussen kann: Auf der bescheidensten Stufe vermag man den Lauf der Dinge nicht zu ändern, ihn vielleicht nicht einmal in gewissem Rahmen vorherzusehen. Trotzdem ist selbst unter diesen Umständen der Mensch nicht machtlos. Denn er weiß aus Erfahrung, daß unvermutet ungünstige, vielleicht sogar katastrophale Verhältnisse eintreten können, und auf das nur im *Wie*, nicht im *Daß* Unbekannte vermag er sich einzustellen. Insofern vermag er sogar das Unvorhersehbare vorherzusehen. Nicht bloß durch eine Haltung der Gelassenheit

kann er sich gegen ungünstige Verhältnisse wappnen, sondern zusätzlich durch Maßnahmen der Vorsicht und Vorsorge. Und diese
Maßnahmen werden durch den Umstand erleichtert, daß man sich
auf unterschiedliche Katastrophen auf sehr ähnliche Weise einstellen kann (s. Kap. 10).

Sind die Wahrscheinlichkeiten zukünftiger Verhältnisse überhaupt nicht bekannt, so spricht man in der Theorie rationaler Entscheidung von Entscheidungen unter Unsicherheit. Für sie gibt es
keine eindeutigen Rationalitätskriterien. Wer wie viele Glücks-
spieler in hohem Maß risikobereit ist, wird der Maximax-Regel folgen, das heißt das Maximum «maximieren», also die maximal günstige Situation annehmen und für sie den maximal günstigen Nutzen
suchen. Bei sehr geringer Risikobereitschaft – sie entspricht einer
hoch ausgebildeten Versicherungsmentalität – drängt sich dagegen
die Maximin-Regel auf, das Maximieren des Minimums: Man nimmt
die ungünstigste Lage, das Minimum, an und sucht sich selbst in ihr
noch bestmöglich («maximal») zu stellen. Einer dritten Regel, dem
minimalen Bedauern zufolge, sucht man eine Entscheidung, die
man selbst bei ungünstigstem Ausgang am wenigsten bedauert. Die
Politik, wird sich zeigen, hat es nicht leicht, hier die richtige Entscheidung über die Entscheidungsregel, also die richtige Meta-Ent-
scheidung, zu treffen. (Zu den verschiedenen Entscheidungsregeln
vgl. Jeffrey 1967, Laux [6]2005.)

Auf der anspruchsvolleren, zweiten Stufe kennt man die Wahrscheinlichkeit, mit der eine bestimmte Zukunft eintritt. Hier gibt
es eine klare Entscheidungsregel: Maximiere die Nutzenerwar-
tungen! Man stützt sich aber häufig auf unzureichende Berechnungen, etwa auf die schlichte Extrapolation einer kurzfristigen Entwicklung, so daß man nicht ernsthaft von einer gewissen
Wahrscheinlichkeit sprechen kann. Selbst dann mag es gute
Gründe geben, bescheidenere, nämlich qualitative Einschätzungen
vorzunehmen und das Eintreten einer Situation für unwahrscheinlich, für gering-, für mittel- oder für hochwahrscheinlich zu halten.

Sobald man von der Zukunft nähere Kenntnisse hat, beispielsweise um die Art einer etwaigen Katastrophe weiß, kann man mehr tun, als sich gegen eine ungünstige Zukunft bloß zu wappnen. Man vermag sich gegen sie auch zu wehren, indem man ungünstige Verhältnisse wie den drohenden Klimawandel abzumildern oder ganz zu verhindern sucht (s. Kap. 12).

Gleichwohl verhält man sich auf der zweiten Stufe gegen die Zukunft noch weitgehend re-aktiv. Erst auf der dritten Stufe sucht man, sie aktiv zu gestalten. Die menschlichen Einflußmöglichkeiten beginnen also mit dem Sich-Wappnen, steigern sich zum Sich-Wehren und enden beim aktiven Eingreifen.

Die beste Weise, die Zukunft vorherzusagen, ist: sie selbst zu gestalten. (Freilich handelt es sich nur um eine Quasi-Vorhersage; tatsächlich schränkt man den Kontingenzcharakter ein.) Ohnehin wäre es verfehlt, die Zukunftsfähigkeit auf die Lösung auftretender Probleme zu verkürzen; man muß sie rechtzeitig erahnen.

Eine gesteigerte Zukunftsfähigkeit sieht voraus, daß bestimmte Entwicklungen Schwierigkeiten hervorrufen können, und sucht die Entwicklungen so zu beeinflussen, daß es zu den Schwierigkeiten gar nicht kommt. Hohe Zukunftsfähigkeit löst viele Probleme, indem sie die Probleme erst gar nicht entstehen läßt.

Selbst in Verbindung mit einem Gestaltungswillen schafft die Möglichkeit noch keine Wirklichkeit. Zusätzlich braucht es die Fähigkeit zur Zukunftsgestaltung. Generell gehören zur Fähigkeit drei Gesichtspunkte: der Sachverstand als Inbegriff von erforderlichen Kenntnissen («know that») und Fertigkeiten («know how»), die Macht als Chance, sich durchzusetzen, und das Recht im Sinne von Ermächtigung und Befugnis. Die Zukunftsfähigkeit umfaßt also Zukunftssachverstand, Zukunftsmacht und Zukunftsbefugnisse.

Im Fall der Politik gehört zur Zukunftsfähigkeit die Aufgabe, die Gegenwart im Hinblick auf eine mögliche Zukunft hin zu deuten, also eine Deutungsfähigkeit. Gute Politik muß abschätzen können, welche politikrelevante Zukunft sich in der Gegenwart abzeichnet.

Dabei gerät sie in eine Aporie. Wer die Dramatisierung liebt, spricht von einer tragischen oder ausweglosen Situation: Die Politik trägt eine Mitverantwortung für die Zukunft, nämlich für deren Deutung, obwohl sie dafür gar nicht befähigt, nämlich fachlich nicht kompetent ist. Sie soll also, was sie gar nicht kann. Oder: Sie will, wozu sie außerstande ist.

Die Aporie besteht aber nur scheinbar. Ihre Auflösung erfolgt über eine begriffliche Erweiterung, die zugleich unterscheidet: Die Zukunftsfähigkeit erschöpft sich nicht in der genannten Fähigkeit zur Deutung, sie umfaßt auch die Gestaltung, weshalb es zwei grundverschiedene Aufgaben gibt. Bei der Deutungsfähigkeit geht es um die Frage, was die Zukunft bringen wird, bei der Gestaltungsfähigkeit um die Frage, wie man die Zukunft, soweit es in der eigenen Hand liegt, zu formen vermag. In beiden Fällen hat «Fähigkeit» die genannte dreifache Bedeutung: Sie meint entweder den Sachverstand oder die Macht oder die Befugnis. Folglich braucht es eine zweimal dreiteilige Zukunftsfähigkeit. Ihr entsprechen auf der einen Seite Deutungsfähige (Deutungsfachleute bzw. -experten), Deutungsmächtige und Deutungsberechtigte, auf der anderen Seite Gestaltungsfachleute bzw. -experten, Gestaltungsmächtige und Gestaltungsberechtigte.

Beide Aufgaben sind übrigens in der Gegenwart gefragt, weshalb der Ausdruck «Zukunftsfähigkeit» mißverständlich ist. Ob Deutung oder Gestaltung – die Zukunftsfähigkeit ist wesentlich eine Gegenwartsfähigkeit, die allerdings im Blick auf die Zukunft wahrgenommen wird. Wegen dieses Blicks gibt es eine Bewährung. Im Fall der Deutung entscheidet sie sich an der Frage, ob die erwartete Zukunft eintritt, im Fall der Gestaltung an der Frage, ob die Zukunft, soweit man sie mitherbeiführt, hinreichend erfreulich ist. Die Frage der Bewährung wird sich allerdings noch als schwierig erweisen.

Die Zukunftsdeutung kennt noch einen vierten, aber anonymen Experten, das visionäre Element. Der «bunte Strauß» aus Weltbild, Weltanschauung und Religion, auch utopischem Entwurf einer wünschenswerten oder aber zu vermeidenden Zukunft, bildet vielfach einen Hintergrund, vor dem die gewöhnlichen Zukunftsexperten tätig werden, oder einen Rahmen, innerhalb dessen sie ihre nähere Arbeit vornehmen (s. Kap. 13).

Lassen wir die bisherige Begriffsbestimmung Revue passieren, so nehmen generell vier Faktoren auf die Zukunftsfähigkeit Einfluß: Ein erster Faktor besteht in emotionalen Einstellungen wie der Sorge und der Zuversicht, die die Wahrnehmung der Zukunft vorprägen. Dort blickt man ängstlich und kummervoll, hier zuversichtlich und unbekümmert in die Zukunft. Das eine Extrem bilden Endzeiterwartungen und apokalyptische Stimmungen eines nahen Weltuntergangs. Das andere Extrem besteht in einer Sorglosigkeit, die sich für den Menschen wünscht, was «den Vögeln des Himmels» vorbehalten bleibt, oder die diese Leistung stillschweigend an die Eltern oder das maternalistisch verstandene Gemeinwesen delegiert: Man erwartet seinen Lebensunterhalt, ohne zuvor säen zu müssen.

Obwohl die Bilder, die man sich von der Zukunft macht, nicht im strengen Sinn emotionalen Charakter haben, kann man sie doch dem ersten Faktor zuordnen. Die visionären Elemente prägen nämlich die Art und Weise, wie man in die Zukunft blickt.

Den zweiten Faktor bilden Grundhaltungen, die sich zwischen den zwei Extremen, einer fatalistischen Ohnmacht und einer technokratischen Allmachtsillusion, auch zwischen törichter Euphorie und zersetzender Verzweiflung, bewegen. Die relativ emotionsfreie Einstellung, die nüchterne Neugier auf das, was denn die Zukunft so bringen werde, führt zur Bereitschaft, eine Situation in ihre Bestandteile zu zerlegen und deren Zusammenhänge abzuschätzen, Tatsachen zu erkunden, Folgerungen zu ziehen und Möglichkeiten zu überlegen sowie alternative Szenarien zu entwerfen, nicht zuletzt, wo erforderlich, fehlende Informationen zu beschaffen. In der damit verbundenen Bereitschaft, das Richtige zu erwarten, dabei Risiken, aber auch Chancen anzuerkennen, liegt übrigens eine hohe Kunst.

Innerhalb der Gesellschaft und Politik kommt es drittens auf Strukturen und Organisationsformen, pars pro toto: auf Institutionen, an. Gemeint ist die soziale Ergänzung zum zweiten Faktor. Institutionen sind wörtlich Einrichtungen, dabei zum Teil Organisationsformen, die in einer durch Gewohnheiten, Sitte und Recht auf Dauer gestellten Weise bestimmten Interessen und Bedürfnissen zu einer verläßlichen Erfüllung verhelfen. Auf der gesellschaftlichen Ebene bringen Institutionen zustande, was auf persönlicher Ebene Einstellungen und Haltungen leisten: eine von momentanen Ablenkungen weitgehend freigesetzte Stabilisierung des Verhaltens.

Im Rahmen der Politik sind Institutionen der öffentlichen Gewalten, also staatliche Institutionen, von Institutionen der Zivil- bzw. Bürgergesellschaft zu unterscheiden. Dabei erscheint es als sinnvoll, die elementarsten Aufgaben staatlichen Institutionen zu übertragen und nur die Ergänzungen der Bürgergesellschaft zu überantworten.

Schließlich gibt es den Komplex von Überlegen und Planen, der sich als Sachverstand wissenschaftlicher Rationalität bedient.

In der Sprache der abendländischen Philosophie kann man diese vier Faktoren Pathos, Ethos, Nomos und Logos nennen. Pathos heißt hier der Inbegriff der spontanen, Ethos jener durch Einüben gewonnenen, überlegten und kontrollierten Antriebskräfte. Nomos spielt auf die Bedeutung von Institutionen an und Logos auf das weite Feld der erforderlichen Rationalität.

2.3 Zukunftsdiskont

Viele Menschen pflegen die Gegenwart für wichtiger als die Zukunft und die nahe Zukunft für wichtiger als die ferne Zukunft zu halten. Sie geben der Zukunft einen Abschlag, einen Diskont, der mit wachsendem Abstand zur Gegenwart steigt und einer zunehmenden Entwertung gleicht. Dieses Phänomen, der Zukunftsdiskont, auch positive Zeitpräferenz genannt (vgl. Birnbacher 1988, Kap. 2), erschwert offensichtlich die Zukunftsfähigkeit.

Die Neigung, den Wert der Zukunft geringer als den der Gegenwart einzuschätzen, daher die Ansprüche der Zukunft an die Gegenwart zu ermäßigen, ist nicht für die Moderne charakteristisch. Sie ist weder für deren Wirtschaftsform, den sozialstaatlich gebundenen Kapitalismus, die soziale Marktwirtschaft, spezifisch, noch für deren Verfassungsform, die liberale Demokratie. Sie hat nämlich einen doppelten anthropologischen und zusätzlich einen ontologischen Grund: In der Regel ist dem Menschen am wichtigsten, was ihn hier und jetzt trifft. Weniger wichtig ist ihm, was er für morgen erwartet, und trotz aller Zukunftssorgen ist ihm weit weniger wichtig, was ihn in ferner Zukunft treffen und betreffen wird. Diese Diskontierung der Zukunft dürfte bei politischen Entscheidungen noch ausgeprägter als im persönlichen Bereich sein. Wegen der doppelten Ungewißheit, daß die Menschen weder wissen, was die Zukunft bringt, noch ob sie sie erleben werden, ist ein Zukunftsdiskont durchaus vernünftig, freilich im persönlichen Bereich mehr als in der Politik. Denn das Gemeinwesen ist auch für die nachwachsenden Generationen verantwortlich.

Verstärkt wird die Diskontierung der Zukunft durch die zweite, weit verbreitete Neigung, die eigenen Belange höher als die der anderen, folglich auch die der zukünftig Lebenden einzuschätzen. Gegenüber dem Lebenspartner, den eigenen Kindern und Enkelkindern sowie engsten Freunden dürfte diese Neigung zur Selbstprivilegierung, letztlich ein Egoismus, zwar schwächer ausfallen. Da man aber für diesen Personenkreis private Vorsorge treffen kann, schlägt die Abschwächung des Egoismus kaum auf politische Entscheidungen durch.

Zwei demographische Entwicklungen könnten den Zukunftsdiskont verschärfen: der wachsende Anteil älterer Wähler an der Gesamtwählerschaft und der Rückgang der Menschen, die noch Kinder haben. Bei Älteren muß man damit rechnen, daß sie sich mehr für die Bewahrung des Bekannten und die Erhaltung des Gegenwärtigen als für die Vorsorge für die Zukunft interessieren: Rentnern liegt mehr an ihren derzeitigen Renten als an der Zukunft des

Alterssicherungssystems. Mehr auf sich fixiert, orientieren sich Kinderlose stärker an materiellen und postmateriellen Werten, als daß sie sich für eine kinderfreundlichere Gesellschaft, mithin die Zukunft interessieren. (In gewissen Phasen können Kinder freilich auch eine Belastung sein, die die Eltern auf die Gegenwart fixiert.)

Nun zum ontologischen Argument: Nach dem hier entscheidenden Kriterium, der aktualen Wirklichkeit, verfügt das Schon-Jetzt über eine größere Wirklichkeit als das Noch-Nicht. Streng genommen ist nur die Gegenwart aktual wirklich, die Zukunft ist es bloß potentiell. Nur die Gegenwart besitzt die volle Wirklichkeit, während die Zukunft sie noch beweisen muß. Dabei darf man der nahen Zukunft einräumen, daß sie als baldige Gegenwart weniger Schwierigkeiten hat, ihre Wirklichkeit zu beweisen, als eine ferne Zukunft. Jedenfalls verdient nicht schon der bloße Zukunftsdiskont Kritik, sondern erst ein zu hoher Diskontsatz.

Ein zu hoher Diskontsatz liegt jenem kurzsichtigen Denken zugrunde, das die Gegenwart nicht für etwas wichtiger, sondern für weit wichtiger als die Zukunft und das die nahe Zukunft für weit wichtiger als die ferne Zukunft hält. Statt Übel zu bekämpfen und Chancen zu ergreifen, bevor sie sich überdeutlich zeigen, übernehmen die Politiker gern den zu hohen Zukunftsdiskont. Was ist der Grund? Abhängig von Bundestags- und Landtagswahlen, zusätzlich von Meinungsumfragen, können sie sich der Neigung zu kurzsichtigem Denken schwerlich entziehen. Die Kurzsichtigkeit wird noch durch die Frage verstärkt, die «geborene Politiker» sich nicht mehr vorzulegen brauchen, da sie sie internalisiert haben: Mit welchen Rückzahlungen bzw. Rückzahlungsraten ist zu rechnen? Gemeint ist: Was bringt es mir heute, was morgen und was übermorgen ein?

Ein starker Zukunftsdiskont steht freilich im Widerspruch zum Gerechtigkeitsanspruch von künftigen Generationen. Er hat beispielsweise zu einer enorm hohen Staatsverschuldung geführt, deren Zinslast den Spielraum öffentlicher Investitionen empfindlich einschränkt. Er zeigt sich in der Neigung, den konsumtiven Staatsausgaben, denen für Gesundheit und Soziales, größeres Gewicht einzuräumen als den Zukunftsausgaben für Bildung, Forschung und Entwicklung. Und für die große Frage interkultureller Gerechtigkeit, den facettenreichen Umweltschutz (vom Sparen fossiler Energie über Wälder- und Artenschutz bis zum Klimaschutz) engagieren sich die europäischen Demokratien zwar stärker als andere Staaten. Ihr Engagement kommt aber, vorsichtig gesagt, ziemlich spät (zum Klimaschutz s. Kap. 12; zum Zukunftsdiskont s. auch Teil III, u. a. Kap. 17.3 und 19.2).

3. Mehr Verantwortung: Basale Säkularisierung

Zukunftsfähigkeit brauchen Gemeinwesen über alle Kulturen- und Epochengrenzen hinweg. Die bisherige Erklärung des Begriffs war daher bis auf gelegentliche Beispiele noch nicht zeitspezifisch. Erst mit dem Begriff der Säkularisierung nähern wir uns der Gegenwart, freilich behutsam, denn völlig neu ist das Phänomen der Säkularisierung nicht.

Wirft man auf die derzeitige Staatenwelt einen unparteiischen Blick, so erscheint die Diagnose einer Säkularisierung als bestenfalls partiell gültig. Wegen ihrer religiösen und weltanschaulichen Neutralität sind zwar viele Demokratien verfassungsrechtlich säkular. In anderen Gemeinwesen spielt die Religion aber nicht bloß bei der Bürgerschaft eine bedeutende, mancherorts sogar dominierende Rolle. Sie erfreut sich auch verfassungsrechtlicher Privilegien, die über das in liberalen Demokratien zulässige Maß weit hinausgehen.

Selbst in weltanschaulich neutralen Staaten haben die Religionsgemeinschaften oft ein großes Gewicht. Auch sagt schon das Schulwissen, daß man für Birma (Myanmar) und Tibet nicht den Buddhismus, für Pakistan nicht den Islam und für Indien nicht den Hinduismus und als Minderheit den Islam vergessen darf. In Japan herrschen der Buddhismus und der Schintoismus vor; im Iran und in Indien leben auch Anhänger von Zarathustra. Hält man wegen der Ahnenverehrung den (Neo-) Konfuzianismus für eine Religion, so sind Korea und Taiwan, auch die Volksrepublik China zu erwähnen. Zusätzlich gibt es fast überall, mehr oder weniger akzeptiert, Christen und Juden und auf fast allen Kontinenten Religionen der Ureinwohner. So trifft auf die Gegenwart nicht zu, was manche Zeitgenossen und vor allem atheistische Regimes gern hätten: Von einem «nachreligiösen» oder «postreligiösen Zeitalter» kann keine Rede sein (s. auch Kap. 6.2).

3.1 Zum Kontrast: Dialog mit den Göttern

Die folgende Diagnose einer formalen und basalen Säkularisierung zieht diese Weltlage nicht in Zweifel. Sie erklärt keineswegs, eine verfassungsrechtlich säkularisierte Demokratie, getragen von einer weitgehend areligiösen Gesellschaft, sei ein weltweit nachzueiferndes Vorbild.

Aufklärer, die auf ihre Aufklärung stolz sind, achten lieber auf Unterschiede. Wenn sie seit der Antike die Besonderheit der Kulturen und Epochen betonen, haben sie Recht, aber bloß zur Hälfte. Die kulturellen Prägungen sind unverzichtbar, gewiß. Trotzdem gibt es Elemente, die die Menschheit über die Unterschiede der Kulturen hinweg eint. Zu den Gemeinsamkeiten sowohl stark als auch schwach religionsgeprägter, sogar atheistischer Gesellschaften gehört eine formale und basale Säkularisierung. Sie besteht nicht in einer generellen Entmachtung der Religion, wohl aber, soweit sie noch gegeben ist, in bezug auf die politische Zukunftsbewältigung.

Die neue, von Grund auf säkulare Einstellung zur Zukunft springt ins Auge beim Vergleich mit älteren Kulturen. Im Alten Orient, vielleicht auch in Indianerkulturen, fand zwischen den Menschen und den Göttern ein auf das zukünftige Handeln bezogener Dialog statt. Er bedeutet nicht, die jeweilige Gesellschaft sei durch und durch religiös bestimmt. Weder ist für die Fähigkeit der

Inkas, bewundernswert erdbebensichere Gebäude zu errichten, die Religion verantwortlich, noch ist sie es für die altorientalische Entwicklung der Schrift.

Ein Rechtstext wie der *Kodex Hammurapi* beginnt zwar mit einer göttlichen Ermächtigung («Prolog»), die man aber im anschließenden Rechtstext im wörtlichen Sinn vergessen darf. Die einzelnen Paragraphen sind bloß nach der bis heute wichtigen Gliederung aufgebaut, daß zunächst ein Tatbestand, dann seine Rechtsfolge benannt wird. Aus diesem Grund, der Indifferenz gegen die göttliche Ermächtigung, kann nach dem Untergang des babylonischen Reiches der *Kodex Hammurapi* gültig bleiben. Man hatte lediglich den Prolog und den Epilog einzuklammern bzw. zu vergessen.

Schließlich werden die Naturgesetze zwar an einen göttlichen Ursprung zurückgebunden. Zum Beispiel erhalten die Himmelskörper von Götterseite den Auftrag, den Tag hervorzubringen (Prolog aus der Omen-Serie *Enuma Anu Enlil*, s. Brown 2000, 254 f.). Dann aber folgen die Himmelskörper ihren eigenen Gesetzen. Schon sehr früh in der Menschheitsgeschichte wird also die Natur zur Autonomie, ihrer eigenen Gesetzlichkeit, ermächtigt. Da ihre Autonomie aber noch der göttlichen Ermächtigung bedarf, ist die Natur also noch nicht rundum, sondern erst unter einer Vorgabe, also «konditional autonom». Ob Architektur, Recht oder Naturprozesse – im Begriff von Brettspielen schlägt das konkrete Vorgehen, die Pragmatik, die «Ideologie»: beim Rechtstext dessen religiösen Vorspann und bei den Himmelskörpern die «metaphysische Erzählung» vom Auftrag, den Tag hervorzubringen.

Die Annahme, ein in praktischer Hinsicht zukunftsorientierter Dialog, kurz: «futurischer Dialog» könne nicht nur unter Menschen, sondern auch zwischen Menschen und Göttern geführt werden, ist vielen Zeitgenossen von heute völlig fremd. Deswegen empfiehlt es sich, seinen begrifflichen Voraussetzungen nachzuspüren. Gesucht sind nicht die geistes- und sozialgeschichtlichen Bedingungen, die von den einschlägigen Geisteswissenschaften zu ermitteln sind. Die Philosophie nimmt zwar deren Forschung zur Kenntnis, aus der Alt-Orientalistik z. B. Maul 1994, Pongratz-Leisten 1999 und Rochberg 2004. Sie selbst konzentriert sich auf die Frage nach den Bedingungen, um den futurischen Dialog als möglich, darüber hinaus als sinnvoll denken zu können. Wie religiös («fromm») die für den Dialog zuständigen Gruppen sind, – diese Frage bleibt dabei außer Betracht. Daß profane Interessen wie der Kampf um Geld und um Macht hereinspielen, daß Priesterschaften untereinander und mit anderen «Führungskreisen» wetteifern, ist zu erwarten, für die folgende Begriffsanalyse aber unerheblich. Im Hintergrund bleibt auch die Funktion: daß der Dialog mit den Göttern ein politisches Instrument von Herrschaft ist, das den König, zum ausführenden Organ der Götter gemacht, unangreifbar machen soll.

Ein erstes Begriffsmoment liegt auf der Hand: Zu einem Dialog gehört eine Wechselseitigkeit, die dort fehlt, wo man die Götter nur als Informationsquelle ansieht, ohne daß sie einen direkten Einfluß nähmen. Der zukunftsorientierte Dialog ist positiv gesagt nur dann sinnvoll, wenn die Zukunft des Menschen vom Wirken göttlicher Mächte abhängt. Dieses Moment allein ermöglicht freilich den angenommenen Dialog noch nicht. Es besagt lediglich, daß man Mächten unterstellt ist, die die Geschicke der Welt, einschließlich der des Menschen, teilweise oder vollständig leiten. Entfällt diese Bedingung, so wird nicht jeder Dialog unmöglich. Man kann mit den Göttern auch sprechen, um in einer widrigen Lage Trost zu finden und zusätzliche Kraft, um die Lage zu bewältigen.

Um den futurischen Dialog mit göttlichen Mächten denken zu können, müssen rein begrifflich weitere Bedingungen erfüllt sein. Ich sehe acht, also zusammen mit der schon genannten Bedingung neun: Als weiteres dürfen die göttlichen Mächte keine anonymen Kräfte sein, die einfachhin funktionieren. Die Kräfte brauchen einen in praktischer Hinsicht reflexiven Charakter, das heißt, sie müssen fähig sein, ihre Kraft in einer von ihnen gewollten Weise einzusetzen. Die Instanz, der man den entsprechenden Weltlauf vollständig oder teilweise zuschreibt, muß ein praktisches Subjekt, eine mit Wissen und Willen begabte Person sein. Im Gegensatz zu anonymen Kräften haben die göttlichen Mächte einen (persönlichen) Namen, sind folglich eine Instanz, an die man sich wenden kann. Sie sind nicht bloß göttliche, sondern auch personalisierte Kräfte, göttliche Personen, also tatsächlich Götter.

Zusätzlich müssen die göttlichen Personen trotz ihrer enormen Macht- und Rangüberlegenheit bereit sein, sich von den Menschen ansprechen zu lassen. Wenn die Götter, wie etwa Aristoteles' unbewegter Beweger (*Metaphysik*, XII 7), am menschlichen Geschick desinteressiert, gegenüber dem Menschen gewissermaßen taub und stumm sind, wäre der zukunftsorientierte Dialog unmöglich.

Solange die Götter zwar Personen sind, die sich von den Menschen ansprechen lassen, aber keine Antwort geben, solange sie die Zukunft gestalten, ohne sie den Menschen zu offenbaren, liegt erst die Schwundstufe eines Dialogs vor. Für einen echten Dialog müssen die Götter den Menschen erlauben, in die göttlichen Absichten Einblick zu nehmen. Es braucht also göttliche Zeichen, die im Voraus auf das Künftige weisen, sogenannte Vorzeichen, die das, was geschehen wird, offenbar machen.

Da die Zeichen von Göttern kommen, kann man erwarten, daß sie nicht in der üblichen, menschlichen Sprache verfaßt werden. Infolgedessen sind Fachleute vonnöten, Zeichenkundige, die die Vorzeichen zu deuten wissen. Mit den bisher genannten fünf Bedingungen ist die Grundstufe eines Dialogs mit den Göttern erreicht. Das im Begriff des Dialogs enthaltene Potential an Wechselseitigkeit ist aber noch nicht ausgeschöpft. Gegen ein Unglück, vielleicht sogar eine Katastrophe, können sie sich lediglich wappnen. Handlungstheoretisch gesehen, verfügen sie bloß über die Möglichkeit einer Re-aktion. Um dieses Moment von Einseitigkeit zu überwinden, darf die in den Vorzeichen offenbarte Zukunft nicht als unumstößlich, das Unglück darf erst als angedroht, nicht schon als angekündigt gelten. Für einen in struktureller Hinsicht vollendeten Dialog braucht es daher, was vor allem in Alt-Israel zum Tragen kommt: Die Gottheit muß im Fall drohender

Katastrophen bereit sein, sich von den Menschen umstimmen zu lassen.

In der Regel ist dafür eine weitere Bedingung vorausgesetzt: daß die Götter (oder die eine Gottheit) über ein Verhalten verstimmt sind. Die Menschen müssen nach göttlicher Einschätzung Unrecht getan haben.

Infolgedessen hat das angekündigte Unglück den Charakter einer Strafe, die sich aber, letzte Bedingung, durch zwei Arten von Anstrengungen abwenden läßt. Einerseits suchen die Menschen die zornigen Götter durch religiöse Werke wie Gebet, Opfer, Sühne und Ritual zu besänftigen. Andererseits müssen sich die Menschen auf eine Umkehr, auf die Abwendung vom unrechten und Hinwendung zum rechten Handeln, einlassen. Vielleicht brauchen sie sogar eine grundlegende Sinnesänderung.

Der voll entfaltete Dialog ist also wegen seiner zahlreichen begrifflichen Voraussetzungen hochanspruchsvoll. Futurisch, handlungsmäßig auf Zukunft bezogen, ist er in dreierlei Hinsicht. Deren zwei erste Hinsichten erfüllt schon die Grundstufe: daß die Götter die Zukunft bestimmen und daß sie Zukünftiges offenbaren lassen. Die dritte Hinsicht kommt nur in der Vollendungsstufe hinzu: daß die Menschen auf die Zukunft Einfluß nehmen, indem sie die Götter umstimmen und von der zunächst vorgesehenen ungünstigen Zukunft abbringen.

3.2 Exkurs: Beispiele

Da uns die Welt göttlicher Zeichen fremd ist, empfiehlt sich ein Blick auf Beispiele. Das altorientalische Zentrum der Zeichenkunde, Babylon, kennt verschiedene Arten von Omina (Vorzeichen), insofern mehrere «divinatorische Sprachen». Keine von ihnen sollte man im Sinne jenes negativ-ironischen Beiklangs ridikülisieren, den heute das Wort «ominös» begleitet. Von Magie oder Okkultismus kann keine Rede sein; der Alte Orient ist keine exotische Kultur.

Bei einer Art, der Opferschau, richten Herrscher, Heerführer oder Privatpersonen Anfragen an die Götter und erwarten nach der Regel «do ut des» eine Antwort. In der Astrologie dagegen, der Herrscherastrologie und den «privaten» Horoskopen, werden Zeichen gedeutet, die die Götter von sich aus geben und mit der Aufforderung verbinden, sie zu lesen. Der Struktur nach gemeinsam ist, daß man als erstes neutrale Phänomene beobachtet, beispielsweise eine Planetenkonstellation oder die Gestalt eines Eingeweides, etwa einer Schafleber. Diese Phänomene sind sodann von Fachleuten zu deuten, die nach einem strengen Regelwerk eine extreme fachsprachliche Expertise vornehmen. Dadurch erhält der Dialog eine zweite Achse. Zur Vertikalen, der dem Rang nach primären, überdies politischen Kommunikation zwischen den Göttern und dem Herrscher, kommt eine Horizontale, die rangmäßig sekundäre und in der Aufgabe subsidiäre Kommunikation zwischen dem Herrscher und den professionellen Spezialisten.

Die Expertise erfolgt methodisch gesehen in zwei Schritten. Im ersten Schritt werden die beobachteten Phänomene nach der Alternative «günstig oder ungünstig» beurteilt (Interpretation 1), wodurch die Phänomene zu Zeichen werden, die Sternenwelt beispielsweise zu einer Himmelsschrift.

Als nächstes werden die gedeuteten Phänomene, die Zeichen, auf persönliche, soziale oder politische Fragen hin ausgelegt (Interpretation 2), etwa: Soll man ein Geschäft abschließen? Oder: Soll man einen Reiterangriff starten?

Man darf den Gehalt der im Zeichen liegenden Handlungsanweisung nicht überbewerten und die Reichweite der im Alten Orient praktizierten vor- und außerdivinatorischen Rationalität nicht unterschätzen. Formal handelt es sich zwar um eine von höheren Mächten erteilte Weisung, inhaltlich enthält sie aber so gut wie nie eine konkrete Entscheidung, die etwa sagt: Schließe morgen Deinen Getreidehandel ab! Oder: Schicke Anfang nächster Woche gegen die Stadt Susa Deine Reitertruppe ins Feld! Oder allgemein: Führe zum Zeitpunkt t_1 die Handlung H_1 aus!

Die Einzelheiten sind aus einer vor- und außerdivinatorischen, also «natürlichen» Situationsanalyse in eigener Verantwortung zu erarbeiten. Die dabei gefundene Entscheidung wird in der «Transzendenz» dignifiziert, das heißt für der Art nach gut und richtig erklärt. Der «Himmel» besitzt aber auch ein Veto-Recht, das da sagt: Dieses oder jenes unterläßt man besser, zumindest für die nächste Zukunft.

Ein Beispiel aus Griechenland zeigt, daß man die Entscheidungsrelevanz eines göttlichen Zeichens nicht überschätzen darf: Xenophon berichtet im *Zug der Zehntausend* (6,4–6,5), daß man die Opfer so oft wiederholt hat, bis ihre Deutung auf ein die Griechen überzeugendes Vorzeichen hinauslief. Hier geht die Deutungskompetenz in die Gestaltungskompetenz über, was sich auch bei Herodot (*Historien* 7, 139–144) andeutet, wenn es von Athens Boten heißt, daß sie ein Unglücksorakel abweisen und einen zweiten, «besseren Spruch über unser Vaterland» einfordern.

Geht die Deutungskompetenz in die Gestaltungskompetenz über, so findet eine Entmachtung der göttlichen Zeichen statt, die auf der nächsten Stufe der Entwicklung offen ausgesprochen wird: Nach Thukydides (*Geschichte des Peloponnesischen Krieges* I 138, 3) ist der Athener Feldherr und Staatsmann Themistokles durch die eigene Klugheit der beste Erahner der Zukunft gewesen. Die «divinatorische Rationalität» hat hier alle Macht an die natürliche Vernunft verloren.

Zur eigenen rationalen Durchdringung der Situation kommt noch eine Demokratisierung hinzu, da die Klugheit im Unterschied zur Zeichendeutung nicht bloß Experten, sondern jedermann offensteht. Zusätzlich findet eine Politisierung statt, da sich die Politik von einer ihr externen Macht, der Zeichendeutung bzw. Mantik, löst und diese samt ihrem «weltanschaulichen» Hintergrund ins Private abdrängt. Einmal mehr erweist sich Griechenland als ziemlich modern. Generell wird die Mantik freilich nicht entmachtet, zum Beispiel weder bei Platon noch in anderer Weise in der Stoa (vgl. Trampedach 2003).

Man darf allerdings nicht übersehen, daß sich auf der pragmatischen Ebene der Zukunftsbewältigung zwischen altorientalischer Antike und Moderne weit mehr Gemeinsamkeiten finden lassen, als von den zutiefst verschiedenen Weltbildern zu erwarten wäre. Kluge Kulturen verhalten sich nicht anders als kluge Menschen: Im konkreten Leben lassen sie sich von Weltbildern, Weltanschauungen oder Ideologien nicht allzu stark beirren. Ein zweites Mal schlägt die Pragmatik die «Ideologie». Ohnehin hat keine der divinatorischen Techniken die babylonischen Reiche davor bewahrt, von den Hethitern, später den Kassiten, schließlich von den Persern überrannt zu werden.

Nicht nur bei den Babyloniern und weiteren altorientalischen Kulturen findet sich der Glaube an göttliche Zeichen und deren Deutung durch professionelle Zeichendeuter. Bei einer uns noch entfernteren Kultur, den Tuwa-Mongolen, wirft ein Experte, der Schamane, neun Widderknöchel und deutet dann deren Konstellation. Eine lebendige Beschreibung der Zeit des Mongolenherrschers Dschingis Khan lesen wir, hier gekürzt, bei Galsan Tschinag, einem Schamanen der Tuwa-Mongolen und brillanten deutschen Schriftsteller: «Zuerst sah man nur herumliegende Knochen. Munglik [der Schamane] deutete auf die Wege ... hin, nannte die Tiere, zählte ihre Geschlechter. Da glaubte man mit einemmal zu erkennen, daß dem ein Sinn innewohnen könnte, wenn man auch nicht wußte, welcher» (2007, 146).

Ein letztes Beispiel, jetzt für den Versuch, eventuell erzürnte Götter zu besänftigen: Bis weit in die Neuzeit bringen die Andenvölker beim Bau einer Straße Tier-, sogar Menschenopfer dar, motiviert von einem Respekt vor den Geistern der Berge und der Erde, deren Friede der Straßenbau störe. Dabei ist der Respekt im doppelten Sinn von Anerkennung und von Furcht vor Vergeltungsmaßnahmen zu verstehen. (Vgl. Vargas Llosas 1993; nicht so positiv sehen es Baudin 1987, 219–225 und Lanczkowski 1989, 53–55.)

3.3 Säkularisierung

Schon der elementare, noch mehr der anspruchsvolle Dialog der Menschen mit den Göttern ist der heutigen Politik fremd geworden. Nicht mehr, aber auch nicht weniger ist mit der formalen und basalen Säkularisierung gemeint. Eine generelle Spitze gegen Religion oder Theologie enthält die These nicht. Weder besagt sie, der Moderne sei jeder Dialog des Menschen mit der Gottheit abhanden gekommen, noch habe die Religion jede Bedeutung, nicht einmal jede politische Bedeutung verloren. Derartige empirische Behauptungen wären allzu leicht zu widerlegen, etwa durch die politische Bedeutung des Islam oder durch das teils gesellschaftliche, teils politische Gewicht der (christlichen) Kirchen und der (jüdischen) Synagogen. Nicht zuletzt breitet sich seit einiger Zeit ein Gottesglaube aus, der sich an keine Religionsgemeinschaft bindet.

Die These der basalen Säkularisierung leugnet nicht das bleibende Gewicht von Religion und Gottesglaube. Ohnehin erhebt sie keinen normativen oder legitimatorischen Anspruch. Sie besagt nicht, daß nach Kriterien der Moderne die Religion nicht mehr zu rechtfertigen sei, daß sie folglich einen Anachronismus, ein Überbleibsel der Vormoderne darstelle, das die Moderne in ihrer Toleranz, freilich mit einem abfälligen Unterton, nur dulde. Die These versteht sich als eine Diagnose der Gegenwart: Wie auch immer die zeitgenössischen Gesellschaften zur Religion stehen – die zukunftsorientierte Politik baut kaum auf einem Dialog der Menschen mit den Göttern oder der einen Gottheit auf.

Die Ausdrücke «Säkularisierung» und «Säkularisation» sind längst vieldeutig (vgl. neuerdings Taylor 2008). Wörtlich bedeuten sie eine Verweltlichung, wie sie im Eigentumsrecht beispielsweise als Überführung von geistlichem in weltlichen Besitz geschieht. In der Religionsgeschichte besagen sie, daß bei zunehmender Kenntnis weltlicher Gesetzmäßigkeiten das Göttliche in einen zur Erfahrungswelt jenseitigen Bereich verlagert, zugleich die irdische Welt entsakralisiert, entgöttlicht wird. In der weiteren Geistesgeschichte

versteht man unter der Säkularisierung eine Profanierung, die Ablösung von Verhaltensweisen, gesellschaftlichen Ordnungen, sitt-
lichen Forderungen und kulturellen Leistungen von ihrer ursprünglichen religiösen Grundlage, ferner die Umdeutung theologischer
in weltliche Ansichten, daß beispielsweise aus der Heilsgeschichte
eine Forschrittsgeschichte wird. Bei Gebäuden und bei Riten beläuft sich die Profanierung oft auf eine Entweihung. Nach der
Theorie und Praxis der europäischen Staaten schließlich – man ver-
meide die latent eurozentrische Rede von «modernen» Staaten – besteht die Säkularisierung in jener Entwicklung der vorher christlichen Gemeinwesen zu religiös-neutralen, rein weltlich agierenden
Staaten, die schon im späten Mittelalter beginnt und vielerorts im
19. Jahrhundert abgeschlossen ist. Ohne deshalb, wie Kritiker behaupten, zu einer gottlosen Einrichtung zu werden, gibt der Staat
die Religion als verbindliche Grundlage und als belebendes Ferment
auf. Die in Europa vorherrschende Staatsform, die rechtsstaatliche
Demokratie, beläßt allerdings den Bürgern nicht nur das Recht,
einer Religionsgemeinschaft anzugehören. Sie dürfen auch aus religiöser Motivation, aber kaum mit partikular religiösen, vielmehr
mit einer der jeweiligen Demokratie gemeinsamen, insofern öffentlichen Vernunft (s. dazu Kap. 19.1) politischen Einfluß nehmen.

Die hier vertretene Art von Säkularisierung hat mit dem religions-
geschichtlichen Begriff eine gewisse Ähnlichkeit, während sie sich
von den anderen drei Begriffen deutlich unterscheidet. In einer ersten Abweichung von vertrauten Begriffen kommt es weder auf die
eigentumsrechtliche noch eine generelle geistesgeschichtliche Bedeutung und auch nicht auf die Eigenart der westlichen Demokratie
an. Behauptet wird, daß ein futurischer Dialog zwischen Mensch
und Gott zwar im persönlichen Leben noch eine Rolle spielen mag.
Selbst in jenen Gemeinwesen, in denen eine Religionsgemeinschaft
die gesellschaftlich oder politisch beherrschende Rolle spielt, pflegt
die staatliche Seite aber damit zufrieden zu sein, religiöse Gebote
und Verbote einzuhalten und Zuwiderhandlungen zu bestrafen.
Wesentlich mehr geschieht nicht.

Der Glaube an eine personale Gottheit, sei es im Singular «Gott» oder Plural «Götter», ist heute noch weit verbreitet. Daß die Gottheit in den Lauf der Welt eingreift, nimmt man aber seltener an, noch seltener, daß der Eingriff sich in Vorzeichen ankündigt, die überdies nur die Zeichenkundigen zu deuten verstehen. Und am wenigsten glaubt man, daß ein etwaiger göttlicher Eingriff aus Zorn über Unrecht erfolge, wobei der Zorn noch abgewendet werden könne. Selbst dort, wo man die entsprechenden Annahmen noch macht, beeinflussen sie, so scheint es zumindest, überwiegend den Privatbereich. Weder christliche noch hinduistische, jüdische oder muslimische Herrscher pflegen ihre Politik am Rat von Zeichenkundigen auszurichten. Vor allem die Annahme, daß Glück und Unglück eine Gabe der Götter seien, die sie gemäß dem Recht- oder Unrechthandeln der Menschen verteilen, daß insbesondere die Heimsuchung durch ein böses Geschick eigenem Fehlverhalten zuzuschreiben sei, mag in manch persönlichem Leben noch wirksam sein, in der Politik hat die Annahme ihre Überzeugungskraft verloren.

Die basale Säkularisierung kann in zwei Hauptgestalten auftreten, einer bescheidenen und einer stärkeren Gestalt. Die bescheiden basale Säkularisierung hält sich für die Möglichkeit göttlicher Mächte offen, bestreitet aber, daß die Mächte in einen futurischen Dialog mit den Menschen eintreten könnten. Es gibt gute Gründe, die andere, stärkere Gestalt der Säkularisierung für modern zu halten. Sie entspricht nämlich der modernen, im wesentlichen aber schon von den Griechen und im Fall der Astronomie von den Babyloniern gepflegten Wissenschaft. Darüber hinaus wird sie von einem Großteil der Theologen verschiedenartiger Religionen anerkannt. Ihre etwaige Qualifizierung als modern spielt aber hier, bei der Diagnose von Rahmenbedingungen, keine Rolle. (Zur Entstehung der «wissenschaftlichen» Astronomie aus der assyrisch-babylonischen Astrologie s. Brown 2000. Anders verhält es sich mit Ägypten und der Medizin: Für die Mumifizierung schneidet man zwar die Eingeweide heraus; mangels Desinfektionsmitteln oder gar Antibiotika ist aber keine Chirurgie möglich, weshalb keine wissenschaftliche Chirurgie/Medizin entsteht.)

Im Fall der stärkeren basalen Säkularisierung erklärt man die Vergangenheit und die Gegenwart nicht mehr aus dem unmittelbaren Wirken göttlicher Kräfte. Die Säkularisierung wird zu einer Ent-Göttlichung, einer De-Divinisierung. Nur metaphorisch spricht man zum Beispiel noch von Nymphen, also weiblichen Naturgottheiten, die sich in Quellen und Bächen tummeln oder in Bäumen und Wäldern und auf Bergen hausen. Statt übernatürlicher Ursachen nimmt man natürliche Kräfte an, hinter denen teils Naturgesetze, teils soziale und kulturelle Gesetzlichkeiten, teils menschliche Absichten und Handlungen stehen. Nicht zuletzt kommt es auf die Konstellationen an, die sich aus dem Zusammenwirken dieser Kräfte ergeben.

Die Entmachtung des Übernatürlichen durch das Natürliche beläuft sich auf eine basale Naturalisierung. Hinter der stärkeren basalen Säkularisierung steckt also eine basale Naturalisierung, die nicht nur darauf verzichtet, ungünstige Zukunftsverhältnisse aus einem göttlichen Zorn zu erklären, der sich besänftigen läßt. Sie führt vielmehr die künftigen Verhältnisse nicht mehr auf das Wirken von Gottheiten zurück.

Einwenden ließe sich, mancherorts laste man gesellschaftliche Schwierigkeiten dem Verlust der Religion an und meine, in stärker religiös geprägten Gesellschaften tauchten diese Schwierigkeiten entweder nicht auf oder ließen sich, falls sie doch auftauchten, rascher beheben. Dabei handelt es sich aber nicht um jenen futurischen Dialog, der in Vorzeichen eine wegen erzürnter Götter unglücksgeladene Zukunft androht, die sich aber glücklicherweise noch abwenden läßt. Mag es da und dort noch Reste von Divination geben – zumindest öffentlich und offiziell hat sich die im stärkeren Sinn basale Säkularisierung zusammen mit der basalen Naturalisierung rundum durchgesetzt.

3.4 Theologische Revolutionen

Vielerorts lebt heute noch die skizzierte Naturalisierung mit einem Gottesglauben friedlich zusammen. Daß sich beide miteinander vertragen, könnte man für eine nicht durchschaute Illusion, für eine Ideologie halten. In Wahrheit lassen sich beide als vereinbar denken, vorausgesetzt, man nimmt Veränderungen des Gottesbildes an, die wegen der Tiefe der Veränderung und ihrer Tragweite den Rang einer theologischen Revolution haben. Gemäß den drei Stufen: Schwundstufe, basaler Dialog und voller Dialog, lassen sich die eventuell sehr verwickelten Vorgänge strukturell gesehen in drei Stufen aufgliedern. Die Frage, wie die Religionsgeschichte tatsächlich abgelaufen ist, insbesondere ob die angesprochenen Veränderungen sich «von heute auf morgen», also in einer Revolution, ereigneten oder eher in mehreren Reformschritten, läßt sich dagegen nur empirisch beantworten. Hier nur ein Beispiel für die Art von Texten, die man dabei zu Rate ziehen kann: Im alttestamentlichen *Buch der Weisheit* steht ein Vers, den man als Kritik an der altbabylonischen Zukunftswissenschaft lesen kann: «Unsicher sind die Berechnungen der Sterblichen» (9,14).

Sofern man die Vollendungsstufe, nicht die Grundstufe des Dialogs aufgibt, wird die Gottheit zu einem Wesen, das nicht mehr «mit sich reden» läßt. Selbst wenn sie noch Zukünftiges offenbart, bietet sie dem Menschen keine Möglichkeit, sie, die Gottheit, von der geoffenbarten Zukunft abzubringen. Nicht nur in einem Einzelfall, sondern grundsätzlich allem Bitten und Betteln verschlossen, hält die Gottheit an der von ihr beabsichtigten Zukunft fest. Geht auch der Glaube an die Grundstufe des Dialogs verloren, reicht die theologische Revolution weiter. Sie erklärt die Gottheit zu einem Wesen, das die zukünftige Weltlage geheim hält, sich also jeder «futurischen Offenbarung» versperrt. In diesem Fall handelt es sich um die genannte Schwundstufe des Dialogs: Die Götter gestalten die Zukunft, offenbaren sie aber nicht.

Das Gottesverständnis, das aus diesen beiden Veränderungen entsteht, ermöglicht erst die bescheidene, noch nicht die stärkere Säkularisierung. Selbst in der Schwundstufe des Dialogs wird die zukünftige Weltlage noch auf göttliche Kräfte zurückgeführt. Soll die Säkularisierung weiter gehen und trotzdem mit einem Gottesglauben verträglich sein, so bedarf es einer erneuten, mittlerweile dritten theologischen Revolution. Sie koppelt das Wirken der Gottheit vom Gang der Welt ab. Die Möglichkeit dieser noch radikaleren theologischen Revolution ist aus rein konzeptuellen Gründen, also ohne in die Ideengeschichte eintauchen zu müssen, anzunehmen. Sie besteht in einer Sphärentrennung, die jener Trennung analog ist, die das neutestamentliche Wort «Caesari Caesaris, Deo Dei» ausspricht: «Gebt dem Kaiser, generell: der weltlichen Herrschaft, was ihr obliegt, und überlaßt Gott, was Gottes ist.»

Diese für die europäische Moderne charakteristische Sphärentrennung hat nicht nur christliche Wurzeln. Die Griechen erkennen in der Polis und für sie keine unmittelbare religiöse Autorität an: Delphi und andere Orakelstätten werden zwar befragt; weil sie aber außerhalb der wichtigeren Poleis liegen, können sie nur einen begrenzten, überdies mittelbaren Einfluß ausüben, was die göttliche und die weltliche Herrschaft zwar nicht vollständig, aber doch weithin voneinander trennt.

Die Sphärentrennung, den ein mit der Naturalisierung verträglicher Gottesglaube voraussetzt, folgt der Devise: «Naturae naturae, Deo Dei». Da die Natur hier als Inbegriff aller nicht übernatürlichen, sondern innerweltlichen Kräfte zu verstehen ist, heißt der Grundsatz des näheren: «Überlaßt den Natur- und Sozialkräften sowie dem menschlichen Handeln die Entwicklung der natürlichen und sozialen Welt, und überlaßt Gott die göttlichen Angelegenheiten.»

Die dritte theologische Revolution enthält eine Offenheit, die die Koexistenz von Naturalisierung und Gottesglauben erleichtert. Sie läßt nämlich die Frage offen, ob die Welt samt ihren natürlichen und sozialen Kräften eine Schöpfung ist, die sich einem personalen

Schöpfer verdankt. Eine andere Frage bleibt hingegen nicht mehr offen, sondern erhält eine entschiedene Antwort: Die Schöpfung, wenn es sie denn gibt, folgt dem am Schöpfungsbeginn gesetzten natürlichen Potential. Sie entwickelt sich aus der Materie (in deren weiten, die sogenannte Antimaterie und dunkle Materie einschließenden Sinn) und aus den in ihr herrschenden Kräften und Gesetzlichkeiten. Auch wenn am Uranfang ein Schöpfer stehen mag – die seitherige Entwicklung des Universums ist ein rein natürlicher Vorgang, ohne jene neuerlichen Eingriffe des Schöpfers, die noch Isaac Newton (1713, *Scholion generale*) angenommen hatte. Der Kosmos entwickelt sich in einer rein natürlichen, zunächst vorbiologischen, auf der Erde später auch biologischen und noch später kulturellen Evolution.

Die Tragweite der drei theologischen Revolutionen, vor allem die der dritten Stufe, haben sich vermutlich manche Gottesgläubige, sogar einige Theologen noch nicht hinreichend klar gemacht. Der skizzierte Befund, daß selbst (tief) religiöse Herrscher zumindest offiziell keine auf Vorzeichen spezialisierten Zukunftsdeuter für ihre Politik zu Rate ziehen, beweist es aber durch die Tat: Der Glaube an einen «futurischen Dialog» zwischen Mensch und Gott, selbst an die Schwundstufe dieses Dialogs, hat für die Politik seine wirklichkeitsbestimmende Kraft verloren.

Das Interesse an Zukunftsfähigkeit bleibt freilich erhalten. Auch die Aufgabe, sich auf die Zukunft einzustellen, sie möglichst zu planen und zu beeinflussen, gehört zu den Gemeinsamkeiten, die die Menschheit über Kulturgrenzen hinweg heute verbindet. Das Interesse an Zukunftsfähigkeit hat sogar die in der Einführung genannte anthropologische Grundlage. Nicht an die Gegenwart gekettet, kann der Mensch in die Zukunft blicken und dank seiner Intelligenz sowohl aus der Vergangenheit lernen als auch eine gewisse Zukunft erwarten oder befürchten. Da die Vergangenheit lehrt, daß die Zukunft nicht nur Gutes, sondern auch Schlechtes bringen kann, gebietet die Klugheit, sich gegen natürliches, soziales und persönliches Unglück abzusichern und generell mit dem heutigen Tun und Lassen die Welt von morgen zu den eigenen Gunsten zu beeinflussen.

Eine Diagnose, die lediglich die basale Säkularisierung und ebenso basale Naturalisierung sieht, verkürzt die neue Wirklichkeit. Sie unterschlägt, daß beide, Säkularisierung und Naturalisierung, einen neuen Horizont eröffnen: Der Umgang mit der Zukunft ist zu einer Aufgabe geworden, die der Mensch, und im wesentlichen er allein, zu bewältigen hat. Dieser neue Horizont erhöht die Verantwortung der Menschen; die Entwicklung hat den Rang einer spezifischen Humanisierung. Darin liegt die Chance der basalen Säkularisierung, aber auch deren Preis.

Offensichtlich kann ein einzelner Mensch allein die Aufgabe nicht lösen. Es braucht kollektive Anstrengungen, die den Umgang mit der Zukunft zu einer kulturellen Aufgabe machen. Der Dialog behält durchaus zwei Achsen, aber die Vertikale entfällt. An die Stelle des vertikalen Dialogs zwischen den Menschen und den Göttern tritt ein zusätzlicher horizontaler Dialog, der politische, gegebenenfalls demokratische Dialog der Menschen untereinander, verbunden mit einem Quasi-Dialog der Menschen mit der Natur bzw. Umwelt im weiten Sinn, nämlich mit der natürlichen, der sozialen und der humanen Welt. Die bisherige Horizontale und deren subsidiärer Charakter bleibt dagegen erhalten, also der Dialog der Herrscherseite mit professionellen Fachleuten. In den westlichen Demokratien besteht die primäre Horizontale im demokratischen Dialog (s. Kap. 5.2); und die subsidiäre Horizontale in der wissenschaftlichen Politikberatung, allgemeiner im Verhältnis von Demokratie und Sachverstand (s. Kap. 18).

3.5 Eine neue Zukunftswissenschaft

Schon die Kulturen des Zweistromlandes kannten eine hochentwickelte Zukunftsforschung. Nachdem deren legitimatorische Grundlage, der futurische Dialog der Herrscher und der Götter, verschwunden ist, braucht es also eine Zukunftswissenschaft nicht zum ersten Mal. Vonnöten ist «nur» eine neue Gestalt, eine sowohl säkularisierte als auch naturalisierte und humanisierte Zukunftswissenschaft. In ihren Aufgaben und den geeigneten Methoden ist sie so vielfältig, daß man besser von einem Komplex von Zukunftswissenschaften spricht.

Zu den Gemeinsamkeiten der heutigen Zukunftswissenschaften mit denen des Alten Orients gehört die Annahme, daß schon die gegenwärtige Welt Spuren einer sich entfaltenden Zukunft enthält. Heute ist die Gegenwart aber ausschließlich Gegenwart, frei von (divinatorischen) Zeichen für die Zukunft. An die Stelle der altorientalischen Zeichendeutung treten – erster Unterschied – «moderne» Trendanalysen.

Es gibt eine zweite Gemeinsamkeit: Damals wie heute gilt die Welt als ein Gefüge, das man systematisch zu erfassen sucht. Im Alten Orient ist es allerdings ein Gefüge, das nach heutiger Ansicht aus zwei Welten, der irdischen und der Sternenwelt, nach damaliger Ansicht aber in einer irdisch-kosmischen Einheit besteht. Dabei umfaßt die irdische Welt einen durchaus weiten Bereich, aber nicht annähernd die gesamte Erde. Zweiter Unterschied: Heute, in Zeiten der Globalisierung, gehört zu dem für die Zukunftsfähigkeit entscheidenden Gefüge geographisch die gesamte Erde und gesellschaftstheoretisch die sich gegenseitig beeinflussenden, relativ autonomen Subsysteme der Gesellschaft (s. Kap. 4).

Gemäß einer dritten Gemeinsamkeit entwickelt sich die Zukunft zwar «kausal» aus der Gegenwart, sie ist aber nicht unumstößlich, sondern läßt sich zu den eigenen Gunsten beeinflussen. Dafür braucht es im Alten Orient den Dialog mit den Göttern. Heute, dritter Unterschied, findet der Dialog lediglich zwischen den Menschen und als Quasi-Dialog zwischen den Menschen und der sowohl naturalen als auch sozialen Natur statt.

Eine weitere Gemeinsamkeit liegt im Versuch, aus der Vergangenheit, zumal ihren Katastrophen, zu lernen: in Babylon aus dem Untergang des Landes Akkad, in Europa aus den Schrecknissen des Zweiten Weltkrieges. Schließlich erfordert die Zukunftsfähigkeit

damals wie heute mindestens teilweise einen professionellen Sach-
und Fachverstand.

Ein weiterer, mittlerweile vierter Unterschied: Der Alte Orient
will das menschliche Handeln im Einklang mit dem Göttlichen
halten, wozu in Ägypten gehört, was in Mesopotamien fehlt: ein
Totengericht samt Jenseits-Glauben. Als heutiges Substitut oder
funktionales Äquivalent zum altorientalischen Einklang darf die
Übereinstimmung des Handelns mit Recht und Moral gehören.
Freilich findet sich selbst hier eine Gemeinsamkeit, denn zum altorientalischen Einklang gehört auf seiten der Menschen Rechtschaffenheit, also auch die Übereinstimmung mit Recht und Moral.

Im Falle der heutigen, «modernen» Zukunftswissenschaften darf
man den Anspruch nicht zu hoch schrauben. Daß sie auf eine vergleichbare Weise zu einer Wissenschaft der Zukunft werden, wie
die Physik eine Wissenschaft der beobachtbaren und meßbaren
Naturvorgänge oder die Gräzistik eine Wissenschaft der (alt-)grie-
chischen Sprache und Literatur sind, bleibt grundsätzlich ausge-
schlossen. Denn die genau bestimmbaren Elemente, die die für die
Politik entscheidende Zukunft enthalten, machen von ihr nur einen
kleinen Teil aus. Insgesamt gesehen ist die entscheidende Zukunft
in zweierlei Hinsicht offen: zum einen weithin unsicher, zum anderen in hohem Maß ungeordnet, amorph. Infolgedessen hat die
sogenannte Futurologie oder Zukunftswissenschaft nur eine kurze
Konjunktur gefunden. Eine eigene, von den jeweiligen Sachgebie-
ten abgetrennte Zukunftswissenschaft hat zu Recht keine große
Zukunft.

Im Rahmen der Zukunftswissenschaften lassen sich drei Ebenen
unterscheiden: Eine Zukunftswissenschaft im engeren Sinn versucht sich in Prognosen und Projektionen; eine wissenschaftsgestützte Zukunftsgestaltung entwirft Pläne und Programme; eine
Zukunftsphilosophie schließlich analysiert als kritische Sozialphi-
losophie und philosophische Ethik soziale und politische Probleme und versucht sich in einem philosophiegestützten Zukunftsentwurf.

Die näheren Schwierigkeiten und die trotzdem möglichen Strategien werden in Teil II erörtert. Zwei Gesichtspunkte lassen sich aber schon jetzt benennen: Die Politik sollte beide, die Unsicherheit und die Ungeordnetheit, zu verringern suchen. Und mit der unvermeidlich bleibenden Unsicherheit und Ungeordnetheit sollte sie – mehr läßt sich zunächst nicht sagen – umsichtig umgehen.

4. Weniger Kompetenz: Differenzierung, Vernetzung und Globalisierung

Zwei weitere Rahmenbedingungen sind weder an die politische Moderne, die liberale Demokratie, noch an eine wirtschaftliche oder gesellschaftliche Modernisierung gebunden. Den beiden, der Differenzierung und der Vernetzung der heutigen Politik, liegen gegenläufige Entwicklungen zugrunde, die sich aber weder sachlich noch zeitlich ausschließen. In ihrer Verbindung mahnen sie die Politik, ihre Handlungsmacht nicht zu überschätzen, und die Bürger, die Erwartungen an politische Zukunftsfähigkeit zu dämpfen: Auch die Demokratie kann weniger, als sie will oder von ihr erwartet wird.

4.1 Differenzierung

Die erste Rahmenbedingung, eine funktionale Differenzierung der Gesellschaft, ist nicht so neuartig, wie die unter Systemtheoretikern verbreitete These, eine Ideologie der Moderne, behauptet. Wesentlich für die moderne Gesellschaft ist sie aber doch. Sie besagt, daß an die Stelle der Gliederung in hierarchisch geordnete Schichten, der Stratifikation, eine funktionale Gliederung getreten sei, das Nebeneinander von Teilsystemen wie Wirtschaft und Wissenschaft, Recht, Gerichtswesen und Politik. Diese Teilsysteme «funktionieren» deshalb weitgehend selbständig, weil sie einer je eigenen, funktionsspezifischen Normativität unterworfen sind. Überdies bestehen sie nach Niklas Luhmann (z. B. 1984, Kap. 1 u. a.) nicht aus Subjekten, sondern aus Kommunikation, und jedes der Teilsysteme hat ein eigenes Medium, in dem es kommuniziert: die Wirtschaft im Medium des Geldes, die Politik im Medium der Macht, die Wissenschaft im Medium der Wahrheit. Diese Diagnose mahnt die Politik zur Bescheidenheit, mehr noch: sie bestreitet der Politik, mithin auch der Demokratie, eine zentrale Steuerungsfunktion. Selbst wenn sie nämlich eine Sonderrolle spielt, sind viele Gesellschaftsbereiche Gesetzlichkeiten unterworfen, die denen der Politik nicht nur fremd, sondern ihr sogar entzogen sind.

Die These der funktionalen Gliederung ist nicht strittig, allerdings auch nicht sonderlich neu. Gegen die nähere Interpretation erheben sich aber Bedenken. Sie beginnen mit dem Hinweis, daß Systemtheoretiker wie Luhmann über der «symbolischen» Funktion des jeweiligen Mediums deren «inneren» Wert zu ignorieren neigen. Das Medium der Wirtschaft beispielsweise, das Geld, ist mehr als bloß beiläufig ein Vermögenswert. Überdies ist es bestenfalls eine Quasi-Sprache, denn es wird nicht *in* Geld, sondern *mit* Geld kommuniziert; Geld wird «nicht mitgeteilt, sondern übertragen» (Deutschmann 2000, 302).

Auch die sozialgeschichtliche These, die funktionale Gliederung kennzeichne die Moderne, weckt Zweifel, so daß sich in dieser Hinsicht die Zukunftsfähigkeit der Politik wenig geändert hat. Eher liegt die Gegenthese nahe, daß zumindest unter den sogenannten Hochkulturen sich kein einziges Beispiel einer Gesellschaft findet, in der unbeschadet einer hierarchischen Ordnung nicht auch eine ausgeprägte funktionale Differenzierung herrscht: Schon im Alten Orient, ohnehin bei den antiken Griechen gibt es sowohl eine politische Führungsschicht (in Griechenland trotz der Demokratie) als auch Kaufleute und eine Priesterschaft. Da jede dieser drei Gruppen innerhalb ihrer Arbeit einer funktionsspezifischen Gesetzlichkeit folgt, kann man von gesellschaftlichen Teilbereichen sprechen und ihnen mehr als nur bescheidene Ansätze von Autonomie zubilligen. Die Teilbereiche waren überdies noch untergliedert, der Wirtschaftsbereich beispielsweise in Bauern, Kaufleute, Handwerker und Tagelöhner; die Kaufleute unterteilten sich noch in Klein- und Großhändler; es gab Märkte (Basare), Geld (Münzen), Darlehen, Zins und Bankiers (zum Zweistromland s. Mieroop 1997, zu Athen s. Cohen 1992).

Unbestreitbar hat sich der für einen Gesellschaftsbereich zuständige Normativitätstyp im Laufe der Zeit verändert; auf dem athenischen Markt hat Geld eine andere Bedeutung als an der Wall Street. Die Grundstruktur findet sich aber schon in den auch hierarchisch gegliederten Gesellschaften: Die Wirtschaftsprozesse folgen dem einen Rationalitätskriterium, die Politik einem anderen, die Wissenschaft einem dritten, und alle drei Kriterien sind voneinander unabhängig. Folglich enthält im Fall der funktionalen Differenzierung die angebliche Modernität einen Gutteil an Ideologie der Moderne: Wenn nicht ein falsches, so ist sie zumindest ein verkürztes Bewußtsein. So neuartig ist die funktionale Gliederung jedenfalls nicht.

Die Frage, wann die funktionale Gliederung beginnt – kaum zu einem bestimmten Zeitpunkt –, ist hier nicht zu erörtern. Schon ziemlich früh entwickeln Großbereiche der Gesellschaft jedenfalls eine erhebliche Eigenständigkeit: Die Wirtschaft und die Religion spielen sich in eigenen Institutionen oder Institutionskomplexen ab und folgen dabei eigenen Gesetzlichkeiten. Wegen ihrer öffentlichen Bedeutung bleibt zwar vor allem die Religion noch des längeren mit der Politik verquickt. Die Verquickung hebt aber die funktionale Differenzierung nicht auf. Insbesondere die spirituelle Seite der Religion, auch der Kultus und das Personal, die Priesterschaft, und deren Ausbildung sind in hohem Maße eigenständig.

Für eine Entquickung votiert besonders deutlich das genannte, etwa zwei Jahrtausende alte Wort des Neuen Testaments «Gebt dem Kaiser, was des Kaisers, und Gott, was Gottes ist». Hier reicht die Sphärentrennung über die funktionale Eigenständigkeit weit hinaus. In der Praxis beider Seiten, der Politik und der Kirche, bleibt zwar die genaue Abgrenzung noch lange umstritten, nicht selten sogar blutig umkämpft. Im europäischen Staatskirchentum des 16. bis 18. Jahrhunderts verbinden sich Staat und Kirche sogar zu einer Gesamtkörperschaft, in der der Staat den Vorrang genießt: Er erläßt für die Staatskirche die Gesetze, besetzt die höheren Kirchenämter, bestimmt für die öffentlichen Institutionen, insbesondere das Bildungswesen, die Konfession. Und bisweilen besteuert er zugunsten der Staatskirche sämtliche Einwohner, auch die Nichtmitglieder der Staatskirche. Selbst im Staatskirchentum folgt die Kirche aber jener eigenen Gesetzlichkeit, die vom Neuen Testament und den Kirchenvätern vorgegeben ist: Sie ist für das Abendmahl und andere Sakramente zuständig und behält das Gespür, daß eine zu weitgehende Unterordnung unter Staatsinteressen ihre eigene Botschaft und Sendung gefährdet: Mag der Staat für das Diesseits den Vorrang beanspruchen, für das Jenseits bleibt er unzuständig.

Lange Zeit vor der sogenannten Moderne folgt der eigenen Gesetzlichkeit auch das Gerichtswesen. Bei dessen Bedeutung darf man pathetisch werden: Die Funktion des Richters ist eine der Urfunktionen der Menschheit vom Anbeginn ihrer Zivilisation. Mehr noch: Sobald es Richter gibt, kann man von Zivilisation sprechen; umgekehrt fehlt es an ihr, wo man keine Richter kennt: Dem Richter obliegt die Rechtsprechung, mit der er den Rechtsfrieden sichert, und wo er verletzt wird, wiederherstellt. Um seine Aufgaben zu erfüllen, also Streit zu entscheiden, Interessen auszugleichen und schuldhaftes Unrecht zu bestrafen, folgt er funktionalen Imperativen, die im Kern über Kultur- und Epochengrenzen hinweg dieselben sind. So muß er das Gesetz kennen und sich daran halten; er hat streng unparteilich zu urteilen, daher beispielsweise auch die andere Seite anzuhören («audiatur et altera pars»); außerdem darf er in die Angelegenheit nicht verwickelt sein («nemo es iudex in causa sui»).

Wann sich die in der Frühzeit vermutlich vorherrschende Verbindung des Richteramts mit politischer und religiöser Führung auflöst – erneut: kaum zu einem bestimmten Zeitpunkt –, kann hier dahingestellt bleiben. Es genügt zu wissen, daß die Auflösung schon lange vor der Epochenschwelle erfolgt, die man in das Zeitalter der Französischen Revolution zu legen pflegt. Bei den antiken Völkern geschieht es in deren geschichtlicher Zeit, bei den Germanen ist es seit der Völkerwanderung zu beobachten. Im übrigen sind im Fall einer Personalunion von Richter und Herrscher die genannten funktionalen Verbindlichkeiten zwar in ihrer konkreten, aber kaum in ihrer prinzipiellen Anerkennung gefährdet. Ob er will oder nicht – wer als Richter amtet, unterliegt ihnen, und wer sie mißachtet, gilt unabhängig von Kultur und Epoche als schlechter, korrupter Richter.

Ein weiteres Beispiel bieten Philosophie und Wissenschaft. Nimmt man als Kriterium für Abhängigkeit die öffentliche Finanzierung, so waren Philosophie und Wissenschaft in Platons und Aristoteles' Zeit sogar politikunabhängiger als heute. Auch die Technik und die Medizin, die Kunst, die Literatur und die Musik sowie die Medien folgen schon des längeren ihren eigenen Gesetzlichkeiten. Zudem haben die meisten von ihnen ihr eigenes Personal mit professioneller Ausbildung und eigene Orte der Betätigung. Und weil sie, wie die schon genannten Gesellschaftsbereiche, eigenen Kriterien von Gelingen und Mißlingen unterliegen, können sie sich der funktionalen Differenzierung gar nicht entziehen.

Die skizzierte Ideologie der Moderne nimmt eine so extreme Verkürzung der Sozialgeschichte, eine so starke Vereinfachung vor, daß man sie nicht einmal als Idealtypisierung anerkennen kann. Denn schon lange vor der Französischen Revolution herrscht schlicht deshalb eine funktionale Differenzierung, weil die menschliche Gesellschaft sich mit grundlegenden Aufgaben konfrontiert sieht, die sich ohne Anerkennung der zugehörenden Verbindlichkeiten sachgerecht nicht erfüllen lassen. Deshalb kann man statt von funktionalen Imperativen auch von Sachgesetzlichkeiten sprechen, nämlich von Verbindlichkeiten, die im Wesen der betreffenden Sache gründen und die eine Politik, auch die der Demokratie, klugerweise berücksichtigt.

4.2 Vernetzung

So wichtig die funktionale Differenzierung ist, sie darf nicht das gegenläufige Phänomen verdrängen, die vielfache Vernetzung der genannten Gesellschaftsbereiche. Beispielsweise hängen sie allesamt von Bedingungen ab, die die Politik vorgibt, womit diese dann doch eine erhebliche Steuerungsleistung erbringt, insbesondere durch die Gesetzgebung, aber auch mit mancherlei Alimentierung. Dieser Umstand könnte der geforderten Bescheidenheit der Politik widersprechen. Richtig ist, daß die Politik so gut wie alle Gesellschaftsbereiche entscheidend prägt, von anderen gesellschaftlichen Teilsystemen geht aber ebenfalls eine flächendeckende («universale») Prägung aus:

Beispielsweise ist die Politik auf Steuereinnahmen, mithin auf eine möglichst florierende Wirtschaft angewiesen. Auch Wissenschaft, Kunst, das Bildungs- und das Gesundheitswesen wollen bezahlt sein, weshalb sie teils indirekt, teils direkt ebenfalls vom Wohl der Wirtschaft abhängen. Trotzdem gebührt der Wirtschaft kein absoluter Vorrang, denn die Politik legt den rechtsverbindlichen Rahmen fest und die Qualifizierung der Verbindlichkeit als rechtlich verweist auf einen dritten Gesellschaftsbereich, jetzt das Gerichtswesen, das eine Vormacht beanspruchen könnte. Erneut trifft sie aber nicht absolut, sondern nur relativ, nämlich auf die Funktion bezogen, zu, Streitfälle rechtsverbindlich zu entscheiden. Über einen bereichsspezifischen, zugleich alle anderen Bereiche beeinflussenden, insofern universalen Vorrang verfügen auch die Medien. Kurz: Die Vernetzung findet in vielen Richtungen statt und verlangt von einer zukunftsfähigen Demokratie, die hohe Kunst einer subtilen, oft nur indirekten Steuerung zu beherrschen. Zukunftsfähig ist sie jedenfalls, wenn es ihr gelingt, daß all diese Bereiche: die Wirtschaft und das Gerichtswesen, Bildung, Wissenschaft und Kultur, Medizin und Technik und vieles mehr, in Blüte stehen.

Besitzt nicht die Wirtschaft einen Vorrang? Ein starkes Argument für ihren Primat liegt in Georg Simmels These, Geld sei nicht nur ein wirtschaftliches Tauschinstrument, sondern «absolutes Mittel» (1989, 238). Die These ist paradox, denn ein Mittel kann nicht absolut sein, da alles Absolute die Ebene der Mittel transzendiert. Die paradoxe Formulierung erklärt das Geld zum Generalschlüssel, um nahezu alle Optionen eines Menschen zu verwirklichen. Und genau deshalb, als universales Mittel, sei es zugleich mehr als ein bloßes Mittel: es habe Zweck-, vielleicht sogar Endzweckcharakter.

Auf den ersten Blick überzeugt Simmels Behauptung, ein zweiter Blick weckt Zweifel. Schaut man beispielsweise die Liebe in ihrer inneren Natur an, so kommt sie fraglos ohne das Medium der Politik, die Macht, aus. Für die auf Dauer gestellte Liebe, ihre «Institutionalisierung» zur Partnerschaft, trifft dies aber nicht zu. Zum Gelingen einer echten, also gleichberechtigten Partnerschaft dürfte dreierlei gehören: daß Machtfragen möglichst im Hintergrund bleiben; daß dort, wo sie auftauchen, trotzdem nicht die Macht, sondern ein sensibles Verständnis füreinander vorherrscht; und daß dort, wo sich die Macht nicht aufheben läßt, nicht bei jeder Einzelfrage, aber auf Dauer, eine Machtbalance herrscht. Ganz ohne Macht läßt sich jedenfalls nach aller Lebenserfahrung keine Partnerschaft auf Dauer führen.

Bleibt man bei der «bloßen» Liebe, dann zeichnet sie sich durch eine wechselseitige Zuneigung aus, die den anderen nicht als Mittel für noch so ehrenwerte Zwecke, sondern rein um seiner selbst willen mag. Dafür, also lediglich von innen betrachtet, braucht die Liebe kein Geld. Bei einer Partnerschaft verhält es sich erneut anders, ohnehin wenn die Partnerschaft sich um Kinder bereichert: Während reine Liebe ohne Geld auskommt, braucht es hier, aber auch erst hier, Geld. Entscheidend ist das Geld trotzdem nicht. Die für eine Partnerschaft so wesentlichen Dinge wie Vertrauen, Offenheit und Treue lassen sich nicht bezahlen, und ihre Verletzung kann man nicht mit Geld aufwiegen. Dort, wo es im menschlichen Leben, zumindest dem guten Leben, wesentlich wird, etwa bei Liebe und Freundschaft, bei Treue und Vertrauen, geht es daher dem

Reichen nicht grundsätzlich besser als dem Armen. (Zur moralphilosophischen Einschätzung s. Höffe 2007, Kap. 8.2.) Schließlich kann man fast buchstäblich von Luft und Liebe leben, von Brotkrumen und Versprechen; eine erlittene Schmach übersteht aber niemand unverletzt.

Im Gegensatz zur säuberlichen Trennung der gesellschaftlichen Subsysteme greifen sie bei den handelnden, zumal den führenden Personen ineinander und helfen einer Gesellschaft, daß sie nicht auseinanderfällt. Nur ein Beispiel, erneut aus dem Wirtschaftsbereich: Große Unternehmer schielen nicht bloß nach der Währung der Wirtschaft, dem nachhaltigen Gewinn. Mit ihrem Erfolg versuchen sie sich vor anderen und vor sich selbst zu bestätigen, mit Mäzenatentum sogar in die Geschichte einzugehen.

Dieser Studie geht es freilich um die Politik. Trotz der genannten Vernetzungen trägt sie für die Zukunftsgestaltung eine herausragende Verantwortung und besitzt dafür mancherlei Entscheidungs- und Handlungsmacht, die sich allerdings aufgrund der Vernetzungen in Grenzen hält. Ihretwegen droht vor allem in der Demokratie eine strukturelle Überforderung der Politik, die man durchaus tragisch nennen darf: Die Bürger richten an die Politik Erwartungen, obwohl es ihr an der dafür nötigen Entscheidungs- und Handlungsmacht oft fehlt. Und dieser Mangel besteht nicht etwa aus kontingenten Gründen, so daß in anderen Staatsformen, etwa einer Autokratie statt einer Demokratie, oder bei einer anderen, etwas weniger strittigen Demokratie das Defizit überwunden würde. Es besteht prinzipiell, wegen der Abhängigkeit der Politik von der relativ unabhängigen Macht der anderen Gesellschaftsbereiche und erschwert die Zukunftsfähigkeit der Demokratie (zu den vielfältigen politischen Verflechtungen auf europäischer und globaler Ebene s. Schröder 2003). Die Frage, wie die Demokratie trotzdem zukunftsfähig sein kann, ist im Teil III aufzugreifen.

4.3 Globalisierung

Die Bedeutung, die im Alten Orient dem Bereich des Kosmischen zukommt, besitzt für die heutige Politik in mancher Hinsicht die Globalisierung. In beiden Fällen hängt die Zukunft von Faktoren ab, die man so gut wie nicht beeinflussen kann. Damals war man dem Walten der Götter unterworfen, die Welt war ein irdisch-kosmisches Gefüge, heute ist sie ein geographisches und zusätzlich ein gesellschaftstheoretisches Gefüge: Ereignisse und Entscheidungen, die in geographisch weiter Ferne liegen, bestimmen die eigene Politik und schaffen dadurch eine neue politische Topographie. Durch sie erleidet die Politik jene Erosion von außen, eine wachsende Abhängigkeit bei sinkender Entscheidungs- und Handlungsmacht, der sich keine Staatsform, weder eine Demokratie noch eine Autokratie, entziehen kann. Ein Beispiel bietet der Terroranschlag auf das Welthandelszentrum in New York am 11. September 2001, ein anderes Beispiel das US-Hypothekendebakel, das im Spätsommer 2007 begann, ein Jahr später immer noch nicht überwunden war und nicht bloß US-amerikanische Banken und Versicherungen, sondern auch global agierende Banken Europas, sogar deutsche Landesbanken erheblich schädigte.

Folgt man der üblichen ökonomistischen Verkürzung auf die Finanz-, Wirtschafts- und Arbeitsmärkte, so erscheint die Globalisierung als ziemlich neu und in ihrer Neuartigkeit als Prozeß von bislang drei, in naher Zukunft vielleicht vier Phasen. Die erste Phase der 1940er Jahre bringt mit der Liberalisierung der Güter- und Finanzmärkte die wirtschaftliche Globalisierung auf den Weg.

Die zweite Phase, die wachsende Globalisierung, beschert der Weltwirtschaft per saldo einen Wohlstandsschub, allerdings auch starke Verwerfungen und Übergangsmühen, an denen sich berechtigte Kritik entzündet. In der kürzlich begonnenen dritten Phase treten, unter anderem wegen des Produktionsschubs der zweiten Phase für Europa, globale Preissteigerungen auf, die vor allem in den armen Ländern zu enormen sozialen Belastungen führen. Diese

könnten eine vierte Phase der Globalisierung, politische Erup-
tionen, einleiten, müssen es aber nicht. Denn setzt sich die «grüne
Revolution», die enorme Steigerung der Erträge pro Hektar, weltweit durch, können zumindest für die Grundnahrungsmittel die
Weltmarktpreise wieder zurückgehen. Immerhin ist es dem früheren «Land der Hungerleider», Indien, ebenso wie Thailand gelungen, zu einem Nahrungsmittelexporteur aufzusteigen.

Soweit beschränkt sich die Diagnose der Globalisierung auf den
Bereich der Wirtschaft, mit der Folge, daß man unserem Zeitalter
eine wachsende Macht der Wirtschaft entweder vorwirft oder aber
zugute hält. Diese Diagnose einer Ökonomisierung verläuft aber
oft zirkulär: Wer nur Ökonomisches in den Blick nimmt, darf sich
nicht wundern, daß er nur Ökonomie sieht, folglich die Welt ökonomistisch verkürzt. In Wahrheit globalisieren sich auch Bereiche,
die nicht ohne Geld auskommen, deren Florieren aber grundlegend
anderen Kriterien folgt: Bildung, Wissenschaft und Forschung,
Literatur, Kunst und Musik, nicht zuletzt ein Völkerrecht, das weit
mehr als lediglich das internationale Wirtschaftsleben regelt.

Die genauere Diagnose der Globalisierung macht auf eine Fülle
von Phänomenen aufmerksam, die überdies zum Teil schon ziemlich alt sind. Wer nicht wieder einer Ideologie der Moderne erliegt,
der Ansicht, daß deren Besonderheiten schlechthin neu seien, findet bemerkenswerte Globalisierungsschübe schon in der Antike,
hier sowohl im Alten Orient als auch im Mittelmeerraum, später im
Mittelalter, wieder später im Zeitalter der Entdeckungen, an die sich
die Kolonialisierung anschließt. Zusammen mit weiteren Entwicklungen entstehen jene Phänomene, die, auf heute bezogen, drei in
sich noch höchst facettenreichen Dimensionen zuzuordnen sind
(s. Höffe ²2002, Kap. 1.1). Für sie taugt weder das genannte Drei-
noch das Vier-Phasen-Modell. Denn Geld ist nicht die einzige Währung der Globalisierung, die Überwindung von Armut und ein
wachsender Wohlstand für breite Schichten sind nicht ihre einzigen
Ziele. Auch wenn sie bezahlt werden müssen – Bildung und Ausbildung, Kultur, Musik und Sport haben einen Eigenwert. Ökono-

mistischer Verkürzung zum Trotz dient selbst die Forschung nicht bloß der wirtschaftlichem und technischen Entwicklung.

Um die Globalisierung nicht zu positiv darzustellen, beginne man mit den wahrhaft negativen Phänomenen, mit den Bürgerkriegen und den die staatlichen Grenzen überschreitenden Kriegen, mit der ebenfalls staatliche Grenzen negierenden Kriminalität und mit dem weltweit operierenden Terrorismus. Aus ihnen bildet sich die erste Dimension, die globale Gewaltgemeinschaft. Zu ihr gehören auch die vielen Umweltzerstörungen, die ebensowenig an staatlichen Grenzen Halt machen und mittlerweile die Zukunft der Menschheit gefährden (s. Kap. 12).

Glücklicherweise ergänzt sich die globale Gewaltgemeinschaft um eine per saldo noch reichere globale Kooperationsgemeinschaft. Selbst in ihrem Rahmen haben die Finanz- und Devisen-, die Wirtschafts- und Arbeitsmärkte zwar eine beachtliche, aber keine exklusive Bedeutung; sogar die Ansicht einer dominanten Macht ist zu bezweifeln. Denn außer den drei genannten Märkten, die noch um die Tourismusmärkte zu ergänzen sind, haben sich schon seit sehr langer Zeit die Philosophie, die Natur- und die Geisteswissenschaften, die Medizin und die Technik sowie das Hochschulwesen globalisiert. Ähnliches gilt für die Religionen, die man deshalb seit langem als Weltreligionen bezeichnet. Ähnliches trifft schließlich für weite Bereiche der Kunst, der Literatur und der Musik zu. Außer alten internationalen Handelsstraßen wie der Seidenstraße gibt es internationale Pilgerwege (z. B. nach Santiago de Compostela, Rom, Jerusalem und Mekka) und internationale Literaturstraßen. Man denke an die verschlungenen Wege von Indien über Persien ins Arabische, von dort nach Europa und wieder ins Arabische zurück, auf denen nach und nach die Geschichtensammlung *Tausendundeine Nacht* entsteht, sich erweitert und sich verändert. Es gibt Musik-, namentlich Liederstraßen. Und der türkische Schriftsteller Orhan Pamuk erzählt in seinem Roman *Rot ist mein Name* ([12]2003) vom indischen, chinesischen und europäischen («fränkischen») Einfluß auf die osmanische Illustrationskunst.

Eine besondere Rolle spielt das Recht, sowohl das immer dichter gewebte Völkerrecht als auch das wachsende Netz internationaler Vereinbarungen und Organisationen. Auch das internationale Handelsrecht samt den internationalen Schiedsgerichten darf man nicht vergessen. Und das herausragende Medium der heutigen Globalisierung, zugleich deren Beschleunigungsfaktor, das elektronische Weltnetz, läßt eine gemeinsame Öffentlichkeit, eine Weltöffentlichkeit, heranwachsen, die sowohl die nationale als auch die internationale Politik erheblich beeinflußt.

Die dritte Dimension schließlich besteht in der weltweiten Schicksalsgemeinschaft, der globalen Gemeinschaft von Not und Leid. Längst sprengen sie staatliche, sogar kontinentale Grenzen: die großen Flüchtlings- und Wanderbewegungen, die von Naturkatastrophen wie Erdbeben, Seebeben und Dürreperioden, in noch größerem Ausmaß freilich von politischen Katastrophen verursacht werden wie Bürgerkriegen, wie religiöser, politischer oder kultureller Unterdrückung, wie Hunger, mangelnder Gesundheitsversorgung und krasser Armut, nicht zuletzt einer die Armut heraufbeschwörenden Korruption. Die Antwort, eine weltweite Hilfsbereitschaft, ist vor allem in westlichen Gesellschaften weithin anerkannt: Aus der bloßen Schicksalsgemeinschaft entwickelt sich eine solidarische Verantwortungsgemeinschaft.

Ob die Politik will oder nicht – alle drei Dimensionen der Globalisierung schlagen auf die Zukunftsfähigkeit durch, was einmal mehr zu Bescheidenheit mahnt: Die Entwicklungen im eigenen Land werden von geographisch weit entfernten Entwicklungen stark geprägt. Die in der Globalisierung liegende Entgrenzung bei gleichzeitiger Verflechtung beläuft sich staatstheoretisch auf eine Entmachtung der Einzelstaaten, die selbst die sogenannte Weltmacht, die Vereinigten Staaten von Nordamerika, beeinträchtigt: Innerhalb der Welthandelsorganisation beispielsweise ist die Europäische Union stark genug, gegebenenfalls Rechtstreue einzufordern; in der Afghanistan-, Irak- und Iran-Politik sind die Vereinigten Staaten auf politische Freunde angewiesen; und als ein Rechtsstaat haben sie Scheu, geltendes Völkerrecht zu brechen.

Aus diesen Hinweisen ergibt sich als Bilanz: Auch dort, wo die Souveränität eines Staates, rein rechtlich gesehen, voll erhalten bleibt, verbindet sich eine gewachsene Abhängigkeit von außen mit gesunkener Entscheidungs- und Handlungsmacht. Zukunftsfähige Politik erkennt diese Lage an; statt sich hinter einer oft bloß formalen Souveränität zu verschanzen, läßt sie sich auf internationale Kooperation ein und versperrt sich nicht jeder Entwicklung zu einer Weltrechtsordnung (s. Kap. 14).

4.4 Interkulturelle Rechtsdiskurse

Die Globalisierung hat zusätzliche Folgen: Aufgrund von Touristen und Geschäftsleuten, auch durch die hohe Zahl von Zuwanderern oder Einwanderern stoßen Kulturen, die bislang einander relativ fremd waren, aufeinander. Schlechthin unbekannt waren zwar die Kulturen einander nicht. Schon immer gab es Neugier und daraus entstehende Kenntnisse sowie teils friedliche, teils feindliche Kontakte. Und vor allem in Grenzgebieten kam es zu kulturellen und ethnischen Vermischungen (vgl. Magris, 1999). Ziemlich neu dürften erst folgende sechs Gesichtspunkte sein:

Die Kontaktaufnahme erfolgt nicht wie früher in manchen Grenzgebieten in einer mehr oder weniger organischen Entwicklung, sondern oft höchst abrupt.

Im Flugzeug erreicht man heute zwar so gut wie jeden Punkt der Erde in wenigen Stunden, und elektronisch, im Internet oder per E-Mail, geschieht es im Bruchteil von Sekunden, außerdem ohne große Umweltbelastung. Trotzdem werden auf diese Weise die Menschen nur oberflächlich zu Nachbarn. Obwohl sie auf demselben Planeten und vielfältig vernetzt bleiben, leben sie nicht unter derselben Adresse. Diese wird nicht einmal in derselben Schrift, geschweige denn in derselben Sprache geschrieben. In der Tiefe erfolgt der Kontakt nicht zwischen wirklichen Nachbarn, sondern zwischen Menschen, die bislang sowohl geographisch als auch kulturell weit voneinander entfernt waren, also zwischen Gruppen, die sich wechselseitig für exotisch halten.

Auch exotische und relativ abrupte Beziehungen sind nicht schlechthin neu. Man denke an die großen Entdeckungen, etwa an die Phönizier, die um 600 v. Chr. Afrika umsegeln, an die Alexander-Züge, die bis zur Indusmündung führen, und an das europäische Zeitalter der Entdeckungen. Auch darf man die internationalen Handelswege nicht vergessen. Nicht zuletzt ist an die europäischen China-Reisenden von Marco Polo (immerhin schon im 13. Jahrhundert) bis zu den Jesuiten-Gelehrten des 17. Jahrhunderts zu erinnern. Heute finden globale Beziehungen aber nicht länger lediglich zwischen kleinen Schichten von Funktionseliten und deren Gefolge, sondern in einem breiten Bevölkerungsquerschnitt statt.

In der Regel tritt man dabei nicht wie die China-Reisenden in den geschützten Raum persönlicher Gastgeber ein, vielmehr muß man nach einer knappen Übergangszeit anonym in das fremde Alltagsleben eintauchen.

Das Eintauchen erfolgt selten freiwillig, sondern erzwungenermaßen.

Vor allem leben viele der Neuankömmlinge nicht nur vorübergehend, sondern auf Dauer in der für sie sowohl geographisch-klimatischen als auch kulturellen, nicht zuletzt ökonomischen und politischen Fremde.

Die Folge der sechs Faktoren liegt auf der Hand: Die Neuankömmlinge erleben einen Kulturschock, der sie häufig überfordert. Der aufnehmenden Bevölkerung sind sie aber ebenfalls fremd, zumal sie untereinander noch hochverschieden ist, so daß mit Ausnahme einer schmalen Schicht auch auf dieser Seite ein Kulturschock droht, allerdings ein geringerer.

In jedem Fall erfährt der Charakter von Gemeinden, von Regionen und von Staaten so tiefgreifende Veränderungen, daß die friedliche Beziehung der Individuen und Gruppen auf die Probe gestellt wird. Wer an die Völkerwanderung der Spätantike, wer an die Reformation samt ihren konfessionellen Bürgerkriegen oder an die soziale Not im Gefolge der Industriellen Revolution denkt, weiß, daß man die Schwierigkeiten weder quantitativ noch qualitativ unterschätzen darf.

Damit die mehrdimensionale Globalisierung trotzdem friedlich verläuft, drängt sich ein verbindlicher Rahmen, eine Weltrechtsordnung, auf (s. Kap. 14). Um ein Grundelement von Recht, das Prinzip Gleichheit, zu erfüllen, und zugleich gewaltbereite Ressentiments zu vermeiden, darf freilich diese Rechtsordnung nicht von einer Kultur den anderen Kulturen aufgezwungen werden. Sie muß statt dessen aus Elementen hervorgehen, die der Menschheit gemeinsam sind, sich daher einer streng allgemeinen Zustimmungsfähigkeit erfreuen. Zuständig sind dafür interkulturelle Rechtsdiskurse, die auf drei Ebenen zu führen sind (vgl. schon Höffe [2]1998 und 1999, auch [2]2002, Kap. 1.4):

In der Rechts*theorie* berufe man sich weder hinsichtlich der normativen Grundsätze noch der empirischen Umstände auf spezifische Elemente der europäisch-amerikanischen Rechtskultur. Denn nur dort, wo man zunächst alle Besonderheiten beiseite setzt, kann man Gesellschaften, die grundlegend verschiedenartig sind, trotzdem auf Gemeinsamkeiten verpflichten. Der Gewinn liegt auf der Hand: Man erhält keine ausbuchstabierte Rechtsordnung, sondern formale Prinzipien, die einerseits alternativlos gültig sind und andererseits, bei der konkreten Ausgestaltung, für Erfahrung, Klugheit und die jeweiligen Randbedingungen, einschließlich der Traditionen und Gesellschaftsentwürfe, offen bleiben.

Auf seiner zweiten Ebene, der Rechts*geschichte*, verbindet ein interkultureller Rechtsdiskurs historisches Bewußtsein mit sozialgeschichtlichen Kenntnissen. Für drei Bestandteile moderner Gemeinwesen, die Volkssouveränität, die Menschenrechte und die Gewaltenteilung, finden sich Ansätze schon in anderen Kulturen: Für die Volkssouveränität ist auf die frühen Jägerkulturen zu verweisen, in denen verwandtschaftlich aufgebaute Horden (Sippen) ihre Entscheidungen (etwa über die Jagd und ihr Lager) gemeinschaftlich treffen. Und in der westafrikanischen Institution des Palavers wird im Prinzip so lange unter allen Betroffenen beraten, bis ein überwältigender Konsens erzielt ist (vgl. Unesco 1979). Einen Großteil der Menschenrechte wiederum schützt das in allen Rechtsordnungen geltende Strafrecht. Schließlich werden überall dort Ansätze von Gewaltenteilung praktiziert, wo dem Herrscher ein Beratungsgremium zur Seite, vielleicht sogar ein Kontrollgremium gegenübersteht.

Nicht weniger wichtig ist die dritte Ebene: Für die Rechts*praxis* fordert der interkulturelle Diskurs eine so behutsame Verwirklichung der formalen Prinzipien, daß deren Offenheit tatsächlich zum Tragen kommt. Die Rechts- und Gerechtigkeitsansprüche der modernen Zivilisation dürfen nur dann anderen Kulturen zugemutet werden, wenn diese ein hohes Maß an Eigenständigkeit behalten. Statt ihre Identität aufgeben zu müssen, haben sie das Recht auf eine Akkulturation: auf eine ihrer Kultur gemäße Anverwandlung und Einverleibung. Dafür braucht es zweierlei: Zeit, die man den betreffenden Kulturen zu gewähren hat, und Toleranz oder Respekt, die die Unterschiede frei anerkennen. Zu den für das 21. Jahrhundert wichtigsten Kompetenzen gehört eine Fähigkeit und zugleich Bereitschaft, die freilich einer gebildeten und beruflich gesicherten Schicht leichter, anderen dagegen schwerer fällt. Es ist die Fähigkeit, Unterschiede anzuerkennen und mit ihnen zu leben.

Dabei zählt nicht die Quantität, auch wenn die Zahlen hoch beeindrucken. Daß in «superdiversen» Städten wie London 300 Sprachen von Einwanderern aus 180 Ländern gesprochen werden, selbst in der weit kleineren Stadt Stuttgart die Einwanderer aus mehr als 170 Nationen kommen und von ihrer Herkunft her 120 Sprachen sprechen, beweist noch keine qualitativ hohe Koexistenzfähigkeit. Wo wie in London für die meisten Bewohner das Englische die selbstverständliche Vermittlungssprache ist, man ansonsten in relativ getrennten Vierteln und Gruppierungen lebt, schrumpft die enorme Verschiedenheit großenteils zu einer anonymen Beobachter-Diversität. Infolgedessen braucht man nicht zu glauben, dort sei die friedliche Koexistenz schwieriger als etwa in Kleinstädten oder auf dem Land, wo man die Diversität persönlich und hautnah erfährt und mit ihr täglich zu leben hat.

Ob man in einer Weltmetropole, einer Kleinstadt oder auf dem Lande wohnt – man muß etwas lernen, das sich oft leichter ausspricht als man es praktiziert: eine aus wechselseitigem Respekt getragene Toleranz. Für eine zukunftsfähige Demokratie steht diese Aufgabe an der Spitze ihrer Prioritäten.

5. Moderne Demokratie

Unter den Aufgaben, die die heutige Menschheit mit ihren Vorfahren teilt und über die sie sich vermutlich seit Urzeiten streitet, ragt die Ordnung ihres Zusammenlebens heraus. Der in den westlichen Sprachen vorherrschende Ausdruck «Politik» verweist auf die Bedeutung der Griechen. Im Gegensatz zu einem besonders hier verbreiteten Eurozentrismus haben die Griechen aber das Politische nicht erfunden und auch nicht die damit vielerorts verbundene Partizipation (zu diesem Begriff s. Gerhardt 2007). Allen Hochkulturen bekannt, ist das Politische weit älter, und Ansätze für das Politische gibt es noch früher.

Von den Griechen stammt die exemplarische Gestalt. Zum konkreten Vorbild taugt ihre Stadtrepublik zwar nicht, denn angefangen mit der gewaltig angewachsenen Größe, sind die heutigen Gemeinwesen anderen Bedingungen unterworfen. Das Grundmuster hat aber weder seine Faszination noch seine normative Gültigkeit verloren: daß die Menschen ihre gemeinsamen Angelegenheiten selbst in die Hand nehmen, sich damit die Verantwortung für ihr Zusammenleben aufladen und auf diese Weise zu gleichberechtigten Mitgestaltern, zu Bürgern werden. Die Frage, wieweit dies trotz mancher Erschwernis der heutigen Demokratie gelingt, entscheidet über ihre Zukunftsfähigkeit.

Trotzdem hält in Zeiten der Globalisierung und wegen der Notwendigkeit interkultureller Rechtsdiskurse die politische Philosophie das westliche Modell, die Demokratie, nicht für so selbstverständlich, daß sie unmittelbar mit ihm beginnen könnte. Im Bewußtsein, daß das Modell der Erläuterung und Rechtfertigung bedarf, setzt sie beim allgemeineren Begriff, der Politik, an.

Wie bei Grundbegriffen üblich, ist die Sache mehrdeutig. Im Gegensatz zur verbreiteten Dreiteilung heben wir zwölf Facetten bzw. Teilbegriffe hervor und verweisen, wo es sich aufdrängt, auf einen anthropologischen Hintergrund. Das Begriffsspektrum gipfelt in einer Einsicht, dem Legitimationsvorsprung der Demokratie. Es beläuft sich auf einen Aspekt von Zukunftsfähigkeit, den ich die legitimatorische Zukunftsfähigkeit nenne. Diese ist von einer eventuell gegebenen oder aber fehlenden pragmatischen Zukunftsfähigkeit der Demokratie unabhängig, ihr zudem in normativer Hinsicht überlegen. Wenn es überhaupt zutrifft, daß Nicht-Demokratien über ein höheres Maß an pragmatischer Zukunftsfähigkeit verfügen, rechtfertigt dieser (ohnehin kaum zutreffende) Vorsprung nicht, die Demokratie einzuschränken (Kap. 5.1). Allerdings ist auch die Demokratie ein mehrdeutiger Begriff, der um der legitimatorischen Zukunftsfähigkeit willen in seinem Facettenreichtum zu entfalten ist (Kap. 5.2). Wir schließen mit Überlegungen zu zwei gegenläufigen Gefahren, einer Politisierung und einer Ökonomisierung der Gesellschaft (Kap. 5.3). (Zu Griechenland als historischem Vorbild s. Kap. 7.1.)

5.1 Legitimationsvorsprung

Die anglophone Politikwissenschaft unterscheidet seit längerem drei Begriffe: Das edle Geschäft der Staatsgründer und Verfassungsgeber, die Staats- oder Regierungsform oder politische Ordnung des Gemeinwesens, nennt sie *polity*. Der Inbegriff der Programme und Grundsätze, deren politischer Gehalt, heißt *policy*. Die politischen Prozesse schließlich, samt Taktik und Strategie, die Kunst des Möglichen, bei der man sich selten moralisch zimperlich verhält, nennt man *politics*. Die Politische Philosophie erkennt den Wert dieser Unterscheidung an, sie hält aber noch mehr Begriffe für wichtig:

Wo man das Zusammenleben selbst organisiert, muß es ein Selbst geben. Auch wenn die Politik einen Systemcharakter hat, bedarf es, von Polis-, Staats- oder Reichsgründern über Verfassungsgeber, Gesetzgeber und Politiker bis zu Bürgern und bloßen Untertanen, der zuständigen Subjekte, der Personen als Träger des Politischen. Und weil die Bürger dazugehören, sind sie für die Zukunftsfähigkeit mitverantwortlich. Etwaige Defizite können sie nicht bloß den anderen, den Parteien oder den Politikern, anlasten.

Zusätzlich braucht man, was die *politics* einschließt, aber darüber hinausreicht: die Aktivität des Organisierens, das «Politik machen». In der Reihenfolge abnehmenden Gewichtes beginnt es mit dem Gründen eines Gemeinwesens und dessen politischer Grundorganisation, der Verfassungsgebung. Es setzt sich fort in der gewöhnlichen Gesetzgebung, in den Wahlen und Abstimmungen, im Regieren und der damit verbundenen Geschäfte sowie den öffentlichen Debatten.

Die Politik besteht außerdem in der Organisation, die die zuständigen Personen schaffen und in der sie tätig sind. Hier meint sie eine Ordnung, die nicht auf Ewigkeit besteht, aber auch nicht in jedem Augenblick neu zu erfinden ist. Als Verfaßtheit des Politischen, als *polity*, bedeutet «Politik» die Gesamtheit der Ämter und Funktionen sowie der materialen und prozessualen Regeln. Dazu gehören auch die Grundregeln, die Verfassung, die aber weder notwendig noch in der längsten Zeit schriftlich niedergelegt ist.

Innerhalb der politischen Ordnung folgen die politischen Prozesse formalen und substantiellen Plänen. Die Politik ist insofern der Inbegriff der kurz- und der langfristigen Vorgehensweisen, der Taktiken und der Strategien sowie der sie leitenden Programme.

Weil die Gesamtheit der Ämter und Regeln eine funktionale Eigenständigkeit besitzt, ist die Politik ein relativ autonomes

System der Gesellschaft, das sich von anderen, ebenfalls relativ eigenständigen Systemen wie der Wirtschaft und der Wissenschaft, auch der Kunst, Technik und Religion absetzt.

Also gibt es schon jetzt einen Personenbegriff, einen Handlungs- und Prozeßbegriff (in Annäherung *politics*) und einen Ordnungs-, Ämter- und Regelbegriff (*polity*); die Politik meint ferner das Vorgehen (*policy*) und schließlich ein Teilsystem der Gesellschaft.

Die Philosophie geht hinter diese Begriffe noch einen Schritt zurück und wirft die Frage auf, warum es die «Politik» überhaupt gibt: Welche allgemeinmenschlichen Sachverhalte und ebenso allgemeinmenschliche Erfahrungen und Interessen sprechen für eine Selbstorganisation des Zusammenlebens? Die damit befaßte politische Anthropologie stößt auf zwei Antriebskräfte, die gelegentlich als konkurrierend angesehen werden, sich in Wahrheit aber ergänzen: Kooperation und Konflikt.

Aus beiden Antriebskräften folgt die mehrdimensionale Grammatik der Politik, die Gesamtheit von Eigenarten, die sich die verschiedenen Politikbegriffe weithin teilen. Nach der ersten Dimension haben die politische Ordnung und die politischen Prozesse eine Besonderheit, die auch die politischen Konzepte (*policy*) kennen: Sie folgen Regeln. Deren Zwangsbefugnis macht die zweite Dimension des Politischen aus. Und weil zwangsbefugte Regeln «Recht» heißen, besteht eine wichtige Sprache der Politik im Recht, was zu einem weiteren, dem Rechtsbegriff führt: Nicht ausschließlich, aber doch wesentlich hat die Politik in einem doppelten Sinn Rechtscharakter. Einerseits spielt sie sich im Rahmen des Rechts ab. Auf der anderen Seite geht aus ihr Recht hervor; die Politik schafft Recht. Allerdings entstammt nicht alles Recht, namentlich kein Gewohnheitsrecht, der Politik. Wegen seiner überragenden Bedeutung ist jedenfalls das Recht ein wichtiges Kriterium für Zukunftsfähigkeit.

Schon der sechste Begriff setzt die Reihe der ersten fünf Begriffe nicht fort. Er machte vielmehr auf eine Eigentümlichkeit aufmerksam, die in den vorher genannten Begriffen schon enthalten, dort

aber unentfaltet gegenwärtig ist. Dasselbe trifft auf die noch folgenden Begriffe zu: Weil die Politik mit zwangsbefugten Regeln agiert,
hat sie einen Charakter von Herrschaft, sichtbar im Inbegriff der
öffentlichen Gewalten: der legislatorischen Regelfestsetzung, der
exekutiven Regeldurchsetzung und der autoritativen, judikativen
Regelauslegung.

Jede Herrschaft von Menschen über Menschen bedarf einer
Rechtfertigung, die sich etwa auf gemeinsame Zwecke wie die
Selbsterhaltung des Gemeinwesens, wie Friede und Gerechtigkeit
beruft. Weil deren Inbegriff «Gemeinwohl» heißt, ist die Politik
nach einem weiteren, dem legitimatorischen oder finalen Begriff
eine Ordnung im Dienst des Gemeinwohls. Und wo ihr dieser
Dienst gelingt, darf sie sich als in hohem Maß zukunftsfähig einschätzen.

Zwei Ressourcen dienen der Rechtfertigung von Herrschaft und
ihrer Ausübung: Zustimmung und Macht. Weil beide Ressourcen
knapp sind, wird um sie gekämpft, was zur dritten Dimension politischer Grammatik führt, dem Kampf um Zustimmung und Macht.
Seinetwegen gibt es einen Begriff, pars pro toto, den Machtbegriff:
Die Politik ist der Inbegriff von Einfluß und Macht, einschließlich
der ihnen dienenden Auseinandersetzungen mit deren Taktiken
und Strategien.

Sobald die Gemeinwesen eine beträchtliche Größe und die politischen Prozesse eine erhebliche Komplexität erhalten, entstehen
neue Subjekte, die politischen Parteien, die einen Großteil der Politik in die Hand nehmen. Beim weiteren Begriff, der Politik als
Aktivität von Parteien, droht freilich die Gefahr, daß das neue Subjekt seine Hauptaufgabe, den Dienst am Gemeinwesen, verkennt.
Parteien neigen zu einer Eigenmacht, gegen die die Legitimationsgrundlage, der Dienst am Gemeinwohl und die Verantwortung
gegenüber den Bürgern, einzuklagen ist.

Mit dem allerersten, dem Personenbegriff, tritt die Philosophie
einer Verkürzung der Politik auf Institutionen und Prozesse entgegen. Damit der Politik gelingt, worumwillen sie besteht, damit sie

dem Gemeinwohl dient, müssen ihre Subjekte fähig und bereit sein, für das Wohlergehen des Ganzen Sorge zu tragen. Dafür brauchen sie Haltungen wie den Rechtssinn und den Gerechtigkeitssinn, wie Zivilcourage und Urteilskraft, nicht zuletzt Gemeinsinn und aktive Toleranz (vgl. dazu Höffe 2004, Kap. 6 und 8). Erforderlich sind diese politischen Tugenden schon für den einfachen Träger der Politik, den Bürger, womit sich bestätigt, daß er die Zukunftsfähigkeit eines Gemeinwesens mitbestimmt. In noch höherem Maß braucht aber die politischen Tugenden der Hauptträger der Politik, der professionelle Politiker.

Geht die Herrschaft ausdrücklich von den Bürgern aus und wird sie auch von ihnen selbst ausgeübt, so erreicht das Grundanliegen der Politik, die menschliche Selbstorganisation des Zusammenlebens, seine immanente Vollendung. Die Politik erhält ihre von den Griechen bekannte, aber zumindest ansatzweise auch andernorts praktizierte Gestalt; sie wird, letzter Begriff, zur Demokratie. An ihrer vollen Entfaltung läßt sie vielerorts noch zu wünschen übrig. Manches Plädoyer für eine Verbesserung der Demokratie (etwa Ginsborg 2008) ist bedenkenswert. Und vor allem junge Demokratien sind gegen Rückfälle in Autokratie, Korruption und Gewalt nicht gefeit.

5.2 Aufgeklärt liberal

Als wünschenswerte Grundgestalt ist die Demokratie aber weithin anerkannt, zumindest verbal, und der Weg dorthin, eine fortschreitende Demokratisierung, gilt als politischer Fortschritt. Überall ist es freilich nicht der Fall. Gegen die Erwartung, die Demokratie sei ein Selbstläufer, der sich bald in der gesamten Welt durchsetzt, empfiehlt sich Zurückhaltung. Weil sich in der Demokratie die politische Selbstorganisation strukturell vollendet, besitzt sie zwar den erwähnten Legitimationsvorsprung, den, von anderen Vorzügen oder Nachteilen unabhängig, keine andere Staatsform einzuholen vermag. Da es aber auch grundsätzliche Einwände gibt, ist der im letzten Kapitel genannte interkulturelle Rechtsdiskurs jetzt als interkultureller Demokratiediskurs fortzusetzen. Der Diskurs beginnt mit der Einsicht, daß der Ausdruck «Demokratie» zwar von den Griechen stammt, aber kein ausschließlich europäisches Erbe ist. Ein Gegenbeispiel bietet die herrschaftsarme, auf Absprache und Zustimmung der Betroffenen basierende Selbstorganisation der Jäger- und Sammlergesellschaften, ein anderes Beispiel die westafrikanische Versammlungsform mit jahrhundertealter Tradition, das Palaver. Denn darunter ist kein endloses Gerede zu verstehen, sondern, wie gesagt, eine Zusammenkunft aller Stammesmitglieder, bei der man einen überwältigenden Konsens sucht. Ein weiteres Beispiel bietet das vorgeschichtliche Mesopotamien (Jacobsen 1943). Deren «primitive Demokratie», die die letzte Souveränität der Versammlung aller freien Männer überantwortet, ist schließlich, auch von den Germanen, ihrem Thing oder Ding, bekannt.

Der interkulturelle Demokratiediskurs wirft als nächstes die Frage auf, worin die Demokratie und die Zusatzfrage, worin eine vorbildliche Demokratie besteht. Die Zukunftsfähigkeit ist allerdings kaum an eine vorbildliche Demokratie gebunden, so daß man in dieser Hinsicht nicht in jede Feindebatte einzutreten hat. Der Gedanke, daß wir die Idee der Herrschaft des Volkes hinter uns gelassen haben, «um die Idee der Herrschaft selbst in Frage zu stellen» (Crouch 2008, 31), überzeugt ebensowenig wie der Ausdruck einer «Neuentdeckung» der Demokratie (Richter 2008).

Ohne auf die Unterschiede von präsidialer oder aber Kanzlerdemokratie, von föderaler oder zentralisierter, von bloß repräsentativer oder mit plebiszitären Elementen gemischter Demokratie einzugehen (dazu: Schmidt [4]2008), entwickeln wir ein zunehmend anspruchsvolleres Modell. Es reicht über die prominente Entgegensetzung von «liberalem» und «republikanischem» Modell hinaus, baut sich aus drei Dimensionen mit insgesamt sieben Gesichtspunkten auf und wird «aufgeklärt liberal» genannt. Es versucht nämlich, die Einsichten der liberalen Demokratie zu bewahren, aber liberalistischen Engführungen zu entgehen und das Element,

dem das republikanische Modell hohen Wert beimißt, die Partizipation, zu integrieren. Jedem Gesichtspunkt entspricht ein anderer
Demokratiebegriff, zu dem jeweils ein anderer Gegensatz gehört
(vorläufige Überlegungen in Höffe ²2002, bes. Kap. 4.3).

Bei der *ersten* Dimension, der Legitimation von Herrschaft, ist
der formale Gesichtspunkt vom inhaltlichen Aspekt zu unterscheiden. Beide zusammen machen die herrschaftslegitimierende, die
Fundamentaldemokratie, aus:

Nach der formalen Legitimation, der herrschaftsetablierenden
Demokratie, geht die politische Herrschaft letztlich nur von den
betroffenen Rechtsgenossen, dem Volk, aus («government of the
people»). Dabei ist das Volk sowohl distributiv als auch kollektiv
zu verstehen. Soll eine Herrschaft legitim sein, muß sie vor jedem
einzelnen Betroffenen («distributiv») und zusätzlich vor der Gesamtheit («kollektiv») gerechtfertigt werden: Kriterium der formalen Fundamentaldemokratie ist deren universale Zustimmungsfähigkeit. Am legitimatorischen Ursprung, freilich auch nur dort,
sind Urheber der Herrschaft und ihr Adressat identisch. Und weil
letztlich Herrschaft nur auf diese Weise legitim sein kann, daß die
Bürger sowohl die Quelle der Herrschaft als auch der eigentliche
Souverän sind, ist das legitimatorische Zukunftspotential der Demokratie unverzichtbar.

Nach der inhaltlichen Legitimation, der herrschaftsnormierenden Demokratie, verdient die Herrschaft nur dann die (distributiv
und kollektiv) universale Zustimmungsfähigkeit, wenn sie jedem
einzelnen und zusätzlich der Gesamtheit zugute kommt. Daß die
Demokratie in diesem Sinn dem Volk zu dienen hat, schränkt den
Entscheidungsspielraum aller staatlichen, auch der demokratischen
Gewalt, empfindlich ein. Herrschaft ist nur dann legitim, wenn sie
einerseits als Rechts- und Friedensordnung der Gesamtheit und andererseits über die Menschenrechte in der Dreiheit von negativen
Freiheitsrechten, positiven Freiheitsrechten (Sozial- und Kulturrechten) und demokratischen Mitwirkungsrechten jedem einzelnen
zugute kommt («government for the people»).

Hier erfährt das legitimatorisch unverzichtbare Zukunftspotential der Demokratie eine Präzisierung: Vom Staat nicht gewährt, bloß gewährleistet, erlauben die beiden Leitaufgaben, die Friedensordnung und die Menschenrechte, keine Mehrheitsentscheidungen, nur eine reflexive Vergewisserung und Zustimmung. Die in ihnen verbürgte *Selbst*bestimmung jedes einzelnen Menschen wird durch keine noch so große *Mit*bestimmung aufgewogen. Die legitimatorische Fundamentaldemokratie widerspricht daher jener organisatorischen Totaldemokratie, die nicht bereit ist, sich vorab den genannten Leitaufgaben zu unterwerfen. Eine Demokratie, die selbst für die grundlegenden Menschenrechte Mehrheitsentscheidungen zuläßt, verletzt ihre Legitimität.

Den Gegenbegriff zur formalen Selbstherrschaft bildet die Despotie bzw. Tyrannis im formalen Sinn: die Unterwerfung durch überlegene Macht, und den Gegenbegriff zur herrschaftsnormierenden Demokratie die Despotie bzw. Tyrannis im substantiellen Verständnis: die Unterdrückung der Bürger und ihre Ausbeutung.

Da die ersten beiden Gesichtspunkte unverzichtbar sind und sich zugleich ergänzen, haben auf dieser fundamentalen Ebene, aber auch lediglich auf ihr, die Volkssouveränität und die Verbindung einer Rechts- und Friedensordnung mit den Menschenrechten den gleichen Rang und Ursprung. Denn legitime Herrschaft muß von Menschen ausgehen: Prinzip Volkssouveränität, und ihnen zugute kommen: Prinzip Rechtsstaat und Prinzip Menschenrechte.

Wird die Herrschaft vom Volk nicht bloß legitimiert, sondern auch ausgeübt, entsteht die *zweite* Dimension, die herrschaftsausübende Demokratie. Dabei wird der zunächst vor- und überpositive Gedanke, die Fundamentaldemokratie mit der Volkssouveränität und der Rechts- und Menschenrechtsordnung, zum Gestaltungsprinzip der politischen Wirklichkeit:

Zum einen ist die Volkssouveränität organisatorisch zu realisieren und die Realisierung als geltendes Recht zu etablieren. Hier, beim Gegensatz zu Monarchie und Aristokratie, findet die gewöhnliche demokratische Politik statt, ihre Auseinandersetzung um Sachen und Personen, um innen- und außenpolitische Richtungen, um deren Umsetzung in Gesetze, um die periodische Wahl der Amtsinhaber und um den Wechsel von Regierung und Opposition. Deren Voraussetzung bilden die demokratischen Mitwirkungsrechte, die man freilich nicht auf das aktive und passive Wahlrecht einschränken darf. Dazu gehört auch das in der direkten Demokratie praktizierte Abstimmungsrecht, ohnehin das Recht, vermittelnde Instanzen wie die Parteien und eine politische Öffentlichkeit zu bilden. Erst bei den Entscheidungsverfahren, also in der legitimatorisch sekundären, herrschaftsausübenden Demokratie, taucht die Mehrheitsregel auf, da ohne Beschlußregeln kein Gemeinwesen funktionsfähig ist. Der Beschluß, die Mehrheitsregel als Beschlußregel einzuführen, läßt sich aber nicht seinerseits im Mehrheitsbeschluß rechtfertigen. Er bedarf jener Einstimmigkeit, die nur universal zustimmungsfähige Elemente erwarten können.

Zum anderen darf die Anerkennung von Recht und Menschenrechten kein frommer Wunsch bleiben; sie muß zum festen Bestandteil der geltenden Rechtsordnung werden. Damit keine auch noch so große demokratische Mehrheit sich über Recht und Menschenrechte hinwegsetzt, ist das ebenfalls zunächst nur vor- und überpositive Element, eine Rechtsordnung, als eine historisch konkrete Ordnung einzurichten. Und die Menschenrechte sind zu Grundrechten zu positivieren, die das gesamte demokratische Gemeinwesen, also Legislative, Exekutive und Jurisdiktion, binden. Wo dies gelingt, verfügt die Demokratie schon über ein erhebliches Maß an Zukunftsfähigkeit.

Von ihrer Funktion her sind die drei Gewalten deutlich verschieden: Es ist eine Aufgabe, Gesetze zu erlassen, eine andere, für deren Ausführung und Durchsetzung zu sorgen, und wieder eine neue Aufgabe, Streitfälle autoritativ zu schlichten. Um die sachgerechte und zugleich unparteiliche Erfüllung dieser Aufgaben hochwahrscheinlich zu machen, sind die funktional unterschiedenen Gewalten auch unterschiedlichen Instanzen und Personen zu überantworten, weshalb das Prinzip Gewaltenteilung unverzichtbar ist.

Werden die drei Aufgaben in Gewaltenteilung erfüllt, so erhält die rechtssichernde Demokratie in Verbindung mit den ersten drei Begriffen den Rang des demokratischen Rechts- und Verfassungsstaates. Dessen Gegensatz bildet die das Recht beugende und die Menschenrechte verletzende Herrschaft, die Diktatur, gesteigert zum totalitären Staat.

Für die moderne Demokratie kommen zwei grundverschiedene Gesichtspunkte hinzu. Da sie zur herrschaftsausübenden Demokratie gehören, können sie nicht zu einer eigenen, dritten Dimension zusammengefaßt werden. Der erste Gesichtspunkt beeinträchtigt die Zukunftsfähigkeit der Demokratie, während der zweite sie befördert, leider aber die Beeinträchtigung nicht aufhebt.

Als legislatorische Demokratie bezeichne ich die für die moderne Demokratie charakteristische permanente Gesetzgebung mit der die Zukunftsfähigkeit einschränkenden Folgelast, einer dreidimensionalen Verrechtlichung: (a) einem ständigen Funktionszuwachs, (b) einer nicht endenden Verdichtung und Verfeinerung der Gesetzgebung («synchrone Normenflut») und einer steten Novellierung («diachrone Normenflut»). Die mit ihr einhergehende Instabilität des Rechts untergräbt dessen Grundaufgabe, die Rechtssicherheit. Außerdem schränkt die Dichte der Gesetze und Verordnungen die Handlungsfreiheit in einem so hohen Maß ein, daß die Freiheitsaufgabe des Rechts verletzt wird. Nicht zuletzt hat die Normenflut die antidemokratische Folge, daß der gewöhnliche Bürger sich immer weniger auf seine eigene Rechtskompetenz verlassen kann: auf ein «natürliches Rechtsbewußtsein», ergänzt um wenige elementare Rechtskenntnisse.

Eine Steigerung, sogar gewisse Vollendung erreicht die herrschaftsausübende Demokratie in ihrer partizipativen Gestalt. Diese beginnt sachlich gesehen mit einer politischen Öffentlichkeit, in der die Bürger auch dort als Träger der Politik agieren können, wo sie nicht direkt wählen oder entscheiden. Infolgedessen hängt die Zukunftsfähigkeit der Demokratie nicht nur von ihren Strukturen und den Berufspolitikern, sondern auch den Bürgern selbst ab. Erhalten die öffentlichen Debatten ein so großes Gewicht, daß sie aus der Entscheidung von freien und gleichen Bürgern hervorgehen, spricht man von einer deliberativen Demokratie (vgl. Elster 1998).

Die für die Öffentlichkeit unverzichtbaren Medien sind nicht bloß ein Forum, auf dem Interessen und Meinungen zu Wort kommen. Sie sind auch eine Arena, in der um Einfluß und Macht gestritten wird, darüber hinaus eine kritische Instanz, vor der sich die gesamte Politik, einschließlich der Gerichtsbarkeit, zu rechtfertigen hat. Da eine funktionierende Öffentlichkeit auch die Opposition zu Wort kommen läßt, trägt sie schließlich zum inneren Frieden bei. (Zur Mediendemokratie s. Kap. 18.2 und 19.3.)

Die partizipative Demokratie setzt sich im weiten Feld einer Selbstorganisation auf freiwilliger Basis, der Zivil- bzw. Bürgergesellschaft fort. Bei einem hohen Anteil von Ehrenämtern stellt sie nichtstaatliche Aktivitäten in den Dienst am Allgemeinen (s. Kap. 5.4). Ihr personales Leitbild besteht in der Steigerung des mündigen zum engagierten Bürger. Und genau deswegen sperrt sich die partizipative Demokratie nicht Elementen direkter Demokratie.

Nach ihrem *existentiellen* Begriff ist die Demokratie auch eine Lebensform. Im Gegensatz zur bloß formalen Demokratie zählt hier der reale Vollzug: daß alle Bürger ihre politischen und sozialen Rechte wahrnehmen, daß sie an der Entscheidung über deren etwaigen Ausbau teilhaben und sich Sorgen um das Ganze machen, statt bloß persönlichen Vorteilserwägungen zu folgen.

Um die von den «Kirchenvätern» der politischen Philosophie, Platon (*Politeia* VIII, 555b ff.) und Aristoteles (*Politik* III, 1279b), befürchteten Auswüchse zu verhindern, eine zügellose Machtausübung der wirtschaftlich mittellosen und politisch nicht sonderlich kompetenten Menge, um eine Herrschaft nur der Armen und Unwissenden mindestens zu erschweren, hat man für bessere Voraussetzungen zu sorgen. Der dafür zuständige *soziale* Begriff der Demokratie, ein wichtiges Element ihrer Zukunftsfähigkeit, gibt der Sozialstaatlichkeit die demokratiefunktionale Rechtfertigung, daß möglichst alle Bürger die empirischen Voraussetzungen von Demokratiemündigkeit erfüllen. Die Hebung des Bildungsniveaus ist daher wichtiger als die finanzielle Besserstellung, denn diese könnte auch lediglich die Konsumfähigkeit steigern und zugleich das Interesse am Gemeinwohl schwächen. Politisch mündige Bürger brauchen jedenfalls materiell nicht viel; ihnen genügt ein materielles Minimum.

Mit einem weiteren Gesichtspunkt betreten wir die dritte, außenpolitische Dimension: daß die Demokratie nicht bloß dem inneren, sondern auch dem äußeren Frieden diene. Sie hat, allerdings bloß in Grenzen, eine *friedensfördernde* Bedeutung.

5.3 Exkurs: Nachlassende Zustimmung?

Laut Umfragen verliert die Demokratie an Zustimmung. Für Deutschland könnte man befürchten, die Demokratie sei immer noch nicht so gefestigt wie in Großbritannien oder in den skandinavischen Ländern. Bei dieser Befürchtung schiebt man gern die Schuld auf den wahren Souverän in der Demokratie, den Bürger. Vielleicht trägt aber die größere Schuld der subsidiäre Souverän, der professionelle Politiker und seine Institutionen, insbesondere die Parteien. Und dann ist kein deutscher Sonderweg zu befürchten.

Ohnehin darf man generell Umfragen nicht überbewerten. Ihr prognostischer Wert vor Wahlen ist bekanntlich gering. Außerdem sinkt die Zufriedenheit mit der eigenen Demokratie auch in den älteren Demokratien. Ende der 60er Jahre attestieren in Schweden 60 Prozent der Befragten den politischen Parteien, sie interessierten sich nicht nur für die Stimmen, sondern auch für die Meinung der Wähler. Gut zwei Dutzend Jahre später teilen die positive Einschätzung lediglich 25 Prozent (Holmberg 1999). In den schwedischen Befragungen klingt ein weiteres Gegenargument an: In der Regel geht es nicht um «die» Demokratie, sondern um ihr derzeitiges Funktionieren, insbesondere um den Einfluß, den die Bürger auf die Politik ausüben. Selbst wer direkt fragt, ob die Demokratie die beste Staatsform sei, muß mit einer Kontamination rechnen: daß die Unzufriedenheit mit der derzeitigen Demokratie die Zufriedenheit mit der «Demokratie überhaupt» nicht unangetastet läßt.

Über die Grundbedingungen der modernen Demokratie wird keiner ernsthaft klagen, weder über regelmäßige Wahlen und öffentliche Debatten noch über Recht und Menschenrechte und auch nicht über die Marktwirtschaft, sofern sie in einen ausgebauten Sozialstaat eingebunden ist. Und in Deutschland sehnt sich niemand nach der nationalsozialistischen Diktatur, in den neuen Bundesländern niemand nach dem Stasi- und Spitzelstaat, nach Reiseverbot und Zensur zurück. Dagegen wird man darüber enttäuscht sein, daß die Politik mehr und mehr in eine eigene, vom Volk weit abgehobene Sphäre ausgewandert ist: Statt des Volkes herrschen Berufspolitiker, die, von Parteiführungen organisiert und von Bürokratien abgeschirmt, Gesetzlichkeiten folgen, denen man die eigentliche Aufgabe, der bloß dem Gewissen verantworteten Vertretung des Volkes, wenig ansieht. «Folgerichtig» ist die Zustimmung um so höher, je kleiner die politische Einheit ist:

Nach einer Befragung in Sachsen-Anhalt haben die Bürger das größte Vertrauen in kommunale Organe, ein mittleres Vertrauen in die Organe ihres Bundeslandes und das geringste Vertrauen in die Bundesrepublik insgesamt (Staatskanzlei des Landes Sachsen-Anhalt 2007).

Einer anderen, jetzt bundesweiten Befragung zufolge ist das Vertrauen in politische Parteien alarmierend gering. Auf die Bundesregierung vertrauen doppelt so viele, noch mehr auf den Bundestag, wieder mehr auf die Bundeskanzlerin. Und den Spitzenplatz teilen sich zwei den politischen Tagesquerelen enthobene Institutionen: das Bundesverfassungsgericht und der Bundespräsident (Infratest dimap 2006). Daraus könnten die Parteien lernen, ihre Querelen, die sich schwerlich aufheben lassen, zumindest nicht so genüßlich zu zelebrieren, daß die Bürger hinter dem Machtkampf nicht mehr die Sorge für das Gemeinwesen entdecken. Daß dann das Vertrauen in das Funktionieren der Demokratie enorm sinkt, spricht nicht ge-

gen die Demokratiebereitschaft der Bürger, sondern gegen eine
abgehobene «Politikerkaste».

Für die gesunkene Zustimmung könnte allerdings ein andersarti-
ger Grund mitverantwortlich sein, außer enttäuschenden Fakten
eine verzerrende Wahrnehmung. Ein psychologisches Phänomen,
die «hedonische» oder «evaluative Diskontierung», läßt sich kaum
vermeiden. Werden Dinge selbstverständlich, in einer Demokratie
etwa eine unparteiliche Justiz und eine korruptionsfreie Verwaltung, die Anerkennung der Grundrechte und die Pressefreiheit sowie ein trotz verdienter Feinkritik hochrangiges Bildungs- und Gesundheitswesen, so verlieren sie an subjektiv erlebtem Wert.

Für mangelndes Vertrauen gibt es noch einen dritten Grund.
Zweifeln Bürger an der Fähigkeit der Demokratie, Probleme zu lösen, so kann es auch an einer ungerechten Kritik liegen: Daß die lebenswichtige Chance, einen Arbeitsplatz zu finden, deutlich gestiegen ist, sowohl bei Jugendlichen als auch bei Älteren, wird weder
als Beitrag zur sozialen Gerechtigkeit wahrgenommen noch als Beleg, daß die Demokratie Probleme immer noch halbwegs zu lösen
vermag. Daß es der Verbesserung bedarf, versteht sich:

Beispielsweise tritt ein Land, das in der Geburtenrate zur negativen Spitze gehört, dem zunehmenden Abwandern der hochquali-
fizierten Jugend nur zögerlich entgegen. Zu den Gründen gehört
das Fehlen eines bevölkerungspolitischen Konzepts. Andererseits
deuten schon die bisherigen Überlegungen an, daß die Aufgaben
der Politik teils vielschichtiger geworden und wegen veränderter
Rahmenbedingungen, etwa der Globalisierung, schwieriger zu lösen sind. Die Frage, ob die Aufgaben dabei gewachsen sind oder
sich nur verlagert haben, ist schwer zu beantworten. Denn die Politik gilt zwar mittlerweile als verantwortlich für einen umfassenden Umweltschutz, für eine im Prinzip uneingeschränkte Risiko-
regulierung und für die Integration auch integrationsschwieriger
Gruppen. Aber die frühere Politik hatte auch enorme Aufgaben
zu bewältigen, etwa den Wiederaufbau eines weitgehend zerstör-
ten Landes, die Integration der Vertriebenen und später die der

Gastarbeiter, oder das Aufgabenfeld der Notstandsgesetze oder das des innenpolitischen Terrorismus.

Daß eine Demokratie trotz der gewaltigen Staatsverschuldung ihre Aufgaben immer noch ziemlich gut erfüllt, wird in Umfragen kaum honoriert. Ebensowenig wird das erheblich gewachsene bürgergesellschaftliche Engagement berücksichtigt. Vielleicht bemerkt man aber bloß, daß dieses Engagement nicht aus der professionellen Demokratie stammt, sondern einen Kontrapunkt bildet, der zugleich Kritik übt.

5.4 Politisierung oder Ökonomisierung?

Als die wichtigsten Ordnungskräfte für die heutigen Gesellschaften gelten in der Regel die Wirtschaft und das Gemeinwesen, im Westen also die soziale Marktwirtschaft und die Demokratie. Gegen eine Überbewertung der Wirtschaft sind schon einige Argumente genannt (Kap. 4.2), Argumente gegen eine Überschätzung des Politischen werden folgen (Kap. 6). Hier soll lediglich die Tragweite beider Kräfte im Verhältnis zueinander skizziert werden.

Unter liberalen Intellektuellen ist die Marktwirtschaft, Kapitalismus genannt, eher schlecht beleumdet, die Demokratie dagegen gut. Wer sich von derartigen Voreinschätzungen löst, kann die neutrale Frage stellen, wie es mit deren relativem Gewicht in der heutigen Gesellschaft steht.

Zwei Thesen sind weit verbreitet: das «Politisierung» genannte Übergewicht der Politik und das als «Ökonomisierung» bezeichnete Übergewicht der Wirtschaft. Werden die Thesen absolut vertreten, so schließen sie sich gegenseitig aus. Denn liegt bei der Politik das Übergewicht, so kann es nicht der Wirtschaft zukommen, gewinnt aber sie das Übergewicht, geht es der Politik verloren. Werden sie jedoch bescheidener, nur relativ verstanden, so können beide Thesen zugleich zutreffen: daß sowohl die Politik als auch die Ökonomie, jetzt zulasten Dritter, etwa der Familie oder der Religion, der Medien oder der Wissenschaft oder eher der einfachen

Bürger, an Bedeutung gewinnen. Eines läßt sich freilich schon vorab erwarten: daß wegen der genannten Vernetzung (s. Kap. 4.2) die Politik auch nichtpolitische und die Wirtschaft auch nichtökonomische Bereiche beeinflußt. Weil dasselbe aber auch für die Medien, für die Wissenschaft und die anderen gesellschaftlichen Subsysteme gilt, droht noch keine beklagenswerte Machterweiterung.

Beide Thesen, die der Politisierung und die der Ökonomisierung, treten oft vage, zugleich großflächig auf. Die *Politisierung* kann dreierlei bedeuten. Nach einem weiten und sehr formalen Verständnis spielt das Hauptmedium der Politik, die Macht, auch in andere Lebensbereiche herein. Diese Politisierung dürfte zutreffen, allerdings kaum im Sinne der sozialgeschichtlichen Hypothese, der Einfluß der Politik sei mehr und mehr gewachsen. Viel eher handelt es sich um die anthropologische Hypothese, daß es epochen- und kulturunabhängig in so gut wie allen Lebensbereichen auf Macht und Einfluß sowie den Kampf um sie ankommt. Beispiele liegen auf der Hand:

Offensichtlich geht es in der Wirtschaft um Macht, und zwar sowohl innerhalb der Betriebe als auch zwischen ihnen, überdies zwischen den Branchen und zwischen den Volkswirtschaften. Entsprechendes gilt für die Medien, die um die Macht im Sinne von Aufmerksamkeit und Anerkennung kämpfen. Selbstverständlich spielt auch in den Wissenschaften die Macht eine Rolle, etwa bei der Besetzung von Stellen und Ämtern und beim Einwerben von öffentlichem und von privatem Geld. Nicht anders sieht es in der Medizin aus, nicht anders in der Technik, der Justiz und den Religionsgemeinschaften, auch der Literatur und Kunst, nicht zuletzt in den Familien. Selbst Intellektuelle, die die Politisierung verurteilen, erliegen ihrer ersten Stufe: Sie wollen gelesen oder gehört werden, beides von möglichst vielen und möglichst nachhaltig, sie suchen also Aufmerksamkeit und Einfluß, kurz: intellektuelle Macht.

So universal wie die Macht, so universal ist die Politik im formalen Sinn. Weil beide einen anthropologischen Rang haben, ist die

daraus folgende formale Politisierung unvermeidbar und weder
eine Besonderheit der Moderne noch ihrer Demokratie. Ob öffentlich oder hinter den Kulissen ausgetragen – der Kampf um Aufmerksamkeit, Einfluß und Macht, vornehmer gesagt: ein agonales
Element, findet sich in der antiken Polis nicht anders als in den
heutigen Gemeinwesen, dabei in Autokratien nicht weniger als in
Demokratien.

Erst bei einer mittleren Bedeutung, der Politisierung zweiter
Stufe, kann sich die Hypothese einer wachsenden Bedeutung der
Politik belegen oder widerlegen lassen. Der Blick in die Geschichte
sieht sowohl einen zunehmenden als auch einen abnehmenden Einfluß. In der Neuzeit kann man stark vereinfachend drei Phasen
unterscheiden: Zweifellos erreicht im Absolutismus die Politisierung zweiter Stufe einen Höhepunkt. Bei der schrittweisen Überwindung des Absolutismus und dem schließlichen Siegeszug der
liberalen Demokratie findet dagegen eine Depolitisierung statt,
während der Ausbau des Sozialstaates, sogar Fürsorgestaates eine
Repolitisierung mit sich führt. Achtet man auf eine Besonderheit
der liberalen Demokratie, ihre Selbstverpflichtung auf eine wohlbestimmte Nichteinmischung, so führt hier die Depolitisierung zu
einem Fast-Null-Zustand. Die Verfassungen liberaler Demokratien
sagen lapidar: Die Freiheit des Glaubens, des Gewissens und des
religiösen Bekenntnisses sind unverletzlich; die Presse ist frei, eine
Zensur findet nicht statt; Kunst und Wissenschaft, Forschung und
Lehre sind frei.

Ohne diese Freiheiten zu verletzten, regieren aber auch liberale
Demokratien in diese Bereiche hinein. Sie entscheiden nämlich über
Rahmenbedingungen, bei Religionsgemeinschaften zum Beispiel
über deren öffentlich-rechtlichen oder aber privatrechtlichen Status
und über staatliche Zuschüsse oder aber Nichtzuschüsse zu Schulen und Sozialwerken. Im Bereich der Bildung und Ausbildung
entscheidet die Politik über eine Schulpflicht und deren Dauer sowie über eine etwaige Pflichtschule. Vielerorts betreibt sie Bibliotheken, Theater und Museen, Hochschulen, Volkshochschulen und

Forschungseinrichtungen. Nicht zuletzt bestimmt sie Rahmenbedingungen der Wirtschaft.

Vor allem in den sozialen Demokratien Europas ist der Einfluß
der Politik enorm. Hinzu kommen die genannte permanente Gesetzgebung (s. Kap. 5.2) und eine Entwicklung, die die kritische Be-
zeichnung «Imperialismus der Politik» verdient: daß die erwähnte
Politik in immer mehr Lebensbereiche hereindrängt. Allerdings
gibt es in derselben Demokratie eine kräftige Gegenbewegung, die
erwähnte Bürgergesellschaft: Hatte sich in einem Prozeß der Ver-
staatlichung der Gesellschaft die Machtbalance, die vorher zwischen den Staatsbürgern und ihren gewählten Repräsentanten bestand, zugunsten der professionellen Repräsentanten verschoben,
hatten die Repräsentanten den Repräsentierten und den eigentli-
chen Souverän, den einfachen Bürger, entmachtet, treten dem zwei
grundverschiedene Faktoren entgegen, zum einen außerpolitische
und vordemokratische Mächte wie Familie und Religion (s. Kap. 6),
zum anderen eine innerpolitische Gegenmacht, der Zwischenbe-
reich zwischen der öffentlichen und der privaten Sphäre, die Bürgergesellschaft (vgl. zum Begriff und zur neueren Debatte Höffe
2004, Kap. 7.1 u. Schiller 2002).

Ob theoretisch unterfüttert oder schlicht praktiziert – durch Individualismus und Engagement, durch Partizipation, Vertrauen und
wenig Bürokratie ausgezeichnet, wendet sich die Bürgergesellschaft
gegen einen Staat, der die Bürger zu gängeln neigt und dabei nicht
nur seine Legitimation überdehnt, sondern sich auch vorhersehbar
überfordert. Durch die Bürgergesellschaft wird die angeblich entpo-
litisierte Gesellschaft partiell politisiert und spiegelbildlich die Verantwortung für das Gemeinwohl partiell entstaatlicht. Die Anfänge
der Bürgergesellschaft reichen übrigens weit zurück. Läßt man so
wichtige Vorläufer wie die Zünfte und die sozialen, kulturellen und
wissenschaftlichen Stiftungen beiseite, so ist an die Gesellschaften
zu erinnern, die schon im 18. Jahrhundert engagierte Bürger für wirtschaftliche, aber auch soziale und kulturelle Zwecke gründen. Der
ersten dieser Art, der Londoner «Royal Society for the Encourage-

ment of Arts, Manufactures & Commerce» (1754), folgt als erste
in Deutschland die Hamburger «Patriotische Gesellschaft von
1765», der sich bald in anderen Städten viele Gesellschaften an-
schließen.

Unter der Politisierung im engsten Verständnis, der Politisierung
dritter Stufe, ist die noch einmal gewachsene Macht der Berufspolitiker als Parteipolitiker gemeint. Der Machtzuwachs findet sich
zum Beispiel dort, wo parteipolitische Gremien über das Führungs-
personal anderer Gesellschaftssysteme entscheiden, womit sich parteipolitische Gesichtspunkte in den Vordergrund drängen: bei den
Spitzen der Ministerien, selbst der Justiz, bei der Leitung von Bun-
des- und Landesbehörden, bei Finanz- und Polizeipräsidien, bei
Landesbanken und der Bundesbank, bei Rundfunk- und Fernseh-
sendern, bei Lotto- und Toto-Gesellschaften, selbst bei landes-
eigenen Firmen wie einer Brauerei. Hier von kurzsichtigen partei-
politischen Vorgaben abhängig, droht die Staatsform, die auch als
Kontroll- und Beschränkungssystem entworfen wurde, die Demokratie, zum Instrument der Machtausübung zugunsten der eigenen
Klientel zu degenerieren. Zusätzlich entsteht ein Netz von Gefäl-
ligkeiten, das teils der noch harmlosen Devise folgt: «Tust Du etwas
für mich, tue ich etwas für Dich», teils aber dem das Recht unter-
grabenden Grundsatz: «Drückst Du bei nichtkoscherem Verhalten
ein Auge zu, bin ich ebenfalls nachsichtig.»

An der schleichenden Politisierung, augenfällig bei der Besetzung
von Spitzenämtern, beteiligen sich so gut wie alle Parteien, weshalb
diese Unterhöhlung der Demokratie kaum als Wahlthema taugt.
Allenfalls ist es auf kommunaler Ebene dafür geeignet.

Glücklicherweise gibt es trotzdem eine Möglichkeit, die Übermacht der Parteien zu dämpfen und den entmachteten Staatsbürgern mehr Macht zu geben. Sie besteht in einer Stärkung der direkten Demokratie. Diese Möglichkeit wird aber vielerorts verhindert,
in Deutschland zum einen durch Verfassungsvorgaben, zum anderen durch die verschiedenen Funktionseliten. (Für ein Plädoyer für
mehr direkte Demokratie s. Höffe 2004, Kap. 7.2.)

Neuerdings spielt die zur Politisierung gegenläufige These der *Ökonomisierung* die größere Rolle. Um die erneut vage und großflächig vertretene These zu prüfen, sind wieder mehrere Stufen zu unterscheiden. (Zum ökonomischen Denken und seinen Grenzen s. Jonas 1964, Anderson 1993, Priddat/Wegner 1996 und Kaufmann 2005.)

Nach der ersten, hochformalen Stufe erhalten zwei formale Faktoren des Wirtschaftens eine wachsende Bedeutung: als Anwendungsbedingung die Knappheit und als Lebensform für den Umgang mit der Knappheit der Markt samt den zugehörigen Begriffen von Angebot, Nachfrage und instrumenteller Rationalität, auch deren Unterbegriffen «zielführend», «effizient» und «rechnet sich». Das Hauptmedium der Wirtschaft, das Geld, braucht hier noch nicht ins Spiel zu kommen.

Wie die Politisierung so ist auch die Ökonomisierung erster Stufe in vielen Bereichen und Systemen der Gesellschaft so gut wie unvermeidbar. Es gibt zwar Ausnahmen, die sogar lebenswichtig sind. So existiert für echte Freundschaft im engeren Sinn kein Markt, und doch ist ein Leben ohne Freundschaft arm. Ferner leiden Nächstenliebe und Selbstachtung, selbst wenn sie einen Seltenheitswert haben, nicht unter Knappheit: Wer sich achtet, braucht die Selbstachtung anderer nicht zu schmälern; und wer seinen Mitmenschen wohlwollend und wohltätig entgegentritt, hindert niemanden, ebenso zu handeln. Im Gegenteil bietet er ein nachahmenswertes Vorbild, dem man gern nacheifert.

Andernorts spielt dagegen eine Anwendungsbedingung des ökonomischen Blicks, die Knappheit, eine wesentliche Rolle. Selbst dem, der Geld im Überfluß besitzt, wird beispielsweise die Zeit knapp. Und für Politik, Wissenschaft, Kunst und Literatur ist das in der Öffentlichkeit entscheidende Maß, die Aufmerksamkeit und Resonanz, jeweils begrenzt. Ähnlich verhält es sich mit Interessen, Begabungen und Kräften. In all diesen Hinsichten ist die ökonomische Rationalität im formalen Verständnis gefragt: Man muß mit seinen Kräften und seiner Zeit haushalten, überdies schauen, daß man sie ziel- und sachgerecht einsetzt. Wie die Politisierung erster Stufe, so hat auch die Ökonomisierung erster Stufe eine anthropologische Grundlage.

In der mittleren Bedeutung, der Ökonomisierung zweiter Stufe, tritt das Geld in den Vordergrund. Auch hier ist die Ökonomie so gut wie universal verbreitet und zugleich unvermeidbar: Politiker und Wissenschaftler werden alimentiert, Kulturschaffende von den «Kunden» bezahlt und oft zusätzlich von öffentlicher oder privater Seite subventioniert.

Als sozialgeschichtliche Hypothese mit kritischem Unterton taugt erst die dritte Stufe: daß die Wirtschaft sich der Politik ermächtige oder sie verdränge. (Für ein weiteres Phänomen, daß nicht-ökonomische Gesellschaftsbereiche nach betriebswirtschaftlichen Effizienzgesichtspunkten organisiert, von ihnen sogar dominiert werden, s. Kap. 17.5.) Wir begnügen uns hier mit der weltwirtschaftlichen Seite: Daß weltweit agierende Großunternehmen eine oft überragende Rolle spielen, steht außer Zweifel. Bestreiten läßt sich aber die Behauptung, ihr Gewicht sei erheblich gewachsen: Die Macht, die in ihrer Glanzzeit Bankiers wie die Fugger und die Rothschilds oder Handelsgesellschaften wie die Englisch-Ostindische und die Holländisch-Ostindische Kompagnie besaßen oder die frühen US-amerikanischen Bahn- und Ölbarone, stellt vermutlich selbst die Macht heutiger Großunternehmen in den Schatten.

Neu könnte eher sein, was ein Ökonom «ökonomistisch», nämlich marktschreierisch und zugleich irreführend «Superkapitalismus» nennt. Robert Reich (2008) versteht darunter keine Verschwörung der Kapitalisten gegen die Arbeitnehmer, vielmehr beide Seiten, Unternehmer und gewöhnliche Bürger, die die Demokratie unterlaufen helfen. Vom wachsenden Wettbewerb um Kunden und Anleger angetrieben, sollen seit den 1970er Jahren die Großkonzerne in höherem Maß global, innovativ und konkurrenzorientiert geworden sein. Kunden suchen die preisgünstigsten Güter und Dienstleistungen, gleich wer sie liefert oder erbringt. Institutionelle Anleger wie Pensionsfonds, Großstiftungen und Universitäten drängen die Unternehmer, höhere Gewinne zu erzielen. Und da in diesem «Spiel» alle Seiten ihre Interessenvertreter losschicken, werden die Parlamentarier von Legionen Lobbyisten überfallen, die mehr oder weniger subtil die politische Macht übernehmen.

Reich, der lediglich die USA untersucht, unterstellt in «liebenswürdiger Provinzialität», was für seine Großprovinz des Globus zutreffe, gelte auch für die nord- und westeuropäischen Demokratien. Es mag zutreffen, sollte aber gezeigt werden, daß die Lobbyisten, die in Schwärmen über Washington herfallen, auch in Berlin, Oslo und Paris sowie für Europa in Brüssel über eine vergleichbare Macht verfügen. Ohnehin bringen sich in der Bürgergesellschaft und in der Mediendemokratie weitere Kräfte ins Spiel, die nicht unter den Begriff der Lobby fallen. Außerdem paralysiert sich ein Großteil der Lobbys gegenseitig, beispielsweise indem Arbeitnehmer- und Arbeitgeberverbände in unterschiedliche Richtungen zerren. Und oft müssen die einen schon deshalb präsent sein, weil es ihre Konkurrenten sind. Denn trotz der Gefahr, sich gegenseitig nur zu paralysieren, würde die eigene Nichtpräsenz dem anderen einen kleinen Vorteil erbringen. Allerdings könnte eine Variante der bei der «Politisierung» genannten Devise zutreffen: Alle größeren Lobby-Kräfte erhalten gelegentlich Zugeständnisse, wodurch zwar keine der Kräfte privilegiert wird, aber legislatorische «Wurstelei» befördert wird.

Am erfolgreichsten ist eine raffinierte versteckte Lobby-Arbeit. Um etwas negativ Besetztes, ein Privileg, zu retten, suche man einen positiv besetzten, das Privileg verdrängenden Begriff: Man verteidige nicht das Briefmarkenmonopol, sondern setze sich, was positiv nach sozialer Gerechtigkeit «schmeckt», für einen Mindestlohn ein. Verzerrungen, die es zweifellos gibt, dürften aber andere Ursachen haben, zum Beispiel, daß einige Interessen leicht, andere schwer in Verbänden zu organisieren sind (s. Kap. 17.3). Diese Interessen können sich aber über die Medien noch zu Wort melden. Kurz: Trotz der zahlreichen und finanzstarken Lobbys ist deren

Einfluß auf die Politik nicht leicht einzuschätzen. Eines ist allerdings fraglos zu bedauern: daß man die Arbeit und das Geld, die in die Lobby-Tätigkeit gesteckt werden, nicht produktiver einsetzt. Unter den gegebenen Bedingungen läßt sich die Situation aber schwerlich ändern.

Eine andere Eigentümlichkeit der modernen Politik steht windschief zur Alternative «Politisierung» oder «Ökonomisierung». Sie erfaßt nämlich alle Gesellschaftsbereiche und -systeme: die Bedeutung jener persönlichen Verbindungen und Beziehungsnetze, die man als Lehnübersetzung aus dem Englischen «Netzwerke» nennt und derentwegen man schon von einer «Netzwerke-Gesellschaft» spricht. Neu ist dieses Phänomen kaum, denn es fällt unter eine der drei schon von Aristoteles hervorgehobenen Arten von Freundschaft, allerdings nicht unter die wahre Freundschaft, sondern die geringerwertige, die Freundschaft um des Nutzens willen (*Nikomachische Ethik* VIII 2 ff.).

6. Zwei vorpolitische und vordemokratische Mächte

Die Demokratie und generell das Politische sind für den Menschen unverzichtbar und doch nicht das einzige, von einigen Berufspolitikern abgesehen, nicht einmal das Wichtigste im Leben. Beide sind an Voraussetzungen gebunden, die sie weder in der Vergangenheit geschaffen haben noch in der Zukunft zu schaffen imstande sind (vgl. die These von Böckenförde 1976, die freilich zu präzisieren und weiterzudenken ist). Sie können sie zwar gefährden, sogar weithin zurückdrängen, nach aller bisherigen Erfahrung aber schwerlich zerstören. Auch andere Grenzen der Demokratie und überhaupt jeder Politik darf man nicht verdrängen: daß der Mensch nicht nur in der Politik und um ihretwillen lebt, daß Natur- und Geisteswissenschaften samt Medizin und Technik, daß Musik, Literatur und Kunst, daß Freundschaft und Partnerschaft, daß

Rechtschaffenheit, für manche auch Spiritualität, Lebensziele und Lebensformen sind, die sich nicht in Demokratie auflösen lassen. Es sind vorpolitische, daher auch vordemokratische Mächte, die gleichwohl in der Demokratie eine eminent politische Bedeutung haben. Zwei dieser Mächte spielen für die Zukunftsfähigkeit eine so offensichtliche Rolle, daß sie in den Debatten unstrittig anerkannt sind und noch ausführlich behandelt werden: die Wirtschaft (s. Kap. 17) und die Wissenschaft (s. Kap. 18). Eine dritte Voraussetzung, politische Tugenden, wurde schon genannt (s. Kap. 5.1).

Zwei weitere Mächte werden vor allem in europäischen Debatten gern verdrängt. In der längsten Zeit der Menschheitsgeschichte galten sie als tragende Pfeiler der Gesellschaft, seit einiger Zeit hält man jedoch beide, Familie und Religion, für Auslaufmodelle, normativ und plakativ gesagt für Komplizen eines bürgerlichen Kapitalismus, von dem man sich befreien müsse. Indem die Wirklichkeit diese Einschätzung dementiert, hebt sie nicht nur gegen eine verkürzende Gesellschaftstheorie Einspruch. Sie weist auch die Demokratie und generell das Politische in wohlbestimmte Schranken: Es gibt immer noch ältere und immer noch weitgehend unabhängige gesellschaftliche Mächte. Hier genügt es, an ihr Zukunftspotential zu erinnern, das ein Gemeinwesen schon aus Eigeninteresse, um der eigenen Zukunftsfähigkeit willen, anerkennt und gemäß seinen eigenen Grundsätzen fördert.

6.1 Familie

Auf den ersten Blick erscheint die Familie tatsächlich als mehr und mehr überholt. Zumindest auf West- und Nordeuropa trifft zu, daß man im Vergleich zu früher – freilich: welchem Früher? – weniger heiratet. Über viele Jahrhunderte, vermutlich sogar Jahrtausende, mancherorts sogar noch bis weit in die Neuzeit heißt «Familie» eine Viel-Generationengemeinschaft, sogar das gesamte Haus, zu dem mehrere Generationen und sonstige Angehörige wie etwa unverheiratete Tanten und Onkel gehören. Auch die Angestellten:

Dienstleute, Mägde und Knechte, zählten zur Familie, nicht zuletzt der gesamte Familienbesitz und die Hauswirtschaft. Zumindest in den westlichen Ländern versteht man heute unter der Familie meist nur noch die Lebensgemeinschaft der Eltern und ihrer noch nicht selbständigen Kinder.

Selbst diese Kernfamilie, von früher aus gesehen nur eine Restfamilie, erscheint heute als Auslaufmodell. Denn statt zu heiraten, leben viele in nichtehelicher Partnerschaft oder allein, als Singles. Außerdem werden mehr Ehen geschieden, werden weniger Kinder geboren und bleiben viele Ehen ebenso wie nichteheliche Partnerschaften kinderlos. Hinzu kommt die große Zahl von alleinerziehenden Elternteilen und von gleichgeschlechtlichen Partnerschaften.

Obwohl diese Entwicklungen zutreffen, kumulieren sie sich nicht zu einer generellen Entmachtung der Familie. Zwar erweist sich die Großfamilie, also nicht die große Familie mit vielen Kindern, wohl aber die Mehr-als-zwei-Generationen-Familie, mehr und mehr als exotisches Schmuckwerk. Selbst sie hat aber sogar in den Ländern noch den Rang einer tragenden Säule, die die Familie entmachten wollten: in den damals sozialistischen Staaten von Polen bis zu den Ostgrenzen der Sowjetunion und im sozialistischen China (Chao 1977, König ³1986).

Vorab ist an einen Umstand zu erinnern, der als so trivial erscheint, daß man ihn gern vergißt: Jeder Mensch hat Eltern, wird von einer Mutter geboren, und fast jeder wächst in einer Familie oder familienähnlichen Umgebung heran. Jeder bringt daher die eine oder andere Familienerfahrung mit, was die nüchterne Beurteilung erschwert.

Die empirische Sozialforschung bestätigt (vgl. Berger u. a. 2000), was schon der erfahrungsoffene Blick wahrnimmt: Selbst in gleichgeschlechtlichen Partnerschaften kommt der Wunsch nach Kindern auf, man legt dann Wert auf den Charakter einer Familie, will sich also in eine lange verachtete Lebensform integrieren. Und in traditionellen Familien wohnt man zwar nicht notwendig unter demselben Dach, wobei es ein Süd-Nord-Gefälle gibt: In Südeuropa, etwa

Spanien, Italien und Griechenland, lebt man noch ziemlich häufig im selben Haus, allerdings werden in diesen Ländern besonders wenige Kinder geboren. In Westeuropa wohnt man vermehrt, in Nordeuropa noch häufiger räumlich getrennt, lebt jedoch oft sehr nahe beieinander. Man pflegt eine «Intimität auf Abstand» und sieht sich nicht etwa nur bei den obligatorischen Familienfeiern, obwohl man sie, die Tauf-, Hochzeits- und Geburtstagsfeste, auch Beerdigungen, die mehr als bloß die Kern- und Restfamilie zusammenführen, in ihrem sozialen Wert nicht unterschätzen darf. Weit häufiger trifft man sich mit den Eltern, Kindern und Geschwistern, schlicht um sich wiederzusehen und Neuigkeiten auszutauschen, teilweise auch, um einander zu helfen, wobei überraschenderweise die Hilfe vornehmlich von oben nach unten verläuft: Sowohl durch Betreuungsarbeit als auch finanziell unterstützen die Großeltern ihre Kinder, besonders junge Eltern. Erst im hohen Alter, heute in etwa ab den Achtzigjährigen, kehrt sich die vorrangige Hilfsrichtung um. (Aus der Diskussion zur Familie nenne ich nur König [3]1986, Kaufmann 1990, Busch 2006 und Roudinesco 2008.)

Wer den vorpolitischen Charakter der Familie bezweifelt, sei an drei Dinge erinnert: Im Fall der Heirat geben die Eheleute sich selber das Eheversprechen, Kirche und Staat beurkunden es nur. Ob mit oder ohne Trauschein – die Menschen entscheiden selber, ob sie Kinder wollen, das Gemeinwesen schafft nur einen hilfreichen Rahmen oder versäumt, ihn zu schaffen. Und die Zuneigung, die es für Partnerschaft und Kindererziehung braucht, kann kein Gemeinwesen dekretieren.

Die enorme Bedeutung der Familie beginnt mit der Reproduktion. Auch in der Demokratie sind Familien oder ihre Äquivalente unentbehrlich für das Fortbestehen sowohl der Gesellschaft insgesamt als auch des Generationenvertrags und der sozialen Sicherungssysteme. Darüber hinaus tragen sie zur Erziehung und Sozialisation bei und übernehmen gegenseitige Fürsorgepflichten. Würden diese Aufgaben in der Regel unterlassen oder verletzt, würde sich ein Gemeinwesen überfordern: emotional und sozial, nicht zuletzt

finanziell. Eine am Prinzip der Subsidiarität ausgerichtete Gesellschaft kennt in ihrem Selbstverständnis, was für andere Gesellschaften kaum weniger zutrifft: Die von Familien erbrachten Leistungen
sind unverzichtbar. (Zum Prinzip der Subsidiarität s. Höffe [2]1998,
Kap. 10, [2]2002, Kap. 5 und 2009.)

Nach bisheriger Erfahrung spielt ein emotional warmes und sta-
biles Familienklima für die frühkindliche Entwicklung eine erhebliche Rolle. Allerdings brauchen Kinder auch einen Ablöseprozeß,
der bereits im Kleinkindalter beginnt. Bei größeren Kindern weist
eine Familienerziehung ebenfalls deutliche Vorteile gegenüber einer
Gruppen- oder Heimerziehung auf. Weiterhin führen die engeren
persönlichen Bindungen in der Familie zu einer Atmosphäre von
Zuverlässigkeit und Vertrauen, die eine Vermittlung wünschens-
werter Lebensformen und Werthaltungen erleichtert: Die gelungene Familie leistet gesellschaftliche Integration. Selbst für Erwach-
sene können beide, die Herkunftsfamilie und die neu gegründete
Familie, für die psychische Stabilität eine wichtige Grundlage bilden. Schließlich übernimmt man in der Familie zahlreiche unbe-
zahlte Solidaraufgaben, angefangen mit dem Einander-Zuhören
über gemeinsame Freude und gegenseitigen Trost bis zur Hilfe in
Situationen von Not, Krankheit und Alter.

Idealisieren darf man die Familie nicht. Wie in allen menschlichen Institutionen gibt es gelungene und mißlungene Beispiele.
Außerdem sind die finanziellen Belastungen vor allem für Mehr-
kinderfamilien groß. Die Anforderungen der Berufswelt liegen oft
in Spannung mit den Erfordernissen der Familie, und innerhalb von
ihr können die Bedürfnisse und Interessen der einzelnen Kinder
untereinander und mit denen des Lebenspartners konkurrieren.
Werden zudem Familienmitglieder des längeren krank oder sind
ältere Angehörige zu pflegen, während noch Kinder versorgt werden müssen, geraten Eltern rasch an die Grenze ihrer Kräfte.

Im Regelfall ist die Familie aber immer noch die Ur- und Keim-
zelle der Gesellschaft. In ihr erfährt der zunächst extrem hilflose
Mensch, der Neugeborene, jene vielfältige Zuwendung: Sorge, Für-

sorge und Achtung, die ihn nach und nach zu einer eigenverant-
wortlichen Person heranwachsen läßt. Ohne mancherlei Fehl-
erziehung, auch seelische Beschädigungen zu leugnen, ist die
Familie doch im Regelfall die Sozialeinheit, die den Menschen mit
dem durchaus konfliktreichen Zusammenleben außerhalb vertraut
macht. Sie bietet sowohl «soziale Wärme» als auch Liebe in Gegenseitigkeit; sie lehrt Solidarität, aber auch Eigenständigkeit; sie
verhilft zu Selbst- und Weltvertrauen; nicht zuletzt wird man in
Wirtschaft, Recht und Politik eingeführt, statt unmittelbar und un-
geschützt dem «feindlichen Leben» ausgesetzt zu werden.

Die Struktur, die Mentalität und die nähere Gestalt der Familie
haben sich zwar verändert. Insbesondere in liberalen Gesellschaften
ist ein lange vorherrschendes Patriarchat im Rückgang. Die Frauen
sind längst gleichberechtigt, allerdings oft nur im Prinzip. Denn nur
etwa 40 Prozent der jungen Männer stellen sich vor, was sich 80 Prozent der jungen Frauen wünschen: eine Partnerschaft, in der beide
Eltern sich gleichermaßen um die Kinder, den Haushalt und das Er-
werbseinkommen kümmern (Hurrelmann/Albert 2006).

Mit diesen und anderen Veränderungen beweist die Familie ihre
Lebendigkeit und Kreativität. Auch unter neuen Lebenseinstellun-
gen vermag sie ihre mehrfache Aufgabe zu erfüllen: eine nachfol-
gende Generation hervorzubringen und in der sich rasch ändern-
den, vielfach konfliktbeladenen Welt ein Ort der sozialen Stabilität
und emotionalen Sicherheit zu sein. Damit leistet sie bestimmten
Tendenzen, die die Globalisierung begleiten: der sozialen Instabilität und der emotionalen Unsicherheit, Widerstand in Form eines
Kontrapunktes. Selbstverständlich gibt es gewisse Äquivalente und
zugleich Ergänzungen, allen voran die Freundschaft. Gegen die
allzu vielen und allzu gleichartigen, überdies spezialisierten und
fast unvermeidbar oberflächlichen Beziehungen setzt die Familie
aber persönliche Zuneigung, Vertrautheit, Verläßlichkeit und Über-
schaubarkeit. Deswegen spricht vieles dafür: Nur wenn beides,
Ferne und Nähe samt deren unterschiedlichen Strukturen und
Mentalitäten, in ein (durchaus dynamisches Gleichgewicht) gerät,

scheint es dem Wesen, auf das es letztlich ankommt, der individuellen Person, wohl zu gehen.

Gewiß, wo die Familie ihre Aufgaben versäumt oder ernsthaft verletzt, dort muß das Gemeinwesen etwa über das Jugendamt eingreifen. Dieser Eingriff ist aber schon deshalb in einem wesentlichen Sinn subsidiär, nämlich nur bei Versagen der primär zuständigen Institution sinnvoll, weil die staatlich organisierte Hilfe selten eine mit der Familie vergleichbare Tiefe und Dauerhaftigkeit erreicht. Und wo es doch geschieht, etwa bei der Adoption oder anderen Arten von Gastfamilie, nimmt man sich die Primärinstitution zum Vorbild.

Die Frage, ob der Staat, der mancherorts zu einem größeren Anspruch neigt, die Familie entmachtet und damit eine doppelte Gefahr heraufbeschwört, nämlich sowohl das Wohlergehen der Kinder als auch die für ihn selbst notwendigen, aber nicht verfügbaren Voraussetzungen gefährdet, ist anderen Untersuchungen zu überlassen. Dieses läßt sich aber hier sagen: Wegen des skizzierten Zukunftspotentials der Sozial- und Lebensform «Familie» betreibt ein kluges Gemeinwesen eine familienfördernde Politik. Zukunftsfähige Politik ist zu einem wesentlichen Teil Familienpolitik, mit der sie im Nebeneffekt ihrer Hauptaufgabe dient, die Bestandsgrundlagen des Gemeinwesens zu sichern. Zu diesem Zweck sind, angefangen mit zahlreichen, oft auch besseren Betreuungsmöglichkeiten, eine kinder- und familienfreundliche Infrastruktur einschließlich Stadtarchitektur und eine ebenso kinder- und familienfreundliche Berufs- und Gesellschaftskultur zu schaffen, sind Bildung und Ausbildung zu fördern und die Steuerlast für Familien und Alleinerziehende kräftig zu mindern.

6.2 Religion

In der aufgeklärten Intelligenz und unter Sozialwissenschaftlern war lange Zeit die These verbreitet, die Modernität einer Gesellschaft verhalte sich umgekehrt proportional zu ihrer Religiosität. Je moderner eine Gesellschaft sei, desto areligiöser sei sie; umgekehrt sei starke Religiosität ein Zeichen von Modernisierungshemmnis und Fortschrittsfeindlichkeit. Gelegentlich spitzt sich die intellektuelle Skepsis gegen die Religion in zwei Thesen zu, plakativ gesagt: Die Religion verspreche das Paradies und bringe die Hölle; die Religion verkünde Liebe und predige Gewalt.

Seit langem schauen viele Sozialwissenschaftler generell zu ihren nordamerikanischen Kollegen auf. Deren Religionssoziologie und die ihr entsprechende Wirklichkeit des religiösen Lebens haben sie aber erstaunlicherweise verdrängt. Man war nicht fähig, die These der umgekehrten Proportionalität als Irrtum, sogar Legende, als eine ziemlich vulgäre Dialektik von Moderne und Religion, zu entlarven.

Auf Europa treffen zwar einige Phänomene sinkender Religiosität zu. Beispielsweise hat zunächst die Häufigkeit des Kirchgangs, sodann die Zahl der Kirchgänger, schließlich die Zahl der Kirchenmitglieder abgenommen. Diese Entwicklung belegt aber noch nicht eine zunehmende Areligiosität. Denn die Häufigkeit des Kirchgangs ist kein verläßliches Kriterium für Religiosität. Sie kann auch bloß mit Gewohnheit und Üblichkeit korrelieren; mancherorts spricht sich im Kirchgang sogar ein mehr oder weniger subtiler Gruppenzwang aus. In den europäischen Ländern, in denen wie beispielsweise in Belgien, Deutschland, Österreich und großen Teilen der Schweiz, wie Italien und Spanien, wie Großbritannien, den Niederlanden und Skandinavien die Kirchen entweder Staatskirchen sind oder sie einen besonderen Status des öffentlichen Rechts haben, droht sogar die Gefahr, daß die Kirchen zu anpassungsfähigen Dienstleistungsunternehmen degenerieren, statt Biotope lebendigen Glaubens zu sein.

Wegen der höchst andersartigen Lebensverhältnisse war die US-amerikanische Religionssoziologie nie der vulgären Dialektik von Moderne und Religion erlegen. In monokonfessionellen Ländern wie Skandinavien, Italien, Österreich und Polen und in den bikonfessionellen Gesellschaften Deutschlands und der Schweiz konnte man einer Volkskirche, in Skandinavien sogar einer Staatskirche zugehören, ohne ernsthaft zu glauben («belonging without believing»). Inzwischen gibt es selbst in Europa mehr und mehr das entgegengesetzte Phänomen: daß man glaubt, ohne sich einer Religionsgemeinschaft anzuschließen («believing without belonging»). Manche basteln sich sogar ihre persönliche Religion zusammen und vermeinen, in eigener Privat- und «Bastel»-Religion ihr autonomes Selbst unter Beweis zu stellen. In beiden Gestalten, als Religionsgemeinschaft und als kirchenfreie Religiosität, spielt die Religion jedenfalls eine so wichtige Rolle, daß der nichtdogmatische Blick sich ihrer Wirklichkeit nicht verschließt.

Welche Leistungen übernimmt die Religion in den heutigen Gesellschaften? Die Antwort ist nicht einfach, da in den westlichen Demokratien, selbst in West-, Mittel- und Nordeuropa, wo das Christentum an praktizierter Zustimmung verloren hat, ohnehin in den muslimischen Ländern, die Religion eine Vielzahl von Aufgaben erfüllt. Beispielsweise ist sie eine wichtige Autorität für Wertbildung und Wertvermittlung. Auch demokratische Staatswesen sind auf Werte und Normen angewiesen, pflegen sie aber nicht zu schaffen. In der Regel treffen sie nur aus vorgefundenen Verbindlichkeiten eine (kritische) Auswahl und nehmen dabei gewisse Modifikationen vor, womit sie, eventuell à contre cœur, die politische Bedeutung vorpolitischer und die demokratische Bedeutung vordemokratischer Mächte anerkennen. Die der Politik eigentümliche Aufgabe besteht vornehmlich darin, das Ausgewählte und Modifizierte in verbindliche Geltung zu setzen.

Die Religionen leisten noch weit mehr. Sie schaffen auch Gemeinschaft, und für viele Menschen sind sie ein wichtiger Baustein ihrer Identität. Ferner dienen sie, säkular gesprochen, der Kontingenzbewältigung. Sie sind eine Fundgrube für Lebensweisheit; nicht zuletzt machen sie spirituelle Angebote. (Aus der neueren Debatte seien exemplarisch Davies 2000, Joas [2]2004, Nussbaum 2008, Schieder 2008, Spaemann [5]2007 und Kippenberg 2008 genannt.)

Nur in Klammern erwähne ich die Frage, wie man den in Südostasien bedeutsamen Konfuzianismus oder Neokonfuzianismus einschätzen soll. Da ihm nicht bloß Jenseitsvorstellungen, sondern auch Gottheiten fehlen, charakterisiert man ihn treffender als eine Staats- und Sittenlehre denn als eine Religion. Abgesehen von spirituellen Angeboten übernimmt aber auch der (Neo-)Konfuzianismus einen Großteil jener Aufgaben, die im Westen der Religion zugesprochen werden, also die Wertevermittlung, die Gemeinschaftsbildung und das Angebot von Lebensweisheit. Insofern liegt eine erhebliche funktionale Äquivalenz vor: Der (Neo-)Konfuzianismus ist das mit der Religion weithin vergleichbare Beispiel einer vorpolitischen und im Fall von Demokratien einer vordemokratischen Macht mit eminent politischer Bedeutung.

Zurück zur Religion: Eine nichtdogmatische Philosophie und Wissenschaft nimmt die reiche Wirklichkeit, das skizzierte fortdauernde Gewicht der Religion, nicht nur zur Kenntnis. Sie denkt auch über die Gründe nach und stößt dabei auf mindestens vier sich nicht ausschließende Hypothesen: Nach der anthropologischen Hypothese ist die Religion ein menschliches Grundbedürfnis mit dem Rang einer anthropologischen Konstante. Nach der genetischen Hypothese prägt eine Religion, das Christentum, die Entwicklung der modernen Welt. Die Legitimationshypothese sieht in Religionen einen wesentlichen Faktor für die Rechtfertigung eines unveräußerlichen Bestandteils der Moderne, für die Menschenrechte. Und die Bestandshypothese erklärt, ein Gemeinwesen sei für seinen Fortbestand auf Normen und Werte angewiesen, für die die Religionen oder eine religionsanaloge Welt- und Moralanschauung hilfreich, vielleicht sogar unverzichtbar sind.

Für alle vier Hypothesen gibt es zwar gewichtige Gegenhypothesen. Zur ersten, anthropologischen These sagt ein Kritiker, der Szientist, ein Teil der religiösen Aufgaben, insbesondere die umfassende Weltdeutung, könne von den Wissenschaften übernommen werden. Ein anderer erklärt, spirituelle Leistungen vollbringen auch eine nicht religiös gebundene Meditation und Askese. Wieder ein

anderer wendet ein, ein rechtschaffenes Leben werde nicht bloß
von frommen Menschen geführt. Und manche sehen in der Religion die Erfüllung jener bloßen Kinderwünsche, vor allem der
Sehnsucht nach Geborgenheit und der Hoffnung auf eine spätestens durch das Jenseits gerechte Welt, auf die ein mündiger Er-
wachsener besser verzichte.

Kritiker der zweiten, genetischen Hypothese betonen die vom
Christentum unabhängigen Wurzeln der Moderne, die Philosophie,
Wissenschaft und Politik der Griechen, die stoische Moral und das
römische Recht.

Kritiker der Legitimationshypothese verweisen auf die religions-
indifferente Begründbarkeit der Menschenrechte, darüber hinaus
auf das Trauma der im Namen der wahren Religion geführten
Kriege und Bürgerkriege. Denn bei aller Wertschätzung der Religionen dürfe man nicht vergessen, daß sie und deren Gruppen, im
Christentum die Konfessionen, längst im Plural auftreten und dann
zu einer nicht selten gnadenlosen, vor allem auch gewaltbereiten
Konkurrenz neigen. Selbst wenn die Religionen nicht gewalttätig
würden, nähmen sie auf die Gesellschaft und Politik oft einen fata-
len Einfluß. Ein kluges Gemeinwesen antwortet auf die entsprechenden Gefahren mit Gewaltmonopol und staatlicher Toleranz,
hier sowohl mit dem Grundrecht der Religionsfreiheit als auch mit
weltanschaulicher Neutralität. (Zur größeren Aufgabe der Toleranz
s. Höffe 2004, Kap. 8; dort weitere Literatur.)

Wenn im Ausdruck der Toleranz noch eine Hierarchie anklingt,
so als ob das Gemeinwesen, der Religion überlegen, diese nur gnä-
dig dulde, sei es überhaupt eine Religion oder die von der Mehr-
heitsreligion bzw. Mehrheitskonfession abweichenden Formen, der
mag wie Nussbaum lieber von Achtung oder Respekt sprechen
(vgl. Nussbaum 2008). Die Religionsfreiheit ist jedenfalls ein Menschenrecht, sogar ein besonders wichtiges, da die Religionszuge-
hörigkeit für viele Menschen zum Kern ihrer personalen Identität
gehört. Wegen dieser Identitätsbedeutung kann sich der religiöse
Mensch, selbst der Anhänger einer Privat- und «Bastel»-Religion,

nicht auf die Alternative einlassen: statt religiöser Wahrheit den politischen Frieden. Weil der religiöse Mensch sich seine religiöse Wahrheit nicht enteignen läßt, muß sich für ihn die Alternative in die Formel aufheben: Politische Freiheit trotz religiöser Wahrheit und mit ihr. Genau dies läßt das Menschenrecht der Religionsfreiheit zu.

Ein Gemeinwesen kann ein Menschenrecht nur gewährleisten oder die Gewährleistung verweigern; es originär zu gewähren vermag, wie gesagt, auch die Demokratie nicht. Zu deren Kern gehört allerdings die staatsbürgerliche Gleichheit. Schon ihretwegen können Bürger einen Glauben oder eine Religion respektieren, ohne sie zu teilen. Das gleiche Recht, das eine Demokratie allen Religionen und Konfessionen gewährleistet, schließt freilich nicht (erläutern sehr differenziert Ladeur/Augsberg 2007) das Recht auf eine «gewichtete Gleichbehandlung» aus. Danach darf ein Staat beispielsweise im Unterricht öffentlicher Schulen den kulturellen und den Orientierungsleistungen jener Religion mehr Gewicht beimessen, die in seiner konkreten Gesellschaft größere Bedeutung hat.

Kritiker der genetischen Hypothese erinnern auch daran, daß die christlichen Großkirchen generationenlang die Menschenrechte vehement ablehnten und daß der Islam sich vielerorts immer noch mit den Menschenrechten, namentlich der Religionsfreiheit und der Gleichberechtigung von Mann und Frau, schwertut.

Bei der vierten, der Bestandsthese, kann man anerkennen, daß Gemeinwesen für ihren Fortbestand auf Normen und Werte angewiesen sind, aber bezweifeln, daß dafür die Religionen unerläßlich sind. Die philosophische Ethik ist bei den großen Vertretern wie Aristoteles, der Stoa und Kant von der Religion weithin unabhängig. Ohnehin braucht es angesichts der Vielzahl von Religionen und deren Konkurrenz eine Instanz für Normen und Werte, die die Menschen nicht trennt, sondern eint. Weil diese Bedingung nicht von den (de facto miteinander konkurrierenden) Heiligen Schriften erfüllt wird, wohl aber von der allgemeinen Menschenvernunft, verbunden mit allgemeinmenschlicher Erfahrung, und weil aus dieser Verbindung die Philosophie besteht, hat deren Ethik zumal in Zeiten der Globalisierung nicht nur aus Gründen der Legitimation, sondern auch der Stabilität eine herausragende Bedeutung. Allerdings liegt die philosophische Ethik nicht als fertiges und rundum anerkanntes «System» vor.

Wir können hier den kurzen Blick auf die Religion abschließen und eine sehr vorläufige Einschätzung, aber keine endgültige Beurteilung vornehmen: Auch wenn den Religionen und den Religionsgemeinschaften für keine der genannten Aufgaben, weder für die anthropologischen Bedürfnisse noch für die Entstehung der Moderne oder die Legitimation der Menschenrechte, oder selbst für die Tradierung von Normen und Werten ein Exklusivrecht zukommt, weder im Sinne einer notwendigen noch einer hinreichenden Bedingung, kann man schwerlich leugnen, daß sie in einem hohen Maß hilfreich sind.

Wer unter dem Aspekt der Zukunftsfähigkeit auf die Religion blickt, darf das Thema «Zivilreligion» bzw. «Bürgerreligion» nicht übersehen. Jean-Jacques Rousseau schließt seinen *Contrat Social* mit diesem Thema ab (Kap. IV, 8). Er unterscheidet verschiedene Arten von Religion, gibt dem Christentum als Religion der Nächstenliebe den Vorrang und erklärt, für eine friedliche und harmonische Gesellschaft wäre es nötig, daß alle Bürger ohne Ausnahme gleicherweise gute Christen wären. Weil ein einziger Ehrgeizling sich aber zum Usurpator aufschwingen und damit die Idylle zerstören könnte, braucht ein Gemeinwesen qua Gemeinwesen eine andere, vom Kultus und den Dogmen der bekannten Religion abweichende Gestalt: die «religion civile», die bürgerliche Religion oder Bürgerreligion. Rousseau versteht darunter eine «Gesinnung des Miteinander» (sentiments de sociabilité), ohne die es unmöglich ist, ein guter Bürger und ein treuer Untertan zu sein. (Für einen knappen Einblick in die seit den 1960er Jahren erneuerte Debatte s. Pannenberg 1989.)

In abgewandelter Form wird der Grundgedanke vielfach vertreten, bei Aristoteles unter dem Stichwort der (Bürger-)Freundschaft, bei Hegel als Sittlichkeit, bei Tocqueville als «Gewohnheiten des Herzens» (Über die Demokratie in Amerika, Bd. I, 432), und dürfte im Kern noch überzeugen. Es ist gewiß nicht sinnvoll, die Religion ihrem Selbstverständnis zu entfremden und sie lediglich für politische Zwecke zu instrumentalisieren. Da ihre Mitglieder auch Bürger eines Gemeinwesens sind, dient es aber ihrer eigenen, religiösen Zukunftsfähigkeit, wenn sie zur Zukunftsfähigkeit des Gemeinwesens beitragen und trotz ihrer innerreligiösen Wahrheitsansprüche sich für Toleranz und wechselseitigen Respekt einsetzen. Das Gemeinwesen wiederum beweist Zukunftsfähigkeit, wenn es so grundlegende Elemente der liberalen Demokratie anerkennt wie die Religionsfreiheit und seine darüber hinausgehende Toleranz, die unter Verzicht auf religiöse und gesellschaftliche Exklusivitätsansprüche das «Recht auf Differenz» anerkennt (Höffe [2]2002, Kap. 4.4.)

7. Verantwortungen

Die Zukunftsfähigkeit hängt von den zu bewältigenden Aufgaben ab. Die Entscheidung über die Reichweite der politischen Verantwortung ist aber selber ein Politikum. In Demokratien ist die Spanne breit. Sie reicht von einem Extrem, dem Nachtwächterstaat des klassischen Liberalismus, zum anderen Extrem, einer hochgradig sozialistischen Demokratie. Die Demokratie steht vor einem Dilemma, das man dramatisch als Widerspruch bezeichnen kann: Je mehr Verantwortung eine Demokratie sich auflädt, desto mehr Zukunftsfähigkeit braucht sie und desto rascher droht die Gefahr des Versagens. In dieser Situation empfiehlt es sich, für keines der beiden Extreme zu plädieren; besser ist es, Verantwortungen zu benennen, die auf eine überwältigende Zustimmung rechnen können.

Daß sie für die Zukunft Sorge trägt, haben die Bürger von der Politik schon immer erwartet. Zu den Gründen, daß sie sich in Gemeinwesen zusammenschließen, gehört Zukunftsbewältigung, deutlich sichtbar bei zwei der wichtigsten Aufgaben, der äußeren Sicherheit und dem inneren Frieden, der im Rechtsfrieden und im sozialen Frieden besteht. Das Gemeinwesen soll deren Bedrohung verhindern, insbesondere die beiden Extremformen, die Eroberung von außen und den Bürgerkrieg. Sollte die Bedrohung trotzdem eintreffen, ist sie möglichst rasch zugunsten des Friedens zu überwinden. Es gibt zwei weitere, in hohem Maß zustimmungsfähige Verantwortungen: die soziale Sicherung und eine umfassende, keineswegs nur ökonomische Konkurrenzfähigkeit im globalen Standortwettbewerb. Im Fall der Demokratie beginnt aber die Zukunftsverantwortung eine Stufe vorher, bei der politischen Selbstorganisation. Für sie werfen wir einen Blick auf Griechenland.

7.1 Selbstorganisation

Das Gemeinwesen, das trotz mancher Kritik immer noch ein Vorbild darstellt, ist eine nach heutigen Verhältnissen ziemlich kleine Stadtrepublik: die griechische Polis (vgl. Meier [4]2001 und Nippel 2008). Diese pflegt man zwar als Demokratie anzusprechen, im Selbstverständnis der Griechen ist aber eine politische Gleichheitsordnung entscheidend, die *isonomia*, die die Bürger rechtlich und politisch gleichstellt und ihnen eine politische Selbstorganisation ermöglicht. Gleichberechtigt sind zwar nur die Staatsbürger im engen und strengen Sinn, nicht die Frauen, ohnehin nicht die Sklaven, auch nicht jene Bürger anderer griechischer Gemeinwesen, die niedergelassenen Ausländer, die *Metöken* («Beisassen»), zu denen in Athen auch Aristoteles gehört. Die Rechtsgleichheit geht nun über das ältere Prinzip der *eunomia* hinaus, den aristokratischen Grundsatz der «guten Ordnung». Während in der Eunomie der Nomos, also Sitte und Recht, wirksam um- und durchgesetzt werden, tritt in der Isonomie der Gesichtspunkt der Gleichheit (*isomoiria*) hinzu, wodurch sie dem modernen Rechtsstaat nahekommt. Mit ihrem Verfassungsideal der Rechtsgleichheit wollen die Griechen die in der Tyrannis herrschende Willkür politischen Handelns überwinden und gegenüber der Herrschaft der wenigen, der Oligarchie, die politische Mitwirkung kräftig erweitern. Nach der Isonomie werden die meisten Ämter durch Los besetzt, sind deren Inhaber rechenschaftspflichtig und werden alle politischen Beschlüsse von der Gesamtheit der Bürger getroffen.

Für die Zukunftsfähigkeit der griechischen Polis sind zwei weitere Faktoren wesentlich, die Gerechtigkeit und jene «Freundschaft» genannte Fülle persönlicher Beziehungen, die als freie Entscheidung, miteinander zu leben nach dem maßgeblichen Theoretiker Aristoteles (*Politik* III 9, 1280b, 38 f.), die Eintracht im Gemeinwesen ermöglicht. Für Aristoteles kommt noch ein weiterer Faktor, ein breiter wirtschaftlich-gesellschaftlicher Mittelstand, hinzu. In Verbindung mit der Herrschaft der Gesetze helfen diese drei Faktoren, das überragende Gut, den inneren, sowohl rechtlichen als auch sozialen Frieden, selbst über die zahlreichen Verfassungsänderungen hinaus zu sichern, die die griechische Polis innerhalb von wenigen Generationen erlebt. Die Verfassungsänderungen darf man nämlich nicht mit Aufruhr und Umsturz (*stasis*) gleichsetzen. Im Gegenteil tritt in vielen Änderungen die Fähigkeit zutage, Krisen zu bewältigen, mithin Zukunftsfähigkeit.

Zusätzlich zum inneren Frieden legen die Griechen großen Wert auf die äußere Sicherheit, verbunden mit der politischen und kulturellen Eigenständigkeit. Selbst gegen die Übermacht der Perser können sie sich auch behaupten, erst dem makedonischen König Philipp II. müssen sich die zwei griechischen Vormächte, Theben und Athen, beugen. In der relativ kurzen Dauer der klassischen griechischen Stadtrepublik, namentlich der von Athen, könnte man ein Argument gegen deren Verfassungsmodell sehen. In der im Vergleich zum Alten Orient, etwa Ägypten, Sumer und Babylon, weit kürzeren Lebensspanne blüht aber die griechische Kultur, einschließlich Wissenschaft und Philosophie, geradezu explosionsartig auf. Läßt man das Athener Modell mit Solons Berufung zum Schiedsrichter oder Vermittler, also im Jahr 594/93 v. Chr., beginnen, so hat das Modell bis zur Zerstörung durch Philipp II. immer-

hin mehr als zweieinhalb Jahrhunderte, also länger als bislang die
nordamerikanische oder die französische Republik, gelebt.

7.2 Innerer und äußerer Friede

Kehren wir zu den systematischen Überlegungen zurück: Der Inbegriff der Zwecke, die eine Herrschaft von Menschen über Menschen rechtfertigen, nennt man teils Gemeinwohl, teils politische
Gerechtigkeit. Beide beginnen mit den zwei Dimensionen einer
Selbsterhaltung des Gemeinwesens, nach innen im gerechtigkeits-
verpflichteten Recht und nach außen im Frieden.

Rechts- und friedensverwöhnte Gemeinwesen pflegen in ihren
Tagesdebatten zu vergessen, daß auch für sie diese zwei Dinge
höchste Priorität genießen. Da sie, einmal ausgesprochen, Zustimmung finden, braucht man sie nur zu nennen. Das eine ist die verläßliche Rechtsordnung (einschließlich korruptionsfreier Verwaltung und Justiz) samt deren Verpflichtung auf die Grund- und
Menschenrechte, das andere der Schutz vor Aggression von außen,
der äußere Frieden. Beide bilden die Grundpfeiler einer Demokratie und zusammen den zweidimensionalen Rahmen, in dem die
weiteren Debatten über Zukunftsaufgaben stattfinden.

Einen eigenen Akzent verdient die Selbsterhaltung der Bürgerschaft: die Erhaltung zunächst ihres Lebens, sodann ihres Territori-
ums, nicht zu vergessen ihrer politischen, auch kulturellen Selbst-
bestimmung. Vom lateinischen Ausdruck für Selbsterhaltung, der
conservatio sui, mag man von einer konservatorischen oder, in
Abwehr einschlägiger Gefahren, von einer defensorischen Politik
sprechen. Es ist eine Politik an den Grenzen von Politik. Sie drängt
eine Unterscheidung auf, die nur dort Kritik verdient, wo man ihr
ein Vor-Recht oder gar ein Exklusivrecht einräumt. Wer diese Überschätzung nicht teilt, hat mit der Unterscheidung keine grundsätzliche Schwierigkeit, sieht sie vielmehr für die Praxis und die Theorie
der Politik als unverzichtbar an: Es gibt Freunde und Feinde. Dabei
braucht man nicht Carl Schmitts Bestimmungen (1968, 26–37) zu

übernehmen. Entscheidend ist, daß die gewöhnlichen Konkurrenten der Innen- und Außenpolitik Gegner sind, mit denen man
durchaus heftig streiten kann. Man teilt aber einen Grundkonsens,
daß man sich, ob Individuum, Gruppe oder Gemeinwesen, in seinem Lebensrecht anerkennt. Ein Feind ist lediglich, wer dieses
Fundamentalrecht zu verletzen sucht, ein politischer Feind, wer die
innere Ordnung eines Gemeinwesens umstürzen oder dem Gemeinwesen selber an «Kopf und Kragen» gehen will.

Innerhalb der Demokratien bleiben zwar die Feinbestimmungen
zu den zwei prioritären Verantwortlichkeiten, dem Recht und dem
Frieden, umstritten; auch zwischen den Demokratien bestehen erhebliche Unterschiede. Eine Demokratie aber, die über die Fähr-
nisse der Zeit den äußeren Frieden sichert und sich eine im wesentlichen verläßliche Rechtsordnung bewahrt, beweist ein erhebliches
Maß an Zukunftsfähigkeit.

7.3 Soziale Sicherung

Im Fortgang der Neuzeit, im Verlauf der Industrialisierung, Urba-
nisierung und beruflichen Spezialisierung, tauchen namentlich in
Westeuropa Schwierigkeiten auf, die man im Stichwort der «sozialen Frage» zusammenfaßt. Die Schwierigkeiten, die mancherorts
durch die Globalisierung erneuert werden, gefährden, was schon
Aristoteles vom Gemeinwesen verlangte: auch den Armen ein erträgliches Auskommen zu sichern (*Politik* V 9, 1309a14 ff.). Eine
innovative Politik beantwortet die Schwierigkeiten mit einem Krisenmanagement, das über eine kurzfristige Lösung hinausreicht.
An Nachhaltigkeit interessiert, übernimmt sie neue Verantwortlichkeiten. Ihretwegen entsteht der elementare Sozialstaat mit einem
öffentlichen Gesundheitsdienst, einer öffentlichen Fürsorge bzw.
Sozialhilfe und einer besonders zukunftsträchtigen Einrichtung,
den Sozialversicherungen, die die Bürger gegen jene Einkommens-
risiken schützen, die aus Krankheit, Invalidität, Alter und Arbeitslosigkeit erwachsen. Wegen ihrer existentiellen Bedeutung rücken

bei den Fragen der Zukunftsfähigkeit diese Aufgaben gern in den Vordergrund. Ohne die Fähigkeit, die Aufgaben zu lösen, erreichen vor allem junge Demokratien nicht die erforderliche Stabilität. Fraglos sind die Aufgaben wichtig, exklusiv wichtig aber nicht.

Gemeinwesen, die selbst mit einem nachhaltigen Krisenmanagement nicht zufrieden sind, übernehmen auch positive Leitaufgaben. Ein zu hohes Versprechen, etwa für ein gutes Leben, sollten sie den Bürgern nicht abgeben, denn mangels Zuständigkeit kann keine Politik dieses Versprechen einlösen. Die Gemeinwesen können aber für ein menschenwürdiges Dasein sorgen, das fraglos jeder einzelne um seiner positiven Freiheit und der politischen Mitbestimmung willen verdient. Aus diesem Grund, also um der Freiheit und der Demokratie willen, erweitern sie den Sozialstaat. Beispielsweise setzten sie sich für Chancengleichheit ein, deretwegen der schon vorher betriebenen Bildungs-, Wissenschafts- und Kulturpolitik neue Aufgaben zuwachsen. Die staatliche Verantwortung wächst aber auch, um einem Problem entgegenzutreten, das jemanden noch schlimmer als Armut treffen kann: das Ausgeschlossensein, von Sozialwissenschaftlern «Exklusion» genannt (vgl. Bude 2008; gegenüber der im Untertitel genannten These darf man freilich ein wenig skeptisch sein). Zur neuen Qualität des Sozialstaates gehören zahlreiche Leistungsaufgaben, deren Inbegriff man «Existenzsicherung», «Daseinsvorsorge» (Forsthoff [2]1971) oder besser «soziale Sicherung» nennt.

Grundlegend neu ist die einschlägige Politik nicht. Lange vor Aristoteles' Forderung, den Armen ein erträgliches Auskommen zu sichern, verstanden sich im Alten Orient, also vor dreitausend und mehr Jahren, die Regierenden als Hirten, die ihre Herde möglichst «im Überfluß weiden» lassen. Das königliche Zepter galt nicht als Stock, um zu strafen, sondern als Hirtenstab, um das Volk zusammenzuhalten und zu führen. Ein nach damaligen Kriterien guter Herrscher war daher gleichsam ein wohlwollender Diktator. Die Gefahr des Paternalismus, daß die Regierenden besser zu wissen vermeinen, was den Regierten gut tut, ist auch Demokratien nicht fremd. Um ihr politisches Kapital, den mündigen Bürger, nicht aufs Spiel zu setzen, sollten sich Demokratien aber vor der Gefahr hüten, die soziale Sicherung in Fürsorge abgleiten zu lassen.

Um die Aufgabe der sozialen Sicherung gründlicher zu erfüllen, erweitern moderne Demokratien die schon vorher übernommenen Verantwortungen etwa um eine Wirtschafts- und eine Arbeitsmarktpolitik, um die Stadt- und Regionalentwicklung, um die Technikförderung und die Außenhandelspolitik, um die Bankenaufsicht und Rahmenbestimmungen für die Finanzwelt. Und vor allem sind sie auch für die Umwelt verantwortlich.

Häufig schränkt man die Ausdrücke der Existenz- oder der Sozialsicherung auf die Sozialstaatlichkeit ein. Da der Mensch «nicht vom Brot allein» lebt, gehört viel mehr dazu. Es braucht auch Bildung, Wissenschaft und Kultur; es braucht auch die zivilisatorische Infrastruktur wie Verkehrswege, die Gas-, Wasser- und Stromleitungen und die Infrastruktur für die Telekommunikation; schließlich kommt es auf die architektonische und die zivilisatorische Qualität der Städte und den Erholungswert der Landschaft an. Um all diesen Aufgaben gerecht zu werden, verschafft sich der Staat die erforderlichen Instrumente, also Institutionen, Personal und finanzielle Mittel. Zusammen erbringen sie einen erheblichen Machtzuwachs, der mittlerweile aber rückläufig ist. Ob man deshalb von einer Entmachtung des Staates zu sprechen hat, läßt sich nicht leicht entscheiden. Die Lage hat sich aber verändert, da es mindestens fünf Ursachenkomplexe gibt (Höffe [2]2002, Kap. 6).

Ein erster Ursachenkomplex besteht in einer perspektivischen Täuschung: Eine Politik, die ihre Möglichkeiten überschätzt, seien es die finanziellen Mittel, sei es die Wirkungstiefe ihrer Macht oder die Eigenständigkeit der anderen gesellschaftlichen Teilsysteme, sieht sich zu einer realistischeren Einschätzung gezwungen. Konzentriert auf das tatsächlich Mögliche, ersetzt sie die euphorische Selbstüberforderung durch eine sachgerechte Nüchternheit. Soweit diese Diagnose zutrifft, findet statt eines Machtabbaus lediglich ein Zurückschrauben überzogener Erwartungen statt.

Ein weiterer Ursachenkomplex, eine innere Selbstentmachtung, geht kaum auf ausdrückliche Entscheidungen zurück, sie findet vielmehr als vorhersehbare, aber in Kauf genommene Nebenfolge ausdrücklicher Entscheidungen statt. Die einschlägigen Nebenfolgen sind aber seit längerem bekannt, etwa die hohe Staatsverschuldung und der hohe Anteil jener Personalausgaben, bei denen nicht erst Kürzungen, sondern schon Verschiebungen schwer möglich sind. Hier ist der Politik inzwischen ein zu spätes und zu schwaches Gegensteuern vorzuwerfen.

Zur inneren kommt, drittens, eine äußere Selbstentmachtung hinzu, die freie Abgabe von Kompetenzen. Europäische Staaten verzichten sowohl gegenüber der Europäischen Union auf Kompetenzen als auch gegenüber internationalen Organisationen wie der Welthandelsorganisation (WTO), den Vereinten Nationen und den Weltgerichten, nicht zuletzt gegenüber dem immer weiter und zugleich dichter gespannten Völkerrecht.

Wieweit der nächste Ursachenkomplex, die Entmachtung seitens der wirtschaftlichen Globalisierung, reicht, ist umstritten. Die anfangs vertretene These, die Macht wandere von der Politik zur Wirtschaft, hat sich jedenfalls als übereilt erwiesen. Schon immer folgte die Wirtschaft eigenen Gesetzlichkeiten, freilich innerhalb eines von der Politik bestimmten Rechtsrahmens. Im Prinzip sieht es heute nicht anders aus, auch wenn mittlerweile zu den ökonomischen Gesetzlichkeiten ein globaler Wettbewerb gehört, der als Standortwettbewerb auf den Rechts- und Politikrahmen durchschlägt (s. Kap. 7.4): Bei sonst gleichen Bedingungen sucht der international bewegliche Anteil der Wirtschaft den vorteilhafteren Rahmen auf. Kluge Politik stellt sich auf den Standortwettbewerb ein, den man nicht notwendig als eine Entmachtung der Politik zu deuten hat. Alternativ kann man auch von einer Herausforderung zu politischer Kreativität sprechen.

Der fünfte Ursachenkomplex, die Zivil- bzw. Bürgergesellschaft (s. Kap. 5.4), bedeutet nur zur Hälfte eine Entmachtung des Staates.

Die andere Hälfte besteht in der gelebten Kritik an einem etatistisch verkürzten Verständnis von Gemeinwesen.

Eine vorläufige Bilanz hebt zwei Gesichtspunkte hervor: Während die Machteinbußen von außen, die es durchaus gibt, geringer als oft behauptet ausfallen, erheben sich gegen die These der Erosion von innen Zweifel. Bei mancher angeblichen Entmachtung des Staates werden, vom Standpunkt des Subsidiaritätsprinzips betrachtet, lediglich vorherige Kompetenzanmaßungen zurückgenommen. In anderen Bereichen haben sich die staatlichen Instrumente erweitert: Zum traditionellen, direkten Eingriff tritt eine Einflußnahme zweiter Stufe, eine Steuerung von Selbststeuerung. Und wer seinen Blick nicht auf wenige Jahre einschränkt, vielmehr auf die letzten vier bis sechs Generationen achtet, sieht ein fast stetes Anwachsen der Staatsaufgaben, die trotz der mittlerweile erreichten Fülle noch immer im großen und ganzen erfüllt werden. Daß dabei Zielkonflikte auftreten und daß wegen der Zunahme von Ansprüchen nicht alle rundum erfüllbar sind, ruft zwar Enttäuschungen hervor, läßt sich aber nicht grundsätzlich vermeiden (s. Kap. 15).

Im übrigen dürfen die staatlichen Instanzen die Eigengesetzlichkeit der anderen Gesellschaftssysteme nicht verdrängen. Weil die Wissenschaft und Forschung, die Technik, die Wirtschaft, die Kunst und Musik eigenen Kriterien folgen, ist auch eine Demokratie gut beraten, sich bei all diesen Bereichen mit jener Rahmenverantwortung zufriedenzugeben, die den Teilsystemen erlaubt, sich möglichst frei zu entfalten. Nicht zuletzt ist die Autonomie der Bürger zu respektieren. Ob sie Autos mit drei Liter Verbrauch oder lieber mit drei Litern Hubraum fahren, ob sie Kinder wollen oder lieber als *dinks* leben («*double income no kids*»), darf das Gemeinwesen nicht vorschreiben. Es soll allerdings Anreize zu gemeinwohlförderlichem Verhalten schaffen. Stehen aber so elementare Kollektivgüter wie das Energiesparen, allgemein: Umwelt- und Klimaschutz und die Verantwortung für zukünftige Generationen auf dem Spiel, sind Anreize nicht bloß empfehlenswert, sondern im Namen der Zukunftsfähigkeit geboten.

7.4 Standortwettbewerb

Auch Demokratien können sich einer Wirklichkeit nicht entziehen, die es schon früher gab, in Zeiten der Globalisierung sich aber verschärft hat: Selbst Gemeinwesen konkurrieren miteinander. Offensichtlich trifft dies auf alle Facetten ihrer Wirtschaft zu: auf Güter und auf Dienstleistungen, auf den Import ebenso wie auf den Export, auf die Frage, wo Messen und wo sportliche Großereignisse stattfinden, wo man Urlaub macht und wo einfache oder anspruchsvolle Arbeitsplätze geschaffen werden; wo man Firmen gründet und wohin man den Firmensitz legt. Umworben werden aber auch «Köpfe»: Studenten, Wissenschaftler, Musiker und Künstler und deren Institutionen: Hochschulen, Forschungseinrichtungen, Festspiele und international tätige Museen und Stiftungen.

Mittlerweile ist selbst der ökonomischen Theorie bewußt geworden, daß einer ihrer Begriffe, die Wohlfahrt, umfassend zu verstehen ist. Dabei erkennt man an, daß so verschiedenartige Gesichtspunkte, in der Sprache der Ökonomie nennt man sie Variablen, Hand in Hand gehen: Bildungsniveau, Einkommen und Beschäftigung, Effektivität des Staates, Entwicklungsstand der Demokratie und Abbau von Korruption, Engagement, Innovation und Toleranz, schließlich Freiheit, Vertrauen und Lebenszufriedenheit (vgl. Inglehart/Welzel 2005).

In der neueren Debatte über Zukunftsfähigkeit spielt die Triple-T-Formel eine tragende Rolle: Nach dem US-Ökonomen Richard Florida hängt der Erfolg wachstumsstarker und innovativer Ballungsräume von drei sich gegenseitig verstärkenden Faktoren ab, von *Talenten*, *Technologie* und *Toleranz* (vgl. Florida 2003).

Auf ein bleibendes Vorbild, die griechische Polis, darf man diese Faktoren nur mit Vorsicht übertragen. Der erste Grund sieht banal aus, ist aber so wesentlich, daß Floridas Kriterien als einseitig zu kritisieren sind. Unausgesprochen folgt Florida der heute verbreiteten Ansicht, letztlich sei die Wirtschaft der entscheidende Faktor. Dieser Ökonomisierung muß die Demokratie widersprechen. Auch die griechische Polis ist eine politische Einheit, in die die Wirtschaft eingebunden ist, und keine Wirtschaftseinheit, die die Politik bestenfalls als Rahmenvorgabe anerkennt. Bei den Griechen kommt hinzu, daß sie in der Bestimmung das Gemeinwohl nicht vornehmlich an der wirtschaftlichen Blüte, der Wachstumsstärke und der Innovation messen. Und soweit sie sich um Bildung sorgten, schauten sie weniger auf das für die heutige Zukunftsfähigkeit wichtige Moment der Spezialisierung. Das Ideal bestand in einer möglichst allseitigen Bildung und Ausbildung.

Derartige Unterschiede erschweren zwar den Vergleich, machen ihn aber nicht unmöglich. Wer die Fähigkeit besitzt, Besonderheiten so weit auszublenden, daß der entscheidende Kern hervortritt, sieht, daß die griechische Polis das Triple-T weithin erfüllt. Platon und Aristoteles messen der Bildung einen so hohen Stellenwert zu, daß der Faktor «Talente» als abgedeckt gelten kann. Hinzu kommt das Wirken professioneller Wanderlehrer, der Sophisten, die in Zeiten, die noch keine öffentlichen Schulen und Hochschulen kennt, bedeutende Ansätze schaffen. Von einem demokratischen Bildungswesen mit Bildungschancen für alle ist man aber meilenweit entfernt.

Beim zweiten Faktor, der Toleranz, darf man sich weder auf das Zusammenleben verschiedener Religionen und Konfessionen noch, wie bei Florida, auf das Hinnehmen von Homosexualität fixieren. Die bei Aristoteles betonte Verbindung von Gesetzesherrschaft mit Gerechtigkeit und einer Hochschätzung der Freundschaft bringt aber ein wichtiges Ziel der Toleranz, das friedliche Zusammenleben, sichtbar zustande.

Ähnlich schwierig verhält es sich mit der Technologie. Versteht man sie in einem weiteren Sinn, als Fachkompetenz von Handwerkern und Kaufleuten, von Musikern, Schriftstellern und anderen Künstlern, nicht zuletzt Medizinern und den verschiedenen Disziplinen von Wissenschaft und Philosophie, so war vor allem Athen über viele Generationen hinweg das wissenschaftlich-künstlerisch-technische Innovationszentrum des gesamten Mittelmeerraumes.

Wegen der Ökonomielastigkeit von Floridas Triple-T braucht ein Gemeinwesen zusätzlich ein zweites, stärker politisches Triple. Dieses dürfte sogar noch grundlegender sein und auch in den von Florida hervorgehobenen Wachstumsregionen zu den dort unverzichtbaren Voraussetzungen gehören:

Die Bezeichnungen für den ersten Faktor sind unterschiedlich, der Kern der Sache bleibt sich aber gleich: Ob man mit den Griechen von der Herrschaft des Gesetzes, mit der deutschen Tradition von Rechtsstaatlichkeit, in Großbritannien von der Rule of Law und neuerdings von guter Regierungsführung («good governance») spricht – ohne eine wirksame und weithin korruptionsfreie Rechtsordnung gibt es kaum die wirtschaftliche, wissenschaftliche und kulturelle Blüte, für die bei Florida nur die «Talente» zuständig sind.

Dort, wo den Armen ein erträgliches Auskommen fehlt, kann man nicht ernsthaft von Toleranz und friedlichem Zusammenleben sprechen. Wo sich Notleidende zu Recht empören, kann man entweder mit dem Gegenteil von Toleranz und Friedlichkeit, mit Unterdrückung antworten oder besser, man sucht die Not zu beheben.

Ein dritter Faktor dürfte zu den zwar nicht notwendigen, aber doch förderlichen Bedingungen gehören: Damit Talente und Fachkompetenz blühen und das exemplarisch als Toleranz bezeichnete kreative Sozialverhalten stattfindet, empfiehlt sich, was die griechische Polis in ihren guten Zeiten beispielgebend praktiziert: eine (allerdings nicht allen Bewohnern geöffnete) Selbstorganisation der Bürger, eine partizipative Demokratie.

Das zweite, sachlich sogar vorrangige Tripel von Bedingungen für Zukunftsfähigkeit heißt also Gesetz, (Auskommen fürs) *L*eben und *D*emokratie, kurz: G-L-D, oder auf Englisch: *L*aw, *L*ife, and *D*emocracy: L-L-D. Wir begnügen uns aber nicht mit dieser Formel, sondern kehren zur größeren Aufgabe des Standortwettbewerbs zurück:

Die Gesamtheit von Pluspunkten in der globalen Konkurrenz nennt man Standortvorteile und die Bilanz von Vor- und Nachteilen das Territorialkapital oder besser Territorialvermögen. Dessen wichtigste Elemente sind so zahlreich, daß sie, obwohl rasch benannt, häufig viel zu eng und zu verkürzt verstanden werden (Apolte/Caspers 1999). Bleibt man beim ökonomischen Begriff des Kapitals oder lieber des Vermögens, so zählt das Humanvermögen, also das Bildungs- und Ausbildungsniveau der Bevölkerung und deren Lernbereitschaft, Arbeitswille, Kreativität und Mobilität sowie die Zuverlässigkeit. Von Bedeutung ist auch das Sozialvermögen (Sozialkapital), zu dem die Offenheit und Aufgeschlossenheit der Bevölkerung sowie vor allem der Einspruch gegen Diskriminierung, die Toleranz, gehört. Eigens zu erwähnen ist die Bereitschaft, Neuankömmlinge zu integrieren, die allerdings ihrerseits die Bereitschaft und Fähigkeit der Integration mitbringen sollten.

Bei der materiellen Infrastruktur stellen sich so elementare Fragen wie: Sind die Straßen stauarm zu befahren; sind Züge pünktlich, zuverlässig und sauber; ist die Abfertigung des Frachtverkehrs effizient und kostengünstig; ist das Wasser trinkbar, fließt der Strom zuverlässig; sind Dienststellen telefonisch und im Publikumsverkehr gut erreichbar? Wichtig sind auch die sozialen und humanen Qualitäten der zuständigen Personen. Und von überragender Bedeutung ist das Rechtskapital, bestehend aus stabilen Regierungen, unparteiischen und korruptionsfreien, zudem zügig arbeitenden Gerichten und Verwaltungen unter Achtung der Menschen- und Grundrechte.

Zum Territorialvermögen gehören auch eine nicht zu hohe Steuerlast und möglichst wenig bürokratische Hindernisse. Es braucht ein funktionierendes, für alle offenes Gesundheitswesen. Es zählen das Bildungsvermögen, also die Dichte und die Qualität der Schulen, Hochschulen und öffentlichen Bibliotheken sowie der Möglichkeiten beruflicher und nichtberuflicher Fortbildung, und das Kulturvermögen, das Angebot von Vorträgen, von Museen, Galerien und Ausstellungen sowie Kinos und Buchhandlungen, nicht zuletzt Parks und Architekturattraktionen wie Burgen, Schlösser und Kirchen oder Tempel.

Für das gesamte Territorialvermögen kann die Politik nicht verantwortlich sein. Denn man darf den Anteil des physischen Kapitals nicht vergessen, also die natürlichen Ressourcen, die eine Politik nicht beeinflussen kann. Ebenso ist ihr das Wetter entzogen, das sie durch Klimaschutz allenfalls sehr langfristig, überdies nicht so territoriumspolitisch beeinflussen kann, daß es auf den eigenen Standortvorteil deutlich durchschlägt. Für einen anderen Teil des physikalischen Kapitals ist die Politik aber durchaus verantwortlich, für den Erholungswert, den Bildungswert und den ästhetischen Wert der Landschaft.

Teil II
Strategien der Zukunft

Ursprünglich bezeichnet «Stratege» einen Feldherrn und «Strategie» die Theorie und Praxis, einen Kampf zu führen. Mit einer Strategie, der Grundlage und dem Rahmen für eine operative Taktik, plant man seinen militärischen Erfolg. Gelegentlich verwendet man noch heute die Ausdrücke in einem militärischen, obwohl seltener in einem waffenkriegerischen Sinn. «Strategie» bedeutet eher die Fähigkeit, das eigene Macht- und Klugheitspotential, sei es politischer, wirtschaftlicher und anderer Art, so einzusetzen, daß man angesichts von Gegnern und von Hindernissen seine Interessen durchzusetzen vermag.

Bildlich gesprochen versucht die Politik nicht, die Zukunft in die Knie zu zwingen, wohl aber, sie nachhaltig zu bewältigen. Im Gegensatz zur militärischen Herkunft des Ausdrucks «Strategie» geht es nicht um einen Sieg, sondern um ein planvolles und methodisches Vorgehen im Dienst einer möglichst guten Zukunft. In der Umgangssprache wird der Ausdruck zwar unspezifisch und vage verwendet. Er meint oft nicht mehr als ein kluges Vorgehen, eine Taktik im Sinne eines planvollen Agierens, das über den Augenblick hinausreicht.

Unabhängig von der Frage, ob die Politik demokratisch oder autokratisch ist – ihre veritable Zukunftsfähigkeit zeigt sie nicht in den Finten und Finessen, mit denen sie die Scharmützel der Tagesquerelen besteht oder das nächste Wahlgefecht zu gewinnen hofft. Zukunftsfähigkeit verlangt die weit größere Planungs- und Gestaltungsfähigkeit jener echten Strategien, die die Zukunft zu gestalten, zumindest für sie Vorsorge zu treffen suchen, freilich ohne einen Erfolg zu garantieren. Gemeint sind Grundformen des politischen, zukunftsgerichteten Vernunftgebrauchs. Sie steigert die Chance, den Herausforderungen der Zeit, heute denen des 21. Jahrhunderts, gerecht zu werden. Die Frage nach der Zukunftsfähigkeit einer Demokratie entscheidet sich an der Fähigkeit zu derartigen Strategien.

Die hier vorgestellten Strategien, ebenso grundlegende wie umfassende Vorgehensweisen zur Gestaltung der Zukunft, sind keine Alternativen. Sie ergänzen sich gegenseitig, wobei je nach der grundlegenden Aufgabe mal die eine, mal die andere Vorgehensweise mehr gefragt ist. Zukunftsfähige Politik jedenfalls schließt keine von ihnen aus.

Wer die politische Zukunftsfähigkeit für eine neuartige Leistung hält, wird erstaunt sein, daß sich wichtige Verhaltensmuster schon im Mythos und in frühen Texten der Religion finden. Der Grund liegt auf der Hand: Dinge, die für eine Zukunftsfähigkeit der Moderne wesentlich sind, sind nicht wesentlich modern. Als Antworten auf menschliche Grunderfahrungen und Grundaufgaben hängen sie mit der Conditio humana zusammen; die Strategien haben im Kern archetypisch-analytischen Charakter. Allerdings kann man sie gering, stärker oder sogar optimal entfalten; die nähere Gestalt der Strategien ist aber nicht zeit- und kulturabhängig.

Um die epochen- und kulturübergreifende, vor allem nicht an die europäische Neuzeit gebundene Bedeutung anzuzeigen und nicht etwa um sich einer der säkularen Philosophie fremden Autorität zu unterwerfen, entnimmt diese Studie die Mehrheit der Bezeichnungen religiösen oder mythischen Texten. Drei für die vormoderne Welt beispielhafte Verhaltensweisen wirken bis heute fort: Die Genesis-Strategie folgt dem Ermächtigungswort aus dem biblischen Schöpfungsbericht «Macht Euch die Erde untertan»; sie hat aber davon gänzlich unabhängige, in unserem Kulturraum vor allem griechische Wurzeln (*Kapitel 8*). Ähnliches trifft auf die ebenfalls von der *Genesis* beeinflußte Noah-Strategie zu: «Rette Dich und die Deinen und das für diese Rettung Allerwichtigste» (*Kapitel 9*). Von der Bibel unabhängige Wurzeln hat auch die Propheten-Strategie, deren Kern nicht in einer Prophezeiung der Zukunft, sondern in der Warnung vor jener Art von Unheil liegt, das sich bei rechtzeitiger Umkehr noch abwenden läßt (*Kapitel 13*). Schließlich darf man nicht auf Visionen verzichten, sofern man sie realistisch entwirft, sie also deutlich gegen Utopien absetzt (*Kapitel 11*).

Für die nähere Bestimmung von Zukunftsfähigkeit ist Erfahrung wesentlich. Um ihr das gebührende Recht zu lassen, folgt auf die Darstellung der einzelnen Strategien jeweils eine Fallstudie. Sie fehlt nur für die erste Strategie, da diese eine grundlegendere Bedeutung hat: Sie hat den Charakter einer Bedingung der Möglichkeit, fordert sie doch den Menschen auf, Strategien der Zukunftsfähigkeit zu entwickeln; zugleich ermächtigt sie ihn dazu.

In den Fallstudien können die heutigen Probleme nur exemplarisch behandelt werden. Für die Noah-Strategie bieten sich als Beispiel Naturkatastrophen wie Feuersbrünste und Erdbeben an (*Kapitel 10*), für die Propheten-Strategie der Klimaschutz (*Kapitel 12*) und für die realistische Vision der Entwurf einer Weltrechtsordnung (*Kapitel 14*). So spannt sich der Bogen von der generellen Ermächtigung in der Genesis-Strategie über die partikular überwindbare Not (Noah-Strategie) bei Naturkatastrophen zu einer kollektiv zu bewältigenden Aufgabe (Propheten-Strategie) wie dem Klimaschutz, der schließlich zu den Gründen gehört, die die realistische Vision einer Weltrechtsordnung aufdrängen.

8. Genesis-Strategie:
Pflicht zu vorausschauendem Handeln

Daß der Mensch für die Zukunft sorgt, liegt nahe, ist aber nicht so selbstverständlich, daß jede Nachfrage und Legitimation überflüssig wäre. Hier tritt die systematisch erste, die Genesis-Strategie auf den Plan. Man kann sie als Aufforderung an den Menschen verstehen, sich überhaupt eine Zukunftsfähigkeit zu erarbeiten, die Fähigkeit zu erweitern und zu vertiefen und sie in der erweiterten und vertieften Weise zu sichern.

Die Genesis-Strategie ist allerdings weit mehr als lediglich eine Strategie, zudem für weit mehr als bloß für die Zukunftsfähigkeit zuständig. Weit mehr ist sie wegen ihrer primären Aufgabe, einer in methodischer Hinsicht komplexen Legitimation. Denn sie enthält eine Berechtigung zur Zukunftsfähigkeit, macht die Ausübung der Berechtigung zur Pflicht und verbindet die Pflicht mit der Aufforderung, die erforderlichen Fähigkeiten zu erwerben. Die Genesis-Strategie ermächtigt aber nicht bloß zu einer überlegten und überlegenen Sorge für die Zukunft. Weit umfassender, autorisiert sie den Menschen, sich die Erde untertan zu machen (*Genesis* 1, 26 und 29, auch *Psalm* 8, 9).

8.1 Oikopoiese

Die Berufung auf einen Offenbarungstext darf dem religiösen Menschen willkommen sein, braucht den säkularen Zeitgenossen aber nicht zu stören. Der im biblischen Schöpfungsbericht enthaltene Auftrag spricht dem als Ebenbild Gottes geschaffenen Menschen eine Fähigkeit zu, darüber hinaus ein Recht, das zugleich als Pflicht erscheint. Der Auftrag ist also dreidimensional. Als Ebenbild Gottes wird der Mensch zu einem (sekundären) Schöpfertum und in seinem Rahmen zu jener Zukunftsfähigkeit berufen, die, säkular gesprochen, in der Sprach- und Vernunftbegabung mitgesetzt ist. Die komplexe Verbindung von Fähigkeit mit Recht und Pflicht findet sich deswegen in anderen Kulturen wieder. Nach der weit älteren, babylonischen Vorstellung beispielsweise obliegt es dem Menschen, die Arbeit der Götter bei der Ausgestaltung der Erde zu übernehmen (Maul 2007, 135).

Die von der Philosophie seit den Griechen betonte Eigenart des Menschen, seine Sprach- und Vernunftbegabung, zeichnet sich durch dieselben drei Dimensionen aus: Eine naturgegebene Anlage ist zu einer Fähigkeit zu entwickeln, wozu der Mensch, um im Vollsinn Mensch zu sein, sowohl berechtigt als auch verpflichtet ist. Sie schließt die für den Menschen unverzichtbare Fähigkeit zur Technik im weiten, nicht auf Geräte und Verfahren eingeschränkten Sinn ein. Und sie umfaßt sowohl die Fähigkeit zum bloß technischen als auch zum eudaimonistischen, das heißt dem eigenen Wohl dienenden Begriff von Technik.

Nach dem rein technischen Verständnis von Technik vermag der Mensch den Inbegriff der äußeren Natur, die Erde, zu beliebigen Zielen und Zwecken zu bearbeiten. Nach dem eudaimonistischen Begriff verfolgt er dabei sein natürliches Leitziel, das sich nicht durch beliebige Ziele erreichen läßt: das eigene Wohl. Klugerweise läßt er sich daher nicht auf irgendwelche Ziele ein, sondern lediglich auf diejenigen, die tatsächlich zum langfristigen Eigenwohl beitragen. Auch bearbeitet er die Natur nicht irgendwie, sondern nur auf eine dem Wohlergehen dienende Weise.

Die Natur ist allerdings weit mehr als nur ein Gegenstand der Technik. Für den Menschen zeigt sie sich in sieben Gesichtern (s. Höffe [4]2000, Kap. 7.1; auch Höffe 2004, Kap. 16): Die Natur bringt den Menschen hervor, stellt seine letzte materielle Grundlage dar und läßt sich sowohl ökonomisch nutzen als auch technisch bearbeiten. Sie hat eine ästhetische Bedeutung, enthält zerstörerische Kräfte und ist in mancher Hinsicht defizitär. Schließlich erweist sich die Natur, sobald der Mensch sie, wie schon immer, für seine eigenen Interessen bearbeitet, als widerständig und widerspenstig. Der deshalb erforderliche Prozeß der Umarbeitung, der De-Naturalisierung, soll der Natur den Charakter des ungebärdig Wilden, oft genug Feindlichen nehmen, damit sie so weit wie möglich zu einem Ort von Schutz, Geborgenheit und Wohlergehen werde. Ich habe es Oikopoiese genannt: Durch die Umgestaltung («poiese») zugunsten der dem Menschen eigenen Zwecke soll die Natur zu seinem *oikos*, seiner Wohn- und Heimstatt, werden.

8.2 Kompetenz-Herrschaft

Schon in der Bibel hat die Genesis-Strategie zwei Seiten. Beide, die expansive oder bevölkerungspolitische und die utilitäre Seite, lassen sich säkular rechtfertigen.

Bevölkerungspolitisch fordert die *Genesis* den Menschen auf, sich über die ganze Erde auszubreiten. Diese Aufforderung läßt sich aus der Verbindung von zwei im weiteren Sinn anthropologischen Argumenten begründen. Kant hat es in der Schrift *Zum Ewigen Frieden*, in deren erstem Zusatz, prägnant formuliert: daß die Natur «1. für die Menschen in allen Erdgegenden gesorgt hat, daselbst leben zu können; – 2. sie durch *Krieg* allerwärts hin, selbst in die unwirtbarsten Gegenden getrieben hat, um sie zu bevölkern.» Nach dem ersten, geographischen Argument, einer Gegebenheit der naturalen und der menschlichen Natur, vermag der Mensch so gut wie überall auf der Erde zu leben; er *kann* sich über die ganze Erde ausbreiten. Nach dem zweiten, anthropologischen Argument, der Neigung zu Gewalt und Krieg, wird das Können auch realisiert.

Auf die Frage, wer denn den Menschen letztlich autorisiere, gibt es die «urdemokratische» Antwort: Der Mensch autorisiert sich selbst. Freilich ist es nicht ein einzelner oder eine Gruppe, die zu einem bestimmten Zeitpunkt sich selbst ermächtigt. Ebensowenig ist es die Menschheit als ganze. Ohnehin führen diese beiden Antworten zu einer Rückfrage, wer denn das Ermächtigen ermächtige, also letztlich in einen unendlichen Regreß. Die Autorisierung liegt in der Natur des Menschen, in dessen Sprach- und Vernunftbegabung, und in der Notwendigkeit, die Begabung einzusetzen und sie vorab zu entfalten. Dabei kommt es, lernen wir bei Kant, letztlich nicht auf die naturale, sondern die moralische Natur des Menschen an (*Kritik der Urteilskraft*, §§ 82–84; s. dazu Höffe 2008).

Die zweite, für die Zukunftsfähigkeit wichtigere, die nutzenpolitische Seite läßt sich ebenfalls säkular und erneut urdemokratisch, aus der Natur des Menschen selbst, rechtfertigen. Daß der Mensch die gesamte subhumane Natur den eigenen Zwecken unterwerfen darf, sogar soll, wird in der *Genesis*-Auslegung als Dominium terrae («Gewalt über die Natur»), in der Philosophie seit Descartes unter dem Stichwort «maître et possesseur de la nature» («Herr und Besitzer oder Eigentümer der Natur», Discours de la méthode, 6. Teil, Abs. 2) erörtert. Läßt man den «possesseur», den Besitzer oder Eigentümer beiseite, so geht es in beiden Formulierungen um eine Herrschaft über die Erde. Und beide, sowohl die *Genesis* als auch Descartes, wurden dafür, für eine angebliche Herrenmoral der biologischen Gattung Mensch, heftig gescholten. Deren universaler Herrschaftswille habe nämlich zur Unterdrückung und Ausbeutung der Natur geführt; durch die Expansion des Menschen über die gesamte Erde verstärkt, ergäben sich die bekannten Umweltprobleme von heute, eigentlich schon von gestern, jedenfalls die gegenwärtige Verwüstung der Natur.

Beim Ausdruck «Herrschaft» denkt man in der Tat allzu rasch an «Knechtschaft» als Gegenbegriff. Neben dieser negativen Bedeutung, dem Herrn als Urheber von Unterdrückung und Ausbeutung, gibt es aber eine positive, wortgeschichtlich sogar ältere Bedeutung. Auf sie kommt es sowohl beim *Genesis*-Auftrag als auch bei Descartes an. Der Akzent (Zirkumflex) im französischen Ausdruck «maître» zeigt ein ehemaliges *s*, also die Verwandtschaft mit dem deutschen «Meister», an. Herr in dieser Bedeutung ist nicht, wer jemanden, sondern wer etwas beherrscht: der überragende Kenner und Könner, jener Maestro, der sein Metier auf souveräne Weise ausübt.

Über die hier entscheidende Herrschaft, eine überragende Kompetenz, verfügt, wer die Natur samt den in ihr schlummernden Kräften kennt und diese für selbstgewählte Ziele und Zwecke einzusetzen vermag. Die Kompetenz-Herrschaft über die Natur besteht vornehmlich in einer wissensgestützten Technik. Bei ihr betont Descartes zwei Aufgaben, die als solche kaum zur Verwüstung der Erde beitragen: die Verringerung der Mühsal von Arbeit und die Erhaltung der Gesundheit, einschließlich einer Verlängerung des Lebens.

Mit fortschreitender Verwissenschaftlichung drohen freilich Allmachtsillusionen, denen aber eine zukunftsfähige Politik nicht erliegt. Sie weiß, daß sie den Lauf der Dinge nicht vorsehen und schon
deshalb nicht rundum steuern kann. Daraus schließt sie aber nicht
auf den extremen Gegensatz. Sie gibt sich nicht einem Verhalten
hin, das man nach dem türkischen Ausdruck für Los und Schicksal,
kismet, bezeichnen kann. Sie verfällt nicht der Kismet-Strategie, bei
der der Mensch, angeblich dem Lauf der Dinge ohnmächtig unterworfen, fatalistisch sich dem Nichtstun hingibt.

Blickt man auf entwickeltere Gesellschaften, so ist ihnen die ge-
wünschte Meisterschaft im Umgang mit der Natur längst so selbstverständlich geworden, daß keiner die darin liegenden Chancen
missen will. Es gibt Feindebatten, gewiß, aber als Grunderrungen-
schaft ist es kaum strittig: weder daß die wissensgestützte Technik
die Mühsal der Arbeit und andere Aspekte des Lebens erheblich
verringert, noch daß sich eine wissenschaftliche Medizin weit besser um die Gesundheit sorgen kann als die von Wissenschaft freie
Medizin.

Ob in der biblischen oder in der Cartesischen Fassung – wieso
besteht die Genesis-Strategie modaliter aus drei Dimensionen?
Ein sinnvoller Auftrag setzt die Fähigkeit voraus, ihn auszuführen.
Zusätzlich verlangt er, die Fähigkeit auch einzusetzen, und dort,
wo sie erst eine Begabung ist, sie zu einer wirklichen Fähigkeit aus-
zubilden. Aus einer möglichen Macht, einer *potentia potentialis,*
soll eine wirkliche Macht, eine *potentia actualis,* werden. Mitlaufend erklärt der Auftraggeber den Beauftragten für ermächtigt; er
hat das Recht, die zur Fähigkeit ausgebildete Begabung einzusetzen: Der Gebrauch der *potentia actualis* ist autorisiert.

Legitimationstheoretisch gesehen folgt zwar aus einer Fähigkeit
weder eine Berechtigung, ein subjektives Recht, noch ein Auftrag,
also eine Pflicht. Für die *Genesis*-Autoren dürfte das fehlende Argument in der Bestimmung des Menschen als Ebenbild des Schöp-
fergottes liegen, genauer in dessen legitimatorischer Doppelbedeu-
tung: Einerseits *ist* der Mensch in seiner dualen Ausprägung, als

Mann und Frau, dieses Ebenbild, andererseits wird er *aufgefordert*, dem Ebenbildcharakter gerecht zu werden. Und daraus folgt die durch eigene Anstrengung zu erlangende Sonderstellung des Menschen: daß er sowohl ein Teil der Natur als auch ihr enthoben ist. (Für weitere Überlegungen, auch die Auseinandersetzung mit der Literatur, s. meinen «Versuch über Wissenschaft, Technik und Umwelt»: Höffe, [4]2000, Kap. 8 und 12.)

8.3 Schwierigkeiten

Die Ermächtigung richtet sich an «den» Menschen. In dessen Sprach- und Vernunftbegabung verwurzelt, ist der Adressat weder ein einzelnes Individuum noch eine privilegierte Gruppe, weder der religiöse noch der säkulare Mensch und schon gar nicht eine Religion im Gegensatz zu einer anderen. Adressat ist jedes Mitglied und jede Gruppe der Gattung Mensch und bei ihr nicht eine bestimmte Epoche oder Kultur, sondern der Mensch der gesamten Menschheitsgeschichte.

Bei der geographischen Expansion läßt sich auch schwerlich anderes denken. Nach Kants zweitem, sozialgeschichtlichem Argument weichen im Kriegsfall die Schwächeren oder die Kriegsunlustigen in bislang unbewohnte, überdies unwirtliche Gegenden aus. Solange das neue Siedlungsgebiet unbewohnt ist, findet eine friedliche Expansion statt. Sobald aber die gesamte Erde besiedelt ist, verliert eine etwaige Expansion notgedrungen den Charakter eines aggressionsfreien Ausweichens; wie vom Kolonialismus und Imperialismus bekannt, kommt es zu aggressiven Übergriffen auf andere. Träger der globalen Expansion bleibt aber die Gattung mit all ihren Mitgliedern und Gruppen.

Sie ist auch das Subjekt für die andere Seite. Das fachliche Können mag zwar durch bestimmte Kulturen stärker gefördert werden, obwohl die Europäer die nichteuropäischen Leistungen nicht unterschätzen sollten. Hier nur wenige Beispiele: Die mathematischen und astronomischen Kenntnisse der Ägypter und Babylonier sind

bekannt. Die Mayas und Inkas waren nicht nur bedeutende Mathematiker und Astronomen; sie haben überdies so herausragende
technische und kulturelle Meisterleistungen vollbracht, daß man sie
als die «Griechen der neuen Welt» rühmt. Die Qualität persischer
und arabischer Ärzte war im Mittelalter hochgeschätzt. Von Indien
sei nur an die Leistungen in der Grammatik, der Mathematik und
der Heilpflanzenkunde erinnert. Und daß die Chinesen in den verschiedenen Wissenschaften Glanzleistungen erbrachten, ist zu bekannt, um noch ausgeführt zu werden. Jedenfalls ergeht der Auftrag zur wissenschaftlich-technisch-medizinischen Meisterschaft
an alle. Es ist die Menschheit als ganze, die das einschlägige Wissen
entwickelt und akkumuliert.

Eine Akkumulation des Wissens geschah zwar schon früher, damals aber erst in Großregionen wie dem Alten Orient, der zusammen mit Ägypten Griechenland inspiriert, das wiederum seine geradezu explosive Wissensvermehrung an alle Mittelmeeranrainer
und später an das Abendland weitergibt. Als eine andere Großregion darf man Indien, als eine weitere China mit seinen Nachbar-
ländern ansprechen, während man die Wissensakkumulation der
Indianervölker schwer abschätzen kann. Heute jedoch, im Zeitalter
der Globalisierung, haben beim Wissen die geographischen Grenzen fast alle Bedeutung verloren.

Freilich drohte schon immer eine Schwierigkeit, die sich mit der
hochgradigen, noch wachsenden Spezialisierung verschärft: Offensichtlich läßt sich die wissenschaftsgestützte Technik ebensowenig
wie das Wirtschaften auf Zwecke festlegen, die dem langfristigen
Wohl, also der Oikopoiese, tatsächlich dienen. Hinter der Differenz von technischem und eudaimonistischem Begriff der Technik
verbirgt sich sogar ein reicher Strauß von Schwierigkeiten (vgl.
Höffe [4]2000, bes. Kap. 8 und 10). Einige von ihnen bündeln sich im
Phänomen der strukturellen Amoral jeder Technik. In personaler
Hinsicht kann sich bekanntlich jeder ihrer bedienen, nach Goethes
Ballade sowohl der erfahrene Meister als auch, dann mit verhäng-
nisvollen Konsequenzen, der titelgebende Zauberlehrling. Sachlich,

wissen wir, seit Kain den Bruder mit der Feldhacke erschlug, kommen Zweckentfremdung und Mißbrauch hinzu. Weiterhin gibt es Geräte und Verfahren, die sich die Zerstörung zum genauen Zweck machen.

Eine Rolle spielen auch die Konflikte, die zwischen Kollektivsubjekten auftreten, wie man sie als Unternehmen und Staaten kennt: Statt daß sich das Wohl der verschiedenen Kollektivsubjekte deckt, tauchen oft genug kräftige Konkurrenzen auf. Und einige Aufgaben wie der Klimaschutz lassen sich nur von der Menschheit als ganzer bewältigen, obwohl es einen dafür verantwortlichen Akteur, beispielsweise eine Weltrechtsordnung, noch nicht gibt. Die Fortschritte in globalen Vereinbarungen, wenn es die Fortschritte überhaupt gibt, erfolgen daher im Schneckentempo.

8.4 Aufgabe der Politik

Das Quartett der im Kapitel 2.2 genannten Grundfaktoren läßt sich für die Genesis-Strategie rasch identifizieren: Die emotionale Seite besteht in Wißbegier und dem Interesse an einem angenehmen Leben, die Disposition dagegen in der Einstellung, beides nach Kräften zu fördern. In Institutionen wie der Universität und diversen Forschungseinrichtungen, also dem dritten Faktor, werden Emotion und Disposition zum Blühen gebracht. Und der vierte Faktor, die Vernunft, ist ohnehin Gegenstand der Genesis-Strategie.

Diese Strategie ist nun für die Politik eine Vorgabe, aber nur weithin, nicht vollständig. Obwohl es ungewöhnlich, zumindest erstaunlich wäre, kann die Politik sich der Strategie verweigern. Sie kann nämlich alle zugehörigen Elemente erschweren, sogar verbieten, zunächst die eigene Forschung, in Verschärfung die Kenntnisnahme fremder Forschung, in nochmaliger Verschärfung sogar die Anwendung aller Mittel moderner Technik und Medizin. Noch weiter reicht die Macht der Politik freilich nicht. Eine Wißbegier und das Interesse an Lebenserleichterung und Gesundheit, darüber hinaus das Interesse an einem sicheren und angenehmen Leben, also die verantwortlichen Antriebskräfte, sind in der Natur des Menschen verwurzelt, daher schwerlich auf Dauer auszutreiben. Allenfalls kann man sie gewaltsam unterdrücken, das Einhalten der Unterdrückung durch ein ausgeklügeltes Spitzelsystem überprüfen und Zuwiderhandlungen drakonisch bestrafen.

Die Vorstellung einer derartigen Politik beläuft sich zwar auf ein ziemlich unwahrscheinliches Horror-Szenario. Denn selbst eine extrem menschenfeindliche Diktatur wird sich nicht zu einer kompletten Verweigerung der Genesis-Strategie versteigen. Sie widerspräche ihrem Eigeninteresse, der effizienten Unterdrückung der Bürger, der effizienten Sicherung ihrer Macht und dem Interesse, zumindest für die Machthaber über neueste medizinische Hilfe zu verfügen. Prinzipiell ausschließen läßt sich aber die komplette Verweigerung nicht: ein extremer politischer Sadismus, verbunden mit fehlendem Interesse, den Sadismus wissenschaftlich zu perfektionieren, und um jene besondere Art von Masochismus ergänzt, die sehenden Auges medizinische Hilfsmöglichkeiten ausschließt.

Daraus ergibt sich für die Zukunftsverantwortung der Politik eine sachlich erste Aufgabe, eine Grundaufgabe, die vornehmlich in einem Unterlassen besteht: Die Politik braucht die «Genesis-Strategie» genannte Ermächtigung nicht zu erfinden; die geistige Herkunft ist ihr sogar grundsätzlich entzogen. Sie hat aber, sei es ausdrücklich, sei es, wie in der Regel, stillschweigend, die aus der Ermächtigung sich ergebenden Aktivitäten zu erlauben, besser noch, darin eine positive Aufgabe zu erkennen und die entsprechenden Aktivitäten zu fördern. Da deren Leistungen allgemeinmenschlichen Interessen dienen, gehören sie zu den Aufgaben jeder verantwortlichen Politik.

Zweifellos reicht die Genesis-Strategie über die Aufgaben der Medizin und Technik hinaus. Denn eine Herrschaft im Kompetenz-Verständnis nimmt die Zukunft möglichst tiefgreifend und umfassend in den Griff. Eine Reihe von Konsequenzen liegt auf der Hand; die entsprechenden Aufgaben sind (fast) banal, aber ein unverzichtbarer Bestandteil von Zukunftsfähigkeit: Vorhandenes

Wissen und Können, ist für Zukunftsaufgaben zu aktivieren. Wenn das Wissen und das Können nicht reicht, generell oder weil es nicht spezifisch genug ist, so ist es fortzuentwickeln. Da sich das erforderliche Wissen und Können nicht so rasch erarbeiten läßt, muß man es schon vor einer etwaigen Anwendung stimulieren, also Grundlagenforschung betreiben. Für sie spricht noch eine spezifische Zukunftsoffenheit: Vieles von dem Wissen und Können, das man morgen für die Aufgaben von übermorgen braucht, kennt man nicht schon heute. Sollen Wissen und Können trotzdem morgen zur Verfügung stehen, ist es heute in einer Breite und Tiefe zu fördern, die von der Frage konkreter Anwendbarkeit entlastet ist. Folglich beweist ein Gemeinwesen, das nach dem Programm «Wissen ermöglicht Zukunft» die entsprechende Grundlagenforschung fördert, Zukunftsfähigkeit.

9. Noah-Strategie: Vorsorge für den Notfall

9.1 Die Strategie

Als wissenschaftlich-technische Zivilisation betrachtet, widmet sich die Moderne der von der Genesis-Strategie autorisierten Kompetenz-Herrschaft mit immer noch wachsendem Erfolg. Die für die Zukunftsfähigkeit entscheidende Frage, ob sie dabei nicht bloß die innertechnische, sondern auch die eudaimonistische Bilanz verbessert, ist allerdings schwer zu beantworten. Denn die gewachsene Macht erhöht zwar das Spektrum der Handlungsmöglichkeiten, also die Grade der Wahlfreiheit. Die in der Regel auftretenden Folgelasten, sowohl lange Ketten von Nebenwirkungen als auch größere Gefahren, verlangen aber, was die gewonnene Freiheit wieder einschränkt: erhöhte Vorsorge. So zahlt die moderne Zivilisation für den Gewinn an Wahlfreiheit mit einer eudaimonistischen Beeinträchtigung, mit einem Verlust an Sorglosigkeit und Unbekümmertheit.

Die eudaimonistische Bilanz kann hier jedoch außer acht bleiben. Selbst wenn sie sich noch verbessert, ist einzuräumen, daß die Kompetenz-Herrschaft sich nie zu einer Universal-Herrschaft ausweiten wird. Den gelegentlich auftretenden Allmachtsillusionen sind die vielen Kräfte entgegenzuhalten, die der Mensch kennen mag und trotzdem so gut wie nie zu beherrschen versteht. Wie Erd- und Seebeben und «feuerspeiende Berge» (Vulkane) entstehen, ist im Prinzip bekannt. Auch weiß man ziemlich genau, an welchem Ort der Welt einschlägige Gefahren drohen. Die Fähigkeit, die Ursachen, die Verschiebungen der Erdkruste zu bekämpfen, wird aber der Mensch vermutlich nie erwerben.

Geraten Menschen aus diesem und manch weiterem Grund in extreme Notlagen, so scheiden für die Politik zwei naive Verhaltensweisen aus: die Vogel-Strauß-Strategie, die die Möglichkeit katastrophaler Not nicht wahrhaben will, und die erwähnte Kismet-Strategie, die selbst eine katastrophale Not als unabwendbares Schicksal hinnimmt. Sie sind freilich bestenfalls Quasi-Strategien, da das Leitziel einer wahren Strategie, den Gegner, hier: die Katastrophe zu besiegen, fehlt. Der Einstellung der Vogel-Strauß-Strategie entgeht, wer eine eventuell unheilvolle Zukunft nicht verdrängt, sondern sich um sie Sorgen macht. Und die Haltung der Kismet-Strategie überwindet, wer die Sorgen zum Anlaß nimmt, Vorsorge zu treffen, statt entweder ein unhaltbares Schicksal anzunehmen oder sich von den Sorgen erdrücken zu lassen. Statt dessen bleibt man wegen der rechtzeitigen Vorsorge hoffnungsvoll. Eine gleichzeitige Überwindung beider Fehlstrategien leistet die Noah-Strategie.

Der Name erinnert an eine alttestamentliche Erzählung (*Genesis*, 6, 5–9, 19); nach Maßgabe der basalen Säkularisierung wird sie in dieser Studie verfremdet. Noah, auf Arabisch Nuh, ist übrigens auch eine Gestalt des *Korans* (Sure 11; 17; 26), was der Figur eine interreligiöse Bedeutung verleiht. Das Muster der Erzählung stammt aus dem Alten Orient, dem Sintflut-Bericht aus dem Gilgamesch-Epos. Da noch ältere Flutmythen bekannt sind (vgl. Ebach

2001), mittlerweile mehr als 300 Erzählungen von allen Kontinenten, kommt der Erzählung eine überragende interkulturelle Bedeutung zu.

In der Erzählung des Alten Testaments wird ein ungünstiges Geschick, die Naturkatastrophe einer riesigen Überschwemmung, als Strafe der Gottheit verstanden. Im babylonischen Vorbild gibt es dafür einen recht banalen Anlaß. Der Götterkönig Enlil will die Menschen, weil von ihrem Lärm belästigt, ertränken. Sein göttlicher Gegenspieler Enki vereitelt den Plan, indem er Atrachis, dem «Vorgänger» Noahs, eine Warnung zusteckt. Diesen Konflikt der babylonischen Götter untereinander trägt der israelische Gott Jahwe gleichsam in sich selbst aus, da er sowohl die Flut schickt als auch für die Rettung sorgt, freilich nur für wenige Menschen. Das theologische Ergebnis ist ein spannungsvoller Gott, der eine natürliche Schlechtigkeit der Menschen in Grenzen anerkennt und sich deshalb besänftigen läßt (vgl. Gertz 2007).

Diese und weitere Unterschiede zwischen Babylon und Alt-Israel können aber beiseite gelassen werden, weil zwei andere Dinge wichtiger sind. Das eine liegt im Ausmaß der Notlage; die Sintflut bereitet der Menschheit panische Angst. In Analogie zum GAU, dem größten *a*nzunehmenden *U*nfall bei technischen Anlagen, kann man hier von der größten *a*ller *K*atastrophen sprechen («GAK»). Denn was manche Panikmacher heute voreilig behaupten, steht hier tatsächlich auf dem Spiel: das Überleben der Menschheit, zusätzlich der Fortbestand der gesamten landgebundenen Flora und Fauna. Zum anderen gibt es eine Ausnahme, die einem kleinen Teil der Menschheit einen Neuanfang erlaubt. *Eine* Person wird verschont, freilich nicht aus Willkür der Gottheit oder des Schicksals. Noah, ein *Zaddik*, ein Gerechter, Rechtschaffener (Genesis 6,9), wird wegen seiner Rechtschaffenheit, also aufgrund eigener Leistung gerettet. Die Eigenleistung genügt allerdings nicht; es braucht noch ein Wohlwollen der Gottheit.

Das skizzierte basaliter säkulare Denken (s. Kap. 3) ist gegen die Ansicht skeptisch, der moralisch Rechtschaffene werde von der

Natur besser behandelt. Einsehen kann es aber, daß man sich gegen viele Katastrophen zu einem Gutteil schützen kann. Katastrophen wie Feuersbrünste und Epidemien kann man weitgehend verhindern. Und gegen andere kann man Vorsorge treffen, beispielsweise gegen eine eventuelle Flut sowohl Deiche bauen als auch Rettungsboote samt Nahrungsvorräten in Reserve halten.

In der Noah-Erzählung entfällt wegen des Ausmaßes der Flut die erste Möglichkeit, so daß nur die zweite übrig bleibt: Auf göttliches Geheiß baut Noah eine Arche, und er baut sie tatsächlich selber, also aus eigener Fähigkeit und Leistung. Die Arche ist übrigens kein Schiff, denn sie hat weder Bug noch Heck, weder Segel noch Ruder; sie ist ein Kasten, der einen geschützten Innenraum bietet. Nachdem Noah seiner Familie genügend Nahrung und von jeder Tierart die zur Fortpflanzung hinreichende Zahl von Exemplaren in die Arche gebracht hat, wird sie von Gott geschlossen, was zwei Seiten hat. Noah gegenüber bedeutet es göttliche Fürsorge; die anderen werden dagegen nach der unausgesprochenen Devise «das Boot ist voll» ausgesperrt.

Wandelt man die Erzählung nach Maßgabe der basalen Säkularisierung ab, so empfiehlt sich, die zweiteilige «Moralisierung» einzuklammern: die Begründung des Unglücks aus moralischem Fehlverhalten und die Begründung der privilegierten Rettung aus moralischer Rechtschaffenheit. Ebenso wird beiseite gelassen, daß der Bau der Arche auf göttliches Geheiß erfolgt, schließlich die Selbstprivilegierung eines Volkes: daß sich das Überleben der gesamten Menschheit dem eigenen Urvater verdankt. Übrig bleibt eine rein säkulare Strategie, die auf den ersten Blick besagt: In extremer Not rette man lediglich sich, seine Nächsten und das zum Überleben Wichtigste, das übrigens weitsichtig und großzügig verstanden wird. Denn Noah nimmt in die Arche nicht nur die eßbaren, sondern alle Tierarten auf. Die Pflanzen bleiben dagegen unerwähnt. Ein Grund könnte in der Erwartung ihrer Selbstregeneration liegen. In ältern babylonischen Sintflut-Erzählungen werden zusätzlich alle Künste an Bord gebracht, Babylonien war

nämlich im Unterschied zu Alt-Israel eine hochentwickelte städtische Zivilisation.

9.2 Egoismus?

In der Noah-Erzählung agiert ein Familienoberhaupt. Ohne damit
die enormen Unterschiede zwischen einer ziemlich homogenen Familie und der heterogen-pluralistischen Massendemokratie zu bestreiten, kann analog die Politik die Strategie anwenden, also ein
Gemeinwesen, das im Fall der Demokratie unter Leitung seines
Parlaments und der Regierung agiert. Allerdings sieht die Noah-
Strategie in ihrer ersten Formulierung so egoistisch aus, daß sie moralische Empörung provoziert. Die Formulierung ist aber zu korrigieren, da sie nur einen Teil, gewissermaßen die zweite Hälfte der
Strategie, ausspricht. Deren erste Hälfte betont die eigene Leistung,
die in säkularer, entmoralisierter Weise in Vorsorge besteht. Die
Noah-Strategie lautet daher genauer: Nicht generell rette man in
extremer Not allein sich, seine Nächsten und das zum Überleben
Notwendige. Vielmehr handle man lediglich dort so, wo man auf
eigene Leistungen zurückgreift, die die anderen ebenso hätten erbringen können, aber unterlassen haben. Das Kriterium liegt in der
rechtzeitigen und zureichenden Vorsorge.

Auch in dieser Neuformulierung hat die Noah-Strategie einen
klaren egoistischen Charakter. Die Strategie ist zwar nicht extrem
egoistisch, denn Noah rettet nicht bloß sich, sondern auch seine
Familie und, mitlaufend, die Zukunft der Menschheit. Er folgt also
einer Familienmoral, für die allerdings ebenfalls das reine Selbstinteresse sprechen könnte; freilich werden auch nichteßbare Tiere gerettet. Ansonsten gilt: Wer so viele Tierarten retten will, benötigt
eine große Arche, die er allein kaum bauen kann. Auch braucht man
Kinder, um im Alter versorgt zu werden. Schließlich muß Noah
fürchten, daß seine Familie den Bau beobachtet, sich den Zugang
zur Arche notfalls erzwingt und eventuell sogar ohne den als egoistisch entlarvten Vater an Bord geht. Derartige Überlegungen stel-

len die Familienmoral nicht etwa bloß. Sie zeigen aber, in welch hohem Maße das bloß persönliche Selbstinteresse mit der moralischen Verantwortung für jene Menschen übereinstimmt, in deren Pflicht man steht: Eltern sind für die eigenen Kinder, Parlamente und Regierungen sind für das eigene Gemeinwesen verantwortlich. Wer aber, ist zu fragen, trägt die Verantwortung für die Menschheit?

Moralische Einwände tauchen erst andernorts auf. Sie beginnen bei den Schwiegertöchtern, die in der Noah-Erzählung sich selber retten, ihre Eltern und Geschwister dagegen stillschweigend umkommen lassen. Ein vergleichbares Problem werfen in einem Gemeinwesen die Einwohner auf, die keine Bürger sind, noch mehr Personen, die als Geschäfts- oder Urlaubsreisende oder als sogenannte Illegale nicht einmal als Einwohner gemeldet sind. Werden sie bei Epidemien gleichberechtigt mit Impfstoffen versorgt? Die Noah-Strategie erhöbe Einspruch, könnte allerdings ihren Einspruch zurückziehen, wenn es eine Absprache auf Gegenseitigkeit oder die internationale Gepflogenheit gibt, daß Bürger, die sich im Ausland befinden, von der ausländischen Regierung wie deren eigene Bürger behandelt werden.

Wie aber verhalte man sich, wenn die Noah-Strategie vollständig zutrifft, das Ausland also keine Mittel zur Versorgung bereitstellt? Darf man andere, wo auch immer das Anderssein beginnt, aus der Hilfe ausschließen? Wenn man den Pflichtbegriff nicht von vornherein moralisch versteht, kennt die Moralphilosophie für die Hilfspflicht vier Verpflichtungsgründe mit abnehmender Verpflichtungsstärke, aber zunehmender Verpflichtungsweite: Wie bei der Noah-Interpretation angedeutet, beginnt die Hilfspflicht beim aufgeklärten Selbstinteresse: Man hilft aus Vorteilsgründen.

Die Grundstufe der Moral und zugleich der zweite Verpflichtungsgrund besteht in dem Anteil, deren Anerkennung die Menschen einander schulden, der Gerechtigkeit. Diese verlangt dort zu helfen, wo man eine Not mitverursacht hat, was auf die Noah-Strategie aber nicht zutrifft. Denn nicht Noah, sondern bloß die anderen machen sich jenes Fehlverhaltens schuldig, das in der biblischen

Erzählung moralischer Natur ist und eine Strafe Gottes nach sich zieht oder das, bei säkularer Interpretation, in einem nichtmoralischen Fehlverhalten besteht und eine natürliche Folge hat. Die Verantwortung liegt jedenfalls allein beim Notleidenden; der Hilfsfähige trägt keine Mitverantwortung. Im Gegenteil tragen die anderen eine Verantwortung gegenüber Noah, denn ihr Fehlverhalten zieht Unschuldige trotzdem mit ins Unglück:

Auch Noah, der sich nichts hat zuschulden kommen lassen, wird zum Opfer der Sintflut. Um sich zu retten, muß er sein gewohntes und vermutlich angenehmes Leben aufgeben, die Mühen des Arche-Baus auf sich nehmen und schließlich längere Zeit auf beengtem Raum leben. Noah bleibt also nicht ganz «straflos», wobei man die Strafe in Anführungszeichen zu setzen hat, weil keine echte Strafe, wohl aber ein klarer Nachteil vorliegt. Ob religiöse oder säkulare Deutung: da der Hilfsfähige für das fremde Fehlverhalten keine Mitverantwortung trägt, liegt keine Gerechtigkeitsverpflichtung vor. Der Erzählung zufolge schiebt Noah auch niemanden beiseite; ebensowenig handelt er auf Kosten anderer, er nimmt lediglich die anderen nicht in den Blick.

Die mittlere der genuin moralischen Verpflichtungen, der dritte Verpflichtungsgrund, die Solidarität, erweitert die Verpflichtung. Sie ist nämlich dort gefragt, wo «man im selben Boot sitzt» (näher dazu: Kap. 16.1) Das Muster der Solidarität bildet die Not- und Gefahrengemeinschaft. Ebenfalls fällt ein gemeinsames Eigentum, ein Kollektiveigentum, darunter. Insofern die Menschheit die Erde samt deren Früchten miteinander teilt, handelt es sich zunächst, vor der Aufteilung an einzelne Individuen oder Gruppen, um ein Kollektiveigentum, gegenüber dem die gesamte Menschheit als eine Solidaritätsgemeinschaft anzusprechen ist.

Im Gegensatz zur Neigung, allzu rasch an die Solidarität zu appellieren, meist die der anderen, ist vorab nachzuweisen, daß die Voraussetzung tatsächlich erfüllt wird: der Sitz im gemeinsamen Boot. Die genaue Abgrenzung fällt zwar nicht leicht, weshalb es großzügigere und kleinlichere Deutungen geben kann. Zwei Gesichtspunkte sollten aber zutreffen: daß eine ähnliche Not, zum Beispiel eine Naturkatastrophe oder eine Epidemie, andere Teile der Menschheit ebenso treffen könnte und daß das Zustandekommen der Not nicht deutlich selbst verschuldet ist. Ein Gegenbeispiel gegen eine Solidaritätspflicht:

Wer sich gegen vorhersehbare Fluten nicht durch Deichbau schützt oder die Funktionsfähigkeit der gebauten Deiche nicht sicherstellt, kann sich in der Not nicht auf Solidarität berufen. War das Ausmaß der Flut aber nicht annähernd zu erwarten, war vielleicht nicht einmal mit einer Flut zu rechnen, so handelt es sich um eine jener Naturkatastrophen, von der die Menschheit überall auf der Erde heimgesucht werden kann, ohne daß man sich auf eine vorab planbare Weise schützen könnte.

Selbst dort, wo das Solidaritätsargument greift, droht noch die Gefahr der Einseitigkeit: daß der Notleidende die Solidarität der Hilfsfähigen einfordert, ohne seinerseits bereit zu sein, anderen, wenn diese in Not geraten sind, zu helfen. Auf den ersten Blick scheinen die Solidaritätsbedingungen auf die Noah-Situation zuzutreffen. Denn die Flut überschwemmt die gesamte Erde, so daß die Gemeinschaft der Erdenbewohner gefordert ist. Der zweite Blick korrigiert. Es gibt nämlich zwei deutlich unterschiedene Gruppen, die deswegen, vom Bild der Solidarität aus, in zwei getrennten Booten sitzen: Zum einen Boot gehören die verderbten, zum anderen die rechtschaffenen Menschen. Weniger moralisierend gesagt sitzen dort diejenigen, die die Vorsorge töricht versäumt haben und hier jene, die sie klugerweise und aus einem Verantwortungsgefühl heraus getroffen haben.

Greift auch das Solidaritätsargument nicht, so besteht nach dem vierten Verpflichtungsgrund trotzdem eine moralische Pflicht. Dort, wo man weder eine Not mitverschuldet hat noch im selben Boot der Notgemeinschaft sitzt, besteht die allgemeine Hilfspflicht. Als Tugendpflicht zur Wohltätigkeit gehört sie zu den verdienstlichen Mehrleistungen. Dabei wird die Verpflichtungsweite vergrößert, sogar ins Unbegrenzte ausgedehnt: Wo immer eine Not ist, bei der man helfen kann, wird die Tugend-Hilfspflicht aktuell. Es versteht sich, daß niemand alle Not in aller Welt beheben kann. Aus diesem Grund ist die Pflicht zur Wohltätigkeit eine unvollkommene, das heißt nicht immer und zu jeder Zeit erfüllbare Pflicht.

Weil zwar die Verpflichtungsweite größer, der Verpflichtungsgrund aber schwächer als bei der Solidarität und noch einmal schwächer als bei der Gerechtigkeit ist, sind vorab die Gerechtigkeitspflichten zu erfüllen. Aus dem unterschiedlich starken Verpflichtungsgrund ergibt sich also eine klare Rangfolge. Unter sonst gleichen Voraussetzungen haben die Gerechtigkeitsforderungen die unstrittig erste, die Solidaritätsansprüche die ebenso unstrittig zweite Priorität. Ob Parlament oder Regierung – nicht bloß in Notlagen, sondern generell ist die Politik vorrangig für das eigene Gemeinwesen zuständig. Nur wenn es die Ressourcen zulassen, darf sie sich um fremde Not kümmern. Ob sie dies auch soll, kann zunächst offen bleiben, denn in der Noah-Situation herrscht eine Ressourcenknappheit. Einige Personen mehr hätte die Arche wohl an Bord nehmen können, was freilich die Gerechtigkeitsfrage aufwirft: Wen soll man oder darf man noch mitnehmen, wenn es für alle Notleidenden, bei Noah für die damalige Menschheit insgesamt, nicht annähernd genug Platz gibt?

Dieser knappe Durchgang durch die möglichen Verpflichtungen zeigt, daß die auf den ersten Blick als unmoralisch, zumindest aber hartherzig erscheinende Noah-Strategie es auf den zweiten Blick nicht zu sein braucht.

9.3 Zwei Szenarien

Zur Veranschaulichung entwerfen wir zwei Szenarien; beide setzen eine national- bzw. einzelstaatliche Organisation voraus, während die Antwort auf die neuere Globalisierung, eine Weltrechtsordnung, später behandelt wird (Kap. 14).

Das erste Szenario stellt eine lebensbedrohliche Epidemie globalen Ausmaßes vor, eine Pandemie, gegen die es einen Impfstoff gibt, der dank Vorsorge und Umsicht der Verantwortlichen in einem, aber nur in einem Land reichlich vorhanden ist. Zweifellos besteht dann eine Tugendpflicht, vielleicht sogar eine Solidaritätspflicht, anderen Ländern vom Impfstoff etwas abzugeben. Das Abgeben darf aber nicht so weit gehen, daß für das eigene Land zu wenig übrig bleibt. Ihm gegenüber besteht nämlich eine Gerechtigkeitsverantwortung, die vor der Solidarität und noch mehr vor der Wohltätigkeit den absoluten Vorrang genießt.

Zweites Szenario: Man stelle sich die Noah-Situation vor, also daß der Impfstoff weltweit höchst knapp, dank politischer Umsicht zwar im eigenen Land verfügbar ist, jedoch nur in genau der Menge, die für die eigene Einwohnerschaft, eventuell einschließlich von derzeit dort lebenden Gästen, reicht. In dieser Situation ist es der Politik nicht erlaubt, den sowohl überlebensnotwendigen als auch knappen Impfstoff zum Schaden der eigenen Einwohnerschaft abzugeben. Einzelnen Personen bleibt es allerdings unbenommen, für sich auf den Impfstoff zu verzichten, um ihn anderen Menschen zu überlassen. Falls sie dadurch Mitmenschen gefährden oder von ihnen unbillige Hilfe benötigen, ist es aber nicht zulässig.

Die Pflicht, zuallererst für das eigene Gemeinwesen zu sorgen, folgt nicht etwa der Regel «Not kennt kein Gebot.» Die politischen Institutionen und Personen haben vielmehr die entsprechende Verantwortung übernommen, in der Regel sogar in einem feierlichen Akt. Nur wenn sie dieser primären Verantwortung gerecht werden, dürfen sie auch humanitäre Motive ins Handlungsfeld aufnehmen. Unter dem Deckmantel der Humanität dürfen sie sich nicht von der Primärverantwortung davonstehlen. (Zum Begriff der Verantwortung s. Höffe [4]2000, Kap. 2.)

Unter der Voraussetzung, daß tatsächlich eine extreme Not vorliegt, erweist sich die Noah-Strategie nicht als egoistisch. Wegen ihrer Anwendungsbedingung, der extremen Not, ist sie nicht unmoralisch, sondern Ausdruck einer gerechtigkeitsgebotenen Verantwortung. Die Folge für eine zukunftsfähige Politik liegt auf der Hand. Unabhängig von der Frage, ob das Gemeinwesen demokra-

tisch oder nicht-demokratisch verfaßt ist, haben die Verantwortlichen der Noah-Devise zu folgen und sich durch Vorausschau und
Vorsorge selbst für Katastrophenfälle und andere schwere Not zu
wappnen. Wo es daran fehlt, gebietet die Verantwortung gegenüber
dem eigenen Gemeinwesen, dafür zu sorgen, daß es zumindest die
nötige Grundlagen-Fachkompetenz, sodann die angewandte Fachkompetenz gibt und daß beide hinreichend eingesetzt werden.

Wie bei der Genesis-Strategie läßt sich auch bei der Noah-Strategie das Quartett der vier Grundfaktoren der zukunftsfähigen Politik identifizieren: Auf der emotionalen Seite steht die Hoffnung auf
ein sicheres Leben, das Ethos wandelt die bloße Hoffnung in einen
zur Haltung verfestigten Willen der Vorsorge um, für die der Logos
die erforderliche Fachkompetenz bereitstellt, während Institutionen, der Faktor Nomos, dem Vorsorge-Willen und der Vorsorge-
Fachkompetenz zu einem hochwahrscheinlichen Erfolg verhelfen.

10. Naturkatastrophen

Verheerende Katastrophen erfüllen fraglos die Anwendungsbedin-
gungen der Noah-Strategie. Als ungeplante und ungewollte Schäden von enormem Ausmaß schaffen sie häufig extreme Not. Sie
kommen zudem unvermutet, freilich öfters nur scheinbar aus heiterem Himmel. Die Frage, wie Naturkatastrophen, etwa Orkane und
Überschwemmungen, Erd- und Seebeben, Seuchen und Vulkan-
ausbrüche, entstehen, und die weitere Frage, ob sie mit Fortschrei-
ten der Zivilisation häufiger auftreten, haben für die Tagespolitik
oft nur das Gewicht von Vorfragen. Ohnehin mag man die Behauptung, die Natur entziehe sich mit verheerenden Katastrophen
immer häufiger der Kontrolle des Menschen, den Vertretern einer
«Katastrophenforschung» nachsehen. Eindeutige Beweise gibt es
nämlich dafür nicht. Weltweit tätige Rückversicherungen verfügen
zwar über verläßliche Daten. Sie beinhalten aber nur die den Versi-

cherungen gemeldeten und nach versicherungsrechtlicher Prüfung
anerkannten großen Schadensfälle. Deren Anstieg – seit 1950 angeblich von durchschnittlich drei auf mittlerweile (im Jahr 2007)
acht pro Jahr – belegt keine Zunahme der Anzahl von Naturkatastrophen selber. Vielleicht ist allein die Anzahl der versicherungs-
relevanten Fälle gestiegen, wofür eine höhere Risikoscheu oder ein
verändertes Haftungsrecht mitverantwortlich sein können.

Die Hauptfrage einer zukunftsfähigen Politik lautet jedenfalls:
Wie kann die Kompetenz-Herrschaft, zu der die Genesis-Strategie
auffordert, sogar für unvermutetes Unheil großen Ausmaßes entwickelt werden; wie kann die Politik sich selbst für Katastrophen
vorbereiten? Zusätzlich stellt sich die Frage, ob nicht ein Teil der
Katastrophen, zumindest ihr Ausmaß, vermeidbar ist? Wir untersuchen beide Fragen nicht abstrakt, sondern anhand von zwei Beispielen, je ein Beispiel für eine weitgehend vermeidbare und für eine
so gut wie unvermeidbare Naturkatastrophe. Die Beispiele sind
zudem so gewählt, daß sie auf die Leitfrage dieser Studie Bezug
nehmen, ob die moderne Demokratie eine besondere Zukunftsfähigkeit besitzt.

10.1 Feuersbrünste in Griechenland: 2007

Zukunftsorientierte Politik befaßt sich nicht nur mit spektakulären
Themen, sie läßt sich auch auf Alltagsprobleme ein wie die verheerenden Waldbrände, die im Sommer 2007 Griechenland heimsuch-
ten. Großfeuer wüten aber nicht bloß in Griechenland, sondern
auch in Portugal, Spanien, Südfrankreich und weiteren Mittelmeer-
anrainern. Längst sind dort die Waldbrände zu einem Feind der politischen und wirtschaftlichen Entwicklung geworden.

Offensichtlich sind die Waldbrände weder unvorhersehbar noch
unvermeidlich; die Hauptursache liegt hier nicht bei fehlendem
Vorab-Wissen. Nicht abzusehen waren zwar die genauen Ausmaße:
daß Griechenlands Waldbrände die Intensität von Feuerstürmen
erreichen, denen Wald in der dreifachen Fläche Luxemburgs zum

Opfer fällt. Seit langem war aber jene Konstellation der Faktoren bekannt, die die Gefahr von Waldbränden extrem ansteigen läßt und auf andere der nördlichen Mittelmeeranrainer ebenfalls zutrifft.

Die Faktoren beginnen mit dem Klima: der im Sommer beinahe regelmäßig auftretenden Verbindung von Hitze- und Trockenperioden. Soweit dafür vom Menschen mitverursachte Klimaveränderungen eine Rolle spielen, kann die Weltpolitik dem entgegentreten. Für die zuständige, teils kommunale und regionale, teils nationale Politik ist das Klima aber eine Vorgabe, auf die man sich einzustellen hat. Ohnehin weiß die Politik, daß die Hitze- und Trockenperioden seit vielen Jahrhunderten auftreten, sie also unabhängig von den neueren, menschengemachten Klimaveränderungen vorkommen. (Allerdings soll sich die Länge dieser Perioden in den vergangenen 120 Jahren verdoppelt haben.) Überdies machen sich die neueren Klimaveränderungen erst langfristig und nicht in einer regional begrenzten, von Griechenland allein beeinflußbaren Kausalkette bemerkbar. Die griechische Politik kann das sommerliche Klima also nicht vermeiden, ohnehin heißt sie es wegen des lukrativen Tourismus willkommen. Sie kann sich aber gegen die zu erwartenden negativen Nebenfolgen wappnen. Zu diesem Zweck braucht es einen der vier Faktoren von Zukunftsfähigkeit, eine Institution. Die dafür wichtigste ist bekannt; auch hier fehlt es nicht am Faktor Logos, Wissen: Es braucht eine Feuerwehr, die kompetent geführt wird, die über genügend rasch verfügbares Personal und einsatzbereite Ausrüstung verfügt, die Löschmittel besitzt und an Löschwasser herankommt sowie ein effizientes Meldesystem besitzt.

Weitere Verantwortung trägt die Forstwirtschaft, die ebenfalls über das einschlägige Wissen verfügt: Es gibt leichter und schwerer entzündliche Baumarten, wobei leider ein Gutteil der gewinnbringenden Arten zu den leichter entzündlichen gehört. Zusätzliche Gefahren stecken im trockenen Unterholz, das man nicht rechtzeitig beseitigt. Auch könnte man, zumal an Siedlungsrändern, feuerresistente Brandschneisen anlegen. In diesen Hinsichten kann eine zukunftsfähige Politik vorbeugen, nämlich gefahrenmindernde Vorschriften erlassen und sie gegen lokale Widerstände couragiert durchsetzen.

Gegen einen weiteren Faktor, ein Element von Pathos, gegen die Unachtsamkeit und Leichtfertigkeit von Waldbesuchern: vom Rauchen über Grillen bis zu Sonnenlicht fokussierenden Glasscherben, gibt es zwar manche Vorsichtsmaßnahme, aber keine Patentrezepte. Einfacher verhält es sich mit wilden Müllkippen, bei denen Brandstiftung durch Nachlässigkeit droht.

Bei den weitaus meisten Waldbränden wird freilich Brandstiftung vermutet. Insbesondere in touristisch interessanten Küstengebieten und in der Umgebung großer Städte gibt es für absichtlich gelegte Feuer den lukrativen Grund, Waldland schnell und kostengünstig in Bauland umzuwandeln. Kluge Politik beugt dem mit Gesetzen vor, die die Verwendung abgebrannter Waldflächen als Bauland verbieten, statt dessen die Wiederaufforstung verlangen. Bekanntlich zeichnet sich der griechische Gesetzgeber durch derartige Klugheit aus. Das entsprechende Gesetz wird aber selten durchgesetzt. Nicht dem Gesetzgeber fehlt es hier an Zukunftsfähigkeit, sondern der Exekutive. Allerdings gab es auch Initiativen, das Gesetz abzuschaffen und die auf brandgerodeten Flächen illegal errichteten Gebäude, nicht selten große Siedlungen, nach Zahlung einer Geldbuße ins Recht zu setzen. Starke wirtschaftliche Kräfte wollten die bislang herrschende legislatorische Klugheit durch legislatorische Torheit ersetzen. Ohnehin ist die Bestrafung von Brandstiftern eher die Ausnahme als die Regel.

Im Fall von Griechenland kommt das Fehlen einer modernen, das heißt mathematisch genauen Katasterordnung hinzu. An deren Stelle herrscht noch die aus der osmanischen Zeit stammende beschreibende Katasterordnung, ergänzt um Luftaufnahmen aus dem Zweiten Weltkrieg.

Gegen Defizite an korruptionsfrei effizienter Durchsetzung braucht es die Verbindung von politischer Kultur und Ethos. Daß es daran fehlt, ist in der Regel, auch im Fall von Griechenland, kein

Zufall. Zum Faktor 1, politische Kultur: Auch wenn man die Beamten oder Angestellten der Behörden nach Parteizugehörigkeit ausgewählt und bei einem Regierungswechsel austauscht, ist diese Praxis überall dort, wo es hohe Fachkenntnis braucht, auf die obersten Spitzen zentraler Behörden zu beschränken. Freilich ist selbst hier Fachkenntnis gefragt, zumindest die generalistische Fähigkeit, eine Behörde wirksam zu leiten. Zusätzlich braucht es den Faktor 2, ein Ethos, nämlich die Bereitschaft, dafür zu sorgen, daß die zu behandelnden Fälle korruptionsfrei unparteilich behandelt werden. Insbesondere darf es keine Sonderrechte geben, weder für die Reichen oder die Einflußreichen noch für Verwandte, Bekannte oder die politische Klientel. Und da es strittig sein kann, worin die unparteiische Lösung liegt, bedarf es der Möglichkeit, etwaige Zweifel einem korruptionsfrei unparteilichen Gericht vorzutragen. Bekanntlich sieht die Wirklichkeit vielerorts anders aus.

10.2 Das Erdbeben von Lissabon: 1755

Im Jahr 1908 wird die sizilianische Stadt Messina durch ein Erdbeben zerstört, dem mehr als zwei Drittel der Bevölkerung zum Opfer fallen. Eineinhalb Jahrhunderte vorher, am 1. November 1755, vernichtet ein Erdbeben große Teile der Stadt Lissabon (s. Breidert 1994, Günther 2005 und Lauer 2008).

Nach allem bisherigen Wissen kann der Mensch Erdbeben nicht verhindern. Durch unvorsichtige Bohrungen kann er zwar künstlich zusätzliche Gefahrenquellen schaffen, natürliche Erdbeben dürfen aber als unvermeidlich gelten. Für ihr Auftreten trägt die Politik keine Verantwortung, nicht einmal eine Mitverantwortung. Ins Aufgabenheft von Zukunftsfähigkeit gehört das Verhindern natürlicher Erdbeben nicht. Gegen ihr Auftreten kann man sich nicht wehren, wohl aber, wenn es zu erwarten ist, sich wappnen. Denn nicht alle Erdbeben kommen schlicht aus heiterem Himmel.

Das Erdbeben von Messina war fraglos unvermeidbar, aber nicht ganz unvorhersehbar, da die Stadt schon im Jahr 1783 einem Erdbeben zum Opfer fiel. Das Erdbeben von Lissabon war jedoch nach den damaligen Kenntnissen unvorhersehbar. Man konnte sich also nicht dagegen wappnen. Um es trotzdem zu können, braucht es ein minimales Wissen, also den Faktor Logos in den hier einschlägigen Arten: Man muß die tektonisch gefährdeten Gebiete der Welt kennen; man muß wissen, wie man sich gegen Erd- und Seebeben zuverlässig schützt; schließlich würde man gern das Auftreten von Erdbeben vorhersagen können. Weil es aber in der Mitte des 18. Jahrhunderts an diesen Kenntnissen mangelte, war das Lissabonner Erdbeben tatsächlich sowohl unvorhersehbar als auch unvermeidlich. Infolgedessen kann man die damalige Politik weder für das Unglück selbst verantwortlich machen noch erwarten, daß sie für diesen speziellen Unglücksfall Vorkehrungen traf. In beiden Hinsichten darf man ihr nicht einen Mangel an Zukunftsfähigkeit vorwerfen. Selbst in derartigen Fällen sind aber vier Dinge möglich, in denen sich die vier Faktoren von Zukunftsfähigkeit wiederfinden, aber nicht so, daß jedem der Dinge genau ein Faktor entspricht.

Erstens – Faktor Logos – weiß eine kluge, folglich zukunftsfähige Politik, daß es unvorhersehbare Unglücksfälle geben kann, und vor allem stellt sie sich darauf ein. Lange vor Katastrophen kann sie einem weiteren Faktor genügen, nämlich Regeln und Institutionen schaffen, die, für inhaltlich unbestimmte Katastrophen zuständig, selbst diese Sondersituationen noch beherzt und umsichtig zu bewältigen erlauben.

Gut organisierte Schutzpläne und wohlüberlegte Rettungsabläufe helfen wenig, wenn in Katastrophensituationen die Menschen in Panik geraten, also der negativen Seite des Faktors Pathos erliegen. Zukunftsfähige Politik stellt daher an ihre verantwortliche Spitze umsichtige und zugleich couragierte Politiker. Sie können wie der damalige portugiesische Premierminister, Sebastião de Mello, der spätere Marquês de Pombal, reagieren. Nach dem Erdbeben soll er gesagt haben: «Und nun? Beerdigt die Toten und ernährt die Lebenden», und er organisierte umgehend Rettungs- und Wiederaufbaumaßnahmen.

Kluge Politik stellt sich zudem auf weit verbreitete, insofern vorhersehbare Nebenfolgen von Unglücksfällen ein: daß viele Menschen obdachlos werden; daß es an Nahrungsmitteln, an Brot und Trinkwasser fehlen wird; daß Häuser, vielleicht sogar Stadtviertel brennen werden; nicht zuletzt, daß geplündert und vergewaltigt wird. Der Marquês von Pombal ergriff die einschlägigen Gegenmaßnahmen. Um erdbebensichere Gebäude zu errichten und vorab deren Erdbebenresistenz zu testen, ließ der portugiesische Premier sogar Holzmodelle bauen und um sie herum Soldaten marschieren, wodurch künstlich Erschütterungen erzeugt wurden.

Schließlich sucht kluge Politik aus einem Unglück Lehren zu ziehen: Welche neuartigen Gefahren sind aufgetreten? Welche bekannten Gefahren haben ein unerwartetes Ausmaß, ein weit größeres, vielleicht aber auch ein weit geringeres Ausmaß angenommen? Welche Vorsichtsmaßnahmen drängen sich auf? Die letzte Frage weist auf Messina: Hätte die Politik nach dem Erdbeben von 1783 mit einem weiteren rechnen müssen?

Beim Erdbeben von Lissabon registriert man zum ersten in Europa bekannten Mal, daß viele Tiere die Gefahr gespürt und sich vor Ankunft der großen Welle in höher gelegene Gebiete geflüchtet hatten. Man nimmt also natürliche Vorboten wahr. Der portugiesische Premierminister ordnete jedenfalls eine Umfrage an, die man als Geburt der modernen Seismologie einschätzen darf. Alle Pfarrer des Landes hatten zu berichten: über die Dauer des Erdbebens, über die Anzahl der Nachbeben, über die Schäden, über das Verhalten der Tiere vor dem Erdbeben und über Besonderheiten in Brunnen und Wasserlöchern. Durch die methodische Suche von Fachleuten hat sich das erforderliche Wissen, sowohl sein diagnostischer als auch sein therapeutischer Anteil, quantitativ und qualitativ immer mehr angereichert.

Mittlerweile kennt man zweierlei sehr genau: die erd- und seebebengefährdeten Gebiete der Erde und die Art und Weise, wie man sich einigermaßen zuverlässig schützen kann (Bachmann [2]2002, Schneider 2004). Bei der dritten Art von Kenntnissen dagegen, der

Vorhersehbarkeit von Erd- und Seebeben, sieht es nicht gut aus. Man hat zwar an sensiblen Stellen Beobachtungspunkte angelegt, die Temperatur- und Druckschwankungen messen, die auf jene tektonischen Spannungen hindeuten, die sich schließlich in einem Erdbeben entladen könnten. Vor einigen Jahrzehnten schien auf dieser Grundlage ein alter Menschheitstraum in Erfüllung zu gehen: die Vorhersagbarkeit von Erdbeben. Denn mittels verfeinerter Meßtechnik, mittels Satellitenüberwachung und hoch entwickelter Computertechnik erwartete man, rechtzeitig vor zerstörerischen Erdbeben warnen zu können. Diese optimistische Erwartung wurde von den katastrophalen, im voraus aber unerkannten Beben in der chinesischen Stadt Tangschan 1976 und im japanischen Kobe 1995 erschüttert. Und vollends zerstörte den Glauben an die Vorhersagbarkeit von Erdbeben deren gehäuftes und erneut nicht vorgewarntes Auftreten gegen Ende des letzten Jahrhunderts (Türkei, Griechenland, Taiwan, Kolumbien und Mexiko).

Die katastrophalen Folgen von Erdbeben können jedoch heute weitgehend verhindert werden. Vorausgesetzt ist allerdings, daß wissenschaftliche Erkenntnisse und technisches Know-how in die Praxis des vorbeugenden Schutzes und der Katastrophenabwehr effektiv umgesetzt werden, beispielsweise die Bauvorschriften, die die Art der Gebäude, die Sicherheitsabstände und Bauverbotszonen festlegen.

Eine schlimme Folge von Erdbeben, das Feuer, ist wegen seiner flächenhaften Wirkung meist weit verheerender als das Erdbeben selbst. Präventiver Katastrophenschutz richtet sich daher bei Gebäuden nicht bloß auf die Erdbebensicherheit (elastische Stabilität), sondern auch auf die Brandresistenz. Für eines der erdbebengefährdeten Länder, Japan, stellen Feuersbrünste auch deshalb eine Zusatzgefahr dar, weil der Holzwohnungsbau und das Kochen auf offener Gasflamme weit verbreitet sind. Andererseits nimmt Japan beim technischen Katastrophenschutz eine Spitzenstellung ein; zusammen mit den Vereinigten Staaten ist das Land weltweit führend im Bau von (ziemlich) erdbebensicheren Hochhäusern. Dabei werden ausgeklügelte Stahlkonstruktionen tief im Boden verankert und die Fundamente zugleich so elastisch gehalten, daß sie bei Erschütterungen mitschwingen, aber nicht zerreißen. Istanbul hingegen, am Rande einer Bruchzone gelegen, daher hoch erdbebengefährdet, ist noch zu wenig vorbereitet. Die weltweit hochgeschätzte wissenschaftliche Arbeit, die die Stadt zur Erforschung der Erdbebengefahr in Auftrag gab, war zwar Anfang des Jahres 2004 abgeschlossen. Die «Fortsetzung» dieser Arbeit seitens der Politik, die Umsetzung in die erforderlichen Maßnahmen, steht aber immer noch aus.

Die «Botschaft» für eine zukunftsfähige Politik liegt hier so deutlich auf der Hand, daß man zögert, sie auszusprechen: Die genauen Einzelheiten müssen die zuständigen Fachleute bestimmen, die Politik hat jedoch die Fachleute zu rufen. Da der Gemeinsinn unter ihnen hinreichend verbreitet ist, melden sie sich in vielen Fällen selber zu Wort; die Politik braucht dann «nur» auf sie zu hören. Dort allerdings, wo man erst Schwierigkeiten sieht, aber noch nicht über den Sachverstand verfügt, sie zu lösen, muß die Politik den noch unbekannten, aber erforderlichen Sachverstand herausfordern. Sie hat dafür zu sorgen, mindestens mitzuhelfen, daß die erforderlichen Fachleute sich herausbilden.

Fachkenntnisse allein genügen aber, wie gezeigt, nicht. Sie müssen auch rechtzeitig und wirksam abgerufen werden. Dafür braucht es Einrichtungen, die nicht wie im Beispiel Griechenland vor dem begehrlichen Blick von Baulandunternehmen und von Kommunalpolitikern zurückweichen. Es sind also Ämter oder andere Institutionen vonnöten, die den Sachverstand zum Zuge bringen, ihn am besten bündeln. Dank entsprechender Befugnisse und des erforderlichen Ethos müssen sie den Sachverstand notfalls auch gegen Widerstand korruptionsfrei und couragiert durchsetzen. Mit Hilfe derartiger Institutionen und Personen sowie der mitverantwortlichen politischen Kultur hätte Griechenland einen Großteil der Waldbrände verhindert, einen anderen Teil rascher bekämpft, also nur einen Bruchteil an Wald verloren.

Ein erfahrungsoffener Blick verschließt seine Augen nicht dem merkwürdigen Phänomen, daß sich Menschen der realen Gefahr einer Zerstörung ihrer materiellen Lebenswelt aussetzen. Auch wenn es kaum bewußt, eher unter Verdrängung der Gefahren erfolgt – in den Vereinigten Staaten sind erdbebengefährdete Regionen wie der Großraum von San Francisco und wirbelsturm- und überschwemmungsgefährdete Regionen wie die Anrainerstatten des Golfs von Mexiko dicht besiedelt. Ebenso sind Flußauen, die wie der Oderbruch als Schutzzonen früher für Besiedelung verboten waren, trotz der bekannten Gefahren längst besiedelt worden.

Offensichtlich braucht es für keinen der vier Faktoren die Demokratie in ihrer verfassungsrechtlichen Bedeutung. Weder der Sachverstand noch die Institutionen, noch eine politische Kultur und ein Ethos, die den Institutionen zu Sachkunde, Korruptionsfreiheit und Effizienz verhelfen, sind an formale Legitimation der Herrschaft seitens der Betroffenen gebunden.

Man kann hier auf Aristoteles' Unterscheidung von guten und schlechten bzw. entarteten Verfassungen zurückgreifen (*Politik* III 6–7). Während in den entarteten Verfassungen die Regierenden ihr Eigenwohl suchen, richten sich die guten Verfassungen am Gemeinwohl aus. Diese Ausrichtung genügt hier. Selbst dort, wo einer allein (Monarchien) oder eine kleine Gruppe (Aristokratien) herrscht, vermag man, wozu real existierende Demokratien aufgerufen, aber nicht immer bereit und fähig sind: gemäß der herrschaftsnormierenden Seite der Demokratie den von der Herrschaft Betroffenen, dem Volk, zu dienen. Eine Folge liegt auf der Hand: Eine Demokratie, die zukunftsfähig sein will, darf sich nicht mit äußeren Merkmalen wie regelmäßigen Wahlen, mehreren Parteien und einer unzensierten Öffentlichkeit zufriedengeben. Die Aufgabe der Zukunftsfähigkeit bekräftigt, was schon die gestufte Theorie der Demokratie erklärt: Diese Merkmale sind kein Selbstzweck, vielmehr sollen sie helfen, der Versuchung aller Regierenden entgegenzuwirken, ihr Eigenwohl statt des Gemeinwohles zu verfolgen.

11. Propheten-Strategie: Rettung durch Umkehr?

11.1 Das Muster

Eine extreme Katastrophe, ein Unheil, verlangt nach einer eigenen Strategie, der Propheten-Strategie. In der Umgangssprache heißt zwar Prophet, wer in die Zukunft zu blicken vermag: der Seher oder Weissager. Dem Muster des Propheten, dem des Alten Orients, einschließlich von Israel, und dem der Griechen, ist die Fähigkeit, Zukünftiges vorauszusagen, nicht fremd, zu seiner Kernaufgabe gehört sie aber nicht. Ob Mann oder Frau, ob Priester oder Laie – für den kanonischen Propheten, den Nabi («Sprecher»), ist anderes, insbesondere eine göttliche Botschaft, die sogenannte Offenbarung, wesentlich. Dieser Prophet tritt nicht in eigener, sondern mit fremder, in der Regel göttlicher, also höchster Autorität auf (Blenkinsopp 1998, Kratz 2003).

Zweimal zwei Grundmuster herrschen dabei vor. Zum einen kündigen nur wenige Propheten künftiges Glück an, viele aber, hier kommt die extreme Katastrophe ins Spiel, künftiges Unglück. Dabei ist es einigen wie der griechischen Kassandra beschieden, daß ihre Weissagungen niemals Glauben finden. Zum anderen empfangen Propheten entweder selber die Offenbarungen und verkünden sie. Oder sie sind wie im antiken Griechenland, beispielsweise in Delphi, professionelle, also sowohl fachlich ausgebildete als auch gut bezahlte Interpreten: «Orakelpropheten» genannt, legen sie die schwer verständlichen, «dunklen» Äußerungen jener originären Empfänger von Offenbarungen aus, die in einem rauschhaften Außersichsein, der Ekstase, göttliche Botschaften entgegennehmen.

Platon legt in seinem Dialog *Timaios* (71e–72a) auf diese Arbeitsteilung wert: Niemand übe «mit Überlegung die gottbegeisterte und wahrhafte Seherkraft aus, sondern entweder, indem der Schlaf die Kraft seines Nachdenkens fesselt, oder vermöge einer dank Verzückung erzeugten Umwandlung». Infolgedessen ist es Sache einer anderen Person, des Besonnenen (*sôphron*) – Platon denkt vermutlich an den Philosophen –, über die gottbegeisterten Weissagungen zu urteilen.

Beim bekanntesten Muster, dem Propheten des Alten Testaments (vgl. Bullock 1986 und Lange 2002), entfällt diese Arbeitsteilung. Der «gewöhnliche» Prophet von Alt-Israel, den späteren islamischen Derwischen ähnlich, der Roek («Seher»), tritt hier in Scharen und Gilden auf. Die im Alten Testament kanonisierten und in diesem Sinn paradigmatischen Propheten sind dagegen einzelne überragende Persönlichkeiten. Die nach der überlieferten Textmenge sogenannten fünf großen (Isaias, Jeremias, Baruch, Ezechiel und Daniel) und zwölf kleinen Propheten empfangen, in einem ekstatischen Berufungserlebnis autorisiert, selbst die göttliche Botschaft. Deren Verkündigung in einer leidenschaftlich feierlichen Rede richtet sich teils an die Herrscher (Könige), teils an das Volk. Die Berufung seitens der Gottheit ist übrigens eine Auszeichnung, der man sich nicht entziehen kann. Der Aufruf der Gottheit ist so übermächtig, daß keine Wahl bleibt. Die Frage, ob man lieber das einfache, gewöhnliche Leben führe, steht dem Propheten nicht frei.

Dank ihrer Wortgewalt, vor allem aber wegen ihrer göttlichen Autorisierung üben Propheten zwar Macht, aber keinerlei Herrschaft aus. Wollte man ihnen doch Herrschaft zusprechen, so wäre es weder eine traditionale, patriarchalische Herrschaft noch eine legale Herrschaft mit bürokratischem Verwaltungsstab. Innerhalb der Max Weberschen Typen von Herrschaft gehören sie zum dritten Typus der charismatischen Herrschaft.

Der Ausdruck «Charisma» stammt aus der Exegese der Bibel und bezeichnet eine Geistes- oder Gnadengabe. Charismatische Herrschaft ist die außeralltägliche, in schroffem Gegensatz zur traditionalen und rationalen Herrschaft stehende Form. Charismatische Herrscher übernehmen zwar die Führung ihres Volkes, üben diese Machtstellung aber ausschließlich aufgrund ihrer außergewöhnlichen Persönlichkeit aus. Max Weber (⁵1976, 141 f.) führt als

Beispiel Napoleon an und für eine künstlerische charismatische Jüngerschaft, aber nicht mehr Herrschaft, den Kreis um den Dichter Stefan George. Im Gegensatz zu Napoleon, dem Feldherrn und Kaiser der Franzosen, treten die alttestamentarischen Propheten ausdrücklich weder an die Stelle der gegebenen politischen Herrschaft noch beanspruchen sie eine Gegen-Herrschaft. Sie maßen sich keine Befugnis zu politischen Entscheidungen an, wohl aber wollen sie die entscheidungsbefugten Personen, die Herrscher oder das Volk, zu den richtigen Entscheidungen führen.

Ohne jedes persönliche Interesse an politischer Macht oder gar politischen Vorteil sind sie weder charismatische Feldherren noch charismatische Staatsleute, vielmehr, so ihr erstes Bestimmungsmoment, spirituell-charismatische Führer und genau deshalb keine echten Herrscher. Lediglich einer im üblichen Verständnis apolitischen Macht, der außer- und überpolitischen Macht der Gottheit unterworfen, stellen sie eine spirituelle Macht dar. Diese hält sich bewußt außerhalb aller politischen Machtstrukturen und tritt, ohne eine Gegenherrschaft zu etablieren, trotzdem gegenüber der politischen Macht nicht selten als Gegenmacht auf. (Mesopotamische Vorläufer dieser Prophetenart, besonders die der Stadt Mari, einem Außenposten Babyloniens, hingen stärker vom Königshof ab, nähern sich also jenen bezahlten Hof-Propheten an, die auch Alt-Israel kennt.)

Die regierungsunabhängigen, rein charismatischen Propheten legen Ereignisse und Entwicklungen ihrer Gegenwart im Lichte von Gottes Willen aus. Weiterhin sind sie weder ständig noch irgendwann präsent, sie erscheinen vielmehr in einer historisch wohlbestimmten Zeit. Ihr Auftritt erfolgt in Umbruchsphasen, also in Krisen jenes neutralen Verständnisses, das sowohl die Wende zum Schlechten als auch die zum Guten umfaßt. Propheten führen die Krisen häufig, aber nicht immer, nur im Fall von Katastrophen, auf religiös-moralisches Fehlverhalten zurück.

Außerhalb echter Krisenzeiten nicht benötigt, tauchen die paradigmatischen Propheten Alt-Israels während dreier Perioden auf:

In der neuassyrischen Zeit sehen sie die Katastrophe von 722 v. Chr.
voraus und steuern das Volk durch das Unglück, daß das Nord-
reich, Israel, erobert und zur assyrischen Provinz degradiert wird.
In der zweiten, neubabylonischen Katastrophe von 586 v. Chr.
wird das Südreich von den Babyloniern erobert, Jerusalem zerstört und der größte Teil der Bevölkerung in die Verbannung nach
Babylon geführt. In der dritten Periode, der Rückkehr aus dem Exil
dank der Großmut des persischen Königs Kyros des Großen, kün-
den die Propheten von neuer Hoffnung. Auch in Alt-Israel gibt
es also nicht bloß die Propheten des Unglücks, sondern auch Propheten des Heils. (Hierhin gehören auch die sogenannten messiani-
schen Weissagungen: die Ankündigung eines Erlösers, der die alte
Herrlichkeit des jüdischen Königtums erneuern, zugleich die allgemeine Verehrung des allein wahren Gottes auf Erden errichten
soll.)

Noch einmal: Die Krisenzeiten müssen nicht Katastrophen-, sie
können auch Hoffnungszeiten sein, weshalb das neutrale Verständnis von Krise wesentlich ist. Gemeint sind Zeiten des Umbruchs,
in denen die Menschen aufgerufen werden, sich für etwas und zugleich gegen anderes zu entscheiden. Nach der Devise «Wer nicht
für mich ist, ist wider mich» geht es um jene Konkurrenz von Interessen oder Gütern, die weder eine Vermittlung oder einen Kompromiß noch eine Abwägung erlauben. Die Entscheidung richtet
sich auf ein kompromißloses Entweder-Oder, in dem sich im Fall
von Alt-Israel religiöse mit ethnischer («nationaler») Exklusivität
verbindet: Das Volk soll sich dadurch gegen alle umliegenden Völker absetzen, daß es sich für den Bund mit Jahwe samt der mit dem
Bund geforderten sowohl religiösen als auch moralischen Rechtschaffenheit entscheidet. Denn der Bund mit Jahwe ist nur dann
möglich, wenn man sich ohne jeden Kompromiß gegen den «Götzendienst», die Verehrung der westsemitischen Gottheit Baal, und
zugleich gegen Korruption, Unterdrückung und Unrecht wendet.
Zu der von den Propheten geforderten Rechtschaffenheit gehört
zusätzlich etwas, das schon im Alten Orient gefordert wurde: daß

man sich auf die Seite der Armen, der Witwen und der Waisen sowie der niedergelassenen Ausländer schlägt. (Nimmt man exemplarisch Alt-Ägypten, so findet man zahllose Beispiele in deren Weisheitsbüchern; zur Auswahl s. Höffe [4]2006, Teil I. A.) In der von der Gottheit geforderten Entscheidung verbinden sich kultische Reinheit, Rechtsmoral und Tugendmoral zu einer kaum trennbaren Einheit.

Im Regelfall sind Prophetenworte außer- und überpolitisch, nämlich göttlich autorisierte Aussagen, deutlich sichtbar an der häufigen Formel «So spricht der Herr».

Obwohl die in politisch-moralischen Krisenzeiten getroffenen Aussagen sich auf zukünftige Ereignisse oder Entwicklungen beziehen, verfehlt das umgangssprachliche Verständnis des Propheten als eines Wahrsagers von Zukunft das Wesen des paradigmatischen Propheten. Denn nicht irgendeine Zukunft wird vorausgesagt, sondern häufig ein künftiges Unheil, und dann tatsächlich ein Unheil, also kein kleines Unglück, sondern eine echte Katastrophe.

Das Unheil trifft vielfach, aber nicht immer, keinen einzelnen, sondern eine große Gruppe, im Alten Testament das Volk Israel. Dabei gelten die Betroffenen als am Unheil (mit-)verantwortlich. Deshalb hat das Unheil den Charakter einer Strafe für begangenes Unrecht, wobei für alle drei Faktoren eine enorme Größe charakteristisch ist: Auf (a) ein großes Unrecht folgt (b) die große Strafe (c) in Form eines wirklichen Unheils, eines großen Unglücks.

Mit der Ankündigung eines Strafgerichts, das die Gottheit über sein sündiges Volk, auch über andere Völker ankündigt, ist das Wesen der Propheten-Botschaft immer noch nicht ausgeschritten. Die Strafankündigung verbindet sich noch mit einem Ruf zur Umkehr: Große Übel lassen sich nur durch radikale Veränderungen überwinden; sie verlangen nach einem anderen, besseren Menschen. Eine mitlaufende Botschaft lautet: Der Mensch kann sich ändern, muß es auch, und zwar nicht oberflächlich, sondern bis ins Innere seines Charakters.

Glücklicherweise enthält die Strafankündigung die Aussicht, bei erfolgreicher Umkehr dem Strafgericht zu entgehen. Die Unheilpropheten sind im Kern Umkehrpropheten, deren Unheilwort konditionalen Charakter hat: «Vorausgesetzt, ihr bleibt beim Fehlverhalten, so werdet ihr empfindlich bestraft». Das Unheil von apokalyptischem Ausmaß wird also nicht schon angekündigt, sondern lediglich angedroht.

Die Androhung hebt sich daher erneut konditional, unter Voraussetzung der Umkehr, in Zuversicht auf. Mit dem naiven Optimismus, es werde schon gut gehen, darf man diese Zuversicht nicht verwechseln. Sie ist bloß bei Umkehr und ihretwegen erlaubt. Nur wenn die Betroffenen sich auf die Umkehr einlassen, wird das angedrohte Unheil vermieden und blüht statt dessen das betroffene Kollektiv auf. Das Wohlverhalten steht hier nicht im Gegensatz zum Wohlergehen, die moralisch-religiöse Rechtschaffenheit geht vielmehr mit (kollektivem) Wohlergehen eine glückliche Verbindung ein.

Wie in Mesopotamien so findet auch in Alt-Israel mit der Gottheit ein offener Dialog statt. Er erfolgt freilich in einem höheren Maß sakral, zugleich weniger methodisch, statt dessen stärker subjektiv und in einer bestimmten Hinsicht intellektueller: Die göttliche Offenbarung erfolgt insofern sakraler und zugleich weniger methodisch, als sie auf eine «wissenschaftliche» Beobachtung der Sterne oder die professionelle Deutung von terrestrischen Vorzeichen verzichtet. Sie ist stärker subjektiv, da sie nicht von professionellen Zeichendeutern, sondern individuell Berufenen vorgenommen wird und mangels einer wissenschaftlichen Methode schwer zu überprüfen ist. Trotzdem ist sie insofern intellektueller, als sie in Form von Visionen, dem Schauen von Gesichten, oder von Auditionen, dem Hören himmlischer Stimmen, erfolgt.

Da die Berufung auf eine außerpolitische und zugleich übermenschliche Autorität, auf eine Gottheit, sich nicht objektiv überprüfen läßt, muß man mit Mißbrauch rechnen, also mit falschen Propheten, die entweder im Namen der falschen Gottheit auftreten oder sich auf die richtige Gottheit beziehen, von ihr aber gar nicht autorisiert sind. Vor allem sind sie in dem Sinn falsch, daß das von ihnen Prophezeite gar nicht eintrifft. Schon in Alt-Israel traten «falsche Propheten» auf, die lieber das sagten, was «man», sei es die politische Führung, sei es das Volk, hören wollte. Zum wahren Propheten gehört daher noch der unerschütterliche Mut zu einer sowohl ungeliebten als auch unbequemen Wahrheit, also ein hohes Maß an Zivilcourage.

Auch das Bestehen von Zivilcourage läßt sich nicht objektiv feststellen. Die wahren Propheten legitimieren sich eher durch die Art, wie sie leben, noch mehr durch die Kontinuität zu dem von Jahwe mit Moses geschlossenen Bund, nicht zuletzt durch die tatsächliche Geschichte: Das angekündigte Unheil, die Eroberung des Nordreiches, später des Südreiches, trat ein; das rechtschaffene und Jahwe treue Volk überlebte im Exil; schließlich wurde nach dem Exil der Judenstaat wieder gegründet.

11.2 Verträgt sich die Demokratie mit Propheten?

Auf den ersten Blick erscheint die Verbindung von Propheten mit moderner Demokratie als unmöglich; beide Seiten, nicht nur die Demokratie, auch das Prophetentum, sprechen dagegen. In einer liberalen Demokratie haben Religionsgemeinschaften zwar das Recht, sich an den öffentlichen Debatten zu beteiligen und ihre Argumente religiösen Texten zu entnehmen. Diese sind jedoch in die Sprache der gegebenen Rechts- und Verfassungsordnung zu übersetzen. Denn der weltanschaulich neutrale Staat darf religiösen Texten mit Achtung entgegentreten, ihnen als solchen aber keine Legitimationskraft einräumen.

Schon die Vorbilder der Demokratie, die Griechen, haben für ihre Polis keine religiöse Autorität anerkannt. Delphi und andere Orakelstätten stehen, wie schon erwähnt (Kap. 3.4), außerhalb der wichtigeren Staatsrepubliken. Überdies holt man zwar deren Rat ein, räumt ihnen aber keine entscheidende, schon gar nicht die letztentscheidende Autorität ein. Und Sokrates geriet nicht nur wegen seiner unkonventionellen Ansichten in Schwierigkeiten, sondern auch wegen der als illegitim geltenden Berufung auf ein Daimonion, also eine göttliche Stimme.

Selbst wenn die Demokratie dem Prophetenwort eine durchschlagende Legitimationskraft zubilligte, erhöbe die andere Seite, das Wesen des Prophetentums, Einspruch. Denn nach dem Muster des Alten Testaments können Prophetenworte zwar später kanonischen Rang erhalten; im Augenblick, da sie ausgesprochen werden, können sie sich auf diesen Rang aber nicht berufen. Als Ausdruck einer spirituell-charismatischen Ausnahmeperson gehören sie nicht zu dem, was im demokratischen Rechtsstaat die geschriebene oder ungeschriebene Verfassung ist; sie bilden keinen Teil des öffentlich anerkannten, eben kanonisierten Textkörpers.

Trotz der erheblichen Schwierigkeiten setzen moderne Demokratien der Möglichkeit von Propheten kein absolutes Veto entgegen. Bei einer nur wenig formaleren Bestimmung lassen sie nämlich die meisten der genannten Merkmale zu. In leicht abgewandelter Reihenfolge beginnen wir mit den Bestimmungsmomenten, die von dem in Demokratien schwerlich integrierbaren Moment, der sakralen Berufung des Propheten und seiner sakralen Aufgabe unabhängig sind. Glücklicherweise machen die vom Sakralen unabhängigen Momente den weitaus größeren Teil aus:

Politisch-moralische Krisenzeiten tauchen auch in rein säkularen Gesellschaften auf. Dasselbe trifft auf weitere Momente des Prophetenbegriffs zu: Daß von der Zukunft ein Unheil zu befürchten ist und daß die Betroffenen eine Großgruppe, ein Kollektiv, bilden, die das Unheil mitzuverantworten hat, ist in der Geschichte allzu vertraut. Weiterhin handelt es sich wegen der Mitverantwortung um eine Strafe, im Unterschied zu Alt-Israel allerdings nicht notwendig um eine Strafe im rechtlich-moralischen Sinn. Es genügt eine Quasi-Strafe, ein Schaden, den ein anderes Handeln verhindert hätte und der bei rechtzeitiger Abkehr tatsächlich verhindert worden wäre.

Auch die letzten Momente sind nicht an einen sakralen Zusammenhang gebunden, etwa daß die Abkehr und Umkehr von der
Hoffnung getragen wird, das Unheil abzuschwächen, vielleicht
sogar zu verhindern. Ebensowenig braucht die Zivilcourage einen
religiösen Hintergrund, eher erfolgt die Zuschreibung an gewisse
Intellektuelle zu rasch. Denn eine pluralistische Öffentlichkeit goutiert auch Minderheitenmeinungen; und eine Mediengesellschaft
zieht sie oft genau deshalb vor, weil sie von den bekannten, daher
ein wenig langweiligen Mehrheitsmeinungen abweichen. Früher
wurden Unglücksbotschaften ungern überbracht, denn der Bote
mußte damit rechnen, wegen seiner Botschaft gescholten oder sogar geköpft zu werden. Heute fällt es lediglich schwer, persönliches
Unglück mitzuteilen, da man hier den Betroffenen so wenig trösten
kann. Kollektive Unglücksbotschaften lassen sich dagegen bequem,
sogar lukrativ überbringen, weshalb die Verkaufserfolge «persönlicher» Mahnungen und die Preise und Ehren für deren Verfasser
schwerlich unter wahre Zivilcourage zu subsumieren sind.

Wo bleiben die zwei fehlenden, für die begriffliche Bestimmung
des Propheten vorrangigen Momente, die überragende Persönlichkeit, die eine geistige Führung übernimmt und sich dabei nicht auf
eigene Vollmacht, sondern eine höhere Autorität beruft? In der ursprünglichen, spirituellen und sakralen Bedeutung haben derartige
Persönlichkeiten demokratietheoretisch kein Recht. Trotzdem erkennt auch die liberale Demokratie vor- und außerpolitische Autoritäten an. Mit Ausnahme von Erweckungspredigern stammen sie
allerdings nicht aus einem religiösen, sondern einem rein weltlichen
Bereich. Unter Musikern, Schriftstellern und Künstlern, unter For-
schern und Gelehrten sowie Erfindern und Entdeckern, auch unter
Ärzten, Wirtschaftsführern und Journalisten findet man gelegentlich so herausragende Vertreter, daß man sie ohne Schwierigkeit als
Autorität anerkennt. Die Anerkennung bezieht sich aber primär
auf den jeweiligen Sachbereich; für die Warnung vor etwaigem Unheil sind diese Berufsgruppen nicht in herausragendem Maß zuständig. In Frage kommen eher zwei andere außer- und überpoli-

tische Autoritäten, die sich personell überlappen: Eine gewisse Kompetenz für das Thema «Unheilsdrohung» besitzen sowohl die mit Fragen der Zukunft befaßten angewandten Wissenschaften, die wissenschaftliche Expertisen erstellen, als auch einzelne Personen oder Gruppen, die mittels einer Gegenwartsanalyse zu erwartende Schwierigkeiten entdecken und aus gesellschaftlichem Engagement ihre «Frühwarnung» möglichst wortgewaltig in die Öffentlichkeit tragen.

Wie es sich mit den angewandten Wissenschaften des näheren verhält, ist später, im Kapitel 18, zu überlegen. Drei Schwierigkeiten sind aber so offensichtlich, daß sie schon hier erwähnt seien: Als erstes bringen die angewandten Wissenschaften als solche zwar eine bestimmte Fach- und Sachkompetenz mit, aber nicht den mit Leidenschaft verbundenen Antrieb, diese Kompetenz in den Dienst eines kollektiven Zieles, des vermeintlichen oder tatsächlichen Gemeinwohls, zu stellen. Der Wissenschaftler steht nur für den Logos, nicht für das Ethos ein. Für die erforderliche vor- und außerwissenschaftliche Motivation besitzt er keine eigene, schon gar nicht eine herausragende Zuständigkeit.

Die zweite Autorität, die sich aber teilweise mit der ersten Autorität personell überschneidet, kann hier helfen: Aus Verantwortung für das Gemeinwesen, eventuell sogar «für die Menschheit», jedenfalls aus einem Gemeinsinn heraus, überlegt sie, welche größeren Schwierigkeiten künftig drohen, und trägt die entsprechenden Analysen sowohl fachlich als auch motivational so überzeugend vor, daß sie zunächst auf große Aufmerksamkeit, dann auf breite Zustimmung stoßen.

Selbst wenn auf diese Weise wissenschaftliche Fachkompetenz und wissenschaftsexterne Motivation zusammenkommen, fehlt noch ein dritter Faktor, die Entscheidungsbefugnis. Darin ähneln beide, die wissenschaftliche Expertise und die bürgergesellschaftliche Frühwarnung, den Propheten: Weder fällen sie die politische Entscheidung noch treten sie an deren Stelle. Ihre Aufgabe, so die zweite Schwierigkeit, beschränkt sich auf das Überzeugen der Entscheidungsträger, in der Demokratie also des Volkes und ihrer gewählten Vertreter. Dabei ist auf seiten der professionellen Politik der Staatsmann in Machiavellis Sinn gefragt: Der Politiker muß mögliche Schwierigkeiten erkennen und Lösungen vorbereiten, noch bevor die Schwierigkeiten tatsächlich auftreten. Daß dieses «Bevor» die eigene Karriere gefährden könnte, nimmt ein der Zukunft verantwortlicher Politiker in Kauf.

Drittens besteht die Gefahr falscher Propheten. Zum Beispiel folgen die vorgeblichen Propheten nicht dem von ihnen verkündeten Lebensstil. Anderen Möchtegern-Propheten ist das Eigeninteresse, in der Mediendemokratie das Ansehen und der daraus folgende Einfluß, wichtiger als die pure Wahrheit. Nicht zuletzt gibt es wortgewaltige Warner, die sich aber heute an ihren Worten von gestern nicht messen lassen; lieber schließen sie sich in der öffentlichen Debatte einer neuen Mode an.

Offensichtlich beeinträchtigen diese wissenschaftsexternen Gesichtspunkte nur die persönliche, nicht die fachliche Glaubwürdigkeit. Sie erlauben nicht, die wahren von den falschen Propheten zu unterscheiden. Dafür ist allein ein fachinternes Kriterium zuständig, letztlich die Triftigkeit der vorgebrachten Argumente, namentlich die empirischen Befunde und deren schlüssige Interpretation.

Bekanntlich sind beide Teilkriterien häufig umstritten. Im Fall wissenschaftlicher Kontroversen kann man sich zwar noch Metakriterien überlegen, zu denen das wissenschaftliche Ansehen gehört. Dieses resultiert aber in der Regel aus herausragenden Einzelleistungen, aus denen man schwerlich das ablesen kann, was «Wissenschaftler-Propheten» bräuchten: eine herausragende Urteilsfähigkeit. Infolgedessen kommt man nicht umhin einzuräumen, daß auch die Demokratie durchaus Propheten zuläßt, für die Trennung der wahren von den falschen Propheten aber keine operationalisierbar objektiven Kriterien besitzt.

12. Klimaschutz

Ein gutes Beispiel für die Prophetenstrategie bietet die Klimadebatte, denn sie erfüllt die wichtigsten Bedingungen: Es droht eine Katastrophe, die die Betroffenen, die Menschheit, hochwahrscheinlich mit verursachen und die sie durch Umkehr verhindern, zumindest hochgradig abschwächen können.

Es gibt freilich drei gewichtige Unterschiede, von denen zwei die ohnehin schon schwierige Umkehr zusätzlich erschweren. Nur der erste größere Unterschied erscheint nicht als Erschwernis: daß das Fehlverhalten keine religiöse Komponente hat. Es betrifft nicht den Kultus oder die Spiritualität, auch geht es sowohl von frommen Menschen der verschiedensten Religionen als auch von unfrommen und von areligiösen Menschen aus. Die Abkehr vom Fehlverhalten, die erforderliche Umkehr, mag deswegen bei einigen Menschen eine religiöse Motivation haben, diese erscheint aber weder in empirischer noch in struktureller Hinsicht als wesentlich. Im übrigen rügen auch die paradigmatischen Propheten nicht bloß religiöses Fehlverhalten, Stichwort: Götzendienst. Sie erheben auch einen Vorwurf, den der Unmoral, der bei der vermuteten Klimakatastrophe ebenfalls berechtigt ist.

Die Umkehr wird auch dadurch erschwert, daß die Katastrophe nicht von einer über den Menschen stehenden Autorität, einer Gottheit, ausgeht und aus dem Munde von gottgesandten Propheten verkündet wird. Die Ankündigung geht nicht einmal von einer alles überragenden, jedem Streit entzogenen Autorität aus, denn da und dort tauchen Einwände auf. Allerdings stützen sich die Wissenschaftler auf umfangreiches empirisches Material. Sie sind keine einsamen Rufer, sondern nur Propheten in Anführungszeichen bzw. Quasi-Propheten.

Die Haupterschwernis geht jedoch von einem dritten Unterschied aus: Die israelischen Propheten wandten sich an ein kleines, ethnisch und religiös homogenes Gemeinwesen. Beim heutigen Klimaschutz sind weder die Verursacher noch die Betroffenen die Mitglieder eines kleinen, zudem homogenen und weitgehend souveränen Kollektivs, eines Einzelstaates. Sie stammen nicht einmal aus einer einzigen, immer noch relativ homogenen Großregion; sie gehören vielmehr zu einem sprachlich, religiös und ethnisch, wirtschaftlich, politisch und kulturell hoch unterschiedlichen Kollektiv der Menschheit.

Liberale Intellektuelle, zumal wenn sie in der geistigen Tradition von Kants Weltbürgerrecht aus der Schrift *Zum Ewigen Frieden* (3. Definitivartikel) stehen, sprechen relativ leicht von der einen Menschheit, die im gemeinsamen Weltdorf («global village») lebe und statt einer konkurrierenden Außenpolitik nur die eine Weltinnenpolitik betreibe. Andere, vermutlich eine Mehrheit, spüren dagegen stärker die Unterschiede, tun sich daher schwer, sich als Glied einer einzigen Menschheitsfamilie zu empfinden und aus dieser Empfindung heraus zu leben. Trotzdem wird das drohende Unheil von einem Großteil aller Menschen verursacht, und so gut wie alle sind davon betroffen: Es droht eine wahrhaft globale Katastrophe, die sich nur durch eine ebenso globale Umkehr abwenden läßt.

12.1 Demokratieversagen?

In der Regel läutet man das Thema Klimawandel mit Alarmrufen ein. Die Philosophie beginnt mit einem Blick in die Sachlage und wirft zuvor die Frage auf, wieso «die Politik» auf den Klimawandel so aufreizend langsam reagiert, mit der Anschlußfrage, wieso sie selbst in ihrer Langsamkeit noch unzuverlässig agiert. Denn trotz anderslautender Bekundungen erfolgt nicht einmal die langsame Reaktion wirksam und nachhaltig beständig.

In einer naiven Antwort auf diesen «Mechanismus des Versagens» erklärt man die «Politik» für töricht oder für zynisch oder für beides zugleich; jedenfalls behauptet man ein Politikversagen. Nun herrscht auch in Demokratien kein vorbildlicher Klimaschutz, so daß sich das Politikversagen zu einem Demokratieversagen zu steigern scheint. Selbst autoritäre Regime wollen aber selten den Interessen des Volkes frontal zuwiderhandeln und reagieren trotz ihrer größeren Entscheidungsmacht weder rascher noch zuverlässiger. Im Gegenteil kommen die einschlägigen Studien zur Klimakatastrophe und die darauf aufbauenden Warnungen sowohl zuerst als auch am nachdrücklichsten aus Demokratien, vor allem aus deren Bürgergesellschaft. Muß man also die Menschheit als ganze töricht, zynisch oder beides zugleich nennen: Ist das Vernunftwesen Mensch so unvernünftig, daß ein Menschheitsversagen vorliegt?

Mittlerweile hat es doch so gut wie jeder erfahren, daß die Durchschnittstemperatur auf der Erde steigt und daß ihr Anstieg nicht etwa harmlos ist, sondern vermutlich katastrophale Folgen hat. Vor allem das Abschmelzen der Gletscher und Polkappen läßt den Meeresspiegel steigen, was zu Überschwemmungen, Dürren, Hungersnöten und Flüchtlingsströmen führen dürfte, und dies alles in einem Ausmaß, das die bisherigen Katastrophen weit übersteigt (zur Debatte um den Klimawandel vgl. Stern 2007, Müller 2007, Houghton ³2008, Sinn 2008, Wissenschaftlicher Beirat der Bundesregierung 2008).

Würde die Temperatur menschenunabhängig zunehmen, so müßte man trotzdem reagieren. Allerdings könnte man sich lediglich gegen die als unvermeidbar erwarteten Folgen wappnen. Weil aber nach Ansicht des Weltklimarates, dem Intergovernmental Panel on Climate Change (IPCC), die Hauptursache im Anstieg des menschengemachten Kohlendioxyds (CO_2) liegt, kann man mehr tun. Man vermag auch die Ursachen zu bekämpfen, mithin die Folgen entweder zu vermeiden oder zu vermindern.

Eine nüchterne Analyse warnt allerdings davor, beides zu überschätzen, die «Schuld» des Menschen und seine Fähigkeit gegenzusteuern. Ein Großteil des Kohlendioxyds ist nämlich unvermeidbar, da es in erheblichen Mengen natürlicherweise vorkommt, insbesondere aus Vulkanen und Erdspalten strömt und bei allen natürlichen Verbrennungsvorgängen wie der tierischen und der menschlichen Atmung entsteht. Diesem facettenreichen natürlichen Treibhauseffekt wirken zwar Pflanzen entgegen, die durch Einatmen und Verarbeiten des Kohlendioxyds zu einem «Kreislauf des Kohlenstoffs» beitragen. Einige neuere Forschungen haben aber das deprimierende Ergebnis, daß Pflanzen das 25mal klimaschädlichere Methangas freisetzen (Max-Planck-Gesellschaft 2008).

Trotzdem trifft dieser Sachverhalt zu: Der Mensch vermag den Kreislauf des Kohlenstoffs durch zwei Faktoren zu beeinträchtigen und je nach Eingriffsmenge empfindlich zu stören; und diese Fähigkeit ist leider längst zur Wirklichkeit geworden: Auf der einen Seite hat er den geographischen Anteil der Pflanzenwelt an der Erdoberfläche erheblich verringert, vornehmlich durch Abholzen oder großräumige Brände. Der Prozeß begann übrigens schon in der Antike und führte zur Verkarstung großer Landstriche der Mittelmeeranrainer. Auch in anderen Kontinenten hat der Mensch die Pflanzendecke weit mehr als dezimiert, also um mehr als ein Zehntel verringert. Zusätzlich hat er ihre Vitalität, nämlich ihre Einatmungs- und Verarbeitungsfähigkeit, geschwächt. Auf der anderen Seite hat er die Verbrennungsvorgänge erhöht, sie sogar mit zwei Teilfaktoren vervielfacht, mit dem wachsenden Pro-Kopf-Verbrennen von Kohlendioxyd und als Multiplikationsfaktor mit einer gestiegenen Erdbevölkerung.

Hier sei nur ein einziger Befund erwähnt: Im Zuge der Industrialisierung, genauer, da man noch nicht die gesamten Kausalitäten kennt, in der Zeit seit der Industrialisierung von 1880 an, hat sich der Kohlendioxydgehalt der Luft von etwa 280 ppm (Teilen per Million) auf 380, also um nicht weniger als 36 Prozent, erhöht. Als Hauptverantwortlichen für diesen Anstieg der Treibhausgase kann man den Menschen identifizieren. Im Vordergrund der öffentlichen Debatten steht aber fast nur der eine Faktor, das Verbrennen fossiler Energieträger wie Erdgas, Erdöl, Stein- und Braunkohle sowie

Holz. Merkwürdigerweise findet der andere Faktor, das immer noch weltweit fortschreitende Abholzen der Wälder, in der Klimadebatte weit geringere Beachtung. Man muß sich fragen, ob darin eine Parteinahme liegt, etwa eine Wirtschafts- und Industriefeindlichkeit, die das Abholzen der Regenwälder lieber in den Hintergrund drängt, es allenfalls westlichen Geschäftemachern und kaum der dortigen Politik anlastet. Parteilich ist auch die geringe Betonung des Teilfaktors Bevölkerungswachstum: Will man die entsprechenden (Entwicklungs-)Länder schonen, obwohl das derzeitige jährliche Bevölkerungswachstum um 80 Millionen Menschen, also um die Größe Deutschlands, auf Dauer klimaerheblich ist?

Wie auch immer die Antworten lauten: Selbst wer die angedeuteten Parteilichkeiten korrigiert, kann weder den Grundbefund, einen signifikanten Anstieg der Erdwärme, noch die signifikante Mitverursachung durch den Menschen und auch nicht die erschreckenden Folgen abstreiten. Genau deshalb kann man die Frage, warum die Politik so langsam und so unzuverlässig reagiert, nicht verdrängen. Bevor man aber schlichte Torheit oder gar Zynismus unterstellt, empfiehlt es sich, nach Antworten zu suchen, die den «Mechanismus des Versagens» nicht entschuldigen, aber verständlich machen.

Das Muster der Antworten liegt auf der Hand: Es gibt konkurrierende und für sich gesehen durchaus sinnvolle Zukunftsinteressen. Konzentriert man sich auf die Energiefrage, so sind die Konkurrenzinteressen vor allem wirtschaftlicher, großenteils volkswirtschaftlicher Natur. Die bislang wirtschaftlich weniger entwikkelten Länder wollen nämlich zu den höher entwickelten Ländern aufschließen. Sie setzen sich daher ehrgeizige Wirtschaftsziele und haben ihretwegen einen kaum zu stillenden Hunger nach Energie. Besonders deutlich zeigt es sich bei bevölkerungsreichen Ländern wie China und Indien; nach der Studie *Carbon Budget 2007* (Global Carbon Project 2008) nimmt mittlerweile beim Kohlendioxydausstoß China vor den USA die globale Spitzenposition ein. Pro-

portional gesehen ist aber der Energiehunger kleinerer, ebenfalls
wirtschaftsehrgeiziger Länder nicht geringer.

Als weiterer Grund kommt hinzu, daß die bislang führenden
Wirtschaftsländer weder gegeneinander noch gegen die nachwachsenden Konkurrenten ins Hintertreffen geraten wollen. Und wenn
Politiker dieser Länder ihre Aufgabe, das Gemeinwohl ihres Landes, ernst nehmen, dürfen sie ein wirtschaftliches Zurückfallen auch
nicht wollen, da die Folgen ernst sind. Beispielsweise droht eine
steigende Arbeitslosigkeit samt ihren wirtschaftlichen, sozialen und
gesundheitlichen Gefahren. Infolgedessen stellt sich die für naive
Klimaschützer ärgerliche Frage, welche Politik denn für Länder
wie China oder Indien, ebenso, welche für hoch entwickelte Länder zukunftsfähiger ist: das wirtschaftliche Wachstum oder der
Klimaschutz? Jedenfalls zeichnet sich eine Konkurrenz der Perspektiven ab, wobei vor allem die volkswirtschaftlich nachwachsenden Länder für die nähere Zukunft kaum ihr Wirtschaftswachstum dem Klimaschutz opfern werden.

Ohnehin gilt: ob großes oder kleines, ob entwickeltes oder weniger entwickeltes Land – der Klimaschutz hat Kosten, und diese sind
nicht lediglich finanzieller Natur. Verlangt wird auch die Bereitschaft, volkswirtschaftlichen Gefahren samt den angedeuteten Fol-
gegefahren entgegenzutreten. Vor allem braucht es, was ohne ein
radikales Umdenken nicht zu erreichen ist, einen das Klima weit
weniger belasteten Lebens- und Arbeitsstil. Dabei ist im globalen
Rahmen die Gerechtigkeit gefordert. Denn innerhalb der Staatenwelt dürfen sich einzelne Länder keine Sonderrechte anmaßen, obwohl auf allen Seiten, nicht nur bei großen Staaten, mit entsprechenden Versuchen zu rechnen ist. Auf der Bali-Klimakonferenz
(Mai 2007) konnten beispielsweise Journalisten einige Vertreter von
Entwicklungsländern belauschen, die recht unverblümt überlegten,
wie sie aus Klimaschutzinstrumenten, etwa einem so genannten
Adaptionsfond, möglichst viel Geld herausschlagen könnten.

In der Öffentlichkeit wird zwar niemand unverhohlen Privilegien beanspruchen. Politiker und Medien, an Sophisterei gewöhnt,

werden aber raffinierte Argumente suchen, die die Privilegien schamhaft verhüllen. Schon in den Klimadebatten, noch mehr auf den Klimakonferenzen wird kräftig getrickst. Dagegen hilft normativ der Standpunkt der Gerechtigkeit und argumentativ die Fähigkeit, fremde Tricks zunächst zu durchschauen und sie dann durch Aussprechen oder Austricksen der Tricks zu entmachten.

Man darf auch nicht vergessen, daß von der Klimaerwärmung manche Gegenden profitieren. Arktis- und antarktisnahe Häfen, zum Beispiel die von Rußland, würden ihren Traum erfüllen, für längere Zeit, vielleicht sogar das ganze Jahr über eisfrei zu sein. Und sollte im Jahr 2040 das arktische Meer eisfrei geworden sein, könnte sich der weltweite Schiffsverkehr neu orientieren. Wenn dann die kürzeste Verbindung zwischen Westeuropa, selbst den nordöstlichen Vereinigten Staaten und Ostasien, über die Polroute verliefe, käme es Norwegen zugute. Außerdem dürften sich die Urlaubslandschaften verschieben, auf der Nordhalbkugel vermutlich zu Lasten von Südeuropa und Nordafrika. Ferner könnten sich die Einwohner etwa von Sibirien über einen weit kürzeren und weniger kalten Winter freuen.

Eine globale Erwärmung läßt freilich auch jene sogenannten Permafrost-Böden auftauen, die heute noch ein Viertel der Landmasse der Nordhalbkugel bedecken. In diesen Böden sind nach Schätzungen Hunderte Milliarden Tonnen Kohlendioxyd gebunden, also ein Vielfaches der heutigen jährlichen Emission. Würden diese Mengen nur zum Teil nach und nach freigesetzt, gehen andernorts erbrachte Emissionsersparnisse hoffnungslos verloren. Zusätzlich würden durch die Erwärmung Abbauprozesse biologischen Materials in Gang gesetzt, bei denen Methangas entsteht. Auch rechnet man damit, daß sich Krankheiten wie das Dengue-Fieber weiter ausbreiten, sich zusätzlich das Artensterben beschleunigt. Und in den Regionen, die sich über eisfreie Häfen freuen, nehmen die Sumpfgebiete samt den Schädlingen zu und wird der Straßen- und Pipelinebau schwieriger, so daß selbst dort per saldo der Schaden größer sein könnte.

Schließlich gibt es eine Konkurrenz zwischen den Generationen. Denn nur zum Teil kommen die heutigen Einschränkungen denen zugute, die sie auf sich nehmen, großenteils helfen sie erst den künftigen Generationen. Deswegen liegt hier ein Kriterium für Zukunftsfähigkeit: Die heutige Generation übernimmt Lasten, um die künftigen Generationen zu entlasten. Diese Art von Zukunftsfähigkeit ist übrigens aus Gründen der Generationengerechtigkeit geboten. Da das Klima ein generationenübergreifendes («intergenerationelles») öffentliches Gut ist, haben die künftigen Generationen einen Anspruch auf die Einschränkungen. Es bleibt aber, daß die gegenwärtige Generation auf sich nehmen muß, was niemand gern tut: Sie hat sich einzuschränken.

Ziehen wir eine Zwischenbilanz: Nicht aus purer Torheit oder gar Zynismus der Verantwortlichen setzt sich der Klimaschutz so langsam und so unzuverlässig durch. Schon das kollektive Selbstinteresse der Menschheit wirft Schwierigkeiten auf, die sich dadurch verschärfen, daß die verschiedenen Teilkollektive innerhalb des Großkollektivs, der Menschheit, unterschiedliche Interessen haben. Außerdem gibt es mehr oder weniger subtile Versuche, sich Privilegien zu verschaffen. Und wegen einer Gerechtigkeit, die sich nicht leicht durchsetzen läßt, der Generationengerechtigkeit, nehmen die Schwierigkeiten noch einmal zu.

12.2 Wie viele Flugreisen verträgt der Klimaalarm?

Propheten sollten glaubwürdig sein. Kündigen sie ein Unheil an, daß nur durch Umkehr zu verhindern ist, so dürfen sie sich der Umkehr persönlich nicht versperren. Der Moralphilosoph Max Scheler glaubte zwar, er dürfe sich mit einem Bonmot der von ihm vertretenen Moral entziehen: «Haben Sie schon einen Wegweiser gesehen, der den Weg, den er weist, selber geht?» Das schöne Wort wird aber der Sache der Moral nicht gerecht. Denn sie beansprucht, nicht nur für andere, sondern für jeden, also auch für den Moralphilosophen selbst zu gelten.

Beim Propheten kommt erschwerend hinzu, daß die angekündigte Katastrophe ihn mit betrifft. Es handelt sich also um ein Unheil, das er so gut wie von allein, aus Selbstinteresse zu vermeiden hätte. Keiner, der bei Verstand ist, stürzt sich selber ins Unglück; und jeder Verständige versucht, einem drohenden Unheil zu entkommen. Wenn sich also jemand einer Umkehr versperrt, die zur Unheil-Abwehr unumgänglich sein soll, macht er nicht nur sich als Person, sondern auch seine Botschaft unglaubwürdig.

Für die Unglaubwürdigkeit gibt es drei Möglichkeiten; in allen drei Fällen nimmt man sich am tatsächlichen Leben des Propheten ein Beispiel; man «tut desgleichen»: Bei der ersten Möglichkeit glaubt man nicht, daß ein Unheil droht, da auch der Prophet es nicht ernst nimmt. Nach der zweiten Möglichkeit hält man die Umkehr, um das Unheil zu vermeiden, für nicht notwendig. Erneut geschieht es, weil der Prophet seinen Worten zum Trotz, nämlich ausweislich seines tatsächlichen Lebens, die Umkehr für nicht zwingend ansieht. Bei der dritten Möglichkeit glaubt man zwar an beides: daß das Unheil droht und daß zu seinem Vermeiden eine Umkehr unerläßlich ist. Man nimmt aber an, zum Vermeiden reiche es, wenn nicht alle, sondern lediglich die weitaus meisten Menschen die Umkehr auf sich nehmen. Man hält also ein «Schwarzfahren» oder «Trittbrettfahren» für möglich, unterstellt dem Propheten, daß er sich für diese Möglichkeit entschieden hat, und folgt seiner Entscheidung. Allerdings droht dann die Gefahr, daß auch andere das Trittbrettfahren des Propheten nachahmen, und am Ende, weil sich allzu viele vor der Umkehr drücken, nimmt das Unheil doch seinen Lauf.

Für die «Propheten» der Klimakatastrophe verhält es sich nicht anders. Um glaubwürdig zu sein, müssen sie sich den geforderten Emissionsbeschränkungen im eigenen Lebensstil unterwerfen. Damit verträgt sich jedoch schwerlich, daß sie zu den zahlreichen Klimakonferenzen in Hülle und Fülle, zu vielen Tausenden fliegen. Nur ein Beispiel: Zur Klimakonferenz von Bali 2007 reisten schon zu Beginn zehntausend Teilnehmer an, die sich zum Höhepunkt der Konferenz auf 14 000 vermehrten. Für einen Flug von Berlin nach Bali und zurück werden angeblich 9660 kg Kohlendioxyd «verbraucht», knapp das Fünffache dessen, was ein Mittelklassewagen bei 12 000 Jahreskilometern pro Jahr ausstößt (nach atmosfair 2008). Selbst wenn man aus Vorsicht gegen derartige Berechnungen und im Blick auf teilweise kürzere Flugstrecken der Teilnehmer der Balikonferenz nur die Hälfte des Emissionswertes ansetzt, kommt man auf mehr als das Doppelte der jährlichen Mittelklassewagen-Emission. Die im Namen des Klimaschutzes veranstaltete Bali-Konferenz 2007 belastete also das Klima erheblich: Auf die CO_2-Emission nur der Flüge bezogen, «kostet» sie einen Wagenpark von 33 800 Mittelklassewagen zu je 12 000 Jahreskilometern.

Vergessen darf man auch nicht, daß die Bali-Konferenz nur eine in einer Serie von Konferenzen darstellt. Auf Bali wurden erst Vorabsprachen getroffen, die auf der nächsten Konferenz in Posen weiter debattiert werden sollen, um im günstigsten Fall auf einer dritten Konferenz in Kopenhagen zu festen Vereinbarungen zu gelangen. Trotz des das Klima erheblich belastenden Aufwandes kann man aber weder sicher sein, daß es strenge Vereinbarungen geben wird, noch daß sie zuverlässig eingehalten werden. Infolgedessen darf man sich fragen, ob Vertreter von Nichtregierungsorganisationen tatsächlich so häufig und in so großer Zahl anreisen müssen, um die verantwortlichen Politiker gesprächs- und entscheidungsbereit zu machen? Braucht es beispielsweise Vertreterinnen einer niederländischen Organisation, die sich gegen Palmen in Torf wehrt? Generell: Ist nicht ohnehin vieles weitgehend vorher, vor den Auftritten in Bali, entschieden? Die Klimagespräche haben jedenfalls die erforderliche Aufmerksamkeit schon vorher gefunden, nachdrücklich durch den Film *Eine unbequeme Wahrheit (An Inconvenient Truth)* von Al Gore und durch den deswegen erhaltenen Friedensnobelpreis.

Man mag die Einwände für moralistisch überzogen halten, zumal es um einen Bruchteil der Klimabelastung gehe, der doch nicht zu

Buche schlage. Dasselbe Argument können aber andere vortragen; es erleichtert vielen ebenfalls zu sagen: Um «meinen» Job wirksam zu machen oder für den Wirtschaftsaufschwung oder aus noch anderen Gründen braucht es den bisherigen CO_2-Ausstoß.

12.3 Alarm und Zuversicht

Sollen die Menschen schmerzlich große Veränderungen vornehmen, müssen sie ihre «natürlichen» emotionalen Einstellungen, ihr Pathos, in moralisch aufgeklärte Grundhaltungen, in ein sittliches Ethos, umwandeln. Für diese Umwandlung, zumal sie tief greift, braucht es entsprechend große Anreize. Diese können positiv in einer großen Glückserwartung bestehen, die nach dem Muster «Vor den Preis haben die Götter den Schweiß gesetzt» zunächst große Anstrengungen verlangen, für die es am Ende einen hohen Lohn gibt. Beim Klimaschutz geht es eher um einen negativen Anreiz, sogar um dessen stärkste Form, einen Zwang. Soweit die behauptete Faktenlage zutrifft, schlagen Klimaschützer zu Recht Alarm und rütteln mit ihrer Warnung vor den katastrophalen Folgen die Verantwortlichen hoffentlich rechtzeitig auf. In Hysterie umschlagen sollte der Alarm freilich nicht.

Daß man sich nicht bloß Sorge macht, sondern Alarm schlägt, hat als zweiten Grund die Mediengesellschaft, in der man um Aufmerksamkeit kämpft. Gegen die üblichen Themen, meist Tagesereignisse von Innen- und Außenpolitik, von Wirtschaft, Kultur und Sport, setzen sich langfristige Aufgaben wie der Klimaschutz generell schwer durch. In die Schlagzeilen kommt er nur bei erhöhter Alarmstufe, die allerdings berechtigt sein muß. Denn gelangt einmal wegen Fehleinschätzungen eine Entwarnung in die Schlagzeilen, so entwickelt die Öffentlichkeit gegen den Klimaalarm Widerstandskräfte, die sich zu einer Immunisierung steigern können.

Die durch einen berechtigten Alarm ausgelöste Reaktion ist nicht in jedem Fall «zukunftsfähig». Wo nur Angst herrscht, könnte man es mit einer verkürzten Noah-Strategie versuchen, nur an sich, an das eigene Überleben und Wohlleben denken. Beim Klimaschutz hilft diese Strategie aber nicht. Eine Region mag sich zwar über eisfreie Häfen freuen, der aus der Erwärmung der Atmosphäre folgende Kollektivschaden dürfte aber so groß sein, daß spätestens die zu erwartenden Nebenfolgen wie Lebensmittelknappheit infolge von Dürren oder große Flüchtlingsströme so gut wie überall auf der Welt zu spüren sein werden. Daher drohen die beiden anderen Gefahren bloßer Angst – daß man entweder wie gelähmt ist und gar nicht reagiert oder daß man sich in eine Hysterie steigert, die suboptimale, sogar falsche Reaktionen gebiert – zunächst falsche, nämlich verkürzte oder verzerrte Diagnosen und ihretwegen entsprechend falsche Therapien.

Diesen Gefahren entkommt nur, wer ein emotionales Gegengewicht schafft. Die Sorge vor Unheil sollte sich mit der Zuversicht verschwistern, das Unheil lasse sich bewältigen. Eine rationale Zuversicht stützt sich strukturell gesehen auf dreierlei. Als erstes braucht es das schon erwähnte Ethos, einen psychischen und sozialen Faktor, nämlich eine Zuversicht, die sich mit der nötigen Bereitschaft verbindet. Man muß eine Umkehr, den kulturellen Wandel vom energieintensiven zum energiesparenden Lebensstil, für möglich halten und sich auf die zur Realisierung erforderlichen Lebensänderungen, auch auf die Erfindung neuer Produkte einlassen.

Zweitens ist der im weiten Sinn wissenschaftliche Faktor wichtig, der Logos bzw. die Fachkompetenz. Sie hat die Alternativen zum bisherigen Lebensstil herauszufinden. Diese werden teils aus Beobachtungen der Gegenwart und Vergangenheit gewonnen, teils aus Hochrechnungen, die man zwar immer verfeinerter vornehmen kann, die aber gleichwohl beträchtlich unsicher sind. Zusätzlich sind die Gegenmaßnahmen zu überlegen, die man derzeit vor allem im politisch sensiblen Bereich, der Energie, sucht, während man den Faktor Wald bzw. Pflanzendecke weitgehend ausspart. Zu kurz kommt auch die Frage, wieweit man die Energie im eigenen Land bereitstellen kann, damit man möglichst wenig von anderen Ländern abhängt, zumal von Ländern, die nicht die Kriterien rechtsstaatlicher Demokratie erfüllen. Manche Demokratie verdrängt dieses Thema: daß die Energie-Abhängigkeit von auswärts die eigene Zukunftsfähigkeit beeinträchtigen kann. Schließlich muß die Wirtschaft die Gegenmaßnahmen verkraften können. Die Klimaschutzpolitik darf der Wirtschaft nicht die Existenzgrundlage entziehen. Das heißt nicht, der Umbau einer Volkswirtschaft oder der Weltwirtschaft lasse sich aus der Portokasse bezahlen. Nach der Einigung über hehre Ziele sind aber die ebenso wirksamen wie wirtschaftlichen Mittel gründlich zu überlegen. Die Überlegungen zur Fachkompetenz bewegen sich jedenfalls allzu oft nur im Kreis von Klima – Energie – Klima. In Wahrheit braucht es das Viereck «Klima, Energie, politische Abhängigkeit oder Unabhängigkeit und Volkswirtschaft». Noch sachgerechter ist ein um den Wald bzw. die Pflanzendecke und zusätzlich um die Weltbevölkerung erweitertes Sechseck. Jedenfalls braucht es eine «systemische» Betrachtung, die sich auf die größeren Zusammenhänge einläßt.

Merkwürdigerweise wird in diesen Debatten auch der dritte Faktor, der Nomos, verdrängt, bestenfalls in den Hintergrund geschoben. Der Klimaschutz braucht, was letztlich erst eine Weltrechtsordnung sichern kann: einen nachhaltigen Frieden (s. Kap. 14).

12.4 Wie scheidet man wahre von falschen Propheten?

Die weitaus meisten Forscher erklären beide Dinge, den Klimawandel und die erhebliche Mitverantwortung des Menschen, für überwältigend evident. Trotzdem halten einige Forscher dagegen. Den Laien wird es erstaunen und der zur Entscheidung aufgeforderte Politiker könnte ratlos sein, wenn dort alarmiert, hier entwarnt wird. Weil die fachliche Grundlage seiner Entscheidungen unsicher ist, muß nämlich der Politiker, für welche Forscheraussage auch immer er sich entscheidet, mit Schelte rechnen. Bleibt ihm nichts anders übrig, als in außerfachliche Gesichtspunkte zu flüchten?

Glücklicherweise bieten sich noch ein fachliches und ein außerfachliches Kriterium an. Es sind allerdings Kriterien zweiter Stufe. Das außerfachliche Kriterium liegt in der Frage, ob man eine Seite mit dem ideologiekritischen, besser: lobbykritischen Hinweis relativieren kann, daß sie, mit partikularen Interessen involviert, nicht rundum objektiv urteilt. Das Kriterium taugt aber nur begrenzt. Denn deutlich partikularisierte Stimmen, also offensichtlich «falsche Propheten», sieht eine kritische Öffentlichkeit von vornherein aus oder gibt ihren Aussagen einen kräftigen Abschlag. Das fachliche Kriterium liegt dagegen in der Frage, welche Forscher oder Forschergruppen die größere Reputation besitzen: Wo liegt die höhere Fachautorität? In den Klimafragen erscheint die Antwort als relativ leicht, denn die «alarmierende» Seite kann sich auf den erwähnten Weltklimarat berufen, der sich aus mehreren Hundert Wissenschaftlern aus vielen Ländern aller Kontinente zusammensetzt. Zusätzlich werden die Aussagen von Fachkollegen beurteilt und gegebenenfalls zur Korrektur zurückgegeben. Trotzdem bleibt für vernünftige Einwände noch Raum.

Vergegenwärtigen wir uns, worüber gestritten wird und worüber nicht: Unstrittig ist die Zunahme der Erdwärme, also daß ein Klimawandel stattfindet, gestritten wird über die Frage, wieweit der Klimawandel menschengemacht ist. Eine Klimaforschung, die sich nicht auf die letzten Generationen, nicht einmal auf wenige Jahrhunderte einschränkt, sondern weit ältere Zeiten berücksichtigt, die Paläoklimaforschung (Frenzel 1991, Behringer 2007), lehrt nun, daß sich das Erdklima schon immer, auch vor dem Auftauchen der Menschheit, verändert hat und daß die Veränderungen zum Teil sehr drastisch ausfielen. Im letzten Eiszeitzyklus, also etwa vor 120 000 bis 11 000 Jahren, stieg die Temperatur in der Zeit der sogenannten Dansgaard-Oeschger-Klimawechsel innerhalb weniger Jahrzehnte mehr als zwanzigmal sowohl ziemlich abrupt als auch sehr erheblich. Der Temperaturanstieg betrug etwa zehn Grad, also deutlich mehr als die etwa sechs Grad, die man heute für die nächsten Jahrzehnte erwartet. Noch in historischer Zeit waren die Alpen nahezu gletscherfrei. Und erstaunlicherweise ging in der Abkühlungsphase, der «kleinen Eiszeit» von etwa 1600 bis 1800 n. Chr., der Kohlendioxydgehalt der Atmosphäre nicht zurück, sondern stieg an. Aus diesen und weiteren Beobachtungen, nicht zuletzt wegen Unsicherheiten im Verständnis des gegenwärtigen Klimageschehens, ziehen Paläoklimaforscher den durchaus vor- und umsichtigen Schluß: Die Behauptung, das menschenverursachte Kohlendioxyd sei die Hauptursache für den unstrittig beobachteten Klimawandel, bedarf der Überprüfung. Damit geben sie zwar keine Entwarnung; ihre Forderung nach einer weiteren Überprüfung beläuft sich aber stillschweigend auf ein Abwarten; sie votieren für ein Moratorium.

Wieweit trägt der Einwand der Paläoklimaforscher? Wenn die Erdwärme nachweislich zunimmt und die Zunahme nachweislich unheilvolle Folgen hat, muß die Politik auch dann reagieren, wenn die Zunahme weit weniger als bisher angenommen vom Menschen verursacht ist. Sie hätte sogar dann zu reagieren, wenn ausschließlich natürliche, menschenunabhängige Ursachen vorliegen. Vorausgesetzt, daß eine Zunahme der Erdwärme den Menschen Unheil bringt, hat die Politik im Rahmen des Möglichen die Zunahme abzubremsen. Darüber hinaus hat sie sich selbst gegen die vom Menschen unabhängigen, für ihn aber unheilvollen Folgen zu wappnen.

Beides scheint nämlich so gut wie zweifelsfrei belegt zu sein: *daß* der Mensch und *wie* der Mensch der Erderwärmung entgegentreten kann. Könnte er die Erwärmung überhaupt nicht verringern, dann bräuchte er lediglich eine Vorsorge, keine Umkehr. Da er sie aber zu verringern vermag und die Verringerung nur durch Umkehr erreichen kann, hat er sich auf die Umkehr einzulassen und dabei auf alle sechs, je für sich schon anspruchsvollen Faktoren einzuwirken: (1) Der Energiebedarf, der das schädliche Kohlendioxyd freisetzt, ist einzuschränken. (2) Alternative Energiequellen sind zu stützen; wobei Wind und Sonne kaum genügen dürften. Im Weltmaßstab ist die Wasserkraft, einschließlich der Gezeitenkraft, stärker zu nutzen. Klammert man die Kernkraft einmal ein, bieten sich ferner Erdwärme-Kraftwerke und Bioenergie an; letztere darf aber die globale Nahrungsmittelversorgung nicht gefährden. (3) Die Kohlendioxyd einatmenden Wälder und die Pflanzendecke sind zu erhalten, man sollte sie sogar zu erweitern und in ihrer Vitalität zu stärken suchen. (4) Das Bevölkerungswachstum ist zu bremsen. (5) Ein Gemeinwesen darf sich nicht zu sehr von den anderen Gemeinwesen abhängig machen. (6) Schließlich braucht es als verläßliche Rahmenordnung eine globale Rechts- und Friedensordnung.

12.5 Globale Verantwortung

Wenige Menschen übernehmen diese anspruchsvollen Aufgaben spontan von allein. Überdies sprengen sie die Möglichkeiten von Einzelpersonen. Aus beiden Gründen ist die Politik gefordert. Allerdings hilft es wenig, wenn nur ein kleiner Teil der Menschheit sich der erforderlichen Umkehr unterwirft. Deutschland und die Europäische Union mögen sich wohlfühlen, wenn sie ihren CO_2-Ausstoß um 20% einschränken, obwohl der Blick auf die jüngste Vergangenheit wenig Zuversicht erlaubt. Denn zwischen den Jahren 1990 und 2004 haben die damals 15 EU-Staaten den CO_2-Ausstoß nur um 0,9% vermindert; im Widerspruch zu allen Vereinbarungen haben die meisten Staaten ihn sogar erhöht. Nur Deutschland und Großbritannien bildeten die Ausnahme, wobei der Rückgang in Deutschland zum großen Teil auf ein singuläres Ereignis, den Zusammenbruch der DDR-Industrie, zurückgeht.

Ist man trotz der schlechten Erfahrung zuversichtlich, so würde die deutsche Einschränkung um 20% die derzeitigen weltweiten CO_2-Emissionen um 0,6% verringern; und eine EU-weite Verminderung um 20% erbrächte eine weltweite Reduktion von etwa 2,5%. Daß diese Mengen kaum mehr als der sprichwörtliche Tropfen auf den heißen Stein sind, zeigt eine Modellrechnung: Bleibt die derzeitige Abgabe von Kohlendioxyd unverändert, so drohen eine

Erderwärmung um bis zu 6 Grad Celsius und ein Anstieg des Meeresspiegels um 3,7 Meter. Nehmen wir zur Vereinfachung ein proportionales Verhältnis von CO_2-Ausstoß und Erderwärmung nebst Anstieg des Meeresspiegels an. Ein deutscher Musterbeitrag würde die Erwärmung um ein Drittel eines Zehntelgrades, also von 6 Grad auf 5,967 Grad, verringern; ein europäischer Musterbeitrag würde den Anstieg um knapp eineinhalb Zehntelgrade, also auf 5,856 Grad, begrenzen. Der Meeresspiegel stiege durch Deutschlands Vorbildrolle statt auf 3 Meter 70 nur auf 3 Meter 68 und bei einer EU-Vorbildrolle lediglich auf 3 Meter 61. Angesichts dieser Zahlen muß auch der noch so «idealistische» Vorkämpfer für den Klimaschutz einräumen, daß bei aller Anerkennung von Musterländern die drohende Weltkatastrophe davon so gut wie unberührt bleibt.

Eine zukunftsfähige Demokratie unterwirft ihre Politik dem Leitkriterium des Klimaschutzes, der Nachhaltigkeit, und sorgt – wegen der bekannten Widerstände: kämpft – für strenge globale Vereinbarungen und für deren zuverlässiges Einhalten. Selbstverständlich geht sie mit gutem Beispiel voran, da sie andernfalls unglaubwürdig wäre. Wichtiger für den Klimaschutz sind aber strenge Vorschriften, die weltweit anerkannt werden. Eine zukunftsfähige Demokratie setzt sich daher auch in dieser Hinsicht für eine Weltrechtsordnung ein (Kap. 14).

13. Vision statt Utopie

13.1 Vergangenheit oder Zukunft?

Drei Gruppen von Fachleuten für Zukunftsfähigkeit sind zu unterscheiden (s. Kap. 2.2). Die erste Gruppe ist für den Sachverstand: erforderliche Kenntnisse und Fähigkeiten, zuständig; die zweite Gruppe besitzt die Macht, das vom Sachverstand Empfohlene durchzusetzen; und die dritte Gruppe verfügt über das Recht im Sinne von Befugnis. Zusätzlich zu diesen Fachleuten gibt es noch einen vierten, aber anonymen «Experten», das visionäre Element, das jetzt näher zu erläutern ist: Teils Weltbilder, teils eine Religion oder eine Weltanschauung, aber auch utopische Entwürfe einer wünschenswerten oder aber zu vermeidenden Zukunft bilden vielfach einen Hintergrund, vor dem, oder einen Rahmen, innerhalb dessen die drei bekannteren Gruppen von Zukunftsexperten ihre nähere Arbeit vornehmen. Die Hintergrundannahmen prägen den Erwartungshorizont für die Zukunft, folglich auch den Arbeitshorizont, in dem die näheren Zukunftsexperten operieren.

Für die Hintergrundannahmen gibt es zwei radikal verschiedene Arten. Die Kulturen des Alten Orients, etwa Assur, Babylonien und Alt-Israel, aber auch griechische und römische Erzählungen nennen das Optimum des Wünschenswerten «Paradies» oder «Goldenes Zeitalter» und verlegen es in den Uranfang. Das visionäre Element sieht hier grundlegend anders aus als in der europäischen Neuzeit, die, vom Gedanken des Fortschritts beseelt, auf eine bessere Zukunft hinarbeitet.

Beispiele für das Gewicht eines visionären Elements bietet die Geschichte der europäischen Neuzeit zuhauf. Deutlich hatte die Französische Revolution eine Vision vor Augen: ein Zusammenleben in Freiheit, Gleichheit und Brüderlichkeit. Auch die Russische Revolution stand im Zeichen einer wünschenswerten Zukunft, der Marxschen Variante der französischen Revolutionsideale: einer herrschaftsfreien, kommunistischen Gesellschaft. Kaum weniger deutlich war die Vision der Industriellen Revolution: die Güter dank Massenanfertigung möglichst vielen zur Verfügung zu stellen und durch wirtschaftlichen Aufschwung den Wohlstand der Gesellschaft zu mehren.

Eines ist übrigens den beiden Arten von Hintergrundannahmen gemeinsam; trotz der gegenläufigen Begründung geschieht in beiden Fällen das formal Selbe: Die Gegenwart muß sich zurücknehmen, was sich günstigenfalls auf deren Bescheidenheit beläuft. Ob an der Vergangenheit oder an der Zukunft, jedenfalls an der Nichtgegenwart gemessen, fällt die Gegenwart durch ein erhebliches Defizit auf: Es gab bessere Zeiten, oder es wird sie geben; hier und jetzt ist jedenfalls nicht die beste Zeit. In beiden Fällen droht dieselbe Gefahr, eine Depotenzierung der Gegenwart. Der Alte Orient entwertet sie im Licht einer fernen Vergangenheit, der Fortschrittsglaube unternimmt es im Licht einer mehr oder weniger nahen Zukunft.

Die Entwertung könnte zum Fatalismus der Kismet-Strategie führen: Wenn man trotz aller Anstrengungen das Wahre, das Optimum, doch nicht erreicht, kann man die Anstrengungen auch unterlassen. Beiden Hintergrundannahmen ist jedoch die fatalistische Einstellung fremd. Daß man sich nicht gehen läßt, sondern für eine möglichst gute Gegenwart und deren möglichst gute Zukunft sorgt, geschieht im Fortschrittsgedanken aufgrund des ihm immanenten Antriebs, im Alten Orient dagegen teils auf göttliche Weisung, teils aufgrund einer pragmatischen Einstellung. Obwohl es seit den sieben Ur-Weisen des Orients im Prinzip nichts Neues gibt, finden enorme Neuentwicklungen, sprich Fortschritte, statt. Von der «Ideologie» des optimalen Uranfangs läßt man sich also sein Innovationspotential nicht bremsen, womit man stillschweigend oder durch die Tat die «Ideologie» kritisiert und die angeblich optimale Schöpfung für in Wahrheit doch defizitär erklärt.

Selbst so visionsarme Gesellschaften wie die west- und nordeuropäischen Demokratien leben aus einer Vision. Auch wenn die Kritiker die genannten Gesellschaften als sinnentleert schelten, ist doch etwa folgende Vision lebendig: die Verbindung von innerem und äußerem Frieden mit Recht und Menschenrechten (einschließlich Toleranz und Sozialstaatlichkeit), mit Selbstverantwortung, aber auch mit Chancengerechtigkeit, mit der Gleichberechtigung von Mann und Frau und wirtschaftlichem, auch kulturellem Wohlergehen. Diese Vision, so zeigen die Europäische Union und eine Weltrechtsordnung (s. Kap. 14), reicht schon ziemlich weit. Vor allem konzentriert sie sich auf das, was für die Politik und das Volk wesentlich ist. Sie ist eine Vision mit universalistischem Potential. Gegen wesentlich weitergehende Visionen sollte die demokratische

Politik dagegen Zurückhaltung üben; im Namen ihrer weltanschaulichen Neutralität sollte sie Mehrforderungen sogar zurückweisen.

Wegen einer Grundeigenschaft moderner Gesellschaften, ihrer
funktionalen Differenzierung, könnte man behaupten, für Weltbilder gäbe es keinen Platz mehr. Der Theoretiker der gesellschaftlichen Differenzierung, Niklas Luhmann, hat es schon für die Moral behauptet (vgl. Luhmann 1988 und zur Kritik Höffe ³1995,
Kap. 3.1). Er hat jedoch die Möglichkeit übersehen, daß die Moral,
obwohl universalistisch, gleichwohl funktionsspezifisch gefragt
sein kann. Als Unparteilichkeit von Richtern oder als Korruptionsfreiheit der Verwaltung beispielsweise tritt sie auch tatsächlich
mit universalistischem Anspruch auf und wird zugleich funktionsspezifisch wirksam.

Ist Ähnliches für Weltbilder zu erwarten? Ein Element des angeblichen Weltbildes liberaler Demokratien, die Menschenrechte,
darf man hier nicht heranziehen. Denn von ihrem Begriff her, als
Menschenrechte, sind sie keinem Menschenbild zugeordnet; andernfalls höben sie sich als Rechte jedes Menschen jedweder Kultur
auf. Echte Weltbilder haben zwar einen thematisch umfassenden,
legitimatorisch jedoch nicht universalistischen Charakter. Diese
Grenze spielt für unsere Frage aber keine Rolle. Entscheidend ist,
daß echte Weltbilder ein weites Themenfeld abzudecken pflegen.

Die Frage lautet: Können sich Weltbilder je nach Thema funktionsspezifisch konkretisieren? Gibt es ein Weltbild, das als ein
christliches, ein islamisches oder ein sozialistisches Weltbild die
funktionalen Imperative bzw. Sachgesetzlichkeiten der einschlägigen Gesellschaftsbereiche, also der Wirtschaft, der Wissenschaft,
der Medizin und der Technik voll anerkennt und trotzdem die
Wirtschaft, die Wissenschaft, die Medizin und die Technik auf eine
andere als die übliche Art betreibt? Man darf hier skeptisch sein.
Eine weltbildbestimmte Wirtschaft und entsprechende Wissenschaft laufen nämlich Gefahr, den einschlägigen Sachgesetzlichkeiten ins Handwerk zu pfuschen. Allenfalls bei ohnehin strittigen
Fragen, etwa Grenzfragen der Biomedizin, scheinen Weltbilder, ge-

nauer: religiöse Vorstellungen, eine Rolle zu spielen. Auch sie werden aber nur dann in der Öffentlichkeit als legitime Stimme anerkannt, wenn sie zweierlei glaubhaft machen: daß sich in ihnen eine
über Jahrhunderte gereifte Weisheit des Lebens kondensiert und
daß sich in dieser Weisheit moralische Erfahrungen aussprechen,
die trotz einer partikularen Herkunft universal, für die ganze
Menschheit, bedeutungsvoll sind.

13.2 Die Vision als Alternative

Zukunftsfähige Politik agiert nicht nur mit Blick auf die nächsten
Monate, bestenfalls einige wenige Jahre. Anstatt sich sorglos und
phantasielos dem Hier und Jetzt zu beugen, sucht sie Alternativen, von der Gegenwart aus gesehen: mögliche Welten. Sie lebt aus
einem größeren Zukunftshorizont, einem Entwurf, der von heute
und morgen verschiedenen, vielleicht sogar grundverschiedenen
Lebensverhältnisse. Eine wissenschaftsgeprägte Welt mag dagegen
skeptisch sein, in Wahrheit sieht es in den Wissenschaften nicht
viel anders aus. An seiner Jahrhundertwende, dem vom 19. zum
20. Jahrhundert, hielt der damals berühmteste Mathematiker David
Hilbert eine Rede über 23 ungelöste Probleme seiner Disziplin.
Diese Rede hat die mathematische Forschung nachhaltig geprägt.
Wer eines der Hilbertschen Probleme löst, darf sich noch heute,
mehr als ein Jahrhundert später, sicher sein, daß er ins Pantheon,
den Göttertempel, der Mathematik eingeht.

Im Fall politischer Zukunftsentwürfe sind beide Grundformen gefragt, der «negative Entwurf» einer Zukunft, die die Politik
besser scheut, nämlich Schreckensbilder von Gewalt und Unterdrückung, die schlicht Empörung hervorrufen, und der positive
Entwurf einer wünschenswerten Zukunft, etwa ein Zusammenleben in Frieden, Freiheit und Gerechtigkeit.

Der positive Entwurf verdient allerdings den Vorrang. Denn wie
im persönlichen Leben, so reicht es auch für die Politik nicht aus,
sich abschreckende Verhältnisse vorzustellen; es ist besser, die wün-

schenswerten Verhältnisse auch zu kennen. Beide Seiten hängen freilich oft eng miteinander zusammen. Denn aus der abschreckenden Zukunft, beispielsweise einem fortdauernden Krieg oder Bürgerkrieg, gewinnt man auf dem Weg der bestimmten Negation die wünschenswerte Zukunft, hier: eine Ordnung des inneren und äußeren Friedens.

Gelegentlich wird jeder Zukunftsentwurf, der die gegenwärtige Ordnung kräftig übersteigt, undifferenziert und pauschal eine «Utopie» genannt. Sachgerechter ist es, nicht jeden hochfliegenden Plan für eine Utopie zu halten, vielmehr idealtypisch zwei Grundmodelle zu unterscheiden, die Utopie und die realistische Vision. Gemeinsam ist ihnen der Entwurf einer anderen Zukunft, wobei positive Entwürfe von der Hoffnung auf eine bessere, negative Entwürfe von der Angst vor einer schlechteren Zukunft motiviert sind.

Das erste Modell, die Utopie, wörtlich der Nicht-Ort bzw. das Nirgendland, schickt die Einbildungskraft auf Reisen. In Thomas Morus' titelgebender Schrift *Von der besten Staatsverfassung und der neuen Insel Utopia* (1516) geht die soziale und politische Einbildungskraft, in einem zweiten Beispiel in Francis Bacons *Neu-Atlantis* (1627) die wissenschaftliche Einbildungskraft auf Reisen (zu Bacon s. Höffe [4]2000, Kap. 4).

Um der Gefahr der politischen Schwärmerei zu entgehen, beginnt Morus' Text zwar mit einer Kritik an Englands damaligen sozialen und politischen Mißständen: an den vielen Kriegen, dem drakonischen Strafrecht, der wachsenden Steuerlast, der Verelendung des (Klein-)Bürger- und Bauernstandes und der zunehmenden Kriminalität. Zu einer Utopie wird die Schrift aber erst durch den anschließenden Entwurf eines idealen, sowohl wohlgeordneten als auch wohlhabenden Gemeinwesens.

Drei Elemente sind für diese und viele andere positive Utopien charakteristisch. Erstens werden die Verhältnisse auf eine Insel verlegt, ohne Hinweise zu geben, wie man zu ihr gelangen könne. Überträgt man diese Raumvorstellung auf die Zeitachse, so handelt es sich um eine ferne, zudem unbestimmte Zukunft. Selbst dort, wo die Autoren wie Morus mit einem Blick auf die Gegenwart beginnen, sehen sie in ihr (fast) ausschließlich das Schlechte. Die Vergangenheit und vor allem die Gegenwart werden in Mißkredit gebracht; nur die ferne Zukunft findet vor dem kritischen Blick Gnade.

Daraus folgt fast zwangsläufig das zweite Element. Utopien halten sich nicht bei einer genauen Diagnose der Gegenwart auf, um daraus mittels bestimmter Negation die Verbesserung, die Therapie, zu entwickeln. Die Utopien zeichnen eine konkurrierende Gegenwart, nämlich eine umfassende, zugleich ziemlich konkrete Gesellschafts- und Politikordnung, die von den bisherigen Verhältnissen grundverschieden ist: Aufgrund des Verständnisses von Gerechtigkeit als strenger Gleichheit haben Morus' Bewohner der neuen Insel, die Utopier, kein Privateigentum, auch brauchen sie kein Geld. Und genau deshalb soll es ideale Gesellschaftsverhältnisse geben: ein Leben in Eintracht, in dem sich jeder ernstlich um das Gemeinwohl kümmert und weder Arme noch Bettler vorkommen.

Im «genau deshalb» liegt die dritte Besonderheit. Die ziemlich konkreten Entwürfe stehen im Dienst einer normativen Leitidee. Ausdrücklich oder stillschweigend behaupten die Utopien, die entworfene Gesellschaftsordnung folge ihrer Leitidee, was den Utopien den Charakter einer Strategie verleiht. Bei Morus setzt sich die Leitidee aus den drei Momenten Eintracht, Gemeinsinn und Überwindung von Armut zusammen. Dafür soll ein einziger, aber wohlbestimmter Verzicht ausreichen, woraus sich diese dreifache Begründung der Strategie ergibt: Der Verzicht auf Privateigentum und Geld garantiere erstens Eintracht, zweitens einen Gemeinsinn, nämlich die Bereitschaft, dem Gemeinwohl zu dienen, und drittens einen so weitreichenden Wohlstand, daß es keinerlei Armut gibt.

Kaum jemand wird eines der drei Momente verwerfen. Die dreifache Leitidee überzeugt vor allem dann, wenn man die ersten zwei Momente nicht zu schlicht versteht, also weder die Eintracht auf eitel Liebe und Freundschaft verkürzt und jede Art von Wettstreit ausschließt noch den Gemeinsinn als puren Altruismus ohne einen Funken von Eigeninteresse versteht. Anders verhält es sich mit der Strategie, also den Zusammenhang des Gesellschaftsentwurfs mit der Leitidee. Alle drei die Leitidee begründenden Theoreme sind hochstrittig:

Ohne Zweifel schlägt die Institution des Eigentums, allgemeiner: die Wirtschaftsordnung, auf Fragen von Eintracht, Gemeinwohl und Armutsüberwindung durch. Zwietracht hat aber nicht nur wirtschaftliche Ursachen; in der Weltliteratur lesen wir Gegenbeispiele zuhauf: Kain tötet seinen Bruder Abel aus Eifersucht; im Nibelungenlied herrscht bei Kriemhild Rache vor. Andere von der Frage des Privateigentums abgekoppelte Ursachen liegen im Neid, in der Ehrsucht und in der Herrschsucht.

Ebensowenig wie die Eintracht hängt der Gemeinsinn lediglich von der Wirtschaftsordnung ab. Noch weniger überzeugt, daß bei fehlendem Privateigentum die Armut aussterbe. Wenn man die Armut nicht, wie heute verbreitet, vom mittleren Einkommen her bestimmt und zum Beispiel jeden, der weniger als 60% dieses Einkommens besitzt, für arm erklärt, wenn man vielmehr von den existentiellen Bedürfnissen (nach Nahrung, Kleidung, Wohnung, nach medizinischer Hilfe und elementarer Bildung) ausgeht, dann gibt es Ursachen, die die Gesellschaften mit Kollektiveigentum ebenso wie Gesellschaften mit Privateigentum treffen. Zu den vom Privateigentum unabhängigen Ursachen gehören Naturkatastrophen wie Dürreperioden, die die Nahrungsmittel überknapp werden lassen, und Erdbeben, die Nutztiere töten und Wohnungen und Vorratsräume zerstören. Man darf auch die verschiedenen Arten von sozialen Katastrophen nicht vergessen, weder die Finanzkrisen noch die (Bürger-)Kriege, die alles Wirtschaften erschweren, noch die Korruption, die teils das Wirtschaften erschwert, teils erwirtschaftete Güter und Dienstleistungen den Anspruchsberechtigten verwehrt. Wo Eintracht und Gemeinsinn herrschen, wird zwar ein Großteil der sozialen Katastrophen, aber nicht jede von ihnen unwahrscheinlich. Denn auch ein im Inneren friedliches Gemeinwesen ist von äußeren Konflikten, selbst von deren Eskalation zu Kriegen nicht frei. Noch weniger ist es gegen Naturkatastrophen gefeit.

Gegen Zukunftsentwürfe der bloßen Einbildungskraft, gegen Utopien im engeren Sinn, spricht nicht, daß ihre normativen Leitideen wie Frieden, Freiheit und Gerechtigkeit keine Zustimmung finden, obwohl deren nähere Interpretation strittig sein kann. So besteht der Frieden, wie angedeutet, nicht in purer Eintracht und die Gerechtigkeit nicht in bloßer Gleichheit, auch wenn es ohne die Gleichheit vor dem Gesetz und die Gleichheit hinsichtlich der Menschenrechte an Gerechtigkeit fehlt. Bedenklich ist auch nicht, daß man die Leitideen zwar anstreben, aber nie voll erreichen mag. Weder die kreative Phantasie spricht gegen Utopien noch die Hoffnung, daß sich die Verhältnisse nicht erst «am Ende aller Tage» und im Jenseits, sondern schon «auf Erden» verbessern könnten.

Zu kritisieren sind erst die im vollen Sinn utopischen Elemente: Utopien pflegen, wie angedeutet, über der Zukunft die Vergangenheit und die Gegenwart zu vergessen. Die Zukunft kann sich aber nur aus der Gegenwart entwickeln, die sich ihrerseits aus der Vergangenheit ergeben hat. Wenn sich wie bei Morus Utopien auf die Diagnose der Gegenwart überhaupt einlassen und nicht wie bei Bacon sogleich beim Zukunftsentwurf ansetzen, so behandeln sie die Gegenwart lediglich als ein Gegenbild, dem jede Kraft zur besseren Zukunft fehlt. Die Zukunft wird zudem so konkret ausgemalt, daß für die Unterschiede der geschichtlichen Umstände, insbesondere dem Recht auf kulturelle Eigenart, zu wenig Raum bleibt. In dieser Hinsicht fällt Marx mit dem Gedanken einer klassenlosen Gesellschaft positiv heraus, hält er sich doch klugerweise mit konkreten Aussagen zurück.

Außerdem ist die Strategie bestenfalls unzureichend zielführend. In Morus' Beispiel löst die Eigentumsfrage, wie angedeutet, nicht annähernd alle zwischenmenschlichen Schwierigkeiten. Generell pflegen Utopien zu wenig auf die komplexen Sachgesetzlichkeiten einzugehen. Aus der zweifachen Unterbewertung, der der

Gegenwart und der der Sachgesetzlichkeiten, folgt schließlich eine Fehleinschätzung der tatsächlich zielführenden Strategien.

Aus diesen Gründen werden Utopien rasch kontraproduktiv. Sie wecken Hoffnungen, sogar Erwartungen, die, allzuleicht enttäuscht, eine vorhandene Reformbereitschaft abschwächen, vielleicht sogar abtöten. Genau deshalb hat Morus mit dem letzten Teil seiner abschließenden Bemerkung recht, mit dem vorletzten Teil dagegen unrecht. Über seinen Wunsch, daß vieles von der Verfassung der Utopier in unseren Staaten eingeführt werde, sagt er einschränkend: «Allerdings muß ich das wohl mehr wünschen, als daß ich es hoffen dürfte.» Mit der Erwartung, daß man kaum einen seiner Vorschläge übernehmen wird, hat Morus recht. Da seine Strategie aber übermäßig vereinfacht ist, sollte man sie sich nicht einmal wünschen.

Morus' fehlende Hoffnung dürfte aus einer Skepsis gegen die Reformfähigkeit und Reformbereitschaft seiner Zeit resultieren, obwohl Morus die Skepsis nicht begründet. Daß sie berechtigt ist, hätte erst eine zweiteilige Überlegung gezeigt: eine Erörterung der Ursachen für die damals desolaten Verhältnisse und Belege dafür, daß es trotz der offensichtlichen Nachteile, den Kriegen, dem zu harten Strafrecht, der drückenden Steuerlast, entweder kein Interesse an Veränderung oder keine Fähigkeit dazu gibt. Wenn aber ein so hochrangiger Politiker wie der Lordkanzler Thomas Morus die Verhältnisse als schlecht beurteilt, warum sollte es dann an jedem Reformpotential fehlen?

Das zweite Grundmodell von Zukunftsentwürfen sucht derartige Schwächen zu überwinden. Auch die realistische Vision stellt sich in den Dienst großer Ziele. Sie setzt diese allerdings – erster Unterschied, eine Überwindung des Pathos durch Ethos und Logos – bescheidener an. Wenn sie sich beispielsweise für einen Frieden einsetzt, so sieht sie ihn nicht erst «utopisch» bei freundschaftlicher Eintracht gegeben. Aus Skepsis gegen gesellschaftliche und politische Idylle und wegen ihres Potentials an Kreativität bleiben bei ihr Konflikt und Wettstreit nicht etwa nur «zähneknirschend» zulässig. Sie sollten nicht lediglich ohne Betrug und Gewalt einhergehen, sondern im Rahmen von Recht und Gesetz stattfinden. Ein derartiger Friede ist nicht bloß leichter zu erreichen, er stellt auch ein vernünftiges Ziel dar. Realistische Visionen verlangen nichts Unmögliches, sondern nur, was sich tatsächlich realisieren läßt.

Zu diesem Zweck nehmen Visionen mehr Rücksicht auf Sachgesetzlichkeiten, im Fall des Friedens auf die Frage, wie er denn tatsächlich zu erreichen ist. So verbinden sie den großen Zukunftsentwurf mit einer erfahrungsgesättigten Realpolitik.

Sensibel für wechselnde geschichtliche Umstände, darüber hinaus für das Recht auf kulturelle Differenz, hält sich eine realistische Vision zusätzlich mit der Beschreibung konkreter Verhältnisse zurück. Weiterhin rechnet sie nicht mit einem neuen, von Grund auf besseren Menschen. Mit dem tatsächlich bekannten Menschen und seinem aufgeklärten Eigeninteresse zufrieden, sucht sie in den gegebenen Verhältnissen Ansätze, sie zu verbessern: Visionen blicken nicht lediglich in die Zukunft, vielmehr spüren sie ein schon in der Gegenwart verborgenes Reformpotential auf. So wie Morus' *Utopia* das Muster des ersten Modells von Zukunftsentwürfen angibt, so ist Immanuel Kants Schrift *Zum Ewigen Frieden* das Vorbild des zweiten Modells, einer realistischen Vision.

Die genannten Bedenken nehmen den Utopien nicht jedes Recht. Zur Gegenwart eine bessere, sogar weit bessere Zukunft zu entwerfen, bleibt sinnvoll. Es ist aber eher das Geschäft von literarisch interessierten Intellektuellen. Wie das Beispiel Kant zeigt, sind Philosophen aus methodischen Gründen umsichtiger. Und der Politik ist es vollends geboten, in der Wirklichkeit und aus ihr zu agieren.

An die Wünsche und Hoffnungen ihrer Wähler zurückgebunden, lieben demokratische Politiker vollmundige Versprechen. Da die Zukunft unbekannt und vor allem widerständig bleibt, ist es klüger, sich vor konkreten Festlegungen zu hüten. Das beispielsweise nach der Vereinigung Deutschlands gegebene Versprechen, daß «blühende Landschaften» entstehen, hätte man durchaus abgeben dürfen, aber besser mit zwei Bedingungen verknüpft: daß es dafür enorme Anstrengungen und ein erhebliches Quantum Zeit braucht. Sinngemäß trifft es auf weitere Versprechen zu, etwa daß der Irak rasch zu befrieden und zu demokratisieren sei. Realistische Visionen begnügen sich daher mit Rahmenaussagen und lassen deren konkrete Verleiblichung offen.

Ferner ist zu beachten, daß Visionen sich nur langsam, für ungeduldige Zeitgenossen allzu langsam in erlebbaren Verbesserungen niederschlagen. Bei der Realisierung von Visionen braucht es einen langen Atem. Schließlich darf man nicht vergessen, daß das Leben im Jetzt geführt wird. Weder im Namen einer Utopie noch dem einer Vision ist es erlaubt, die Gegenwart zu versäumen oder sie sogar der Zukunft zu opfern. Denn die heute Lebenden dürfen nicht zu Mitteln für die zukünftigen Menschen herabgewürdigt werden.

14. Eine Weltrechtsordnung

Zu pragmatisch darf man die Zukunftsaufgaben der Politik nicht verstehen. Der Versuch, die Staatsfinanzen zu sanieren, die Sozialversicherungen für die nächste Generation zu sichern und außer dem Gesundheitswesen auch das Schul- und Hochschulwesen, einschließlich Forschung und Entwicklung, zukunftsfähig zu halten, ist unverzichtbar, aber doch nur «business as usual». Von visionärer Kraft kann hier keine Rede sein.

14.1 Europa als Vorbild

Daß es auf weit mehr ankommt, zeigt die weltpolitisch gesehen erfolgreichste Nachkriegsvision, die Europäische Union. Allein die Hoffnung, die Jahrhunderte erbitterter Kriege endlich und endgültig zu überwinden und in ein friedliches Miteinander aufzuheben, lediglich diese Vision konnte die immer wieder aufflackernden

Zwistigkeiten und Rückschläge überwinden. Nur eine Vision ver-
mochte aus einem bescheidenen Anfang, dem gemeinsamen Markt
für Kohle und Stahl, der Montanunion von nur sechs Ländern, über
die Zwischenstufe der Europäischen Wirtschaftsgemeinschaft
(EWG) schließlich eine Einheit bilden, die Europäische Union (EU)
von mittlerweile 27 Staaten, die so hochattraktiv ist, daß ihr immer
noch mehr Nachbarn beitreten wollen. Nicht zuletzt wird sie von
anderen Regionen beneidet. Das Projekt Europa wird zwar gern
kritisiert, freilich mehr von innen heraus. Von außen herrscht dagegen trotz Hinweisen auf bleibende Schwächen in der Regel die
Hochschätzung vor. (Aus der reichen Literatur von Wertschätzungen nur einige neuere Beispiele: Leonard 2007, Reid 2004 und Rifkin 2008.)

Die von innen ertönende Kritik weist zu einem erheblichen Teil
in gegenläufige Richtungen. Nach Ansicht der einen wird zu viel
reguliert, andere vermissen dagegen größere Gemeinsamkeiten,
womit sich die Kritik ein wenig gegenseitig paralysiert. Daß
manches verbesserungsbedürftig ist, versteht sich. Daß aber trotz
unbestreitbarer Erfolge gelegentlich die Kritik überwiegt, geht
nicht unwesentlich auf zwei generelle Phänomene zurück, auf die
Hintergrundserfüllung und auf eine zu hohe Erwartung.

Die Hintergrundserfüllung besteht in einer zwar kaum bewuß-
ten, aber trotzdem gegebenen Ungerechtigkeit: In dem Maße, wie
die Leistungen des Friedens, der Freizügigkeit und des erheblichen
Wohlstands gesichert werden, schätzt man ihren Vorteil geringer
ein. Mancherorts kommt eine Unfaireß hinzu, die, falls gezielt,
sogar zynisch ist: Für die wirtschaftlichen, sozialen und kulturellen Verbesserungen eines Landes machen die EU-Kritiker nur ihr
eigenes Land verantwortlich, während sie Schwierigkeiten allein
der Europäischen Union anlasten. Bezeichnenderweise wurde im
Jahr 2007 das halbe Jahrhundert Europäischer Gemeinschaft, wurden die fünfzig Jahre seit der Gründung der Europäischen Wirtschaftsgemeinschaft und deren Entwicklung von sechs europäischen Staaten zu einer Europäischen Union von 27 Staaten, wurde

diese doch einzigartige Erfolgsgeschichte in der Öffentlichkeit kaum gefeiert.

Das zweite Phänomen, das der überzogenen Erwartung, ist so weit verbreitet und zugleich bekannt, daß man es fast nicht erwähnen mag. Wer von Europa eine Gemeinschaft in eitel Liebe und Freundschaft erwartet, verkennt die Aufgaben und zugleich Grenzen einer politischen Union. Schon ein einzelnes Gemeinwesen intendiert nicht, was eine Gemeinschaft von Gemeinwesen sich noch weniger vornehmen darf: eine Aufhebung von allem Streit und jeder Eifersucht. Ohnehin darf man das in jeder Konkurrenz enthaltene Potential von Wagnis, Anstrengung und Kreativität nicht unterschätzen.

Es gibt Rückschläge, gewiß. Und in Ländern, die wie Frankreich (2005), die Niederlande (2005) und Irland (2008) über die Fortentwicklung der Europäischen Union in Referenden entschieden, pflegt das Nein vorzuherrschen. Hier kommt zur Hintergrundserfüllung und der überzogenen Erwartung ein drittes Phänomen hinzu: Nichts und niemand kann die Bürger zwingen, bei einer Abstimmung über Europa lediglich auf den Wert der Europäischen Gemeinsamkeiten zu achten. Statt dessen kann die Unzufriedenheit, die über die derzeitige Lage im eigenen Land, über die Regierung oder über die «politische Klasse» vorherrscht, die bloße Europa-Frage «kontaminieren», gelegentlich sogar in den Hintergrund drängen. Auch in Abstimmungen gibt es, was man von Wahlen kennt, eine Denkzettelmentalität, die den Regierenden einen politischen Rippenstoß verpaßt.

Aus gutem Grund stellt nur eine kleine Minderheit die Europäische Union selbst und insgesamt in Frage. Denn bei einer ausgewogenen Beurteilung relativiert sich manche durchaus berechtigte Kritik. Die faire Einschätzung sieht außer den zweifellos vorhandenen Schwächen auch die außergewöhnliche Leistung. Ihretwegen verkennt die Wirklichkeit, wer Europa als Kopfgeburt, als Projekt bloß der politischen Eliten, desavouiert: In fünf Jahrzehnten ist Wirklichkeit geworden, wovon Europäer früher nur träumen konnten und viele Nichteuropäer noch heute träumen müssen: Ein Kontinent, der über Jahrhunderte von maßlosen militärischen Kämpfen gebeutelt wurde – man denke nur an den Dreißigjährigen Krieg, an Napoleons Feldzüge und an die beiden Weltkriege –, dieser Kontinent lebt in einem Frieden, der sich mehr und mehr als dauerhaft erweist.

Zu Recht sagt der Luxemburger Europa-Politiker Jean-Claude Juncker: «Wer an der Europäischen Union zweifelt, der soll einen Soldatenfriedhof besuchen.» Der Friede wird auch nicht von einer Vormacht erzwungen, sondern von den Betroffenen, den Bürgern und ihren Regierungen, getragen und vom Gegensatz zu Willkür und Gewalt, dem Recht, gestaltet. Dabei werden die kleinen Staaten nicht etwa unterdrückt; im Gegenteil haben sie, auf ihre Bevölkerungszahl bezogen, ein überproportionales Gewicht.

Zur Anerkennung von Rechtsstaatlichkeit und Demokratie kommt der Wohlstand für breite Bevölkerungsschichten hinzu; und dank einer hochentwickelten Sozialstaatlichkeit lebt man in sozialem Frieden. Europa erfreut sich überdies einer kulturellen Blüte, gestützt oder getragen von einem ebenso hohen wie breiten Bildungs- und Ausbildungsangebot und einem in vieler Hinsicht vorbildlichen Kulturleben. Außerdem genießt man, zumal unter den Jugendlichen, die Reisefreiheit und die Möglichkeit, sich in den Mitgliedsstaaten frei zu bewegen und zu arbeiten (vgl. The Gallup Organisation 2007, 12 f.). Nicht zuletzt herrscht vielerorts gegen Andersgläubige und Anderslebende ein hohes Maß an Toleranz.

Um einige Hauptleistungen bilanzierend hervorzuheben, kann man von einem sechsdimensionalen Projekt sprechen: Europa ist ein Friedens-, ein Rechts-, ein Wirtschafts- und ein Sozialprojekt; es ist weiterhin ein Kultur- und zunehmend auch ein Hochschul- und Wissenschaftsprojekt.

Die gemeinsamen teils institutionellen, teils informellen Organe Europas sind mittlerweile so zahlreich, daß man sie nur exemplarisch nennen kann. Sie reichen vom Europäischen Parlament über den Europäischen Gerichtshof bis zur Währungsunion; die Zoll-

und Paßschranken sind gefallen; und der Strauß der Kooperationen, die teils von Staatsorganen, teils von Wirtschaft, Wissenschaft und Kultur und von der Bürgergesellschaft getragen werden, läßt sich wegen seiner unvorstellbar bunten Fülle von niemandem auch nur annähernd überblicken.

Trotz der zahllosen Verbindungsglieder wahrt aber Europa seine innere Vielfalt und zieht daraus einen Großteil seiner wirtschaftlichen, kulturellen und politischen Kraft. Europa kennt eine Fülle von regionalen und kommunalen Besonderheiten, zudem eine hochentwickelte Bürgergesellschaft. Zugleich herrscht eine nie verstummende Selbstkritik und eine Offenheit für das Andere und den Anderen; von deren Intensität und Dichte sind viele Besucher überrascht. (Zur politischen Integration Europas als einem nicht nur politischen, sondern auch gesellschaftlichen und kulturellen Prozeß s. Kaelble 2007.)

Hinter dieser insgesamt doch vorbildlichen Entwicklung steht nicht etwa eine übergreifende oder überwältigende Macht. Die Europäische Union ist nicht von oben, sondern von Bürgern und Regierungen der einzelnen Staaten geschaffen worden. Und da diese Staaten demokratisch verfaßt waren, haben die Demokratien einen erstaunlichen Beweis von Zukunftsfähigkeit erbracht: Zum Zweck der skizzierten Leistungen haben sie auf einen beachtlichen Teil nationaler Macht und Souveränität verzichtet.

14.2 Ein Irokesenbund und ein Völker-Recht

Eine realistische Vision mißt sich an drei Kriterien. Sie skizziert erstens als negative Vision Gesellschaftsverhältnisse, über die sich alle Menschen empören, oder sie entwirft als positive Vision eine Gesellschaftsordnung, die wesentliche Interessen und Werte aller Menschen erfüllt. Das Ziel, die Überwindung der negativen oder das Erreichen der positiven Gesellschaftsverhältnisse, wird, zweitens, nicht schon für morgen, sondern erst für übermorgen, also für eine nicht zu nahe Zukunft, erwartet. Schließlich erscheint das

Ziel in einem zweifachen Sinn als realisierbar: Man verfügt über die Fähigkeit, das Ziel zu erreichen, und es gibt schon heute Antriebskräfte, die auf das Erreichen drängen.

Alle drei Kriterien (vertiefend in Höffe ²2002 und Höffe 2004, Kap. 11) werden von der Vision einer Weltrechtsordnung erfüllt. Eine Menschheit, die diese Vision entwirft, sie nach und nach auf den Weg bringt und trotz der zu erwartenden Rückschläge an ihr festhält, erweist sich in hohem Maß als zukunftsfähig. Ohne Zweifel wird die erste Bedingung erfüllt, da ein wesentliches Element jeder Weltrechtsordnung, ein nicht-diktierter Friede, seit langem für die Menschheit ein hohes Gut ist. Eine Weltrechtsordnung darf man nicht mit einem Weltreich gleichsetzen, das in wahrhaft globalem Maßstab errichtet, was die Assyrer, Rom oder Dschingis Khan für ihre Großräume etabliert haben. Gesucht ist nicht ein Friede, der nach einem Sieg über alle tatsächlichen oder nur vorgeblichen Feinde eintritt. Unter Ablehnung jedes von oben diktierten, nicht selten mit Unterdrückung verbundenen Friedens kommt es auf jenen rechtsstaatlichen Frieden an, der den Demokratien innenpolitisch und der der Europäischen Union sogar zwischenstaatlich gelungen ist. Im Rahmen der Friedensordnung löst eine Weltrechtsordnung globale Aufgaben wie den Klimaschutz und den Kampf gegen das organisierte Verbrechen.

Die Wirklichkeit einer Weltrechtsordnung liegt, zweitens, noch in ziemlicher Ferne. Vom Interesse an einem rechtsstaatlichen Frieden motiviert, ist die Menschheit aber, drittens, auf dem Weg, und dabei schon so erheblich fortgeschritten, daß sich die Realisierbarkeit abzeichnet.

Eine Politik, die sich für eine Weltrechtsordnung engagiert, nicht für ihre handstreichartige Einführung in einem einzigen Akt, wohl aber für die schrittweise Verwirklichung, erweist sich als zukunftsfähig. Sie stellt sich nämlich der vermutlich größten Herausforderung von heute, der Frage, wie verschiedenartige Gemeinwesen und Kulturen friedlich miteinander leben können. Die Frage zielt auf eine verläßliche Koexistenzform, weshalb es als erstes der verläßlichen Kerngrammatik des Zusammenlebens, der Rechtsform, bedarf.

Um die Warnung zu beherzigen: «What is universalism to the West, is imperialism to the rest», privilegiere man nicht die europäisch-amerikanische Rechtskultur, sondern lasse sich auf die mehrfach erwähnten drei Ebenen der interkulturellen Rechtsdiskurse ein. In der Begründung der Weltrechtsordnung, ihrer Theorie, berufen sie sich nicht auf spezifische Elemente einer einzigen Rechtskultur. In der Geschichte erinnern sie sowohl an vorneuzeitliche Muster als auch an außereuropäische Vorbilder. Und um den Kulturen ein hohes Maß an Eigenständigkeit zu belassen, plädieren sie auf der Ebene der Praxis für offene Prinzipien statt enger Regeln und für deren behutsame Verwirklichung.

Der Gedanke interkultureller Rechtsdiskurse benennt allerdings erst eine Grundrichtung, noch keinen genauen Weg. Für die nähere Durchführung des Rechtsdiskurses über eine Weltrechtsordnung empfehlen sich drei einander ergänzende und verstärkende Methoden. (Ich übergehe hier die vierte von mir vorgeschlagene Methode, die einer Minimalanthropologie.) Die erste Methode besteht in einer Hermeneutik besonderer Art. Sie sucht in verschiedenen Kulturen Rechtsinstitutionen auf und zeigt, wie und warum sie sich für ein globales Zusammenleben als tragfähig erweisen. Als besonders geeignet stellen sich zwei Beispiele heraus: ein Friedens- und Völkerbund, den vermutlich im 16. Jahrhundert fünf Irokesenstämme schließen, und das *ius gentium* des antiken Rom, ein Völker-Recht, das vor allem in einem internationalen Handelsrecht besteht.

Der Gedanke einer weltumspannenden, kosmopolitischen Ordnung ist alt. In seinen Anfängen, beim Kyniker Diogenes von Sinope (4. Jh. v. Chr.), später bei Chrysipp, dem zweiten Gründer der Stoa (3. Jh. v. Chr.), verbindet er sich freilich mit keiner Rechtsinstitution. Dieses Defizit wird im Irokesenbund durch sieben, im römischen *ius gentium* durch neun Faktoren überwunden.

Als erstes haben beide Beispiele tatsächlich den Charakter von Recht. Der Wunsch nach friedlichem Zusammenleben könnte so alt wie die Menschheit sein, aber erst in einem feierlich besiegelten Bund erhält er rechtliche Verbindlichkeit.

Diese verdankt sich nicht abgehobenen Wünschen, sondern einem drängenden Handlungsbedarf. Bei den Irokesen ist man der Kriege überdrüssig, und Rom hat den zunehmenden Handelsverkehr zwischen den Bürgern verschiedener Gemeinwesen und Kulturen zu regeln. Indem das Recht den Handlungsbedarf deckt, ist es im ursprünglichen Verständnis subsidiär: Es hilft in der Notlage, wenn die bisher zuständigen Institutionen nicht genügen.

Allerdings breitet sich das neue Recht nicht imperialistisch auf alle Rechtsgebiete aus. In weiser Bescheidenheit konzentriert es sich auf den tatsächlichen Handlungsbedarf und läßt alle anderen Rechtsbereiche unangetastet. Es tritt nicht an die Stelle alles bisher geltenden Rechtes; das neue Recht ist nur komplementär.

Rom hätte vielleicht seine Hegemonialmacht ausspielen können, vermutlich allerdings auf Kosten von einem Teil des internationalen Handelsverkehrs. Ob aus rechtsmoralischen oder wahrscheinlicher aus pragmatischen Gründen greift Rom, erneut bescheiden, auf einen Konsens, sogar doppelten Konsens zurück. Statt sich fremdem Recht zu unterwerfen oder aber das eigene Recht anderen aufzuzwingen, bedient es sich auf der theoretischen Ebene eines interkulturell gültigen Verpflichtungsgrundes. Für die Schuldverhältnisse (einschließlich Kauf, Miete und Geschäftsführung) beruft es sich beispielsweise auf jenes Gebot zum Worthalten, die *fides*, das alle Menschen unabhängig von ihrer politischen, ethnischen und religiösen Zugehörigkeit verpflichtet. Und «praktisch» greift es auf die im internationalen Markt Roms üblich gewordenen Handels- und Verkehrsbräuche zurück. Weil es bei den Irokesen anscheinend keine Hegemonialmacht gab, gehen sie ebenso konsensuell vor.

Der nächste Erfolgsfaktor, im vorangehenden Faktor schon enthalten, setzt alle Besonderheiten beiseite; er besteht in der Indifferenz gegen Differenz: Die Irokesen sind gegen ihre Unterschiede, Rom ist gegen so gut wie alle Unterschiede indifferent.

Ein Merkmal von Rom verdient eigene Erwähnung. Das römische Zivilrecht ist an sakrale Formvorschriften gebunden, trägt daher ein Moment von Sakralrecht an sich, was zwei Nachteile hat: Einmal bindet man sich exklusiv an die eigene Bürgerschaft, zum anderen werden die Verfahren unnötig kompliziert. Klugerweise koppelt sich das *ius gentium* vom Sakralrecht ab, zeichnet sich also durch eine (bei den Irokesen vermutlich fehlende) Säkularisierung aus.

Dadurch wird das Recht nicht bloß vereinfacht, sondern zugleich konzentriert man sich auf den Kern des entsprechenden Rechtsgeschäftes, in Rom: auf den Willen der Beteiligten.

Diese gelten wiederum als gleichberechtigt. Ob reich oder arm, ob Ägypter, Jude oder Römer, ob fromm oder areligiös – das *ius gentium* behandelt alle Rechtspartner gleich. Und lange vor der ersten Menschenrechtserklärung, der *Virginia Bill of Rights* (1776), erklärt der Irokesenbund alle Mitglieder als persönlich frei und in ihren Rechten gleich. Während in Europa noch Fürsten «von Gottes Gnaden» herrschen, setzen die Irokesen hinzu: «gleich, ohne eine Überlegenheit der Häuptlinge».

Weil im *ius gentium* all diese Faktoren zusammenkommen (und bei den Irokesen nur ein Faktor fehlen dürfte): außer dem Rechtscharakter die Subsidiarität und die Komplementarität; ferner die Suche nach einem sowohl theoretischen als auch praktischen Konsens, die Neutralität gegen kulturelle Besonderheiten, die Säkularisierung, die Konzentration auf das Rechtsgeschäft selber und die Gleichberechtigung der Betroffenen, geben beide, das *ius gentium* und der Irokesenbund, das Vorbild für ein Weltrecht ab, das das Zusammenleben der Kulturen aller Welt universal zustimmungsfähig regelt.

Ein weiterer Faktor tritt «globalistischen» Engführungen entgegen. Hinter dem *ius gentium* steht keine internationale, sondern eine römische Behörde: Für die Prozesse unter Fremden oder zwischen Bürgern und Fremden ist der Fremdenprätor zuständig. Dadurch wird das *ius gentium* zu einem Weltrecht, das weder von einer Weltorganisation beschlossen noch von ihr durchgesetzt wird; es ist paradoxerweise ein nationales Weltrecht.

14.3 Anerkannte Rechtsprinzipien

Die meisten der genannten Faktoren sind erst generelle Gesichtspunkte, noch keine spezifischen Grundsätze. Deren Bestimmung dient die zweite Methode, eine Topik besonderer Art. In der Schrift gleichen Namens schlägt Aristoteles die für interkulturelle Debatten überzeugende Strategie vor, für strittige Fragen bei sogenannten *endoxa* anzusetzen: bei Ansichten, die möglichst alle, zumindest aber die meisten oder aber die Fachleute teilen (*Topik* I 1). Für die Koexistenz von Kulturen empfehlen sich vier weithin anerkannte Rechtsgrundsätze:

Konflikte zwischen Menschen sollen nicht nach privater Meinung, sondern nach allseits gültigen Regeln gelöst werden: Prinzip Recht. Die Regeln dürfen nicht willkürlich sein, sollen vielmehr im Kern allen Betroffenen zugute kommen. Dies trifft auf elementare Rechtsgüter zu, allen voran auf Leib und Leben, Eigentum und die freie Entfaltung der Person, ferner auf das Recht auf religiöse, sprachliche und kulturelle Besonderheiten. Dieses Prinzip Menschenrechte erkennt eine Vielfalt von Kulturen schon innerhalb der Gemeinwesen an, und dank seiner weltanschaulichen Neutralität sorgt es für ein friedliches Zusammenleben von Staat und Religionsgemeinschaften. Da bei den Menschenrechten allgemeinmenschliche Interessen auf dem Spiel stehen (zur Legitimation s. Höffe ²1998, Kap. 3 und Höffe ²2002, Kap. 3), ersparen sie den nichtwestlichen Kulturen das Gefühl der Demütigung und erlauben, sich mit ihnen positiv zu identifizieren. Und weil nur allgemeinmenschliche Interessen zählen, kann man die Erfahrungen anderer Kulturen integrieren und ihnen die Möglichkeit einer Akkulturation bieten: Statt bei den Menschenrechten ihre Kultur aufgeben zu müssen, erlauben sie, eingewurzelte kulturelle Besonderheiten zu berücksichtigen und eine der eigenen Kultur gemäße Einverleibung zu suchen.

Da sich weder Regeln noch Rechte von allein durchsetzen, ist für ihre Anerkennung zu sorgen. Um die erneut drohende Gefahr der Privatjustiz, jetzt der privaten Gewalt, zu bannen, braucht es als unparteiischen Dritten öffentliche Gewalten, die sich unparteilich korruptionsfrei an das Recht binden: das nicht auf den modernen Nationalstaat festgelegte Prinzip Gemeinwesen oder Staatlichkeit.

Nicht überall, aber auch nicht allein in der europäischen Moderne wird das Gemeinwesen von den Betroffenen autorisiert und eingerichtet: Prinzip Demokratie.

Diese vier Grundsätze: Recht, Menschenrechte, öffentliche Gewalten und Demokratie, sind zwar nicht weltweit, aber doch weithin anerkannt. Zusammengenommen belaufen sie sich auf eine menschenrechtsverpflichtete, kurz: liberale Demokratie. Erkennt man die Prinzipien an, so hat man – geht die topische Argumentation weiter – den in ihr wohnenden Universalitätsanspruch anzuerkennen: daß Willkür und Gewalt auf allen Ebenen des Zusammenlebens aufgehoben werden sollen. Weder die Kulturen noch die Staaten dürfen sich bei ihrer Koexistenz vom Anspruch auf das Recht und dessen normative Prinzipien freisprechen. Aus diesem Grund braucht es auch auf globaler Ebene ein Recht, jetzt also ein Weltrecht und eine Weltrechtsordnung.

Im Sinne der skizzierten Erfolgsfaktoren hat die Weltrechtsordnung Rechtscharakter und ist subsidiär. Ferner ersetzt sie nicht, sondern ergänzt die in vielen Bereichen weiterhin gültigen «nationalen» oder großregionalen, etwa europäischen Gemeinwesen; sie ist komplementär bzw. föderal. Weiterhin erkennt sie konsensfähige Regeln von der Art der Menschenrechte an. Diese sind schon vom Begriff her, als Rechte der Menschen bloß weil sie Menschen sind, gegen kulturelle Besonderheiten indifferent. Die Weltrechtsordnung schließt das Recht auf Religionsfreiheit ein, koppelt aber den basalen Zivilisationsrahmen von sakralen Elementen ab: Weder begründet sie die Menschenrechte religiös noch verlangt sie, einer Religion anzuhängen oder gar die einmal übernommene oder auch nur ererbte Religion auf ewig zu bewahren. Außerdem konzentriert sie sich auf das in Frage stehende Koexistenzproblem. Schließlich basiert sie im Gegensatz zu einer Hegemonie auf Gleichberechtigung.

14.4 Konstruktive Vetos

Ein globales Recht, ein Weltrecht, wird zwar vom globalen Handlungsbedarf herausgefordert. Gleichwohl bricht es so radikal mit dem Vertrauten, daß es eine dritte Methode braucht. Für sie bietet sich die kleine, unspektakuläre Schwester von Hegels «bestimmter Negation» an: In Auseinandersetzung mit Einwänden gewinnt die Forderung nach einer Weltrechtsordnung an Plausibilität und Profil. (Aus der neueren Literatur s. Emmerich-Fritsche 2007 und Kennedy 2007.)

Nach einem *ersten Einspruch* werde der Staatlichkeit ein Exklusivrecht zugesprochen und den Alternativen, dem Markt und dem Regieren ohne Staatlichkeit («governance without government»), jede Steuerungsfähigkeit abgestritten. Die Antwort erinnert an den weiten, nicht auf den modernen Nationalstaat fixierten Staatsbegriff und macht darüber hinaus auf einen breiten Strom tatsächlicher Entwicklungen aufmerksam. Dazu gehört ein ständig wachsendes Völkerrecht, das sich auf immer mehr Rechtsgebiete ausbreitet und zusätzlich für jedes dieser Gebiete immer dichter wird. Weiterhin hat sich der weltpolitische Diskurs geändert, denn zwei Dinge werden mehr und mehr angemahnt, sogar eingefordert: die Menschenrechte und eine «good governance» genannte korruptionsfreie Rechtsstaatlichkeit. Schließlich gibt es zahllose inter- und supranationale Regelwerke und Organisationen, von denen ein erheblicher Anteil staatsähnliche Funktionen übernimmt. Es werden nämlich Regeln vorgegeben, auch sorgt man für die Einhaltung der Regeln, womit man in legislative und exekutive Aufgaben eintritt. Mancherorts gibt es sogar Schiedsinstanzen, so daß es zusätzlich Ansätze judikativer Gewalt gibt. Kurz: In jenem Netz globaler Institutionen, einschließlich globaler Bürgergesellschaft, in das der traditionelle Einzelstaat längst eingebunden ist, zeichnen sich «sanfte» Formen von Legislative, Exekutive und Jurisdiktion ab, die schon heute in die Richtung einer «sanften Weltstaatlichkeit» weisen.

Die Weiterentwicklung der Weltrechtsordnung kann diesem Pfad treu bleiben: dem Knüpfen eines immer dichteren Netzes von globaler Verantwortlichkeit, ohne daß das Netz je den Charakter einer Zentralordnung, sogar einer Zentralmacht erreichen sollte. Aus diesem Grund dürften Demokratien hier besonders zukunftsfähig sein. An die entscheidenden vier Grundsätze schon innerhalb ihres Gemeinwesens gebunden, fällt es ihnen nicht allzu schwer, die Grundsätze, also das Recht, die Menschenrechte, die öffentlichen Gewalten und die Demokratie, auch zwischen den Gemeinwesen anzuerkennen.

Man kann hier Europa zum Vorbild heranziehen: Die Europäische Union hat die nationale Politik nicht zu Vollzugsorganen der europäischen Vorgaben degradiert. Das darin liegende Prinzip der Subsidiarität ist von einer Weltrechtsordnung noch stärker zu praktizieren. Statt alle Regelwerke und alle Macht in einer Weltrechtsordnung zu bündeln, verbleiben sowohl beim Völkerrecht als auch bei völkerrechtlichen Gremien, ferner bei großregionalen Zusammenschlüssen wie der Europäischen Union, nicht zuletzt bei den Einzelstaaten wichtige Befugnisse. Schon die europäische Union wohnt bekanntlich an verschiedenen Orten, die Europäische Kommission in Brüssel, das Europäische Parlament in Straßburg und der Europäische Gerichtshof in Luxemburg. Ähnlich wird die Weltrechtsordnung geographisch an verschiedenen, wegen ihrer größeren Reichweite sogar an noch mehr Orten residieren.

Nach einem *zweiten* Einspruch setze eine globale Rechtsordnung die politische Errungenschaft der Neuzeit, die Menschenrechte, aufs Spiel. Denn bisher vermöge nur der Einzelstaat diese Rechte zu gewährleisten. Dieser Einwand ist nicht falsch, aber nur zu einem Drittel wahr: Im Westen werden die Menschenrechte zwar vornehmlich von den Einzelstaaten geschützt. Der Westen hat aber, so das zweite Drittel der Wahrheit, die Rechte zunächst einmal gefährdet: Frankreich verfolgt die Hugenotten; die USA werden mangels britischer Religionstoleranz gegründet; im selben Staat gehen die meisten Indianerkulturen zugrunde und die Sklaverei bleibt bis weit über die Mitte des 19. Jahrhunderts erlaubt. Das letzte Drittel der Wahrheit erklärt: Wo die Menschenrechte schon geschützt werden, teils innerstaatlich, teils durch Menschenrechtskonventionen nach europäischem Vorbild, dort gibt es die von Rom bekannte erste Stufe von Weltrecht, ein Kernrecht, das den verschiedenen Konfessionen und Religionen, gegebenenfalls auch Sprachen und Ethnien, kurz: den unterschiedlichen Kulturen, mit Hilfe der Menschenrechte eine friedliche Koexistenz erlaubt. Trotzdem wird es «national» durchgesetzt, so daß die Weltrechtsordnung nicht einzugreifen braucht.

Auch der zweite Einspruch besitzt also nicht die Kraft eines absoluten, wohl aber die eines konstruktiven Vetos: Weiterhin für die grundlegende Rechtssicherung verantwortlich, gebührt den Einzelstaaten der Rang von Erst- oder Primärstaaten, während der Weltrechtsordnung lediglich eine Sekundärstaatlichkeit, im Fall großregionaler Zwischenstufen wie der Europäischen Union nur eine Tertiärstaatlichkeit zukommt. Ohnehin verfügen Staaten, die sich auf Menschenrechte und Volkssouveränität verpflichten, über eine Legitimität, an der es den meisten Konkurrenten, auch den vielgerühmten internationalen Nichtregierungsorganisationen, mangelt.

Nach einem *dritten Einspruch* setzt eine weltweite Rechtsordnung als gegeben voraus, was tatsächlich fehle: ein allen Menschen gemeinsames Rechtsempfinden, ein Weltrechtsbewußtsein. Daß es schon im Westen an Gemeinsamkeit mangelt, läßt sich leicht belegen. Über den Unterschieden darf man aber die zahlreichen globalen Gemeinsamkeiten nicht übersehen: Die Gebote der Gleichheit und der Unparteilichkeit sind zumindest in der Rechtsanwendung weltweit anerkannt. Dasselbe gilt für Verfahrensregeln von der Art «man höre auch die andere Seite» oder für die Unschuldsvermutung. In so gut wie allen Rechtsordnungen werden auch dieselben Grund-Rechtsgüter geschützt: Leib und Leben, Eigentum und Ehre; ebenso sind allerorten Brandstiftung, Maß-, Gewichts- und Urkundenfälschung strafbar. Die Menschenrechtsverträge der Vereinten Nationalen belegen noch weit mehr Gemeinsamkeiten, so daß es «nur» an der Bereitschaft fehlt, die Gemeinsamkeiten unparteilich und wirksam durchzusetzen. Infolgedessen fällt hier das konstruktive Veto fast banal aus: Das Weltrechtsbewußtsein braucht zwar noch Zeit, um sich voll zu entfalten. Die schon heute bestehenden Gemeinsamkeiten sind aber so groß, daß sie Weltge- richte ermöglichen: den Internationalen Gerichtshof, das Interna- tionale Seegericht und das Weltstrafgericht.

Ziehen wir Bilanz: Ein Weltrecht, das wegen des universalen Rechts- und Demokratiegebotes rechtsmoralisch geboten ist, ist auf drei Ebenen einzurichten, die eine zukunftsfähige Demokratie alle- samt befördert: als ein «nationales Weltrecht», das die Menschen- rechte innerstaatlich anerkennt, als ein «internationales Weltrecht» in Form von zwischenstaatlichen Vereinbarungen und eines Völ- kerrechts und als eine subsidiäre, komplementäre und föderale Weltrechtsordnung. Auf der dritten und letzten Ebene sind alle Menschen Weltbürger, aber im komplementären, nicht exklusiven Verständnis: Das Weltbürgerrecht löst das auch demokratietheo- retisch primäre «nationale» Bürgerrecht nicht ab, tritt vielmehr er- gänzend hinzu.

Teil III
Zukunftsfähigkeit

In der Hand des Menschen allein liegt die Zukunft gewiß nicht. Weder kann er sie genau vorhersagen noch sie gar nach den eigenen Plänen durchgestalten. Da also eine Herrschaft über die Zukunft die Kräfte des Menschen generell übersteigt, darf man dies von der Politik nicht einfordern. Ohnehin ist die ihr verbleibende Zukunftsverantwortung groß. Das weite Feld der Verantwortungen hat Teil I schon abgesteckt, und Teil II hat elementare Zukunftsstrategien vorgestellt. Jetzt bleibt zu prüfen, inwieweit eine Demokratie diese Strategien aufzugreifen vermag: Kann sie unheilvolle Entwicklungen rechtzeitig erkennen und sich gegen sie wirksam wehren, günstige Entwicklungen dagegen stärken, wo sie aber fehlen, ins Rollen bringen?

Um die Zukunftsfähigkeit der Demokratie sachgerecht einzuschätzen, beginnen wir mit einer Komplikation, dem Konflikt der Zukunftsaufgaben untereinander (*Kapitel 15*). Danach lernen wir die Antriebskräfte der Politik kennen (*Kapitel 16*) und untersuchen die drei Ordnungskräfte moderner Demokratien. Anschließend untersuchen wir den Markt (*Kapitel 17*), den Sachverstand (*Kapitel 18*) und am Ende die Demokratie selbst (*Kapitel 19*).

15. Zukunft im Konflikt

15.1 Drängen oder Verdrängen?

Auch innerhalb der Weltrechtsordnung bleibt der Einzelstaat die basale politische Instanz. Unter den Bedrohungen seiner Zukunftsfähigkeit ragt eine Art von kollektiver Willensschwäche hervor, die am Beispiel der Staatsverschuldung besonders deutlich wird. Selbst wo man ihre Zunahme bremst, hat sie vielerorts ein Maß erreicht, das die Möglichkeit öffentlicher Investitionen, mittlerweile sogar die öffentlichen Dienstleistungen schrumpfen läßt. Fehlt es an Finanzmitteln, so drängt sich jene mehr symbolische Politik in den Vordergrund, die über zwar modische, aber politisch sekundäre Themen debattiert, was wegen des baldigen Versandens dieser Debatten neue «Ablenkungsdebatten» erfordert. Daraus folgt eine Hektik der politischen Diskussion, die die Kultur sorgfältiger Debatten aushöhlt. Nur wenig zugespitzt: Man redet viel und bewegt wenig. Hinzu kommt die Gefahr, daß man sich auf Gesetzes-, sogar Verfassungsänderungen und ebenso auf damit verbundene Strukturreformen einläßt, die, weil übereilt, zu wenig auf die Folgen und Nebenfolgen achten, so daß man nach kurzer Zeit erneut reformieren muß.

Einer Kritik an der enormen Staatsverschuldung könnte man entgegenhalten, die Tragweite des Themas habe man erst spät erkennen können. In Wahrheit ist die Staatsverschuldung in einem längeren Prozeß gewachsen, in dessen Verlauf gemahnt, sogar gewarnt wurde. Die kritischen Stimmen (schon Smith 1776/1974, 803, Ricardo 1820/1951; Friedman 1970) – darf man sie prophetisch nennen? – wurden aber überhört. Das Überhören könnte man zwar mit der beliebten Generalentschuldigung erklären, die Zeit sei noch nicht reif gewesen. Zwei Eigenarten der damaligen Zeit schwächen aber die Kraft der Entschuldigung ab.

Die erste politische Eigenart: In der betreffenden Zeit, etwa den 1970er und frühen 1980er Jahren, gewann der Umweltschutz den Rang einer Staatsaufgabe (vgl. Höffe 1981, Kap. 7). Zu dessen wichtigsten Legitimationsgründen gehörte ein Gesichtspunkt, der gegen eine wachsende Staatsverschuldung Einspruch erhebt: die Gerechtigkeit gegen künftige Generationen. Ein Kriterium, das in der Umweltdebatte zu Recht floriert, die Nachhaltigkeit, ist nämlich für den Staatshaushalt nicht minder geboten.

Man könnte zwar immer noch einwenden, die mangelnde Aufmerksamkeit sei ein blinder, aber verzeihlicher Fleck. Im Jahr 1971 entstand aber, so die zweite, jetzt theoriepolitische Eigenart, eine *Theorie der Gerechtigkeit*, die schon wenige Jahre später auf Deutsch erschien und rasch eine außergewöhnliche Beachtung fand. Der Autor, John Rawls, hält das «Problem der Gerechtigkeit zwischen den Generationen» (§ 44) für eine ernste Bewährungs-probe jeder ethischen Theorie, weshalb er aus Gerechtigkeitsgrün-den von jeder Generation verlangt, nicht nur die Errungenschaften der Kultur und Zivilisation und die erreichten gerechten Institutio-nen zu bewahren, sondern «stets auch eine angemessene Kapitalak-kumulation zu betreiben». Auch wenn die genaue Sparrate schwer festzulegen ist, dürfte eine Staatsverschuldung, deren Schuldzinsen etwa 15% der öffentlichen Haushalte verschlingt, den gerechten Spargrundsatz offensichtlich verletzen.

Die Politik beweist Zukunftsfähigkeit, wenn sie die wichtigen Aufgaben ihres Gemeinwesens rechtzeitig wahrnimmt und in allen drei Phasen eine Führungsrolle ausübt: zunächst in der öffentlichen Debatte, sodann in der Suche nach wirksamen Lösungen und schließlich in der Entscheidung. Zukunftsunfähig ist sie dagegen, wenn sie wichtige Aufgaben verkennt, verdrängt oder «aussitzt». Die Alternative heißt jedenfalls: «Drängen oder Verdrängen». Den Gruppen, die sich damals als politische Speerspitzen verstanden, den ökologischen Bürgerinitiativen, aber auch den intellektuellen Wortführern und den meinungsbildenden Medien, kann man daher den Vorwurf «Versagen durch Verdrängen» nicht ersparen. Statt das selbst anerkannte Kriterium, die Nachhaltigkeit, auf ein so wichtiges Feld wie die Finanzierbarkeit von Zukunftsaufgaben anzuwenden, trieben sie mit manchen Forderungen die Staatsver-schuldung kräftig voran.

Weitere Beispiele bekräftigen das Gewicht der Alternative «Drängen oder Verdrängen»: Im April und Mai des Jahres 2005 stand jener EU-Verfassungsvertrag zur entscheidenden Diskussion, der kurz darauf unter anderem wegen der ablehnenden Volksab-stimmung in Frankreich und den Niederlanden scheiterte. Statt diesen für die Zukunft des Landes wichtigen Vertrag in der Öffent-lichkeit intensiv zu diskutieren, haben sich die deutschen Medien lieber an das «Kriegsende vor 60 Jahren» erinnert; und im Bundes-tag wurde der Vertrag rasch «durchgewinkt». Wäre der Vertrag für

Deutschland ziemlich folgenlos, so könnte man dieses Verhalten verstehen. Tatsächlich verändert er aber die verfassungsrechtlichen Grundlagen der Europäischen Union, zumindest deren formale Seite, womit nationale Interessen auf dem Spiel stehen, genauer die Funktionsfähigkeit und politische Bedeutung von nationalen Verfassungsinstitutionen wie dem Bundesverfassungsgericht und den einzelstaatlichen Parlamenten.

Ein weiteres Beispiel bietet die demographische Entwicklung. Früher entsprach der Altersaufbau der Bevölkerung einer Pyramide mit einer breiten Schicht junger Menschen und wenigen Älteren. Heute herrscht vielerorts in der Welt ein Trapez vor, in dem die älteren Menschen stärker als die jungen und am stärksten die 50- bis 60jährigen vertreten sind. Dabei findet beides zugleich statt: eine «Überalterung», aber in Anführungszeichen gesetzt, da viele Menschen länger körperlich und geistig fit bleiben, und eine Unterjüngung, denn es fehlt an Kindern und an Jugendlichen. (Auf die «demographische Rendite», dem Freiwerden der andernfalls für Schulen und Kindergärten auszugebenden Mittel, braucht man hier nicht einzugehen.)

Nun gehört die Bevölkerungsentwicklung zu den bestens vorhersehbaren Phänomenen. Man kennt nämlich die Zahl der Geburten, kennt ziemlich genau die Lebenserwartung sowohl der Neugeborenen als auch beispielsweise der Zehn- und der Zwanzigjährigen, so daß der Altersaufbau, der in 10, in 20, in 30 Jahren usw. gegeben sein wird, sich sehr gut vorhersehen läßt. Die Zahl der Auswanderer und die der Zuwanderer sind zwar schwer vorherzusehen; sie fallen aber nicht so stark ins Gewicht, daß sie den Altersaufbau erheblich veränderten. Einflußreicher ist die veränderte Zusammensetzung der Schulklassen, vor allem der Grundschule: Da viele Zuwanderer die hiesige Schul-, Umgangs- und Amtssprache nicht sprechen, müssen sie sie lernen, was in den Schulen das Lerntempo in vielen Fächern verringert. Veränderungen in der Schulsituation sind zwar nicht so langfristig vorhersehbar wie die des Altersaufbaus, mittelfristig sind sie es aber doch.

Auf beide, den veränderten Altersaufbau und die neue Zusammensetzung der Schulklassen, trifft das für die Staatsverschuldung Gesagte ebenfalls zu: Es gab frühe Warnungen, die aber verdrängt wurden; gelegentlich machte man sich über sie sogar lustig. Der veränderte Altersaufbau schränkt zwar im Gegensatz zur Staatsverschuldung die Zukunftsfähigkeit nicht notwendigerweise ein. Das, was für die Älteren attraktiv ist, deckt sich allerdings nicht mit dem, was für die Gesellschaft insgesamt empfehlenswert ist. Der andersartige Altersaufbau stellt jedenfalls neue Aufgaben, die die Politik glücklicherweise inzwischen wahrnimmt (vgl. Kocka u. a. 2009a).

Die «Kunst» des Verdrängens geht sogar so weit, daß ein geteiltes Land nicht nur in der Präambel seiner Verfassung von der «Einheit und Freiheit Deutschlands» spricht, sondern auch ein gesamtdeutsches Ministerium einrichtet. Trotzdem leistet es für die Vereinigung keinerlei, weder politische noch administrative Vorarbeit. Die Politik mußte daher die Vereinigung «im Blindflug» ansteuern; und die danach gegründete Treuhandanstalt hatte aus dem Stegreif zu arbeiten:

Seitens der wechselnden Regierungen, aber auch der wohletablierten DDR-Forschung wäre erforderlich gewesen, was im Militär «Generalstabsarbeit» heißt: die Vorbereitung auf unterschiedliche Eventualitäten, die Ausarbeitung von Plänen selbst für wenig wahrscheinliche politische Szenarien. Statt dessen hat man sogar deutliche Vorzeichen verdrängt, etwa die Rostlöcher im Eisernen Vorhang. Es brauchte keine Spionage, um festzustellen, daß die Duldungsbereitschaft der DDR-Bevölkerung stark gesunken und daß ihr Staat trotz der finanziellen Unterstützung seitens der Bundesrepublik (etwa in Form des «Frei»kaufens von Gefangenen) finanziell so gut wie bankrott war (dazu Schroeder 1998, 191, 269–274 und 306–310).

Ähnliches ist gegenüber dem Zerfall von Jugoslawien zu sagen: Schon der aufmerksame Besucher konnte tiefgreifende Spannungen zwischen den Landesteilen wahrnehmen. Auch ohne profunde Geschichtskenntnisse ließ sich feststellen, daß das nach Ende des Ersten Weltkrieges geschaffene Königreich Serbien-Kroatien-Slowenien (später Königreich Jugoslawien, danach Titos Föderative Republik) ein Kunstprodukt war. Trotz Titos «fester Hand» machten sich schon in seiner Zeit desintegrative Kräfte breit, die nach Titos Tod sich vorhersehbar verstärkten. Dennoch wurden die Siegermächte des Zweiten Weltkrieges vom eruptiven Zerfall Jugoslawiens hochüberrascht.

Selbst ein nur oberflächlicher Blick auf das Thema «Drängen oder Verdrängen» hat noch ein weiteres Beispiel anzuführen. Dem regenreichen Mitteleuropa ist die im Weltmaßstab schon heute bestehende, in Zukunft noch zunehmende Wasserknappheit allerdings fremd. Während man in Mitteleuropa allenfalls die Situation kennt, daß man die Gärten nicht mehr wässern und die Autos nicht mehr waschen darf, wird in anderen Ländern nicht erst dieses «Komfortwasser», sondern das lebenswichtige Trinkwasser knapp. Trotzdem wird dieses Problem, im Weltmaßstab betrachtet, noch wenig wahrgenommen: Statt zu drängen, herrscht erneut das Verdrängen vor. Hat die Menschheit ein Recht auf Leichtsinn?

15.2 Zielkonflikte

Wegen der Fülle von Aufgaben drohen der Politik selbst nur bei einer Rahmenverantwortung Zielkonflikte. Beispiele gibt es zuhauf, etwa: Wer verdient im Konfliktfall den Vorrang, die Pressefreiheit oder der Persönlichkeits-, insbesondere der Kinderschutz? Oder: die Bekämpfung des organisierten Verbrechens oder der Datenschutz? Betrachten wir etwas genauer den möglichen Konflikt zwischen den vier Aufgaben Klimaschutz, Energiesicherheit, volkswirtschaftliches Wohl und Armutsbekämpfung.

Der liebenswürdige, aber oberflächliche Blick sieht keinen Konflikt, sondern bloß wechselseitige Unterstützung: Der Klimaschutz verlangt nach einer Schadstoffverminderung. Weil diese teils durch Nutzung alternativer Energien wie Windkraft, Solar- und Bioenergie, teils durch Energiesparen erfolgt, steigt die Energiesicherheit. Daß es dafür technische Innovationen und deren wirtschaftliche Umsetzung braucht, kommt nicht nur der Wissensgesellschaft, sondern auch der Volkswirtschaft zugute, die daher über mehr Mittel zur Armutsbekämpfung verfügt. Gemessen an den Umsätzen, an den Arbeitsplätzen und den Kursgewinnen gelten beispielsweise deutsche Windkraft-, Solar- und Biogasunternehmen derzeit als führend in der Welt, woraus die politische Devise folgt: Umweltschutz zahlt sich doppelt aus, durch höhere Umweltqualität und durch Stärkung der heimischen Wirtschaft.

Der genaue Blick sieht eine weniger glückliche Zielkonstellation. Wer mit dem Ziel der Energiesicherheit beginnt und sich auf Deutschland konzentriert, findet sich erneut mit der Alternative «Drängen oder Verdrängen» konfrontiert. Was von beiden vorherrscht, läßt sich aber nicht leicht entscheiden.

Zugunsten der Diagnose «Drängen» spricht die schon des längeren erhobene Forderung, Energie zu sparen, verbunden mit der Triplestrategie VGA, nämlich durch *Verbote*, durch *Gebote* und durch *Anreize* der Forderung Nachdruck zu verleihen. Hinzu kommt die massive Förderung alternativer Energien, der Sonnen- und der Windenergie, der Erdwärme und der Biokraftstoffe, nicht zuletzt einer wohlvertrauten erneuerbaren Energie, der Wasserkraft. Trotzdem darf man nicht optimistisch sein. Nach dem Statusbericht «Energieversorgung für Deutschland» (2006) trugen im Jahr 2005 die erneuerbaren Energien mit rund 6,4 % zum gesamten Energieverbrauch bei. Selbst wenn der Anteil in den nächsten zwei Jahrzehnten auf gut das Dreifache, nämlich auf 20 %, steigt, droht durch den Abbau der Kernkraftenergie ein Fehlbetrag, der sich durch Energiesparen schwerlich «decken» läßt.

Von einer Reihe weiterer Schwierigkeiten besteht die erste in einer verdeckten Unehrlichkeit: Deutschland bezieht von Nachbarstaaten Strom aus Kernkraftwerken. Es bedient sich also nicht bloß des geächteten Atomstroms, zusätzlich macht sich das Land von Sicherheitsvorkehrungen abhängig, die es selber nicht kontrolliert. Statt dessen verlangt es im eigenen Land ein Niveau von Reaktorsicherheit, das es bei den grenznahen Atomkraftwerken der Nachbarn – noch – nicht einfordert.

Das Problem verschärft sich, weil die deutsche Regierung der Atomforschung jede Förderung sperrt, was deutschen Ingenieuren die Möglichkeit erschwert, durch eine Verbesserung ihres Knowhows die Sicherheit von Atomkraftwerken zu erhöhen. Vielleicht sollte von der Mineralölsteuer, die publikumswirksam «Ökosteuer» heißt, generell ein erheblicher Teil der Energieforschung zugute kommen, allerdings deren verschiedenen Bereichen. Denn wo man am Ende die beste Öko-Energiebilanz, also eine schadstoffarme und nachhaltig wirksame Energie erhält, kann man heute nicht annähernd genau wissen.

Weil das folgende Thema politisch umstritten ist, sei es nur in Klammern erwähnt: Bislang gehören die von der deutschen Industrie hergestellten Atomkraftwerke zu den nach Sicherheit und Energieeffizienz besten Anlagen der Welt. Mittlerweile geht nicht bloß ein zunehmend kostbareres Gut, hochqualifizierte Arbeitsplätze, in erheblicher Anzahl verloren. Da vielerorts in der Welt ohnehin neue Atomkraftwerke gebaut werden, trüge der Bau von Atomkraftwerken, die im höheren Maß sicher und effizient sind, zur globalen Energiesicherheit bei.

Mehr als nur in Klammern ist daran zu erinnern, daß die mit Abstand wirkungsvollste und kostengünstigste klimapolitische Maßnahme in längeren Laufzeiten der Kernkraftwerke besteht, weshalb der in Deutschland geplante Ausstieg aus der Kernenergie in der Welt keine Nachahmer findet. Im Gegenteil nehmen skandinavische Länder ihre früheren Entscheidungen, aus der Kernkraft auszusteigen, wieder zurück.

Man darf auch nicht vergessen, daß Deutschland wegen seines Bedarfs an Erdöl und Erdgas von fremden Ländern abhängt, die in Konfliktfällen zunächst den Eigenbedarf decken und die im Fall (noch) wenig demokratischer Länder wie Rußland ihre Energiemacht nicht nur wirtschaftlich, sondern auch politisch ausspielen.

So wird ein Land mehr oder weniger subtil erpreßbar, da es sich beispielsweise in der berechtigten Kritik an autokratischen Entwicklungen lieber zurückhält. Durch eine geringere Abhängigkeit von Fremdenergie wäre man dagegen fähig, Nachbarn in Osteuropa, die schon jetzt unverhohlen erpreßt werden, vorübergehend auszuhelfen. Wer in hohem Maße von Fremdenergie abhängt, darf sich jedenfalls in der Energiesicherheit nicht für hoch zukunftsfähig erklären.

Schließlich ist bei zwei Alternativen, dem Elektro-Auto und dem Biokraftstoff, eine Euphorie zu dämpfen. Bei oberflächlicher Betrachtung erscheint das Elektro-Auto als umweltfreundlich, da es beim Fahren weniger Kohlendioxyd ausstößt. Bei der Herstellung wird aber im Vergleich zu den Benzin- und Diesel-Fahrzeugen so viel mehr an CO_2 freigesetzt, daß die Öko-Gesamtbilanz für das Elektro-Auto negativ ausfällt. Bei der zweiten Alternative klingt das Schlagwort «Kornkraft statt Kernkraft» zwar biologisch, also «grün». Infolgedessen gewinnt die Lobby für Anbau und Nutzung der in «Feld und Wald» nachwachsenden Rohstoffe an Gewicht. Zweifellos ist es auch in einem gewissen Ausmaß sinnvoll, die Energie aus Biomasse statt aus Öl und Gas zu gewinnen. Einerseits könnte nämlich ein Teil – Optimisten behaupten «bis zu 16%», andere rechnen mit maximal zehn Prozent der in Deutschland gebrauchten Primärenergie – gedeckt werden, wenn man Stroh, Gülle und andere Reststoffe verwertete und zusätzlich auf einem Drittel der Äcker Energiepflanzen anbaute. Andererseits ist Bioenergie wegen geringer Emissionen klimafreundlicher.

Die ökologische Bilanz fällt nicht annähernd so günstig aus, wie Optimisten annehmen. Schon jetzt zeichnet sich ab, daß bei steigendem Weltmarktpreis für das Öl auch der Preis für Brotweizen steigt; und die daraus folgende Verteuerung der Grundnahrungsmittel trifft vor allem die Gruppe, denen die reichen Länder helfen wollen: die Ärmsten. Hinzu kommt, daß man eine andere weltweit knappe Ressource, das Wasser, in einem derart hohen Ausmaß benötigt, daß man in wasserarmen Regionen von einem «ökologi-

schen Wahnsinn» redet. Selbst in wasserreichen Ländern wie
Deutschland dürfte die zur Bewirtschaftung, nämlich zum Gewinnen, Bevorraten und Transportieren des Wassers benötigte Energie
eine negative Energiebilanz schaffen. Sobald die Bioenergie gute
Einkommen erbringt, ist sogar ein ökologisches Verhängnis zu befürchten: daß man die Wälder und Naturschutzgebiete, statt sie
auszuweiten, dem Energiehunger opfert. Nimmt man die drei Faktoren zusammen, die Verteuerung der Grundnahrungsmittel, den
enormen Wasserverbrauch und das fortschreitende Abholzen der
Regenwälder, so ist die kaum überspitzte Polemik erlaubt: Milliarden Menschen in den Entwicklungsländern zahlen einen hohen
Preis dafür, daß Millionen Autofahrer in Nordamerika und Europa
ihr grünes Gewissen streicheln.

Noch bedrohlicher sieht die Energiesituation im Weltmaßstab
aus: Zur Zeit hat etwa ein Viertel der Weltbevölkerung keinen Zugang zu Elektrizität. Da sie im Zuge der Armutsbekämpfung den
Zugang erhalten werden, zunächst den Zugang für Heizungen,
später für Kühlschränke und weitere Küchenmaschinen sowie für
Radio und Fernsehen, wieder später für Computer und Musikan-
lagen, wird der Weltstrombedarf und dessen Klimabelastung noch
enorm steigen.

Nimmt man diese Schwierigkeiten zusammen, so sind in beiden
Hinsichten Zweifel erlaubt. Einerseits darf man schwerlich behaupten, die Frage der Energiesicherheit werde nicht mehr verdrängt,
sondern im angedeuteten Facettenreichtum schon als drängend behandelt. Andererseits lassen sich die Zielkonflikte in der Zukunftsbewältigung nicht leugnen. Wegen der unterschiedlichen Konflikte
und ihrer strukturellen Komplexität kann es für die Zukunftsbewältigung zwar keine Rezepte geben, wohl aber *einen* Gesichtspunkt: Man löst die Zielkonflikte nicht, indem man einige Ziele
ausblendet oder deren Schwierigkeiten verdrängt. Beide, sowohl
einseitig interessenorientierte als auch moralische Forderungen
ohne einen Blick in die komplexe Realität, sind nicht gut gemeint,
sondern schlecht durchdacht – und häufig nicht ganz ehrlich.

15.3 Großrisiken

Am 26. April 1986, um 1.23 Uhr prüft man in einem laufenden Kernreaktor, was bei Stromausfall geschieht. Knapp eine Minute später weiß man Bescheid: Der Kernreaktor Tschernobyl Block 4 explodiert und schleudert die Radioaktivitätsmenge von etwa 400 Hiroshima-Bomben in die Atmosphäre. Dieser Reaktorunfall dürfte die bislang größte technische Katastrophe der Menschheit gewesen sein. Ob er auch die überhaupt größte Katastrophe war, schlimmer als schwere Erd- und Wasserbeben, weiß man nicht, da man die langfristigen Folgeerscheinungen von Tschernobyl nicht kennt. Daß in gewissen Landstrichen Erdbeben drohen, ist der betreffenden Bevölkerung ebenso bekannt wie das (andersartige) Gefahrenpotential eines Kernreaktors. Die drohende Gefahr, multipliziert mit der Wahrscheinlichkeit, daß die Gefahr eintritt, soll Risiko heißen. Droht ein immenser Schaden, so liegt ein Großrisiko vor, was auch auf die Addition von Risiken zutrifft. In beiden Fällen, beim singulären und beim additiven Großrisiko, drängt sich die Frage auf: Wie geht eine Gesellschaft am besten damit um?

Beim Reaktorunfall mag man sagen, auf Großrisiken lasse man sich erst gar nicht ein. Dasselbe Kriterium verböte allerdings auch, erdbebengefährdete Landstriche zu besiedeln, sie schon gar nicht mit Großstädten wie San Francisco zu überbauen. Auch dürfte man weder die hohe Staatsverschuldung noch die Langzeitarbeitslosigkeit aufkommen lassen und den dramatischen Geburtenrückgang und die zu schwache Integration gewisser Einwanderergruppen hinnehmen. Oder ist die vor einer Generation vom Soziologen Ulrich Beck ([17]2003) aufgestellte Diagnose der «Risikogesellschaft» richtig: daß in hoch entwickelten Industriegesellschaften ein Bündel von teils technischen, teils ökonomischen und sozialen, teils auch politischen Risiken auftaucht, das die Steuerungs- und Kontrollfähigkeit eines Staates nicht etwa vorübergehend, sondern grundsätzlich überfordert?

Wer Antibiotika verschreibt, wo Aspirin ausreicht, ist nicht
der bessere Arzt. Aus diesem Grund fragen wir zurück, halten aber
vorab zwei Dinge fest. Das eine besteht in der Begriffsklärung:
Unter «Gefahr» versteht man den drohenden Schaden und unter
«Risiko», wie gesagt, das Produkt aus der Höhe des Schadens mit
der Wahrscheinlichkeit, mit der der Schaden eintritt. Zweitens
gibt es einen Gegenbegriff, den die Berufspessimisten lieber unterschlagen, während die Berufsoptimisten ihn allein berücksichtigen.
Es ist die «Chance», also die Höhe eines Vorteils oder Gewinnes,
multipliziert mit der Wahrscheinlichkeit, daß er eintritt.

Festzuhalten ist auch, daß die moderne Zivilisation aufgrund
ihrer Dynamik sowohl Vor- als auch Nachteile birgt. Von ihnen
kennt man oft weder das Ausmaß noch die Wahrscheinlichkeit des
Eintreffens, manchmal nicht einmal die Art des Zu-Erwartenden.
Vor allem pflegen sowohl wissenschaftlich-technische als auch wirt-
schaftlich-gesellschaftliche Neuerungen Nebenfolgen zu haben,
deren Art und Gewicht wesentlich unbekannt sind. Hier verhalten
sich die Menschen allzu leicht wie Skifahrer in unbekanntem Ge-
lände und bei Nebel. Die einen sind sorglos und behalten unbekümmert ihr Tempo bei, die anderen sind (über)ängstlich, bleiben stehen und lassen sich vom Einbruch der Nacht überfallen.
Eine zukunftsfähige Politik vermeidet beide Extreme. (Zur Hyste-
riegefahr in der Mediendemokratie s. Kap. 19.3; zur Risikoethik
s. Douglas/Wildavsky 1983, Höffe [4]2000, bes. Kap. 5, und Nida-
Rümelin [2]2005.)

Da es bei den aktuellen Problemen in der Regel weder ein annähernd verläßliches Wissen über den Schaden oder Gewinn noch
über deren Eintrittswahrscheinlichkeiten gibt, sind beide Ausdrücke, Chancen und Risiken, nur Hilfsbegriffe. Wichtig ist jedoch,
daß man sich überhaupt darauf einläßt. Statt entweder eine Kata-
strophenpoesie oder aber Sorglosigkeit zu pflegen, ebenso statt
allein eine Heuristik der Furcht oder exklusiv vage Hoffnungen zu
favorisieren, sind sowohl die Risiken als auch die Chancen abzuschätzen und auf deren Grundlage Chancen-Risiken-Analysen vor-

zunehmen. Zum zukunftsfähigen Umgang der Politik mit Groß-risiken gehört jedenfalls die Aufgabe, über Risiken und Chancen öffentliche Debatten zu führen und dort, wo sie fehlen, in Gang zu bringen.

Nähern wir uns dem Thema anhand eines anderen Beispiels, der landwirtschaftlichen Genforschung. Während die Kritiker Um-welt- und Gesundheitsrisiken befürchten, hoffen die Befürworter auf ertragreichere Nutzpflanzen und auf einen Abbau der Dünge-mittelabhängigkeit sowie auf neue Energiequellen, nicht zuletzt auf die genannte Bioenergie: die Umwandlung von Abfällen in nützlichen Kraftstoff. Damit am Ende die positiven Erwartungen, nicht die negativen Befürchtungen eintreffen, braucht es vorab eine doppelte Forschung. Einerseits erkunde man die neuen Möglich-keiten, andererseits führe man eine Risikoforschung durch.

Angetrieben von der Hoffnung auf wissenschaftlichen und wirt-schaftlichen Gewinn kommt die erste, «übliche» Forschung oft wie von allein zustande. Bei der Risikoforschung besteht dagegen, zweiter Baustein der Risikobewältigung, eine politische Verant-wortung. Dabei gilt für eine sachgerechte Risikoforschung etwa folgendes Verlaufsmuster: Zunächst erkunde man die Art der dro-henden Gefahren. Sodann überlege man, ob die vorher unklaren, daher zum Teil unheimlichen Gefahren sich in klare, zugleich überschaubare Risiken überführen lassen. Danach prüfe man, ob man die überschaubar gewordenen Risiken in weithin beherrsch-bare umzuwandeln vermag. Schließlich frage man nach dem Preis, zu dem die Gefahren, wenn sie überhaupt beherrschbar sind, tat-sächlich beherrscht werden. Und die Währung, in der man den Preis berechne, heiße nicht bloß «Geld». Zu berücksichtigen sind auch personale und soziale, ökologische und kulturelle, selbst äs-thetische Kosten. Nur eine Gesellschaft, deren Politik auf beiden Forschungsarten aufbaut, braucht nicht pessimistisch zu glauben, die moderne Zivilisation, also die Verbindung von Wissenschaft und Technik mit Demokratie und Rechtsstaat, sei ein schrecklicher Irrtum.

Wendet man sich der Atomenergie zu, so darf man nicht vergessen, daß sie jahrelang von fast allen politischen Seiten wie ein Ret-
ter gefeiert wurde; von Arbeitgebern ebenso wie von Gewerkschaft-
lern wurde sie als «weiße Energie» im Gegensatz zur «schmutzigen»
Kohleenergie gelobt. Keineswegs schloß man vor dem Gefahrenpotential die Augen, im Bewußtsein der Gefahren entwickelte man
aber ziemlich sichere Atomkraftwerke. *Eine* Aufgabe aber, die nicht
bloß vorhersehbar war, sondern von einem risikomindernden
Staat auch im Prinzip zu bewältigen ist und die eine zukunftsfähige
Politik *vorab* bewältigt, die Endlagerung, schien in die ferne Zukunft verschoben zu sein (dagegen Tiggemann 2004). Heute droht
eine gegenläufige Gefahr: Man verlangt den drastischen Abbau der
Atomenergie, obwohl weder der Energieverbrauch pro Kopf *schon*
drastisch gesenkt *ist* noch die Alternativenergien in hinreichender
Menge *tatsächlich* zur Verfügung stehen. Diesem neuartigen Man-
gel an Verantwortlichkeit tritt ein dritter politischer Baustein der
Risikobewältigung entgegen: die Kultur der Rechtzeitigkeit.

In Tschernobyl hat man sie fraglos nicht gepflegt. Der Hergang
des Unfalls ist zwar noch nicht zweifelsfrei geklärt. Zu den allgemein anerkannten Ursachen gehören jedoch bauartbedingte Eigen-
heiten des Reaktors. Wegen ihres Gefahrenpotentials darf man sie
«Konstruktionsfehler» nennen. Der verwendete Reaktortyp RBMK
(Reaktor Balschoi Moschnosti Kanalnui: Hochleistungs-Reaktor
mit Kanälen) hat zwar auch Vorteile. So erlaubt er, während des Be-
triebs Brennelemente zu wechseln, was längere Wartungsperioden
vermeidet. Daran schließt sich ein zweiter, für die damaligen (sowjetischen) Herrscher besonders wichtiger Vorzug an: Man kann
schnell große Mengen an waffenfähigem Plutonium gewinnen. Die
Liste der Nachteile ist aber länger: Die Kettenreaktion der Kern-
spaltung ist schwer zu kontrollieren; es fehlte, zumindest damals,
ein Schnellabschaltsystem nebst so wichtigen Sicherheitsbarrieren
wie einem Druckbehälter und einem Betonsicherheitsmantel. Insbesondere aber fungiert im Unterschied zum westlichen Reaktortyp das Kühlwasser nicht zugleich als Moderator. Während die

westlichen Reaktoren bei Verdampfen des Kühlwassers ihre Reaktivität verringern, wird sie beim Reaktortyp RBMK gesteigert.

Zum bauartbedingten Gefahrenpotential kamen schwere Betriebsfehler noch hinzu. Und vor allem führte man ein vorhersehbar gefährliches Experiment durch, so daß der Ausdruck «Unfall» irreführend ist. Der Ausdruck läßt nämlich an eine Kette unglücklicher Umstände denken und spielt die nachweisbaren Verantwortlichkeiten herunter: Schon 15 Jahre vor der Reaktorkatastrophe hatten sowjetische Wissenschaftler eine öffentlich zugängliche Studie zum Schutz der Bevölkerung erstellt. Sie blieb aber ebenso unbeachtet wie jene Empfehlungen zur Aufklärung der Bevölkerung, die man bald nach der Katastrophe ausarbeitete. Das Ergebnis ist bekannt: 350 000 Menschen wurden evakuiert und umgesiedelt; Tausende, vermutlich sogar Zehntausende erkrankten an Schilddrüsenkrebs; es gab zahlreiche Todesfälle, wenn auch nicht in der Größenordnung der schweren Erdbeben. Zusätzlich waren unvorstellbar große Mengen an Nahrungsmitteln, weil hochverseucht, ungenießbar.

Man kann auf die Reaktorkatastrophe mit dem Galgenhumor reagieren, der sich in einigen Berliner Karikaturen auslebte. Zum Beispiel möge sich jeder Berliner einen Föhn kaufen und mit ihm die radioaktiv verseuchten Wolken an ihren Ursprungsort zurückblasen. Andere reagierten fast hysterisch, wieder andere ziemlich sorglos. Eine weitere Aufgabe politischer Risikobewältigung: Statt in Hysterie zu verfallen oder aber sich in Sorglosigkeit einzukapseln, reagiere man mit Augenmaß.

Ulrich Beck schrieb sein vielzitiertes Buch kurz vor Tschernobyl. Als der Reaktorunfall eintrat, bescheinigten ihm daher enthusiastische «Kritiker» eine frappierende Sensibilität. Erneut fragen wir zurück: Ist die Tschernobyl-Katastrophe für die behauptete Risikogesellschaft tatsächlich ein Beleg? Die Antwort lautet zunächst Nein, dann Ja, dann wieder Nein. Zunächst: Für staatlich nicht kontrollierbare Großrisiken liefert Tschernobyl kein Beispiel. Denn eine verantwortliche Regierung schreibt sowohl andersartige

Reaktoren als auch strengere Sicherheitsvorschriften und deren peinliche Beachtung vor. Nicht zuletzt verbietet sie grobfahrlässige Experimente und setzt die Einhaltung ihrer Gebote und Verbote erfolgreich durch.

Die Antwort lautet aber auch Ja, da das Großrisiko, auf das sich die Sowjetunion einließ, die Nachbarstaaten mitbetraf, die aber mangels Mitsprache- und Kontrollrecht den sowjetischen Reaktorbetrieb nicht beeinflussen konnten. Sie wurden zu Opfern, ohne Mittäter zu sein, also zu Geschädigten, die vor der Schädigung nicht einmal den Vorteil der «weißen» und relativ preisgünstig produzierten Energie erhielten. Allerdings wäre auch diese Situation beherrschbar, weshalb die Antwort ein zweites Mal Nein heißt.

Denkbar, wenn auch schwer durchzusetzen, sind zwei Therapien, die sich gegenseitig ergänzen. Zum einen könnte man das internationale öffentliche Recht um einklagbare Mitsprachebefugnisse für die Mitbetroffenen erweitern. Und wenn man die Mitspracherechte staffelte – je grenznäher die Reaktoren, desto mehr Mitsprache –, würden vermutlich einige Reaktoren weniger grenznah gebaut. Zum anderen ist ein grenzüberschreitendes Haftungsrecht einzuführen. Da die Finanzmacht besonders wirksam zu sein pflegt, dürfte die Therapie sogar noch hilfreicher sein: Hätte die damalige Sowjetunion gewußt, daß sie für etwaige Schäden mit Abermilliarden Rubel durchsetzbar haftet (mit ihren Bodenschätzen und Energievorkommen hätte sie auch zahlen können), dann hätte sie aus Eigeninteresse alle genannten Bedingungen rechtzeitig erfüllt.

Daher eine zusätzliche, allerdings nicht leicht zu bewältigende Aufgabe der Politik: Sie sorge für jene Fortentwicklung des europäischen und des internationalen Rechts, die bei allen gefahrenträchtigen Anlagen, deren Gefahren Landesgrenzen überschreiten, den im Schadensfall Mitbetroffenen eine Mitsprache einräumt. Ein Beispiel für eine grenzüberschreitende Haftung gibt der Brand einer Lagerhalle der Chemiefirma Sandoz in Schweizerhalle bei Basel ab (1. November 1986). Mit dem Löschwasser flossen etwa 20 Tonnen hochgiftiger Pestizide in den Rhein, verursachten ein Fisch- und Kleintiersterben bis Koblenz und veranlaßten, die Trinkwasserentnahme aus dem Rhein und aus Uferfiltrat bis in die Niederlande zu stoppen. Auf diesen Unfall haben das Chemie-Unternehmen und die Schweizer Landesregierung rasch und mit finanziellem Aufwand reagiert (Behr 2002, Giger 2006).

Zu den Gründen der einigermaßen fairen Reaktion dürfte die Verfassung des betreffenden Landes gehören, wovor eine risikomindernde Energiepolitik die Augen nicht schließen darf: Wenn ein an fossiler Energie so armes Land wie Deutschland sich bei einem so überlebenswichtigen Faktor wie der Energie lieber von anderen Staaten abhängig macht, dann verlasse es sich besser auf gefestigte rechtsstaatliche Demokratien wie Frankreich und Norwegen, statt wegen des Erdgases einem autoritären Land wie Rußland den Rang einer gefestigten Demokratie zu attestieren.

Zu anderen Großrisiken genügen pauschale Bemerkungen: Die Langzeitarbeitslosigkeit, die enorme Staatsverschuldung und der drastische Geburtenrückgang finden sich in anderen Ländern ebenso, gewiß. Keineswegs alle, doch erheblich viele von ihnen kommen mit diesen Problemen aber besser zu Rande. Daraus darf man entnehmen, daß Deutschland die Fähigkeit, Großrisiken zu bewältigen, noch lange nicht voll entwickelt oder voll ausgeschöpft hat.

Im übrigen ist der Staat zwar für Rahmenbedingungen zuständig, beispielsweise hinsichtlich der bei einer gewissen Politik vorhersehbar steigenden Energiekosten. Herr über die Energiepreise und, genereller, über die Wirtschaft war er aber niemals und nirgends. Genausowenig ist er Herr über Wissenschaft, Technik oder Kultur oder über die Fortpflanzungsbereitschaft seiner Bürger. Ein kluger Staat gibt zwar den verbindlichen Rahmen, vor allem das Recht, vor, er maßt sich aber nicht die höchste Kompetenz für alles an, was innerhalb des Rahmens geschieht. Im übrigen könnten manche Aufgaben der Gefahrensicherung von relativ politikunabhängigen Institutionen eventuell besser erfüllt werden (s. Kap 18.4).

Von der Forstwirtschaft, aus der schon das Prinzip der Nachhaltigkeit stammt, kann eine Politik der Risikobewältigung noch ein weiteres Prinzip lernen: daß eine Maximierung weniger Faktoren oft zu einer Per-Saldo-Verschlechterung führt. Auch bei der Risikobewältigung steht die Politik vor einem Geflecht von Aufgaben, das statt der einfachen, aber gefährlichen Maximierung weniger Faktoren die Optimierung des gesamten Faktorenbündels verlangt.

Andere Gefahren sind bekannt, zudem weithin beherrschbar. Über die Vorbeugung der Hochwassergefahr entlang der Elbe und der Oder beispielsweise sind sich alle Fachleute einig: Um den Flüssen mehr Raum zu geben, sind Überschwemmungsgebiete auszuweisen und für sie Bauverbote zu erlassen. Weiterhin sind für Nebenflüsse Rückhaltebecken zu bauen, mancherorts die Deiche ins Landesinnere zu verlagern und andernorts Risiko-Siedlungen aufzugeben. Die Erfahrung, daß vieles davon an Einsprüchen der Gemeinden und Landwirten scheitert, bestätigt nicht die pathetische Diagnose, hier sei der Staat überfordert. Vielmehr muß er schlicht seine Steuerungsinstrumente überdenken und gegebenenfalls erheblich verbessern. Und gemäß dem Prinzip der Rechtzeitigkeit geschehe dies «in nützlicher Frist». Nicht an Wissen über die geeigneten Instrumente fehlt es häufig, wohl aber an der Bereitschaft, zum Zweck verantwortlichen Handelns die Instrumente vorurteilsfrei anzuerkennen und rechtzeitig einzusetzen.

Hinzu kommt eine Gefahr zweiter Stufe: die oft politisch motivierte Einseitigkeit in der Wahrnehmung von Gefahren. Beispielsweise stehen Atomkraftwerke unter Dauerbeschuß, aber die Kritiker interessieren sich häufig nicht für andere Gefahren, wie sie etwa von der demographischen Veränderung, der wachsenden Staatsverschuldung oder von der mangelnden Integration mancher Bevölkerungsteile ausgehen.

Ziehen wir Bilanz. Wenn «Risikogesellschaft» heißen soll, daß die Gefahren schneller wachsen als die Fähigkeit, sie zu bewältigen, sind erhebliche Bedenken angebracht. Statt der pessimistischen ist aber auch jene optimistische Diagnose nicht angebracht, die in unfeiner, auch unrichtiger Anleihe bei Friedrich Hölderlin glaubt, mit der Gefahr wachse das Rettende auch. In Wahrheit ist die Risikobewältigungsfähigkeit des Staates weit höher, als die Pessimisten behaupten. Bevor die Kompetenz aber *tatsächlich* erheblich verbessert ist, besteht kein Grund zu Optimismus.

16. Antriebskräfte

Die Sorge für die Zukunft ist eine ureigene Aufgabe der Politik. Man könnte deswegen erwarten, die legitimatorisch vollendete Form, die Demokratie, würde diese Aufgabe aus sich heraus wie von selbst erfüllen. Zu den Gründen, warum es nicht der Fall ist, gehören die Antriebskräfte der Politiker. Die Überlegungen zu weiteren Faktoren von Fähigkeit oder aber Unfähigkeit zur Zukunftsgestaltung folgen später.

Methodisch gesehen sind die folgenden Überlegungen in einem weiteren Sinn analytischer Natur. Sie stellen vier Antriebskräfte vor (Kap. 16.1) und überlegen, wie sie sich zueinander verhalten (Kap. 16.2): Ergänzen sie sich wie günstigenfalls zwei Menschen (Modell 1) oder überlappen sie sich wie siamesische Zwillinge (Modell 2) oder müssen sie wie zwei Kandidaten für ein einziges Amt sich notwendig bekämpfen (Modell 3)? Schließlich fragen sie, mit welchen Schwierigkeiten bei der Zukunftsfähigkeit die Demokratie zu rechnen hat.

16.1 Eigeninteresse, Gerechtigkeit, Solidarität und Wohltätigkeit

Wie für alles Handeln so gibt es auch für Zukunftsfähigkeit vier Antriebskräfte. Auf den ersten Blick herrscht zwischen ihnen eine klare, zugleich strenge Arbeitsteilung: Für die eigene Zukunft braucht es und genügt zugleich das Eigeninteresse. Steht fremde

Zukunft auf dem Spiel, so sind Alternativen vonnöten, die als Negation von Eigeninteresse einen moralischen Charakter haben. Deren drei Optionen mit einer sich steigernden Moral sind wohlbekannt: Der geschuldete Anteil innerhalb der Sozialmoral ist die Gerechtigkeit. Dort, wo die Gerechtigkeit nicht mehr greift, springt die Solidarität ein. Und stößt selbst die Solidarität an Grenzen, gibt es als erneute Steigerung von Moral die freie Mehrleistung von Wohlwollen und Wohltätigkeit.

In einer Welt, in der vier Dinge im Vordergrund stehen: Macht, Einfluß und Wählergunst sowie das Wohl der eigenen Klientel, in dieser «Politik» genannten Welt dürfte die reine, von keiner Zusatzerwartung kontaminierte Wohltätigkeit kaum eine Rolle spielen. Bleibt sie beiseite, so geht der nicht erträumten, sondern realen politischen Zukunftsfähigkeit wenig verloren. Das Wohlwollen, auch Nächstenliebe oder Menschenliebe (Philanthropie) genannt, sollte man aber nicht vollständig ausschließen.

Bevor man die einzelnen Antriebskräfte und vor allem deren erste Option untersucht, drängt sich eine Bemerkung zur scheinbar klaren Arbeitsteilung auf: Wer als Politiker für andere eine Verantwortung übernimmt, als Hochschulpolitiker beispielsweise für seine Hochschule und für das Hochschulwesen, als Kommunalpolitiker für seine Gemeinde und als Landespolitiker oder als Bundespolitiker für das größere Gemeinwesen, der bindet seine eigene Zukunft an die von anderen. Als Antriebskraft genügt das schlichte Eigeninteresse daher nicht. Einwenden könnte man zwar, wer die übernommene Verantwortung verletze, werde zur Rechenschaft gezogen, gegebenenfalls haftbar gemacht, mindestens würde er an Ansehen verlieren, so daß er seine Verantwortung aus schlichtem Eigeninteresse wahrnehme. Obwohl berechtigt, ist dieser Einwand nur von sekundärer Bedeutung. Denn selbst dort, wo weder eine Rechenschaftsforderung noch eine Haftung drohen, trägt man die einmal übernommene Mitverantwortung für die Zukunft anderer; Rechenschaft und etwaige Haftung sind nur darin eingeschlossene Folgen.

Der erste Antrieb liegt auf der Hand und ist trotzdem nicht einfach zu bestimmen: das Selbstinteresse. Dessen Schwierigkeiten beginnen bei der Zukunftsperspektive. Weil man heute weiß, daß es ein Morgen gibt, ist es zwar generell vernünftig, schon heute für morgen zu sorgen. Manche sind aber von der Gegenwart so gefordert, daß sie sich einen Blick in die Zukunft gar nicht leisten können. Und wer es vermag, muß sich fragen, für welches «Morgen» er sorgen will: für den nächsten Tag, für das nächste Jahr oder Jahrzehnt oder, noch besser, für mindestens die nächste Generation? Damit verbindet sich eine Aufgabe der Güterabwägung: Wie viel von Gegenwart soll man in die Zukunft investieren? Oder umgekehrt: Wie viel Zukunft soll man der Gegenwart opfern, also wie stark die Zukunft diskontieren (vgl. Kap. 2.3)?

Wie die Äste eines Baumes sich verzweigen, so gibt es für jeden dieser untereinander widerstreitenden Gesichtspunkte noch Unterpunkte, die ebenfalls Konfliktstoff bergen: Soll man mehr auf die finanzielle Vorsorge oder eher auf die Gesundheit achten? Lege man mehr Wert auf Ausbildung oder auf soziale Beziehungen, und dann mehr auf Partnerschaft und Familie, oder mehr auf Beziehungen in der Arbeitswelt und auf Freizeitbeziehungen? Da die Teilziele in Konkurrenz zueinander treten, zumal wenn man ihrer Neigung zur Verabsolutierung nachgibt, braucht es erneut eine Güterabwägung, so daß sich schon das aufgeklärte und «runde» Eigeninteresse als eine hochanspruchsvolle Antriebskraft erweist.

Im Rahmen des Selbstinteresses entfacht die Erfahrung des Elends oft eine starke Zukunftsenergie: Vertriebene und Flüchtlinge, Menschen, die in Armut oder Unterdrückung gelebt haben, haben eine ausgeprägtes Interesse, ihre Situation nachhaltig zu verbessern.

Die zweite Antriebskraft, die Gerechtigkeit, bedeutet innerhalb der Sozialmoral den Anteil, den, im Unterschied zu verdienstlichen Mehrleistungen, die Menschen einander schulden. Bei der Zukunftsfähigkeit kommt es vor allem auf die Gerechtigkeit zwischen den Generationen, die Generationengerechtigkeit bzw. intergenerationelle Gerechtigkeit, an (zur Diskussion s. Birnbacher 1988; Rawls 1971, § 44; Jonas 1979, 4. Kap., IV; Höffe 2004, Kap. 11). Folgender Grundgedanke dürfte überzeugen:

Weil die Art, wie die natürliche Umwelt der nächsten Generation hinterlassen wird, deren Lebenschancen und -risiken mitbestimmt, verbietet die Generationengerechtigkeit, Hypotheken zu vererben, für die man keine entsprechend hohen Bürgschaften hinterläßt. Ob Individuum, Gruppe oder Generation – wer sich etwas vom Gemeineigentum nimmt, etwa nichterneuerbare Energiequellen abbaut, oder das Gemeinwesen mit hohen Risiken wie Endlager für nukleare «Abfälle» belastet, der steht in der Pflicht, Gleichwertiges zurückzugeben. Dort hat er neue Energiequellen zu erschließen und hier andere Risiken zu mindern, teils wissenschaftlich und technisch, teils politisch. Eine großzügige Generation hinterläßt sogar ein reicheres Erbe.

Ein Beispiel gibt eine geographisch und zeitlich ferne Kultur: Die Indio-Bauern des Heiligen Tales bei Cusco, in den Anden Perus, benutzen noch heute die Terrassen, die im 14. und 15. Jahrhundert die damals herrschenden Inkas anlegen ließen: Die Früchte derart mühevoller Arbeit zahlen sich noch Jahrhunderte später aus.

Die Gerechtigkeitsfrage stellt sich auch bei der materiellen, sozialen und kulturellen Infrastruktur. Weil diese im Laufe der Geschichte von zahllosen Generationen aufgebaut worden ist, kann keine Generation beanspruchen, die mittlerweile unbezahlbare Fülle von wissenschaftlichen und technischen, von sozialen und kulturellen Entdeckungen und Erfindungen allein erbracht zu haben. Selbst ein vom Krieg zerstörtes Land kann auf einen großen Teil sozialer und kultureller Errungenschaften der Vorväter und zusätzlich der Nachbarn zurückgreifen. Intergenerationell gerecht verhält sich nun, wer das vielfältige Wachstum der Errungenschaften fortsetzt, statt es abzubrechen oder sogar ins Negative zu verkehren.

Die dritte Antriebskraft, die Solidarität, steht normativ betrachtet zwischen der geschuldeten Moral, der Gerechtigkeit, und der freiwilligen Mehrleistung von Wohlwollen, Wohltätigkeit und Großzügigkeit. Die heute inflationär beanspruchte Solidarität bedeutet ursprünglich, im Römischen Recht, eine besondere Form der Haftung: In einer Gemeinschaft, vor allem einer Familie, muß jedes Mitglied für die Gesamtheit der bestehenden Schulden aufkommen, so wie umgekehrt die Gemeinschaft für die Schulden jedes einzelnen haftet. Die Solidarität spielt hier in beiden Richtungen. Nach der Devise «Einer für alle und alle für einen» bietet sie den einzelnen Hilfe von seiten der Gemeinschaft und der Gemeinschaft von seiten der einzelnen. In einem wichtigen Punkt stimmt übrigens die Solidarität mit der Gerechtigkeit überein. Es sind Antriebskräfte, die auf Gegenseitigkeit beruhen. Wer nur von anderen Hilfe erwartet, ohne im gegebenen Fall selber Hilfe zu leisten, hat sich von der Solidarität verabschiedet.

Gegen Ende des 18. Jahrhunderts wird der strenge Schuldbegriff auf nichtrechtliche Beziehungen erweitert, der begriffliche Kern aber bleibt erhalten. Solidarität bedeutet seither eine gegenseitige Haftung, das Füreinander-Einstehen-Müssen, bei Gefahr und in Notlagen, innerhalb von Gruppen, die entweder wie Geschwister unfreiwillig oder wie die Mitglieder einer Expedition durch freie Wahl oder auch durch ein zufälliges Schicksal eng miteinander verbunden sind. Solidargemeinschaften sind Not- und Gefahrengemeinschaften, bei denen man im «selben Boot sitzt». Dabei pflegen emotionale Bindungen zu entstehen, die sich um so stärker entwickeln, je länger und enger und vor allem je emphatischer die Schicksalsgemeinschaft ausfällt. In Familien und Freundschaften, auch Vereinen pflegen die emotionalen Beziehungen weit stärker als in Großgruppen oder in Interessengemeinschaften wie Berufsverbänden und Versicherungen zu sein.

In jeder Not und Gefahr ist die Solidarität nicht gefragt. Ist die Not von anderen verschuldet, so müssen diese schon aus Gerechtigkeitsgründen helfen. Und ist die Not allein selbstverschuldet, so ist die Hilfe ein Gebot der Wohltätigkeit und (Menschen-)Liebe. Solidarität hingegen ist dort geboten, wo weder ein klares Fremd-

verschulden noch ein bloßes Selbstverschulden, vielmehr eine Zwi-
schenlage, etwa ein gemeinsames Schicksal, vorliegt. Weil auch die
ganze Menschheit im selben Boot sitzt, ist auch hier die Solidarität
gefordert, also ein globales, weltbürgerliches oder kosmopolitisches
Zusammengehörigkeitsgefühl, aus dem man wechselseitig füreinander Verantwortung trägt. (Zur Diskussion um die Solidarität
s. Durkheim ⁴2004, Hondrich/Koch-Arzberger 1992, Bayertz 1998,
Isensee 1998, Brunkhorst 2002 und Höffe ²2002, Kap. 3.6.)

Bei der intergenerationellen Gerechtigkeit und bei der Solidarität
liegt die Bereitschaft zu Zukunftsfähigkeit auf der Hand. Und beide
Antriebskräfte ergänzen einander, was das Modell 1, die Komplementarität, erfüllt: Den geschuldeten Anteil der Zukunftsfähigkeit
leistet schon die Generationengerechtigkeit. Diese deckt viele Zukunftsaufgaben ab, etwa die Vorsorge für Naturkatastrophen, die
Einrichtung einer Weltrechtsordnung und den zukunftsfähigen Umgang mit der Energiefrage. Auch die Sozialversicherungen und die
veränderte Demographie lassen sich nach Kriterien intergeneratio-
neller Gerechtigkeit zukunftsfähig halten. Stößt man aber an Grenzen, so sorgt die Solidarität für eine erweiterte Zukunftsfähigkeit.

Die vierte Antriebskraft, das Wohlwollen, gesteigert zur Wohltätigkeit, relativiert den Gedanken der Gegenseitigkeit. Wohlwollen besitzt, wer einem anderen um seinetwillen Gutes wünscht,
gesteigert zum «Vergnügen an der Glückseligkeit (dem Wohlsein)
anderer» (Kant, *Tugendlehre*, § 29). Wird das Wohlwollen hand-
lungsmächtig, so geht es in Wohltätigkeit über. Die entsprechende
Hilfe erfolgt in Einseitigkeit, aber noch deren Begründung liegt ein
Gedanke von Gegenseitigkeit zugrunde:

Der Conditio humana zufolge kann jeder Mensch einem Unfall,
einem Raubüberfall oder einer Naturkatastrophe zum Opfer fallen
und dann in eine so große körperliche, seelische oder wirtschaftliche Not geraten, daß er allein sich nicht aus ihr zu befreien vermag.
Daher ist fremde Hilfe hochwillkommen. Die Frage, mit welcher
Wahrscheinlichkeit man auf fremde Hilfe angewiesen sein wird,
auch durch welche Art und welches Maß an Hilfe man aus der Not

befreit werden kann, die Frage schließlich, ob man um eine benötigte Hilfe nachsucht oder aus Stolz seine Notlage verbirgt – diese und weitere Fragen hängen von individuellen und geschichtlich-gesellschaftlichen Besonderheiten ab, von denen die zweiteilige Grundüberlegung abstrahiert: Einerseits kann der Mensch als Natur- und Bedürfniswesen in Not geraten; andererseits ist er als praktisches Vernunftwesen fähig, fremde Not zu erkennen und ihr Abhilfe zu leisten. Die in der praktischen Vernunftnatur liegende Moral gebietet daher, nach Maßgabe der eigenen Fähigkeiten und Möglichkeiten Notleidenden zu helfen.

Selbst wenn sie gelegentlich zu spät, zu schwach oder auf falsche Weise erfolgt – die vielfältige Hilfe, die Individuen, Kommunen und Staaten ihren Nachbarn, sogar fernen Unbekannten leisten, widersprechen der These, ein «Gefühl» für Menschlichkeit lasse sich nicht auf den gesamten Globus ausdehnen. Die trotz allem erhebliche Flüchtlingshilfe, die zahllosen Care-Pakete, die Unterstützung anderer Staaten beim Aufbau von Verwaltung, Justiz und Sicherheitskräften sowie beim Kampf gegen Korruption, die Aids-Hilfe für andere Kontinente und die Hilfe, die nach der großen Flut, dem Tsunami, vom Dezember 2004 erfolgte – sie alle zeigen, daß ein geographisch entgrenztes Wohlwollen kein schwärmerisches Ideal ist, das allenfalls, wie Rousseau annimmt, «in einigen großen, kosmopolitischen Seelen» wohnt (*Abhandlung über den Ursprung der Ungleichheit*, 2. Teil: 1971, 231). Die entsprechende Wohltätigkeit reicht über eine bloß «episodische Solidarität in der Weltgemeinschaft» (Holzer 2008) hinaus.

Gänzlich unabhängig voneinander sind die vier Antriebskräfte nicht. In das Eigeninteresse spielen Anteile von Fairneß, also Gerechtigkeit, und von Solidarität herein. Bei der «Grundwährung» der Politik, der Verbindung von Einfluß und Zustimmung, herrscht zwar Konkurrenz. Sie wird aber dort teils gemildert, teils in die Gegenrichtung, die Kooperation, umgepolt, wo der eigene Erfolg vom Erfolg der gemeinsamen Gruppe, etwa der Fraktion oder der Partei, abhängt. Zusätzlich pflegt der politische Erfolg zunächst von

Mentoren, später von Gefolgsleuten und ständig von einem Geflecht von Beziehungen, einem sogenannten Netzwerk, abhängig zu sein. Weil es auch dafür Fairneß und Solidarität braucht, ist deren Bedeutung nicht gering.

Die zwei Einstellungen haben dann aber nur ein instrumentelles Gewicht. Sie dienen zunächst bloß der eigenen Zukunft, sei es des professionellen Politikers oder des Wählers, nicht der des Gemeinwesens. Statt ein Eigengewicht zu erhalten, sind sie lediglich soweit erforderlich, wie sie sich langfristig auszahlen. Die moderne Spieltheorie bekräftigt, was man bei Machiavelli liest, aber auch ohne Lektüre des *Principe* weiß: Es mag zwar klug sein, ehrlich, fair und solidarisch zu handeln. Daß ohne ein langfristiges Drahtziehen, eine Virtuosität der Verstellung, Politik kaum möglich ist, wird hierbei versteckt. Hingegen gehören Offenheit und Ehrlichkeit des Politikers vor allem in der Demokratie zum Grundrepertoire seiner öffentlichen Selbstinszenierung. Noch klüger ist es aber, diese Haltungen nicht bloß der Öffentlichkeit, sondern auch den politischen Mitstreitern so glaubhaft vorzumachen, daß sich die Mitstreiter dieser Haltungen befleißigen, während man selbst bei passender Gelegenheit die genannten Haltungen und mit ihnen die Mitstreiter verrät.

Demokratie hat allerdings einen Vorteil, den man nicht unterschlagen darf: Man darf durchaus annehmen, daß sich Politiker über Epochen- und Kulturgrenzen sowie über Unterschiede der Staatsform hinweg gleichen. Das von einem chinesischen Premier des achten Jahrhunderts Gesagte muß einem demokratischen Politiker nicht fremd sein: «Natur schlau und flink, Honigzunge und Dolch im Gewand» (Inoue 1981, 69). Die in Demokratien gepflegte kritische Öffentlichkeit vermag aber, «falsches Spiel» zu durchschauen und den betreffenden Spieler, hier den Politiker, zu ächten. Daher drängt die Klugheit, mindestens halbwegs ehrlich zu spielen.

Vielleicht ähnelte die Politik schon immer einem Schachspiel, da die Regeln einfach, die Taktiken und Strategien aber kompliziert sind. In einer Hinsicht ist die Politik sogar noch schwieriger, da hier nicht bloß zwei, sondern viele Personen gegeneinander auftreten, wobei man bei vielen die Gegnerschaft nicht einmal kennt. Im Bereich der Taktik findet sich die eher häßliche Seite des politischen Alltags, jene moralisch nicht zimperliche Kunst des Möglichen, die Winkelzüge und Tricks einsetzt, die Versteckspiele und Stillhalteabkommen einschließt, und die Versprechen, die man abgibt, bei nächster Gelegenheit bricht. Auch wenn sich das Verhalten der Politiker nicht auf diese politische Wirklichkeit verkürzen läßt, darf man nicht jener Idealisierung erliegen, der Politiker sei ein kommunikativer Mensch, der ausschließlich seiner Wählerschaft, dabei nicht nur der eigenen Klientel, sondern dem ganzen Volk diene.

16.2 Klugheit und Besonnenheit

Bei allen vier Antriebskräften tauchen trotz enormer Verschiedenheit strukturell gemeinsame Schwierigkeiten auf. Die Gemeinsamkeit im Blick auf die Zukunftsfähigkeit gründet im Zusammenspiel der beiden Momente Logos und Ethos. Ihretwegen kann man auf zwei grundverschiedene Arten gegen die Zukunftsfähigkeit verstoßen.

Gemäß der Diagnose «Zukunft im Konflikt» (Kap. 15) verzweigen sich bei allen vier Antriebskräften, also nicht nur beim Eigeninteresse, sondern auch bei der Solidarität und bei der Wohltätigkeit, selbst der Generationengerechtigkeit die Zukunftsaufgaben in Teil- und Unteraufgaben, die miteinander konkurrieren. Zusätzlich gibt es teils hilfreiche, teils schädliche Nebenfolgen. Nur ein Beispiel, dieses Mal aus den Vereinigten Staaten (vgl. Campbell 2003): Um den dortigen Sozialstaat zukunftssicher zu gestalten, müßte man die Systeme der Social Security reformieren. Zu den Gründen, warum die Reform unterbleibt, gehört ironischerweise die Entwicklung der genannten Systeme: Weil sich die Situation der Älteren erheblich verbessert hat, sind sie vom ehemals politisch inaktiven zum aktivsten Segment der Gesellschaft geworden. Der Zusatzvorteil der Verbesserung, eine enorme Ausweitung der politisch aktiven Bürgerschaft, hat aber eine gefährliche Nebenfolge: Die überproportional aktiven Älteren unterminieren die erforderliche Weiterentwicklung der genannten Systeme.

Aus beiden Gründen, wegen der konkurrierenden Teilaufgaben und wegen ungünstiger Nebenfolgen, müssen die Antriebskräfte in kognitiver bzw. intellektueller Hinsicht fähig und bereit sein, sich die verschiedenen Teilaufgaben und deren Nebenfolgen zu überlegen und gegeneinander abzuwägen. Um der eigenen Leitaufgabe willen muß jede der vier Antriebskräfte Erfolgsbilanzen zu erstellen suchen und, wo erforderlich, bisherige Ansichten korrigieren. Diese auf seiten des Logos geforderte komplexe Fähigkeit nennt sich Klugheit; wo sie fehlt, herrscht Torheit. Zur Klugheit gehört die Fähigkeit, um des eigenen Wohlergehens willen dazuzulernen. Da sich die im Abschnitt «Drängen oder Verdrängen» genannten Beispiele (Kap. 15.1) fast beliebig vermehren lassen, kann man vielerorts die Politik, sowohl die von Demokratien als auch Nicht-Demokratien, nur mäßig klug nennen.

Ein Beispiel bietet der Solarstrom, der wegen seiner Klimafreundlichkeit zu Recht als zukunftsfreundlich gilt. Berechnet man jedoch die Kosten in bezug auf die Verringerung des Kohlendioxydausstoßes, so trübt sich das Bild erheblich ein. Die genaue Berechnung ist zwar schwierig und zwischen Befürwortern und Kritikern des Solarstromes hochumstritten. Man muss sich aber der Frage stellen, welche finanzielle Gesamtbilanz vom Solarstrom zu erwarten ist. Und falls die Antwort auf enorm hohe Summen stößt, wäre zu überlegen, ob man die einschlägigen Subventionen zwar nicht streichen, aber doch kürzen soll, um die eingesparte Summe in andere so zukunftswichtige Aufgaben wie die Bildung, die Forschung und die Folgen der demographischen Veränderung investieren zu können.

Auf der anderen, emotionalen oder normativen Seite muß die zukunftsgerichtete Antriebskraft fähig und bereit sein, dort, wo es die Klugheit gebietet, sich von der Übermacht des augenblicklich vorherrschenden Antriebs zu distanzieren. Das neben dem Logos zweite Moment der gemeinsamen Grundstruktur, das Ethos, verlangt, die Erfüllung von momentanen Neigungen gegebenenfalls zurückzustellen. Wem es gelingt, in die jeweilige Antriebskraft die angedeutete Nachhaltigkeit und Aufgeklärtheit einzubringen, der verfügt über Besonnenheit.

Fehlt es im eigenen Umfeld an Klugheit und Besonnenheit, etwa weil einseitige oder kurzsichtige Vorstellungen von Generationengerechtigkeit vorherrschen, braucht man noch eine dritte Haltung. Wegen ihres positiven Werts darf sie «Tugend» heißen: Unter Inkaufnahme von Kritik muß man fähig und bereit sein, sich gegen das soziale Umfeld abzusetzen; man braucht (Zivil-)Courage. Eine zusätzliche Hilfe bietet die Gelassenheit, gepaart mit einer Flexibilität, die auf nicht geplante, vielleicht auch gar nicht planbare Anteile von Zukunft, die auf Unwägbarkeiten, weder mit fatalistischem Verzagen noch mit Allmachtsphantasien antwortet.

16.3 Funktionale Imperative

Nach einem bösen Blick auf Nicht-Demokratien dient deren Herrschaft nur den Herrschern, während die Beherrschten unterdrückt und ausgebeutet werden. In der Demokratie dagegen, vorausgesetzt, man wirft auf sie einen liebenswürdigen Blick, dient die Herrschaft, da sie vom Volk ausgeht, dem Interesse eben dieses Volkes, dem Gemeinwohl. Zukunftsfähig ist die Demokratie nur dann, wenn sie das Gemeinwohl mit Klugheit und Besonnenheit verfolgt, also in kollektiver Klugheit die unterschiedlichen Zukunftsaufgaben gegeneinander abwägt und in kollektiver Besonnenheit kurzfristige Interessen dem langfristigen Gemeinwohl opfert. Da das Volk ein Kollektiv ist, kommt die Gerechtigkeitsaufgabe hinzu, innerhalb des Volkes die unterschiedlichen Ansichten und Interessen auszugleichen. Die Frage lautet nun: Ist in der Demokratie ein derart besonnen-kluges Handeln in Gerechtigkeit, also eine überlegene Zukunftsfähigkeit zu erwarten?

Wegen der vielen Facetten von Politik gibt es keine einfache Antwort. Im Roman des marokkanischen Schriftstellers Tahar Ben Jelloun *Der letzte Freund* (Kap. 7) fragt ein älterer Mann, sicher eine Art Pate, die wegen politischer Abweichung einsitzenden Studenten, was denn Politik sei: «Wollt ihr Minister werden, einen Wagen mit Fahrer haben, Sekretärinnen mit kurzen Röcken, Zigarren rauchen und im Fernsehen auftreten? Wenn wir hier raus sind, könnt ihr das alles haben. Nicht den Ministertitel, aber den ganzen anderen Kram.» Diese Seite, die Politik als Inbegriff von Statussymbolen, Privilegien und weiteren Dingen im Dienst der menschlichen Eitelkeit, darf man nicht leugnen. Vom vieldeutigen Begriff der Politik sind aber vier andere Bedeutungen wichtiger: die Politik als Handeln der zuständigen Personen, insbesondere der Politiker, die Politik als gesellschaftliches Subsystem, die Politik als Grundordnung eines Gemeinwesens, schließlich die Politik als Inbegriff von Programmen (s. auch Kap. 5.1).

Beginnt man mit den handelnden Personen, so erscheint die Lage als ziemlich klar. Wollen Politiker in ihrem Metier reüssieren (und in vielen Fällen zugleich ihre berufliche Existenz sichern), so müssen sie sich dessen funktionalen Imperativen unterwerfen. Aus funktionalem Selbstinteresse müssen sie «die Macht», sprich: ein Amt oder Einfluß, am besten beides und zusätzlich die Zustimmung der Wähler suchen. Als Vermögen, in die soziale Welt gestaltend einzugreifen und dabei den eigenen Gestaltungswillen auch gegen Widerstände durchzusetzen, ist die Macht aber ein eminent knappes Gut. Wie die Geschichte bestätigt, hat man sowohl in Demokratien als auch unter vordemokratischen Bedingungen, selbst in Diktaturen, sowohl um den Erwerb der Macht als auch um ihren Erhalt zu kämpfen. Ein Eigeninteresse muß sich daher zu einem Siegeswillen steigern, sich also mit Ehrgeiz und Kampfwillen würzen. Die Folge liegt auf der Hand: Erfolgsorientierte Politiker sind durchaus für die Zukunft «kompetent», selbst bei einem hehren Amtseid aber unmittelbar nur für die eigene Zukunft. Es entspringt nicht einem negativen Moralismus, einem Zynismus, sondern den funktionalen Imperativen der Politik, daß die Zukunft des Gemeinwesens nur eine instrumentelle Rolle spielt: Der an der eigenen Zukunft interessierte Politiker hat kein genuines Gemeinwohlinteresse.

(An dieser Stelle hat die anstößige Forderung Platons, Politikern und höheren Beamten sowohl Privateigentum als auch Ehe und Familie zu verbieten, ihren argumentativen Ort: Damit es kein frommer Wunsch bleibt, daß die politisch Verantwortlichen dem Gemeinwohl die höchste Priorität einräumen, müssen die Konkurrenz-Prioritäten, das Streben nach Reichtum und die Sorge für die Familie, geschwächt, am besten vollständig entmachtet werden.)

Muß man daher bei einem Politiker, dem derartige institutionelle Hilfen fehlen, hinsichtlich der Bereitschaft zur Zukunftsverantwortung skeptisch sein? Um das bloß instrumentelle Interesse am Gemeinwohl zu stärken, so daß das Interesse an der eigenen Zukunft sich mit dem des Gemeinwesens kräftig überlappt, um also dem Modell 2, dem der siamesischen Zwillinge, zu folgen, braucht es außerpersonale Faktoren. Glücklicherweise, dies zeigt das Beispiel eines politischen Amtes, gibt es sie durchaus: Ein kluger Amtsinhaber will die mit dem Amt übernommene Aufgabe möglichst gut erfüllen. Um nicht vorzeitig abgewählt zu werden, zusätzlich, um für die Amtsführung Anerkennung zu finden, vielleicht auch, um sich für ein höheres Amt zu qualifizieren, eventuell sogar aus Selbstachtung, jedenfalls aus Gründen des Eigeninteresses bemüht er sich, in seinem Amt gute Arbeit zu leisten. Insofern entscheidet sich die personale Zukunftsfähigkeit eines Politikers wesentlich an seiner institutionellen Zukunftsverpflichtung, an den Aufgaben seines Amtes.

Die Erfahrung dürfte es bestätigen, am leichtesten freilich nur für Ämter mit einer eng und streng definierten Zuständigkeit. Vorausgesetzt, eine Demokratie hält beispielsweise die Geldwertstabilität und das Verhindern von Kartellen für zukunftswichtig, so tut sie gut daran, diese Aufgaben an eine unabhängige, den Eingriffen der Politiker entzogene Organisation zu delegieren. Wie bei der Verfas-

sung so ist auch hier das Delegieren eine kluge Form der Selbstbindung (vgl. Bredt 2006). Den Tagesquerelen enthoben, sorgen hier
die Mitarbeiter eines nationalen oder europäischen Kartellamtes,
dort die der nationalen oder der Europäischen Zentralbank für die
ihnen übertragene Verantwortung ziemlich verläßlich. Gelegentlich
wirft man den Ämtern vor, sie seien ein demokratiefreies Element,
da es ihnen an demokratischer Legitimation fehle. Die Ämter sind
aber samt ihren Rechten und Pflichten vom Parlament geschaffen,
so die Deutsche Bundesbank im Jahr 1957 und das deutsche Bun-
deskartellamt im Jahr 1958, übrigens gemäß einem Auftrag des
Grundgesetzes, Artikel 88. Demokratische Instanzen wie das Parlament oder die Regierung ernennen die Mitglieder dieser Ämter.
Und im Fall von Kartellen gibt es eigene Kartellgerichte, in
Deutschland hat der Bundesgerichtshof eigene Kartellsenate. Die
Ämter besitzen also eine basale demokratische Legitimation.

Die üblichen demokratischen Ämter, Abgeordneten-Mandate
und Regierungsämter, sind jedoch nicht auf eine annähernd vergleichbare Weise auf Zukunftsfähigkeit festgelegt. Daraus könnte
das Paradoxon entstehen, daß in einer Demokratie die von der Demokratie entlasteten Anteile wie eine Zentralbank, ein Kartellamt
und andere Regulierungsbehörden über eine größere Zukunftsfähigkeit verfügen als die genuin demokratischen Anteile.

Der Hauptgrund für dieses Zukunftsparadoxon liegt weder darin, daß demokratisch gewählte Politiker persönlich stärker macht-
gierig und weniger gemeinwohlorientiert sind, noch darin, daß sie
eine geringere Fachkompetenz besitzen. Es ist auch nicht anzunehmen, die westlichen Demokratien seien zu einer von Interessen-
gruppen abhängigen «Schacherdemokratie» degeneriert. Verantwortlich ist die Aufgabe, die zu Recht nicht spezialistisch, sondern
generalistisch ausfällt. Um dieser Verantwortung gerecht zu werden, brauchen Politiker notgedrungen einen größeren Spielraum,
in dem sie Akzente setzen. Da aber deren Zukunftsverantwortung
eher strittig ist, läßt sich leichter Kritik üben. Hinzu kommt, daß
demokratische Politiker von ihrer Wählerschaft abhängen, und

diese ist nicht frei davon, manche langfristige Zukunftsaufgaben zu verdrängen. Die Ausgaben für «Soziales» und für Gesundheit lassen sich daher leichter steigern als die für Bildung und Forschung, obwohl jene mehr gegenwarts-, diese stärker zukunftsorientiert sind. Außerdem ist die Zukunftsverantwortung in sich facettenreich, weshalb die allfällige Güterabwägung gern einseitig im Sinne der eigenen Klientel ausfällt, was den paradoxen Ausdruck «partikulares Gemeinwohl» verdient: Der Zukunft der eigenen Klientel, in glücklichen Fällen ergänzt um das Gemeinwohl eben dieser Klientel, räumt man die größere Bedeutung ein.

Die Avantgarde des Umweltschutzes hat sich zum Beispiel vor dem wichtigen Thema der immens gewachsenen Staatsverschuldung viele Jahre gedrückt. Bei den intellektuellen Wortführern sieht es auch nicht immer gut aus. Der wirkungsmächtigste Gerechtigkeitstheoretiker der letzten Jahrzehnte, John Rawls (1971, § 44), verlangt im Rahmen der Generationengerechtigkeit zwar ein «von Nettoinvestitionen bis zu Bildungsinvestitionen» reichendes Sparen. Obwohl es schon die aufrüttelnden Studien des Club of Rome gab, nennt er ökologische Aufgaben dagegen nicht. Umgekehrt spricht ein Wortführer der ökologischen Zukunftsverantwortung, Hans Jonas (1979, 329 ff.), vom Nahrungs-, Rohstoff-, Energie- und Thermalproblem, während die von Rawls aufgeworfenen Sparaufgaben fehlen. Der schon damals weltberühmte Harvard-Philosoph Rawls wird laut Jonas' Register nicht einmal erwähnt.

Das Zukunftsparadoxon der Demokratie trifft trotzdem nur begrenzt zu. Die von der Demokratie entlasteten Ämter sind nämlich nur für einen schmalen Bereich der Gesamtverantwortung zuständig. Die Optimierung einer Teilverantwortung trägt aber nicht notwendig zur Optimierung dessen bei, wofür die genuin demokratische Politik zuständig ist, zur Gesamtverantwortung. Daher kann man vom Zukunftsparadoxon nur in einer abgeschwächten, zudem nicht demokratiespezifischen Form sprechen: Ob demokratisch oder nicht-demokratisch – wegen der umfassenden Zukunftsverantwortung der Politik verbindet sich deren größere

Aufgabe mit der größeren Gefahr, die noch größere Verantwortung zu verfehlen.

Nach diesen längeren Überlegungen zum ersten Politikbegriff läßt sich ein zweiter Begriff, die Politik als relativ eigenständiges Teilsystem der Gesellschaft betrachtet, kurz behandeln. Denn indirekt, über die funktionalen Imperative, war dieser Begriff schon präsent: In den skizzierten Antriebskräften der Politiker, insbesondere ihrem Eigeninteresse, spiegelt sich die funktionale Gesetzlichkeit des Politiksystems wider. Weil es hier notgedrungen auf Macht, Einfluß und Zustimmung ankommt, fehlt es der Zukunftsfähigkeit an einem unmittelbaren Eigengewicht. Sie erhält nur so weit eine mehr als zufällige Bedeutung, wie die Zukunftsverantwortung entweder ausdrücklich in den Aufgabenbereich des jeweiligen Amtes, am besten in dessen Kernbereich, fällt oder die Bürger die Zukunftsfähigkeit mit Nachdruck einfordern.

16.4 Gegenskepsis

Muß man also weithin skeptisch sein, vielleicht sogar verzweifeln? Diese Folgerung zieht nur ein wirklichkeitsfremder Moralist, der über den zweifellos gegebenen Krisenphänomenen die stolze Reihe positiver Beispiele für Zukunftsfähigkeit leugnet. Feinkritik an den west- und nordeuropäischen Demokratien ist berechtigt, gewiß. Wer sich darin verliert, übersieht aber deren Leistungen, die sowohl im Vergleich mit der Vergangenheit als auch mit anderen Ländern eine hohe Zukunftsfähigkeit belegen. Dazu gehören im Alltag ein funktionierendes Kanalisations-, Strom-, Straßen- und Eisenbahnnetz und ein nicht minder funktionstüchtiger Brand- und Katastrophenschutz; Slums von nordamerikanischem und Favelas von südamerikanischem Zuschnitt sind so gut wie unbekannt. Trotz allem gibt es ein hochrangiges Schul- und Hochschulwesen, ein Gesundheitswesen für alle und ein verläßliches soziales Netz. Die genannten Demokratien erfreuen sich einer weithin funktionierenden Öffentlichkeit und eher eines Zuviel als eines Zuwenig an wissenschaftlicher Politikberatung. Und vor allem darf man nicht verdrängen, daß eine über Jahrhunderte nicht abreißende Welle der Kriege von einer Friedensordnung abgelöst worden und an die Stelle von Erbfeindschaften die Europäische Union getreten ist. Selbst das Umweltbewußtsein hat sich tiefgreifend verändert. Von einer nachhaltigen Lösung sind zwar beide, die Energiefrage und die Verringerung des CO_2-Ausstoßes, noch weit entfernt. Weil aber, um nur wenige Beispiele zu nennen, die Stahl- und die Kraftwerke schadstoffärmer und die Kraftfahrzeuge einschließlich der schweren Lastkraftwagen erheblich umweltfreundlicher geworden sind; weil die Politik begonnen hat, sich auf den veränderten Altersaufbau der Gesellschaft und auf die Aufgabe einzustellen, die Einwanderer zu integrieren; weil man sich anschickt, die Staatsverschuldung zu bremsen, sie sogar abzubauen, und der Bildung und Forschung ein größeres Gewicht beizumessen, kann man schwerlich eine pure Zukunfts*in*kompetenz behaupten. Wenn im Gegenteil die genannten Demokratien über ein hohes Maß an Zukunftsfähigkeit verfügen, muß die bisherige Einschätzung der Antriebskräfte als unvollständig und zugleich einseitig gelten: Die Politik, insbesondere ihre demokratische Gestalt, ist bislang verkürzt dargestellt worden.

Die Verkürzung läßt sich auf das Fehlen von mindestens zwei weiteren Politikbegriffen zurückführen. Noch nicht berücksichtigt sind die Politik als Inbegriff von Programmen und Grundsätzen (*policy*) und die Politik als die Ordnung des Gemeinwesens, im Fall der Demokratie als Rechtsordnung mit Gewaltenteilung, mit einer funktionierenden Öffentlichkeit und mit einer teils geschriebenen, teils ungeschriebenen Verfassung (*polity*). Beide Begriffe relativieren die bei den zwei ersten Politikbegriffen betonten funktionalen Imperative von Macht, Zustimmung und Einfluß: Eine darauf verkürzte Theorie wird der Wirklichkeit der Politik nicht hinreichend gerecht; sie ist in einem wesentlichen Sinn fragmentarisch.

Um mit dem vierten Politikbegriff zu beginnen: Eine Rechtsordnung samt Verfassung ist zunächst in einem formalen Sinn, auf eine zukunfts*in*differente Weise, zukunftsfähig. Das Wesen des Rechts, die Ablösung situativer Willkür durch gleiche Regeln für eine Vielzahl von Fällen und Personen, schafft eine verläßliche Ordnung, die einen Flächenbrand von Gewalt durch einen innergesellschaftlichen Frieden ersetzt. Beides, besagt der Ausdruck «zukunftsindifferente Zukunftsfähigkeit», ist zwar nicht zukunftsspezifisch, aber zukunftsförderlich. Eine Verfassung wiederum, die wie das deutsche Grundgesetz über Jahrzehnte weithin unverändert bleibt, bildet einen Rahmen für politische Debatten und Prozesse. Und weil der Rahmen einen verbindlichen Horizont, aber auch lediglich einen Horizont darstellt, ermöglicht er zugleich jene ständige Erneuerung, die veränderten Randbedingungen und neuen Überzeugungen Rechnung trägt. Während die Verfassung erstaunlich konstant bleibt, schafft die Gesetzgebung vielfältige Neuerungen. Dadurch wird die Skepsis, die die Moderne gegen die Tradition zu haben pflegt, kräftig dementiert: Das politische Projekt der Moderne, die liberale und soziale Demokratie, ist beiden Antipoden zugleich verpflichtet, der vor allem konstitutionellen Tradition und der legislatorischen Innovation.

Für die überwältigende Zustimmung zum Rechtsrahmen, aber auch zu großen Bereichen des Zivilrechts, des Strafrechts und des öffentlichen Rechts, nicht zuletzt der verschiedenen Prozeßrechte, dürfte eine zweite, die substantielle Seite der in der Rechtsordnung verankerten Zukunftsfähigkeit mitverantwortlich sein: Die Kernelemente sind ihrem Wesen nach universal zustimmungsfähige Elemente wie die Menschenrechte als Grundrechte, wie die Rechtsstaatlichkeit, die Demokratie, der Sozialstaat und die Gewaltenteilung sowie eine weitreichende Privatautonomie und bilden den Kern einer universalistischen Rechts- und Staatsethik. (Zur Begründung s. Höffe [4]2003, Teil III, Höffe [3]1995 und Höffe [2]2002, Teil I.)

Selbst für ein Gemeinwesen, das sich auf die universalistische Rechtsethik verpflichtet, besteht keine Bestandsgarantie. Es verfügt aber über ein hohes Maß an formaler Zukunftsfähigkeit, nämlich über hohes Potential, sich auf Dauer zu erhalten. Dieses Potential wird dort noch gesteigert, wo die bloßen Institutionen auf zweierlei Weise ergänzt werden, einerseits um Bürgertugenden wie Rechtssinn und Zivilcourage, wie Gerechtigkeitssinn, Urteilskraft und Gemeinsinn und andererseits um die vom Geist der Subsidiarität inspirierte Zivil- bzw. Bürgergesellschaft. Zusätzlich hilft eine Stärkung der direkten Demokratie. (Zur Ergänzung der repräsentativen Demokratie s. Höffe 2004, Teil II.)

Zum Potential der Demokratie, sich in ständiger Erneuerung selber zu erhalten, gehört außer der formalen eine substantielle Zukunftsfähigkeit. Sie ist zum Beispiel dort gegeben, wo die Politik dazu beiträgt, im globalen Wettbewerb Arbeitsplätze zu erhalten und neue zu schaffen; wo sie im demographischen Wandel sowohl dem wachsenden Anteil zunehmend älterer Menschen eine lebenswerte Perspektive eröffnet als auch der «Unterjüngung» entgegensteuert, indem sie die Gesellschaft wieder kinderfreundlicher macht und das Abwandern der qualifizierten Jugend («brain drain») stoppt; wo sie die Sozialversicherungssysteme und das Schul- und Hochschulwesen zukunftsfähig hält; wo sie die immense Staatsverschuldung abbaut; und wo trotz einer ständig wachsenden Leistungsfähigkeit der Medizin das Gesundheitswesen finanzierungsfähig bleibt. Bekanntlich ist bei jeder dieser Aufgaben mit enormen Widerständen und erheblichen Finanzierungsschwierigkeiten zu rechnen.

Bei derartigen Fragen können die Verantwortlichen wegen ihrer funktionalen Imperative nur dann eine zukunftsfähige Politik betreiben, wenn ein weiterer außerpersonaler Faktor hilft: die Politik als Inbegriff von Programmen und Grundsätzen. In der Demokratie sind diese allerdings an die Erwartungen der Wählerschaft und ihren Sachverstand hinsichtlich Zukunftsfähigkeit zurückgebunden. Die Frage, welche Programme tatsächlich zukunftsfähig sind, und zwar nicht selektiv, sondern umfassend, ist einer schon in methodischer Hinsicht anderen Untersuchung zu überlassen. Dasselbe gilt für die Frage, welche Versprechen die Wählerschaft goutiert, und die weitere Frage, mit welchen Schlagwörtern man am besten Zukunftsversprechen ausdrückt, selbst wenn sie oft wohlklingende Worthülsen bleiben.

17. Zukunftsmacht Markt?

Zwei Ordnungskräfte stehen in der modernen Gesellschaft außer dem Sachverstand im Vordergrund, die Demokratie und die Marktwirtschaft. Während die Demokratie unter Intellektuellen überwiegend gut beleumundet ist (eine seltene Ausnahme bildet Alain Badiou 2003), hat die Marktwirtschaft in der Gestalt des Kapitalismus einen überwiegend zwiespältigen Ruf. Wer die Chancen und Grenzen abschätzen will, die der Markt für die Zukunftsfähigkeit bietet, löst sich von der negativen Vorbewertung. Er überlegt neutral, welches Zukunftspotential der Markt bietet (Kap. 17.1) und auf welche Weise Demokratie und Markt sich ergänzen (Kap. 17.2). Im Gegensatz zu den Befürwortern eines strikten Marktes sind aber auch dessen Grenzen anzuerkennen (Kap. 17.3). Zusätzlich zum Marktversagen gibt es auch ein Versagen auf seiten des Bürgers (Kap. 17.4). Schließlich droht die Gefahr, daß das ökonomische Denken sich imperialistisch ausbreitet und überdies kleinlich wird (Kap. 17.5).

17.1 Marktleistungen

Die neutrale Einschätzung des Marktes erleichtert sich, wer auf die Reichweite achtet. Üblicherweise nimmt man nur einen schmalen Ausschnitt in den Blick, nämlich eine bestimmte Art von Gütern und Dienstleistungen und als deren Steuerungsmittel das Geld. Zu den Gütern und Dienstleistungen gehören aber auch die Dinge, in denen sich Künstler, Intellektuelle und Wissenschaftler manifestieren, auf der Güterseite Bücher und Kunstwerke, auf seiten der Dienstleistungen Ausstellungen, Konzerte, Vorträge und Lesungen sowie Beiträge in den Medien. Sogar die Kritik am Markt hat ihren Markt, so daß die Kritik, sofern sie prinzipiell auftritt, in einen pragmatischen Widerspruch gerät. Sie lehnt ab, was sie im Ablehnen selber beansprucht.

Daß das Geld den Markt steuert, wird beim Markt im weiteren Sinn, bei dem auch wissenschaftlichen und künstlerischen Markt, nicht ganz außer Kraft gesetzt: Bücher sollen gekauft werden; ihr Autor wünscht ein Honorar und ihr Verleger einen Gewinn. Ein anderes Steuerungsmittel, das oft sogar im Vordergrund steht und das vor allem noch knapper als das Geld zu sein pflegt, kommt hinzu: die Reputation. Ebenfalls knapp ist das Medium, mit dem ein weiterer, der politische Markt gesteuert wird, die Verbindung von Macht, Einfluß und Wählergunst. Der Markt ist also eine viel weiter reichende, folglich auch weit bedeutsamere Ordnungskraft, als man üblicherweise annimmt. (Zur ökonomistischen Einschätzung der Marktleistungen s. Haedrich/Berger 1982, Joines/Laffer 1983 und Friedman 1991.)

Die Grundvorteile des Marktes sind im Prinzip bekannt, auch viel gerühmt, und völlig sachfremd ist der Ruhm nicht. Der Markt stimuliert nämlich beide Grundformen menschlicher Koexistenz, die Kooperation und die Konkurrenz, und beide, Zusammenarbeit und Wettbewerb, herrschen auch unter Künstlern und Intellektuellen. Schon die Zusammenarbeit, noch deutlicher der Wettbewerb, stacheln nun zu Kreativität, Wagemut und Anstrengung an, dabei auch zu intellektuellen Mühen bis hin zu dem, was Hegel die «Anstrengung des Begriffs» nennt (*Phänomenologie des Geistes*, Vorrede, in: Werke III, 56).

Nicht bloß Ökonomen plädieren für einen starken Wettbewerb. Weil er generell dafür sorgt, daß die Kreativitätskräfte lebendig bleiben, setzt sich auch Kant für den Wettbewerb ein (*Idee einer Geschichte in weltbürgerlicher Absicht*, 4. Satz). Daraus folgt, erklärte schon vorher Adam Smith, ein zwar indirekter, aber bemerkenswerter Beitrag zum Gemeinwohl. Der Markt fördert, indem er sie fordert: Eigenverantwortung, Leistungswillen, bedarfsgerechtes

Angebot und wirksame Zuteilung. In Erwartung, daß es sich später auszahlt, freilich nicht nur finanziell, sondern auch in Zufriedenheit mit seiner Berufstätigkeit, fordert er den Menschen heraus, seine Bildung und Ausbildung, seine Fähigkeiten und Fertigkeiten, kurz: das sogenannte Humanvermögen, zu steigern. Diese Steigerung läßt wiederum die Produktivität wachsen, und zwar nach Kant nicht bloß die ökonomische, sondern auch die soziale und die kulturelle, langfristig auch die politische Produktivität. Der Markt hebt das Arbeitsethos und vielerorts die Bereitschaft zu sparen. Und der globalisierte Markt verstärkt die Förderung all dieser Leistungen, erneut weil er sie in gesteigertem Maß herausfordert.

Wie die Rechts- und Verfassungsordnung, so stimuliert auch der Wettbewerb eine zwar nur formale, aber um so wichtigere Zukunftsfähigkeit. Als erstes trägt er zur steten Erneuerung und zum ständigen Wachstum bei, einschließlich dem technischen, auch wissenschaftlichen Fortschritt. Erstaunlicherweise fällt es der traditionellen Wirtschaftstheorie schwer, die Erneuerung und den Fortschritt zu denken. Denn in ihrem Kern, den Gleichgewichtsmodellen und anderen Modellen rationaler Optimierung, ist sie statischer Natur: Die Zukunft wird lediglich als Chance oder Risiko verstanden. Als Vor- oder Nachteil, multipliziert mit der Eintrittswahrscheinlichkeit, gilt sie als im Prinzip berechenbar; das wirklich Neue hat keinen Platz.

Erst Josef Schumpeter entwarf eine «Theorie der wirtschaftlichen Entwicklung» (^{5}1952): Am Beispiel des Autokönigs Henry Ford zeigte er, wie große Unternehmer das Gleichgewicht in Form einer «internen Unruhe», der Innovation, durchbrechen. Indem sie Bisheriges zerstören, nehmen sie jene «schöpferische Zerstörung» vor, das ständig wiederholte Durchbrechen des Gleichgewichts, ohne die weder der einzelne Unternehmer noch die Wirtschaftsform, der Kapitalismus, fortlebt. Die große Weltwirtschaftskrise der Jahre 1929 bis 1930 und zahlreiche weitere Krisen, neuerdings das von den USA ausgegangene Finanzdebakel erweitern den Faktor Innovation um einen zweiten dynamischen Faktor, den Schock.

Der Soziologe erinnert zu Recht daran, daß die schöpferischen Innovationen sich nicht bloß genialen Unternehmern verdanken (vgl. Deutschmann 2008, 98–117). Wie Karl Polanyi 1944 für die großen Umbrüche seit Ende des 18. Jahrhunderts zeigt, spielen auch kollektive Vorgaben eine erhebliche Rolle. In der Unternehmens«philosophie» betont man neuerdings das narrative (erzählerische) Moment («story telling»): Der Wirtschaft geht es nicht nur um Zahlen und Fakten, sondern auch um eine Art von Märchen und Mythen, die sie mit viel Geld in die Welt setzen, um neuartige Produkte oder Dienstleistungen zum Erfolg zu führen.

Die mit der Innovation verbundene zweite Leistung, der Wettbewerb, und dessen Folge, ein breiter Wohlstand, ist keineswegs auf materielle Dinge beschränkt. Karl Marx lastete dem Kapitalismus eine «maßlose Verlängerung des Arbeitstages» an. Die erhebliche Verkürzung der Tages-, Wochen- und Jahresarbeitszeit hat ihn dementiert. Zugleich beweist der Markt seine freilich anonyme Zukunftsfähigkeit, dies aber, wie pure Marktapologeten übersehen, selbstverständlich nur bei förderlichen Randbedingungen.

Verstärkt wird die Zukunftsfähigkeit des Marktes durch den Umstand, daß der Markt zu relativ hohen Löhnen, ziemlich niedrigen Preisen und einem im Verhältnis zum Frühkapitalismus geringerem Profit geführt hat (Fischer 1985, 387 ff. und Fischer 1987, 429 ff.; Ambrosius u. a. ²2006, 39 ff. und 258 ff.). Gesellschaften mit Marktwirtschaft erfreuen sich zudem eines Wohlstandes breiter Bevölkerungsschichten, auf den sowohl frühere als auch andere Gesellschaften oft mit Neid blicken. Vorausgesetzt, die politische und gesellschaftliche Rahmenordnung stimmt, wozu ein Veto gegen mangelnden Wettbewerb gehört, gewinnt der Markt seine wichtigste und zugleich nicht bestreitbare Zukunftfähigkeit: Die Dinge, für die er zuständig ist, Güter und Dienstleistungen, stellt er in großer Zahl vielen Menschen in einer für sie finanzierbaren Weise zur Verfügung. Und es gelingt ihm in den beiden hier entscheidenden Hinsichten: Er bietet die Dinge günstig an und erlaubt, das Angebot wahrzunehmen. Während ein unverzichtbares Element der

Rahmenordnung, der Sozialstaat, eine Umverteilung vornimmt, sorgt der Markt dafür, woran auch dem Sozialstaat gelegen ist: daß es möglichst viel zum Umverteilen gibt.

Weitere Leistungen kommen hinzu: Wegen der Arbeitsteilung und Spezialisierung, die der Markt im Zuge seiner Entwicklung stimuliert, sind viele Teilnehmer am Arbeitsmarkt qualifizierter und viele Produkte (Güter und Dienstleistungen) besser geworden. Der Markt fördert also die Bildung, zumindest die berufsqualifizierende Ausbildung, die heute auch Fremdsprachenkenntnisse, die Fähigkeit zur Fortbildung sowie soziale und interkulturelle Kompetenzen einschließt. Allerdings gerät in Schwierigkeiten, wer bei der Qualifikations- oder der Produktverbesserung nicht mithalten kann.

17.2 Rechtsvorgaben

Der aufgeklärt liberalen Demokratie ist die Art der Wirtschaftsordnung nicht gleichgültig. Eine besondere Affinität hat sie vielmehr zur sogenannten freien Marktwirtschaft, vorausgesetzt, daß sie anspruchsvolle Zusatzbedingungen erfüllt. Der Markt darf schon deshalb nicht sich selbst überlassen bleiben, weil er die skizzierten Leistungen aus sich heraus nicht zustande bringt. Der gemeinwohlförderliche Wettbewerb herrscht nicht spontan: Wegen eines «Gesetzes der rationalen Wettbewerbsverbesserung» (Höffe [2]2002, 400–403) entstehen Oligopole und Monopole, was sowohl der Demokratie als auch dem Gemeinwohl widerspricht, da es dort zu einer Herrschaft weniger und hier zur Ausbeutung der vielen kommt. Damit der Markt trotzdem das Gemeinwohl befördert, braucht er als Gegenkraft eine Autorität, in der Regel einen Staat, der für den gemeinwohlförderlichen Rahmen sorgt. Kriminellen Wettbewerbsverzerrungen («Mafia-Methoden») tritt er mit einer effizienten Rechtsordnung entgegen; gegen Monopole und Oligopole, gegen Kartelle samt Preisabsprachen und unlauteren Wettbewerb schafft er die einschlägige Marktordnung und sorgt für deren

Einhalten. Darüber hinaus schafft er eine verläßliche Rechtsordnung («Rechtssicherheit») und ein Bildungswesen, aus dem gut ausgebildete und berufswillige Bürger hervorgehen.

Der zur Demokratie affine Markt bedarf weiterer Rechtsvorgaben. Denn er selbst ist beispielsweise für die Menschenrechte und die Menschenwürde nicht zuständig. Wegen ihres absoluten inneren Wertes sind sie nämlich über allen Preis erhaben, haben daher in der Welt der Preise, dem Markt, keinen Ort. Tauchen sie dort trotzdem auf, so haben sie ihr Wesen, den absoluten Wert, schon verloren. Wer die Menschenwürde und die Menschenrechte auf dem Markt anbietet, begeht daher einen Kategorienfehler und verkennt das Wesen beider Seiten. Nicht nur unter den heutigen Bedingungen, sondern unter allen Bedingungen versagt hier der Markt. Ob Tausch-, Geld- oder Kapitalwirtschaft, ob westliche oder östliche, ob moderne oder vormoderne Präferenzen – Markt und Menschenrechte sind untereinander schlechthin inkompatibel. Da aber die Menschenrechte dem Menschen als solchem zukommen, braucht es eine vom Markt grundverschiedene Autorität, eben die Rechtsordnung.

Zu den Menschenrechten gehört das Recht auf Eigentum und auf eine freie Entfaltung der Person. Diese wiederum schließen die freie Teilnahme am Wirtschaftsleben ein, sowohl die Berufsfreiheit des Konsumenten als auch die Unternehmerfreiheit, woraus die Affinität der aufgeklärt liberalen Demokratie zur Marktwirtschaft folgt. Nun verlangt der Gedanke der Menschenrechte nach sozialen und ökologischen Mindestbedingungen. Deswegen besitzt nicht schon die schlichte Marktwirtschaft eine besondere Affinität zur liberalen Demokratie, vielmehr erst die soziale und ökologische Marktwirtschaft. Auch damit ist aber noch keine genaue Wirtschaftsordnung festgelegt. Wieweit das Eigentumsrecht reicht, wieweit sich der Wettbewerb erstrecken darf, wie streng die Sozial- und Umweltkriterien und wie stark die Anreize zur Selbstverantwortung sein sollen – derartige Fragen dürfen die Gemeinwesen wegen eines Rechts auf Differenz unterschiedlich beantworten.

Im Rahmen des gemeinsamen Obermodells, einer sozialen
Marktwirtschaft, lassen sich idealtypisch zwei Modelle gegeneinander absetzen. Welches von ihnen das in der Bilanz größere Zukunftspotential enthält, läßt sich schwer abschätzen. Mit einem
größeren Vertrauen auf den Markt, mit einem stark ausgepräg-
ten Wettbewerb und Unternehmungsgeist sowie einer geringen
Steuerbelastung, freilich auch mit bescheideneren Sozial- und Um-
weltansprüchen, zeichnet sich das «US-amerikanische Modell»
durch rasche Innovation und ein großzügiges Mäzenatentum aus.
Es kennt aber auch mehr Gewalt, große Elendsviertel («Slums»),
weit mehr Gefängnisinsassen, größere Einkommens- und Vermö-
gensunterschiede und einen erheblichen Bevölkerungsanteil ohne
Krankenversicherung. Nicht zuletzt ist das Finanzdebakel (Herbst
2008) von den USA ausgegangen. Das «kontinental-europäische
Modell» stärkt dagegen die Sozial- und Umweltkriterien, was den
Markt, seinen Spielraum von Wettbewerb und Unternehmungsgeist, einengt, man kann allerdings auch sagen, sie in eine andere
Richtung lenkt. Die Beschreibung des Phänomens ist also nicht eindeutig. Zusätzlich unterscheiden sich, kulturabhängig, die Mentalitäten, die wiederum die Einschätzung des Zukunftspotentials mit-
tragen: Welche Art von Zukunft ist einer Bürgerschaft wichtiger:
die Freiheit, die Gleichheit oder die Sicherheit?

Schon aus diesen zwei Gründen, der Unbestimmtheit in der Beschreibung und der Mentalitätsabhängigkeit der Bewertung, läßt
sich das in einer konkreten Wirtschaftsordnung enthaltene Zukunftspotential schwerlich objektiv bilanzieren. Trotzdem sei eine
Vermutung erlaubt: In ihrem west- und nordeuropäischen Zuschnitt ermöglicht die moderne Demokratie, allen drei Kriterien für
Zukunftsfähigkeit, der Freiheit, der Gleichheit und der Sicherheit,
gleichermaßen zu genügen.

17.3 Marktversagen

Noch weitere Grenzen beeinträchtigen die Zukunftsfähigkeit des Marktes. Viele von ihnen hängen von der fehlenden oder erschwerten Möglichkeit ab, einen (Markt-)Preis zu erzielen, der seinerseits an die Möglichkeit von Eigentumsrechten gekoppelt ist. Eine erste Zusatzgrenze besteht in einer Selektion und zugleich Verzerrung: Güter und Dienstleistungen, die sich zwar nicht prinzipiell einem Preis versperren, aber unter den derzeitigen Bedingungen keinen nennenswerten Preis finden, treten entweder in den Hintergrund oder tauchen erst gar nicht auf oder verschwinden von der Bildfläche; sie werden jedenfalls benachteiligt. (Zu den Grenzen des Marktes s. Stürner 2007.)

Andere Güter haben keinen Preis, weil sie wie etwa gute Luft lebenswichtig sind, aber, sieht man von Sauerstoffflaschen ab, nicht gekauft oder verkauft werden können. Allenfalls kann man in Gegenden mit guter Luft umziehen.

Wieder andere Güter, natürliche Ressourcen wie Rohstoffvorräte und die nicht-küstennahen Fischbestände der Weltmeere, haben so lange keinen Preis, wie mangels einer hier zuständigen Weltrechtsordnung keine Eigentumsrechte festgelegt werden. Dann droht nämlich die bei Gemeinschaftseigentum generelle Gefahr der Übernutzung.

Eine andere Art von Marktversagen liegt bei Gütern und Dienstleistungen vor, die aus einer gemeinschaftlichen Aktivität hervorgehen. Weil die einzelnen Marktteilnehmer so lange zögern, sich zu engagieren, wie sie nicht mit dem Engagement der anderen rechnen können, kommen die betroffenen Güter und Dienstleistungen entweder gar nicht zustande oder sie erzielen einen Preis, der weit niedriger ist, als den Marktteilnehmern die Sache wert ist. Erneut ist die Politik gefordert.

Weiterhin neigt der Markt im Positiven wie im Negativen zu Übertreibungen, überdies zu Kurzatmigkeit. Bei Aktiengesellschaften wird sie durch Aktienkurse verschärft, noch einmal mehr durch die kurzfristige Rechenschaft, die Quartalsberichte. Familien- und Stiftungsunternehmen haben es hier leichter, obwohl auch sie sich dem internationalen Konkurrenzdruck nicht entziehen können.

Es gibt ferner Güter und Dienstleistungen, die man schätzt, die auch einen Preis haben und bei denen trotzdem die Gefahr droht, daß sie vernachlässigt werden. Es sind die öffentlichen Güter, das heißt Güter, die als solche nicht teilbar sind, also nicht einigen mehr, anderen weniger zugute kommen. Ein Beispiel bietet die äußere Sicherheit eines Landes, der man allerdings trotzdem, dann aber nicht aus Markt-, sondern Politikgründen einen hohen Wert beimißt. Ein anderes Beispiel ist die Währung, die im Sinne der Devisenkurse für jeden gleich ist und im Fall einer etwaigen Geldentwertung jeden auf die gleiche Weise, allerdings nicht mit gleichen Folgen trifft: Ein hoher Kurs der eigenen Währung erleichtert den Import und erschwert den Export.

Eine weitere Schwäche des Marktes besteht in seiner Unfähigkeit, jene teilweise enormen Konjunkturschwankungen zu verhindern, die zu Arbeitslosigkeit und bei gesteigerten Schwierigkeiten zu sozialen Krisen führen. Auch bringen die Selbststeuerungsmechanismen des Marktes nicht jene chancengerechte Verteilung des Eigentums zustande, die nicht bloß aus demokratie-, sondern auch aus ökonomietheoretischen Gründen zu fordern ist: Der Markt sorgt nicht dafür, daß das Eigentum in die Hände derjenigen gerät, die mit ihm den größten Beitrag zum Eigenwohl und zum Gemeinwohl leisten. Für eine leistungsgerechte Verwertung des Eigentums ist der Markt nicht kompetent.

Eine hier letzte Zusatzgrenze, der Zukunftsdiskont, ist keine Eigentümlichkeit des Marktes. Denn aus anthropologischen und zusätzlich ontologischen Gründen bestimmt er so gut wie alles menschliche Leben, einschließlich der Demokratie (s. Kap. 2.3). Dem Markt ist daher die Diskontierung selbst nicht vorzuwerfen, wohl aber der genaue Diskontsatz, die eventuell *zu hohe* Diskontierung. (Zu den verschiedenen Arten von Marktversagen und den

Möglichkeiten der Gegensteuerung s. Fritsch u. a. [7]2007 und Hekker 2007.)

17.4 Bürgerversagen

Nicht alle genannten Schwächen darf man lediglich dem Markt anlasten. Denn häufig fehlt es an der Zahlungsbereitschaft, und hier dürfte es ebenfalls zwischen den Kulturen große Mentalitätsunterschiede geben: Für einen Kinobesuch ist man zu zahlen bereit, Studium generale-Vorträge erwartet man kostenlos. Und bei den Ausgaben für Kleidung, alkoholische Getränke, den Fernseh- und Musikgeräten sowie dem Urlaub sind viele großzügiger als bei den Kosten für die Kinderbetreuung oder die Weiterbildung. Analog zum Marktversagen kann man hier von einem Bürgerversagen sprechen.

Ferner darf man der modernen Werbung ein hohes Maß an Raffinesse zubilligen. Daß die Konsumenten ihr erliegen, ist aber nicht bloß den Verführungskünsten anzulasten. Die Werbung ist für vieles, aber nicht für alles verantwortlich. Es gibt auch eine gewisse Habsucht seitens der Käufer, einen Kaufrausch, den Siegfried Lenz in der meisterlichen Erzählung «Bekenntnisse eines Warenhausverkäufers» ironisiert.

Ob die Kritiker recht haben, braucht hier nicht entschieden zu werden; es genügt, auf eine etwaige Gefahr hinzuweisen: Ein zu großzügiger Sozialstaat könnte mit seiner Fürsorgementalität die Bürger korrumpieren, sie nämlich mit einer Verbindung von Paternalismus («es besser als die anderen wissen») und Maternalismus («den Bürgern das Für-sich-selber-Sorgen abnehmen») auf subtile Weise entmündigen. Da aber, über die entsprechenden Wahlpräferenzen vermittelt, letztlich die Bürger selbst für die entsprechenden Gesetze votieren, müßte man, falls die Diagnose halbwegs zutrifft, ergänzen: Obwohl viele Bürger sich im Vergleich zu früher eines gewachsenen Auskommens erfreuen, entmündigen sie sich ein Stück weit selbst. Daß die Eigenvorsorge der Fremdvorsorge vor-

angehe, ist manchem fremd geworden. Bürger, die sich auch ökonomisch als selbstverantwortlich empfinden, haben sich zu Lei-
stungsempfängern gewandelt. Allerdings gibt es Ansätze zu einer
Umorientierung.

17.5 Herrschaft des Rotstifts

Wer die Globalisierung auf die Wirtschafts-, Finanz- und Arbeitsmärkte verkürzt, kommt nicht umhin, unserem Zeitalter eine wachsende Macht des wirtschaftlichen, vor allem betriebswirtschaftlichen Denkens vorzuwerfen. Die Diagnose verläuft aber oft zirkulär:
Wer nur Ökonomisches in den Blick nimmt, darf sich nicht wundern, daß er nur Ökonomie sieht, folglich die Welt ökonomistisch
verkürzt. In Wahrheit findet die Globalisierung auch in Bereichen
statt, die ohne Geld nicht auskommen, deren Florieren aber grundlegend anderen Kriterien folgt: in der Bildung, Wissenschaft und
Forschung, in der Literatur, Kunst und Musik, nicht zuletzt im
Völkerrecht, das weit mehr als lediglich das internationale Wirtschaftsleben regelt.

Trotzdem könnte das Medium der Wirtschaft eine Übermacht gewonnen haben. Denn, fragt Johann Nestroy ironisch:
«Die Phönizier haben das Geld erfunden – aber warum so wenig?» Geld ist typischerweise knapp. Knapp sind allerdings auch
Arbeitsplätze und Fachkräfte, Energie, vielerorts Lebensmittel
und fast allerorten, trotz steigender Lebenserwartung, die Zeit.
Und selbst dann, wenn die Menschen längst genügend Geld
haben, um ohne Sorge zu essen, zu trinken und sich zu kleiden, wollen viele mehr Geld, und manche können vom Geld nie
genug bekommen. Dahinter verbirgt sich, vermutet Friedrich
Nietzsche, ein «Machtgelüst». Denn jetzt, nachdem Religions-
und Glaubensfragen ihre Übermacht verloren haben, gibt das
Geld am «höchsten Machtgefühl und gutes Gewissen» (*Morgenröthe. Gedanken über die moralischen Vorurtheile*, 3. Buch,
Nr. 204).

Nietzsche bietet hier eine Diagnose der Moderne an. Ihr zufolge findet eine eventuelle Ökonomisierung nicht erst seit einigen Jahren, höchstens wenigen Jahrzehnten statt. Nietzsche hat seinen Text 1881, also vor bald 130 Jahren veröffentlicht. Und das von ihm diagnostizierte Phänomen, daß Religions- und Glaubensfragen ihre Übermacht verlieren, beginnt mindestens noch mehrere Jahrzehnte vorher. Wer Nietzsches Diagnose für plausibel hält, sie zudem durch andere, komplementäre Thesen von Karl Marx und weiteren Sozialtheoretikern bekräftigt findet, der hält die Ökonomisierung für ein älteres und zugleich grundlegenderes Phänomen. Die neuere Globalisierung kann es verstärken, «erfunden» hat sie es nicht (s. Kap. 4.3).

Soweit man eine heutige Ökonomisierung beklagt, muß man ein neues Phänomen, also etwas anderes als eine Gier nach Geld meinen, hinter der ein Machtwille steht. Es genügt auch nicht, vom Geld zu behaupten, es sei das Blut «im sozialen System». Denn diese Behauptung verkürzt nicht bloß die Gesellschaft auf ökonomische Interessen. Indem sie generell die Wirtschaft zur Hauptmacht erklärt, fehlt der historische Index: daß die wachsende Macht ziemlich neu ist. Trifft die These eines neuen Phänomens zu?

Auf systematischen Untersuchungen mit exakten Daten und von Vergleichsdaten unterfüttert (wie sieht es heute, wie vor dreißig Jahren, wie vor hundert, wie vor zweihundert Jahren aus?) beruht die neuere Ökonomisierungsthese nicht. Sie beruft sich auf Erfahrungen, die ein kritischer Zeitgenosse allerdings aus eigener Beobachtung und aus Zeitungslektüre bestätigen kann. Da liest man etwa von einer Zeitung, die Geld verdient und deren Geschäftsführung trotzdem Sparmaßnahmen trifft, etwa Redakteure entläßt: Der Renditedruck seitens der Eigentümer gefährdet die für eine funktionierende Öffentlichkeit unverzichtbare Qualitätspresse. Ebenso liest man und erlebt es persönlich: daß öffentliche Stellen ihre Publikumszeiten kürzen; daß die einzelnen Bahnhöfe und Poststellen für ihre Kunden keine Telefonanschlüsse mehr haben; daß sie und andere Unternehmen die Auskünfte an kostenpflichtige Call-Center «delegieren»; daß die Verweildauer in Krankenhäusern verkürzt und Assistenzärzten ein Teil ihrer Überstunden nicht vergütet wird; daß die Universitäten nach dem Muster von Unternehmen einen Aufsichtsrat erhalten, Hochschulrat oder Universitätsrat genannt; im Unterschied zu Unternehmen sitzen in diesen Gremien aber nicht ausschließlich Fachleute, hier für Lehre und Forschung, sondern auch Oberbürgermeister, Arbeitsamtsleiter und (ehemalige) Industrievorstände; ferner sollen Universitäten zwar exzellent sein, aber zu Diskont-Preisen, nämlich mit Professoren, die das dreifache Lehrdeputat internationaler Spitzenuniversitäten tragen und zusätzlich in jeder Veranstaltung bis zu fünfmal so viele Studenten unterrichten; daß bei publikumswirksamen Sportarten wie Fußball die Qualität einer Mannschaft zunehmend vom Geld der Sponsoren abhängt – dieses und vieles mehr hat in der Tat mit einer neuartigen Ökonomisierung, übrigens weniger mit einer Herrschaft des volkswirtschaftlichen als des betriebswirtschaftlichen Denkens zu tun (s. schon Kap. 5.4). Von Nietzsches «Machtgelüst» weit entfernt, nicht an natürliche Personen, an Mitglieder einer «Geldaristokratie», gebunden, liegt sie «im Trend der Zeit». Sie findet relativ anonym statt, heißt verharmlosend «Effizienz», ist aber in Wahrheit eine «Herrschaft des Rechenstifts», meist sogar nur des Rotstifts.

In den neuen Trend paßt auch, daß die öffentliche Verwaltung sich lieber als ein «Public Management» bezeichnet, das als sogenannter moderner Dienstleister Produkte und Leistungen anbietet; daß die Stellen in der öffentlichen Verwaltung mehr und mehr mit Betriebswirten besetzt werden und daß Hochschulen zunehmend auf eine Fremdfinanzierung angewiesen sind, die man aber lieber Drittmittel nennt. Eine der absurden Folgen: Vielerorts, selbst an der akademischen Universitätsspitze, mißt man den Rang eines Hochschullehrers nicht mehr an seiner tatsächlichen Forschungsleistung, sondern an der Bereitschaft, die eigentlich der Lehre und Forschung gehörende Intelligenz und Zeit jetzt der Einwerbung von Drittmitteln zu opfern. Es versteht sich, daß die Bereitschaft nicht genügt; im Kampf um die knappen Fremdmittel zählt nur der Sieg.

Vieles spricht also für die These von der Herrschaft des Rechenstifts, sogar des Rotstifts. Glücklicherweise gibt es aber gegenläufige Erfahrungen. Beispielsweise achten besser qualifizierte Arbeitskräfte nicht nur auf die Bezahlung, sondern auch auf die Möglichkeiten, die das soziale und kulturelle Umfeld ihres Arbeitsortes sowohl für sie selbst als auch für den Lebenspartner und für eventuelle Kinder bieten. Auch manchem Hochschullehrer sind die wissenschaftliche Infrastruktur, die Qualität der Studenten und der Kollegen, nicht zuletzt das Prestige ihrer Institution wichtiger als ein maximales Gehalt. Noch erheblicher ist eine andere Gegenerfahrung: daß viele Aufgaben unentgeltlich, ehrenamtlich ausgeübt werden. Weite Bereiche der Wissenschaft, der Kultur und Gesellschaft, selbst der Politik sind ohne ehrenamtliche Tätigkeit nicht mehr denkbar. Fällt sie weitgehend aus, so ist es kaum übertrieben zu sagen, daß an vielen Stellen das Leben zusammenbricht. Ohne die Negation der Ökonomie, ohne die nichtökonomische, aber keineswegs unökonomische Bürgergesellschaft, erweist sich die heutige Gesellschaft als nicht mehr lebensfähig.

Die Gegenerfahrungen heben die wachsende Herrschaft des Rotstiftes aber nicht auf. Sie schränken nur dessen Herrschaftsbereich ein und können kaum die Gefahr überwinden, daß die von ihm noch nicht beherrschten Lebensbereiche zu Inseln in einem ansonsten vom Rotstift beherrschten Meer werden.

Reine Kritik verdient der Rechenstift freilich nicht, er ist nicht a priori zukunftsfeindlich. Denn es schadet nicht, wozu der Rechenstift verhilft: zu wissen, daß alles, was keine Würde besitzt, seinen Preis hat, und zu wissen, wie hoch in etwa der Preis liegt. Denn zukunftsfähig ist nur, wer bereit ist, zum Rotstift zu greifen, also in der Gegenwart zu sparen, um in die Zukunft zu investieren und für sie Rücklagen zu bilden. Ohne finanzielle Verzichte in der Gegenwart ist keine nachhaltige Zukunftssicherung denkbar. Gefährlich ist aber, was heute droht: daß nur noch der Rotstift regiert, ohne

Visionen zur Frage, was im Leben (eines Individuums oder einer Gesellschaft) wichtig ist. Geld ist nach Überwindung der Naturalienwirtschaft, das darf man nicht vergessen, unverzichtbar, aber dies lediglich als Mittel für wichtigere Dinge.

18. Demokratie und Sachverstand

Kritik an der politischen Macht von Sachverständigen zu üben, ist wohlfeil; die Philosophie prüft die Berechtigung. Kritik kommt von drei Seiten. Die einen beklagen die geringe Legitimation, was dem Gedanken der Demokratie widerspreche. Andere heißen den Sachverstand willkommen, halten ihn aber für weit geringer, als ihn die Sachverständigen beanspruchen. Wieder andere bezweifeln, daß der Sachverstand überhaupt politische Macht besitzt. Wir prüfen, ob hier, bei der Zukunftsfähigkeit, die dreifache Kritik am Sachverstand berechtigt ist.

18.1 Schlichte Arbeitsteilung?

Bei der Zukunftsfähigkeit haben wir zwischen der Deutungsfähigkeit und der Gestaltungsfähigkeit unterschieden und innerhalb der ersten die neutrale Fähigkeit sowohl gegen die positive als auch die negative abgesetzt (Kap. 2.2). Für die neutrale Zukunftsdeutung erbringen heute vor allem empirische Wissenschaftler den erforderlichen Sachverstand. Sofern eine kluge und verantwortungsvolle Politik auf sie zurückgreift, scheint die Zukunftsfähigkeit einem strukturell schlichten und zeitlich einfachen Modell der Arbeitsteilung zu folgen: Zuerst nehmen die Wissenschaften eine Deutung der Zukunft vor, auf deren Grundlage sodann die Politik die Zukunft gestaltet.

Für die Frühzeit der Menschheit, für Sammler, Jäger und Ackerbauern, könnte das Modell in Annäherung zutreffen. Schon damals hatte man mit Blick auf die Zukunft zu planen: Sammler mußten sich auf das Wetter und auf die Erntezeiten ihrer Pflanzen einstellen; Jäger hatten das von der Tages- und der Jahreszeit abhängige Wandern ihrer Beutetiere zu berücksichtigen; Ackerbauern mußten die Aussaat, eventuell das Bewässern und die Ernte planen. Zusätzlich kam es in allen drei Gesellschaften auf Vorratshaltung an. Aufgrund dieser Aufgaben hatte man verschiedene Kausalreihen zu berücksichtigen, deren Zusammenhang sowohl für glückliche als auch weniger glückliche Konstellationen zu bedenken und den richtigen Augenblick des Handelns zu überlegen. Für all diese Aufgaben war nun gefragt, was einige mehr, wenige sogar weit mehr als die anderen besaßen: Sachverstand. Und auf dessen Grundlage wurden dann Entscheidungen getroffen; sowohl in zeitlicher als auch in sachlicher Hinsicht folgte die Politik dem Sachverstand.

Im Laufe der Zeit hat sich der Sachverstand grundlegend gewandelt. In der Frühzeit dürfte er sich aus drei Faktoren ergeben haben, aus Begabung, Erfahrung und einem oft esoterischen, gewissen Personen vorbehaltenen Geheimwissen. Vor allem der dritte Faktor hat sich inzwischen verändert. An die Stelle der esoterischen Kenntnisse ist ein im Prinzip allen zugängliches Wissen getreten, das mehr und mehr wissenschaftlichen Charakter hat.

Trotz dieser Veränderung liegt die Zukunft heute nicht weit klarer vor Augen. Im Gegenteil: Noch immer kann man sich hinsichtlich der Zukunft nur in einem sicher sein: daß sie nie unseren Voraussagen entspricht. Im Unterschied zu unseren Vorfahren verstehen wir es aber, unsere Unkenntnis mit oft fragwürdigen Prognosen und Szenarien zu überspielen. Zur Frage beispielsweise, welches Wirtschaftswachstum, welche Inflationsrate, welches Steueraufkommen zu erwarten sind, hätte die Politik gern ein echtes Wissen. Vor dem Bankendebakel (Herbst 2008) haben sogar so wenige «Kassandra-Ökonomen» gewarnt, daß anscheinend keines der Dutzenden, wahrscheinlich sogar Hunderten von wirtschaftspolitischen Beratungsgremien ein entsprechendes Szenarium erörtert und rechtzeitige Gegenmaßnahmen vorgeschlagen hat. Die

Politik läßt sich daher die einschlägige Beratung viel kosten, obwohl sie mittlerweile weiß, daß sie nur ein angebliches Wissen erhält.

Für die bleibende Unkenntnis ein winziges, aber politisch erhebliches Beispiel: Niemand kann heute verläßlich vorhersagen, wieviel Geld die deutschen Krankenkassen im nächsten Jahr brauchen. Die Ausgabenentwicklung läßt sich vielleicht noch seriös einschätzen, dies trifft aber weder auf die Konjunkturentwicklung zu noch auf die beiden Hauptfaktoren für die Einnahmen der Kassen, auf die Zahl der sozialversicherungspflichtig Beschäftigten und die Höhe ihrer Einkommen. Eine nüchterne Einschätzung fällt deshalb kaum weniger skeptisch aus als das Wort eines islamischen Gelehrten: «Weissagen ist Narrheit, doch gut dafür, den Toren zu imponieren» (nach Pamuk 2008, 120).

Überraschenderweise läßt die Verwissenschaftlichung das Modell schlichter Arbeitsteilung noch weitgehend unangetastet. Erst vier andere Faktoren, vier «Aber», komplizieren die Lage und heben die schlichte Antwort auf. Eine erste Komplikation ist für die Moderne nicht eigentümlich, vielmehr aus früheren Epochen bekannt: daß die Zukunftsdeutung die Gestaltungsfähigkeit beeinflußt und sie dadurch selber ein gewisses Maß an Gestaltungsfähigkeit erlangt. Denn auch eine weithin überzeugende Prognose hat nicht die Macht, das entsprechende politische Handeln einzufordern. Sie verändert aber den Horizont des politischen Handelns, was der Deutungsfähigkeit eine Mitgestaltungskraft einbringt.

Eine zweite Komplikation ist für die Moderne ebensowenig eigentümlich: die sich selbst erfüllende oder aber selbst zerstörende Prophetie. Glauben die Kunden, daß ihrer Bank die Insolvenz droht, so stürzen sie an die Schalter, heben ihr Geld ab und bringen Schwierigkeiten hervor, die auch dann in Insolvenz gipfeln können, wenn sich im Rückblick ihr Bankinstitut als grundsolide erweist. Nach diesem Muster, das allerdings kaum das Bankendebakel vom Herbst 2008 erklärt, verändert eine bloße Überzeugung von der Zukunft die Zukunft selbst. Weil also eine für überzeugend gehaltene Zukunftsdeutung in die gedeutete Zukunft eingreift, sind die Deutung der Wirklichkeit und der Geschehensablauf der Wirklichkeit selbst keine unabhängigen Größen. Dieses Phänomen hat eine große Tragweite: Da ein Wechselverhältnis besteht, gibt es für die Richtigkeit der Zukunftsdeutung keine verläßliche Bewährungsprobe.

Aus anderen Gründen sind beispielsweise Konjunkturprognosen noch schwieriger. Zum einen sind Menschen unübersehbar vielen Einflüssen ausgeliefert, daher reagieren sie sprunghaft und sind «launisch»; überdies wissen sie nicht, wie die anderen auf das eigene Verhalten reagieren. Die wechselseitige Abhängigkeit ist daher unberechenbar. Zum anderen lassen sich zwei wirtschaftsrelevante Phänomene, Innovationen und Schocks, kaum vorhersehen.

Manche Zukunftsdeutungen sind allerdings von der sich selbst erfüllenden oder sich selbst zerstörenden Prophetie so gut wie unabhängig. Ein Beispiel bietet die genannte demographische Entwicklung: Wie viele Kinder in den nächsten Jahren geboren werden, läßt sich in relativ engen Grenzen prognostizieren. Vor allem kennt man die schon lebenden Alterskohorten und kann deren Lebenserwartung so gut abschätzen, daß der Altersaufbau einer Gesellschaft für die nächsten zehn und zwanzig, sogar dreißig Jahre ziemlich genau vorhersehbar ist. Nicht ganz so genau, aber immer noch ziemlich gut lassen sich die daraus entstehenden Aufgaben und Chancen bestimmen (vgl. Kocka u. a. 2009a).

Andere gut vorhersehbare Folgen werden verdrängt. Beim Bologna-Prozeß der Universitäten, der Einführung verpflichtender Bachelor- und Master-Studiengänge, waren zu erwarten: eine enorme Kommissionsarbeit für die Planung der Studiengänge mit der Folge, daß die Dozenten, da sie nicht, wie in der öffentlichen und privaten Verwaltung üblich, andernorts entlastet werden, einen erheblichen Teil ihrer Forschungszeit opfern müssen; eine Verschulung des Studiums, die die Universitäten den Fachhochschulen annähert; eine Erhöhung des Betreuungsaufwandes der Dozenten, was ihre Forschungszeit noch einmal einschränkt, zumal bei dem im internationalen Vergleich hohen Lehrdeputat; eine Re-Provinzialisierung des Studiums und eine De-Internationalisierung, da die engen und strengen Vorgaben einen Studienortwechsel sowohl im eigenen Land als auch über die Staatsgrenzen hinweg erschweren.

Bei Prognosen etwa zur Wirtschaftskonjunktur wird die objektive Erschwernis noch durch den «subjektiven» Grund verstärkt, daß die Autoren der Prognosen, die Ökonomen, ihren Blick verengen. Daß beispielsweise in Korea eine blühende Industrie- und Dienstleistungsgesellschaft entstehen werde, versuchte keiner der Ökonomen vorherzusagen. Denn die dafür verantwortlichen Faktoren, die Mentalität der Koreaner, das davon mitbeeinflußte Bildungsniveau und den verläßlichen Rechtsrahmen, pflegte niemand zu berücksichtigen.

Ziehen wir eine Zwischenbilanz: Mancherorts spielt das Phänomen der sich selbst erfüllenden Prophetie eine Rolle. An den vielen Orten, an denen es aber nicht der Fall ist, läßt sich die Prognosefähigkeit erheblich verbessern: teils durch die Bereitschaft, naheliegende Folgeprobleme rechtzeitig wahrzunehmen und ihretwegen die genaueren Pläne zu verbessern (Beispiel Bologna-Prozeß), teils durch die Erweiterung der zu berücksichtigenden Gesichtspunkte und der zu Rate gezogenen Fachdisziplinen (Beispiel Korea).

18.2 Mediendemokratie I

Die dritte und zugleich erste wahrhaft moderne Komplikation zum Verhältnis von Politik und Sachverstand ergibt sich aus der Mediengesellschaft. (Zur Veränderung der Machtkanäle im Medienzeitalter s. Liessmann 2003.) Die Legitimationsgrundlage der Medien, vor allem der Druckmedien, ist ambivalent. Weder eine einzelne Zeitung oder Zeitschrift noch ein einzelnes Magazin ist demokratisch legitimiert. Trotzdem sind sie nicht nur über die Pressefreiheit grundrechtlich geschützt. Als wesentlicher Teil der Öffentlichkeit ist ihre Gesamtheit für eine Demokratie unverzichtbar. Nach dem demokratietheoretischen Lehrbuch sind Journalisten nämlich wie Wachhunde, die die Gesellschaft rechtzeitig vor bösen Buben warnen und dadurch Unheil verhüten.

Dies ist richtig: In ihrem politisch relevanten Anteil, der einschlägigen Information und Kommentierung, leistet die Medienwelt weit mehr als der Name «Medien», wörtlich: Mittel, beansprucht. Vor allem die Massenmedien vermitteln nicht lediglich. Sie entscheiden vielmehr über die öffentliche Sichtbarkeit von Personen und Themen, nur wenig zugespitzt: Was in den Medien nicht auftaucht, findet nicht statt. Medien kanalisieren die Aufmerksamkeit des Publikums und übernehmen dabei hinsichtlich der Deutungen zwei Rollen. Einerseits treffen sie eine Auswahl, wodurch sie filtern und verstärken. Gute Journalisten trennen das Erhebliche vom Belanglosen; und indem sie erklären, was Sache ist, werden sie zu einer Autorität, die über Kenntnisse und Erfahrung verfügt.

Andererseits nehmen die Medien Pointierungen, zugleich verkürzende Vereinfachungen vor. Überdies stellen sie Bezüge zu anderen Deutungsangeboten desselben Themas und zu anderen Themen her. Zusätzlich zur ersten Rolle, der Selektion, leisten sie also eine Akzentsetzung. Für diese Aufgabe werden die ihnen angebotenen, meist umfangreichen Deutungstexte radikal gekürzt, und die in seltenen Fällen leicht lesbaren Ausführungen werden für ein breiteres Publikum verständlich präsentiert. Nicht zuletzt reichern die Medien den vereinfachten Text mit Emotionalisierung an.

So brav subsidiär treten die Medien allerdings selten auf. Sie können auch Fachwissen konterkarieren. Um sich zu profilieren, zusätzlich um Macht auszuüben, schließlich aufgrund ihrer funktionalen Imperative lieben sie sogar Querschläge. Ein Beispiel könnte der Klimawandel bieten. Weil ein sich abzeichnender Konsens journalistisch langweilig ist oder weil man generell das Für und Wider auszubreiten liebt, präsentieren die Medien, so heißt es, zum Klimawandel gern die zu den vorherrschenden Alarmrufen konträre Beschwichtigung. Vor allem agieren die Medien ähnlich kurzatmig und erinnerungsschwach wie Finanzmärkte. Einer der Gründe: Prognosen zum wechselnden Publikumsinteresse sind noch schwieriger als die zur Konjunkturentwicklung. Nur ein Beispiel: Welche Angstwelle morgen hereinbrechen wird und wann das Morgen sein wird, vermag niemand auch nur zu ahnen.

Die Macht der Medien reicht weit; sie vermögen sogar die Forschung mitzusteuern. Nach einer Befragung von Kepplinger und Post unter 133 deutschen Klimaforschern halten 70 bis 80 Prozent der Wissenschaftler die Berichte über den Klimawandel für unrealistisch und überzeichnet, so daß die behauptete Dissenslust hier gar nicht zutrifft (vgl Kepplinger/Post 2007). Der Theaterfreund erinnert sich an Bertold Brechts Schauspiel *Leben des Galilei.* Dort lädt Galilei die ihn visitierenden Kardinäle ein, zur Bestätigung seiner Thesen durch sein Fernrohr zu schauen. Aus dem Bewußtsein, daß ihr Wissen unwiderlegbar richtig ist, lehnen es die Kardinäle jedoch ab. Da apokalyptische Warnungen die Öffentlichkeit und die Politik stärker prägen, erhalten die Vertreter der Flut- und Dürreszenarien überproportional viel Geld. Obwohl sie nach Ansicht ihrer Fachkollegen übertreiben, sind die Großwarner gegenüber den nüchternen Empirikern doppelte Gewinner: Zunächst haben sie den medialen, sodann den ökonomischen Erfolg.

Das vierte «Aber» gegenüber der schlichten Arbeitsteilung besteht erneut in einer für die Moderne nicht eigentümlichen Komplikation. Sie könnte sich zwar in der Moderne verschärft haben, taucht aber schon früher auf: daß die Politik die für sie erheblichen Deutungen nirgendwo, weder bei den Wissenschaften noch bei den Medien, schlicht abzufragen pflegt. Die Wissenschaften legen selten eine für die operative Politik hinreichend konkrete Deutung vor. Die Politik muß häufig den Sachverstand auffordern, sich auf die politische Konkretion, oft sogar überhaupt auf die politikerheblichen Themen einzulassen. Mittlerweile muß man jedoch einräumen, daß die Anhörungen, zu denen die Politik Wissenschaftler einlädt, oft hochrangig besetzt sind und man sich dabei durchaus um Konkretion bemüht.

Trotz spektakulärer Sonderfälle wie etwa der Arbeit des Club of Rome ermächtigt sich die wissenschaftliche Politikberatung nicht selbst. Dafür ist die Politik zuständig. Von ihr wird das Beratungsgremium geschaffen und sowohl hinsichtlich der personellen Zusammensetzung als auch dem Aufgabenbereich bestimmt. Liegt der Politik schließlich eine ausgearbeitete Beratung, eine Expertise, vor, so bedeutet der übliche Dank an das Gremium nicht, daß sich die Politik an die Expertise hält und etwaige Empfehlungen übernimmt. Sie entscheidet selbst, ob sie den Empfehlungen überhaupt folgt oder sie zur Makulatur werden läßt. Und damit ihr die zweite Option offenbleibt, pflegt sie, wenn auch nicht von verschiedenen Instanzen, mehrere Beratungsgremien einzusetzen. Deren Ergebnisse kann sie dann gegeneinander ausspielen und nach Wunsch neutralisieren. Selbst wenn die Politik sich bereiterklärt, die Expertise wohlwollend zu berücksichtigen, behält sie sich das Recht vor zu entscheiden, welche der Empfehlungen sie wieweit und wann übernimmt.

Gegenüber den Medien behält sich die Politik ebenfalls Rechte vor. Die Medien spielen zwar für die Politik eine dreifache Rolle. Sie sind eine Informationsquelle (sowohl hinsichtlich Sachverhalten als auch Stimmungen «im Volk» oder «in einschlägigen Kreisen»); sie sind eine Bühne, auf der die Politik auftritt und auf der im Gegensatz zur Lehrbuch-Demokratie die Regierung gegenüber dem Parlament kräftig bevorzugt wird; und sie sind ein Gesprächspartner.

Trotz der darin liegenden Abhängigkeit ist die Politik weit davon entfernt, sich vereinnahmen zu lassen. Schon bei der ersten Rolle, der Information, läßt sie sich nicht zu einem bloß passiven Wahrnehmer zurechtstutzen. Auf ihre Weise übernimmt die Politik die schon bei den Medien entdeckten Rollen. Die aktive Seite beginnt bei der Wahrnehmung der Informationen, die die Politik sowohl auswählt als auch mit Akzenten versieht, die sie zuspitzt oder abschwächt. Weiterhin verarbeitet sie das Wahrgenommene im Licht ihrer eigenen Ziele und Interessen und nimmt zu den «Botschaften» der Medien Stellung. Darüber hinaus versucht die Politik die Medien zu beeinflussen, sie zum Beispiel für sich wohlgesonnen, für den Gegner aber übelgesonnen zu machen. Vor allem entscheidet sie selbst, was im Blick auf Mehrheitsfähigkeit für sie aus den Medien folgt.

Aus den beiden letzten «Aber», der Bedeutung der Medien und den Rechten, die sich die Politik vorbehält, schließt eine oberflächliche Diagnose auf eine Verlagerung der Macht von der bisherigen Instanz auf neue Instanzen. Oder sie behauptet eine Metamorphose der Macht, für die Mediengesellschaft etwa nach dem Muster: Statt der Politik haben die Medien die Gestaltungsmacht und zusätzlich haben sie noch die Deutungsfähigkeit der Wissenschaften übernommen. In Wahrheit sprechen die beiden «Aber» nicht für eine Machtablösung, wohl aber für eine Struktur-Komplikation. Sie läßt sich vorläufig als eine neuartige Fähigkeit, als eine in sich noch aufgefächerte Deutungsfähigkeits-Fähigkeit ansprechen. Beide, die Medien und die Politik, besitzen eine Deutungsfähigkeit zweiter Stufe, jede allerdings auf eine eigene, ihrem «Wesen» entsprechende Art. Hier sei die der Politik skizziert:

Im Gegensatz zum ersten Anschein besitzt die Politik auch für die Deutung eine Zuständigkeit, aber nicht die primäre des Sachverstandes, sondern eine sekundäre. Bei der wissenschaftlichen Politikberatung entscheidet sie über die Zuteilung von Zuständigkeiten. Zusätzlich besitzt sie sowohl hier als auch gegenüber den Medien die finale Deutungskompetenz. Sie (mit)entscheidet nämlich über die politisch erhebliche Deutung der Deutung, da sie sowohl eine Auswahl der Deutungen als auch eine besondere Art von Ermächtigung vornimmt. Innerhalb der Zukunftsfähigkeit beschränkt sich die Politik keineswegs auf die eine Hälfte, die Zukunftsgestaltung. Auch wenn ihr die originäre Deutungsfähigkeit fehlt, behält sie sich das Recht auf Selektion und Dignifikation bzw. Nostrifikation vor. Die «demokratische Politik» ist allerdings nicht homogen. Selbst in zentralistischen Demokratien besteht sie aus einem Geflecht von Verfassung und Gesetzen, von Strukturen und

Programmen, von Ämtern, Parteien und Medien, von Religionsgemeinschaften, Unternehmerverbänden und Gewerkschaften sowie
zahllosen weiteren Institutionen und Organisationen. In diesem
wenig geordneten, vor allem kaum hierarchisch strukturierten
Geflecht findet jener stete Kampf um Einfluß, Macht und Vorrang
statt, in dem man am liebsten jene Vormacht erwirbt, die «Deutungshoheit» heißt.

Nach dem schlichten Modell obliegt die Deutung einem poli-
tik- und medienunabhängigen Sachverstand. Wegen der genannten
Komplikationen ist folgendes Modell sachgerechter, auch wenn es
immer noch ein vereinfachendes Zwischenmodell darstellt, denn es
blendet die Wechselwirkungen aus:

Falls sich die Wissenschaften der konkreten Lebenswirklichkeit
öffnen, nehmen sie ein Problem oder Thema wahr und bereiten es
auf. Indem die Medien es im Blick auf ihren Leitgesichtspunkt, die
Resonanz, filtern und verstärken, machen sie das Wahrgenommene
und Aufbereitete für die Öffentlichkeit sichtbar. Schließlich erkennt
die Politik, wieder auf ihre Weise, also vor allem nach Maßgabe
einer mit ihrem (Partei- oder Regierungs-)Programm verträglichen
Mehrheitsfähigkeit, erneut filternd und verstärkend einen Teil des
in der Öffentlichkeit Sichtbaren für sich an. Wie die im Kapitel 15.1
erwähnten Beispielen zeigen, droht allerdings die Gefahr des Verdrängens. Die Politik reagiert oft erst kurz vor zwölf.

Kompliziert wird die Frage durch einen dritten Faktor, die nach
der Mediengesellschaft und den Entscheidungsvorbehalten der Politik noch zu erörternde Demokratie. In ihr besitzt der eigentliche
Souverän und zugleich Betroffene, der Staatsbürger, eine eigene
Zuständigkeit. Die Staatsbürger-Zukunftsfähigkeit beginnt durchaus bei der Zukunftsdeutung, also einer Staatsbürger-Deutungs-
fähigkeit. Durch mindestens drei Elemente beeinflußt: durch die
eigene Lebenserfahrung, durch den persönlichen Lebensentwurf
und die Medien, haben die Bürger für die Zukunft ihres Gemeinwesens eigene Hoffnungen, Befürchtungen, aber auch Erwartungen.

Diese Elemente beeinflussen nun auf vielfältigen Wegen die zunächst öffentlich und am Ende politisch relevanten Deutungen. Zu den Wegen gehören Befragungen, also die zunehmend wichtige Demoskopie und empirische Untersuchungen. Die Zukunftsdeutungen der Staatsbürger gehen auch ein in die Plebiszite, in die Arbeit der Parteien und die der Verbände, nicht zuletzt sowohl in die facettenreiche Bürgergesellschaft als auch in die Wahlen. Im Gegensatz zum Modell der schlichten Arbeitsteilung entfaltet die Zukunftsdeutung also eine noch stärkere Gestaltungskraft.

18.3 Kampf um Deutungsmacht

Zweifellos besteht zwischen all diesen Instanzen die genannte Konkurrenz um die bestimmende Ansicht über die zu erwartende Zukunft. Mag es in anderen Kulturen und bei anderen Staatsformen eine unstrittige Deutungshoheit geben – in der Demokratie herrscht, was durch die Mediengesellschaft noch verschärft wird: ein steter Kampf um die Macht, der sich zum Kampf um den Superlativ, die Hoheit, steigert. Dabei begnügt man sich ungern mit dem relativen Superlativ, der Hegemonie; wirklich zufrieden ist man erst beim absoluten Superlativ, der Souveränität. Sie besteht hier wie generell in jener im wörtlichen Sinn überwältigenden Macht, bei der der Mächtige auf seine Macht nicht mehr zu verweisen braucht. Die Tatsache ihres Vorhandenseins ist in jedem Bewußtsein präsent. Überwältigende Macht funktioniert stillschweigend; der überragend Mächtige kann leugnen, seine Macht je eingesetzt zu haben.

Die schlichte Deutungshegemonie liegt vor, wenn jemand, sei es eine Person, eine Gruppe oder eine Instanz, das Recht oder die Macht hat, zu einem bestimmten Ereignis oder Sachverhalt die vorrangige Interpretation zu liefern. Liegt ein Recht vor, so hat die Hegemonie den Charakter eines Privilegs, den einer Meinungs- und Deutungsführerschaft, im Fall der Macht hingegen den einer Deutungsvormacht. Beide, Recht und Macht, bieten einer Interpretation auf unterschiedliche Weise die hohe Chance, die Vorherrschaft zu erlangen.

Indes gibt es hier weder eine einheitliche Fähigkeit noch weist die Vielzahl von Fähigkeiten eine hierarchische Ordnung auf, an deren Spitze eine Person oder eine Instanz steht, die die letzte Entscheidung trifft. Eine Deutungshoheit im Sinne von Deutungssouveränität kennt die Demokratie nicht. Man kann nicht einmal von einem vielstimmigen Konzert sprechen, denn es gibt weder eine Partitur noch einen Dirigenten.

Der statt dessen herrschende Kampf um Erklärungen und Interpretation findet nicht immer auf die plane Weise eines (verbalen) «Hauen und Stechens» statt. Es gibt den subtileren Streit, und mancher findet nur indirekt statt: Wer oder was wird um seine Meinung gefragt? Wer oder was wird gehört?

Zu den Konkurrenten gehören selbstverständlich die politischen Parteien, alle Arten von Verbänden und die von ihnen beauftragten Forschungsinstitute. Längst nicht mehr bloß im Hintergrund steht die weitverzweigte Lobby, die die Nichtregierungsorganisationen einschließt. Auch sind einzelne Personen zu nennen, insbesondere führende Medienberater und Trendforscher.

Selbst damit sind aber weder die Konkurrenten um die Deutungsmacht noch die Arenen der Deutungswettbewerbe ausgeschritten. Innerhalb der Wissenschaften kämpfen noch die Disziplinen miteinander: Sind für Fragen der Außen- und der Sicherheitspolitik nur die Politikwissenschaftler zuständig, oder sind nicht auch Völkerrechtler, Historiker und Politikphilosophen und die für die jeweilige Region kompetenten Kulturwissenschaftler, also Orientalisten, Indologen, Sinologen usw. kompetent? Und falls man, wie leider selten, das größere Feld der einschlägigen Wissenschaften zu Rate zieht: Wie gewichtet man deren Stimmen? Ein weiterer Streit folgt aus dem Umstand, daß die einzelnen Disziplinen weder methodisch noch in ihren Fragen homogen sind. Nimmt man die Ökonomie als Beispiel, so gibt es ferner die Konkurrenz zwischen den Wirtschaftsforschungsinstituten, zwischen den wirtschaftlichen Beratungsgremien, nicht zuletzt die innerhalb der Institute und Gremien.

Man darf hier abbrechen, denn schon jetzt zeigt sich das Wesentliche: Sowohl das Feld der um Deutungsmacht Kämpfenden als auch die Wege und Umwege, auf denen sie kämpfen, nicht zuletzt die Arenen, in denen gefochten wird, ist unübersichtlich groß. Zusätzlich spielen Zufälle eine Rolle. Der Kampf um die Macht wird hier daher von niemandem gesteuert und hat sich auch der Möglichkeit, steuerbar zu sein, längst entzogen.

Zwei Fragen liegen trotzdem nahe: Gibt es für diese Streitigkeiten Regeln und Strategien? Und: Woran erkennt man eine Deutungsmacht und deren Superlativ, die Deutungshoheit? Für eine wohlausgearbeitete Antwort ist hier nicht der Ort, Hinweise zur Antwortrichtung dürften genügen.

Zur ersten Frage, den Regeln und Strategien, kann man sich den Kampf als einen sportlichen Wettkampf vorstellen, allerdings bestehen Anomalien (für das Machtspiel der Politik vgl. Paris 2005). So gibt es weit weniger Regeln als in vielen Sportarten; den entscheidenden Rahmen für die Streitigkeiten gibt nur die Rechtsordnung ab. Ihretwegen kennt der Kampf zwar einen Schiedsrichter, der aber nicht positiv agiert und Punkte oder Tore feststellt. Lediglich negativ tätig, verfügt er vornehmlich über ein Veto-Recht: Bei rechtlichen Fouls greift er in Form eines Rechtsprozesses, etwa einer Verleumdungsklage, ein. Im weiteren Unterschied zum Sport kennt der Kampf noch einen zweiten Schiedsrichter anderer Art: das Publikum, das aber, erneut unübersichtlich, nicht schlicht in der einen Öffentlichkeit, sondern aus den unterschiedlichen Arenen besteht. Teils sind es die verschiedenen Medien, die sich eines Deutungsvorschlages annehmen, teils sind es die zuständigen Fachleute oder Politiker oder Lobbyisten, jeweils *sofern* sie den Vorschlag aufgreifen. Und je nach Einfluß, den der Vorschlag entfaltet, verfügt er über Macht.

Eine weitere Anomalie: In manchen Bereichen gibt es über die Rechtsordnung hinaus noch Zusatzeinschränkungen, sichtbar in der dort vorherrschenden Streitkultur. Sie definiert nämlich die Art des Wettkampfes: Ist er vom Muster eines Florettfechtens oder eher vom Rugby oder sogar des Catch-as-catch-can? So mag im Wahlkampf manches erlaubt sein, was sich in den Debatten seriöser Zeitungen verbietet. Ansonsten herrscht ein Sozialdarwinismus: Der Stärkere setzt sich durch. Je nach Thema und Publikum kann sich die Stärke zwar an unterschiedlichen Kriterien entscheiden, etwa an fachlicher Autorität, an Amtsautorität, an politischer oder wirtschaftlicher Macht oder an rhetorischer Begabung, einschließlich den Fähigkeiten, sich zu inszenieren und die Botschaft in eine Erzählung mit visionärer Kraft zu kleiden. Hilfreich sind strategische Allianzen, insbesondere jene Zweckbündnisse, um die Kommandohöhen jedwelcher Macht zu erobern, die Seilschaften, die auf solidarischen Beutezug gehen (vgl. Paris 1998, 139 ff.).

Eine zusätzliche Anomalie: Der Wettkampf um die Deutungsmacht hat zeitlich gesehen selten einen klaren Anfang und einen bestimmten Schluß. Der entsprechende Kampf spielt sich als ein durchlaufender, nie endgültig abgeschlossener Prozeß ab. Ein Deutungsvorschlag wird nicht bloß dadurch entmachtet, daß er einem Gegenvorschlag zu weichen hat. Ein Deutungsstreit kann sich auch erschöpfen, ohne je zu einem halbwegs finalen Ergebnis gelangt zu sein. Auch kann jemand für seinen Themenbereich als Sieger anerkannt bleiben, ein anderer Themenbereich drängt sich aber in den Vordergrund, so daß keiner von seinem Siegertreppchen verbannt wird, aber niemand sich für dieses Siegertreppchen interessiert. Dort, wo Fernsehkameras und Mikrofone umschwenken und Journalisten von einem anderen Streit berichten, geht der Kampf nicht etwa unentschieden, wohl aber nie endgültig entschieden aus. Auch aus weiteren Gründen kann man schwerlich jemals eine Deutung als klaren Sieger bezeichnen. Allenfalls trifft es in der Hinsicht zu, daß in die Entscheidung einer Regierung oder eines Unternehmens bestimmte Zukunftsdeutungen eingehen. Mehr als das vage «eingehen in» findet aber nicht statt, da die Entscheidung noch von anderen Faktoren abhängt.

Sogenannte Diskurstheorien setzen auf die Kraft des stärkeren Arguments. Es ist richtig, daß über die Wahrheit letztlich nur sie entscheiden kann. Für die faktische Deutungsmacht ist sie aber schon deshalb nur ein Faktor unter vielen, weil ein Kriterium für die Stärke eines Arguments, die Bewährung in der Wirklichkeit, naturgemäß erst in der Zukunft geschieht, sich also der unmittelbaren Anwendung entzieht. Die Phänomene der sich selbst erfüllenden und der sich selbst zerstörenden Prophetie setzen selbst diese Möglichkeit außer Kraft. Ersatzweise kann man zum Kriterium der Verläßlichkeit greifen. Hat die Person oder Instanz bislang die Zukunft ziemlich treffend gedeutet, so vertraut man ihr, dagegen verspielt sein Vertrauen, wer zu grob oder zu oft irrt.

Als Antwort auf die zweite Frage, woran man die Deutungsmacht erkennt, bietet sich ein dreifaches Maß an: der Einfluß, die Zustimmung oder Zustimmungsfähigkeit und der Beifall. Der Einfluß verdient dabei den Vorzug, weil der Beifall zu spontan erfolgt und weil gegen die Zustimmung bzw. Zustimmungsfähigkeit spricht, daß auch abgelehnte Ansichten trotzdem einflußreich sein können: Eine Ansicht, die viel Aufmerksamkeit findet, ist selbst dann mächtig, wenn sie am Ende stark verändert oder voll abgelehnt wird. Eine zustimmungsfähige, aber unbeachtete Deutung bleibt dagegen machtlos.

Für den Einfluß gibt es allerdings kaum ein so einfaches Maß wie für ein Thermometer, das die Temperatur mißt: Der Einfluß beginnt zwar bei der Aufmerksamkeit, den eine Deutung gewinnt, die Aufmerksamkeit kann aber in den verschiedenen Medien unterschiedlich ausfallen. Ein weiteres Maß für Einfluß liegt im kurzfristigen oder aber langfristigen Einfluß, ein drittes in der Frage, wen man beeinflußt: eine öffentliche Stimmung oder die Entscheidungsträger, die sich ihrerseits gegenseitig beeinflussen, oder die Entscheidungen und Handlungen selbst.

Falls jemand, eine Person oder Instanz, mit seinen Ansichten alle anderen zu verdrängen vermag, darf er, weil alleinentscheidend, sich der Deutungshoheit rühmen. Diese Möglichkeit widerspricht

aber normativ gesehen sowohl dem Gleichheitsgrundsatz der Demokratie als auch der Gewaltenteilung. Glücklicherweise zeichnet
sich wegen des skizzierten Kampfes um Deutungsmacht, wegen
dessen drei Faktoren Facettenreichtum, Nichtsteuerbarkeit und nie
endgültige Entscheidung, nirgendwo eine Deutungshoheit ab. Eine
Hegemonie dagegen kann eine Demokratie schwerlich verhindern,
auch wenn sie wegen der drei Faktoren und bei einem hohen Bil-
dungsstand der Bevölkerung allenfalls vorübergehend zu erwarten
ist. Bei den Medien kann die Demokratie zwar noch gegen Monopole, Oligopole und Kartelle vorgehen. Sie kann aber weder ausschließen, daß sich gewisse Stimmungen breitmachen, noch daß
die Ansichten einiger weniger Intellektueller dominieren. Sie kann
nicht einmal verhindern, daß in einem Land, in Österreich, eine
Boulevard-Zeitung, die Kronen-Zeitung, eine überragende, in der
internationalen Perspektive singuläre Verbreitung und ihretwegen
auch Macht erringt.

Für beide Deutungskompetenzen zweiter Stufe, die Medien und
die Politik, ist der Kampf um die Macht unverzichtbar, wenn auch
auf unterschiedliche Weise. Medien suchen Resonanz, in der ideel-
len Form der Wertschätzung und in der materiellen Form der Auf-
lage. Demokratische Politiker wiederum brauchen Zustimmung,
letztlich Stimmen, zunächst von Parteigremien, am Ende von den
Wählern. Warum aber, so eine Abschlußfrage, lassen sich noch andere auf den Kampf um Deutungsmacht ein? Drei sich überlap-
pende Motive dürften im Vordergrund stehen: eine Verantwortung,
die man für die Zukunft trägt oder zu tragen bereit ist; die Überzeugung von der Richtigkeit der eigenen Zukunftsdeutung; schließlich die Hoffnung auf persönliche Vorteile wie Aufstiegschancen,
Distinktionsgewinne und finanziellen Gewinn, manchmal sogar
Pfründe, sowie auf jeden Fall Anerkennung.

18.4 Herrschaft der Experten?

Droht wegen der Unverzichtbarkeit des Sachverstandes eine Herrschaft der Sachverständigen, eine Expertokratie? Ist die Expertokratie, früher auch Technokratie genannt, sogar wünschenswert, also keine Gefahr, sondern ein erstrebenswertes Ziel?

Daß man aus dem Kreis der möglichen Sachverständigen, der Wissenschaftler, für eine Expertokratie plädiert, zumindest für deren Vorstufe, eine zunehmende Macht des Sachverstandes, für eine «Quasi-Expertokratie», ist verständlich. Denn aus dem Plädoyer spricht nicht bloß Verantwortungsbewußtsein; es winken auch die bekannten Gratifikationen: Einfluß, Anerkennung, sogar Macht und, nicht selten mitlaufend, finanzielle Vorteile. Nach einer Expertokratie rufen vor allem junge Wissenschaften, vorausgesetzt, sie haben schon jenes Maß an öffentlicher Reputation gefunden, daß der Ruf nicht verhallt oder lediglich spöttisch kommentiert wird. Erstaunlicherweise fordert auch manch politischer Journalist mehr Macht für den Sachverstand und erklärt die Gegenforderung nach weniger Macht zur politischen Romantik.

Das Grundmuster der Kritik an einer Expertokratie ist einfach: Ein notwendiges Moment ist nicht schon zureichend. Dieses Grundmuster gliedert sich in drei Gegenargumente auf. *Erstens*: So unverzichtbar der Sachverstand für jede Politik, nicht nur für die der Demokratie ist, so bedrohlich, sogar tödlich wäre ein Exklusivrecht. Für die Demokratie brächte die Expertokratie eine Rückkehr zur Ständegesellschaft, in der allerdings nicht mehr die Vorfahren, sondern eigene Leistungen entscheiden. Der erforderliche Sachverstand kann zwar bei entsprechender Begabung und Anstrengung von jedem Bürger erworben werden, so daß gegenüber der aristokratischen Ständegesellschaft eine Demokratisierung stattfindet. Verstärkt wird sie durch den Umstand, daß viele Sachverständige von den demokratisch befugten Instanzen gewählt werden. Überdies wird ihnen eine Aufgabe vorgegeben. Infolgedessen kann man von einer demokratisierten Ständegesellschaft sprechen,

muß aber auch einräumen, daß mit der Verstärkung der Demokratie eine Abschwächung der Expertokratie Hand in Hand geht.

Sobald demokratische Instanzen entscheiden, wen sie als Sachverständigen bestellen, wahren sie den Vorrang der Demokratie: Sie
behalten das erste Wort. Und da sie die Aussagen der Sachverständigen nicht nur abnicken, nehmen sie sich zusätzlich das letzte
Wort. Die Demokratie erweitert also ihren Vorrang; sie übernimmt
die Rolle eines Aufsichtsrats. Nicht nur in einer Lehrbuch-Theorie,
sondern in der Praxis widerspricht die Demokratie jeder Expertokratie. In ihrem Blick auf Mehrheitsfähigkeit behandelt sie jeden
Staatsbürger, unabhängig von seiner Begabung, auch von seiner intellektuellen Anstrengung, als gleichberechtigt und schließt damit
jede, auch die demokratisierte Ständegesellschaft aus.

Gegen die Expertokratie spricht *zweitens,* daß es in der Politik
nicht bloß um Sachfragen, sondern auch um Interessen und um
Wertentscheidungen geht. Erneut sind für sie letztlich die Bürger
oder aber die von ihnen gewählten Vertreter, die Abgeordneten, zuständig. Daß man den Bürger über seine «wahren» oder «besseren»
Interessen aufklären darf, versteht sich. Wenn aber alle Fachleute
quer durch deren Parteienbindung vor einer Maßnahme warnen,
die weitaus meisten Bürger sich jedoch dafür aussprechen, folgen
demokratische Parteien der Bürgerschaft statt den Fachleuten. Im
Prinzip, so muß man einräumen, haben sie auch Recht. Jeder Versuch, das Wohl der Bürger auch gegen deren Willen zu befördern,
jeder Pater- oder Maternalismus, ist der Demokratie nach ihrem
Selbstverständnis verwehrt. Allenfalls in einer neuen Form von
Demokratie, in Wahrheit aber deren Einschränkung, in der in Rußland sogenannten «gelenkten Demokratie», diktiert die Obrigkeit
den Bürgern ihre «wahren» Interessen. Und weil diese Obrigkeit
es besser als ihre Bürger zu wissen vermeint, braucht sie die «traditionellen» Elemente der Demokratie, etwa die Presse- und die Meinungsfreiheit, nicht ernst zu nehmen.

Nicht nur die Demokratie verbittet sich eine Expertokratie; das
Wesen des Sachverstandes spricht ebenfalls dagegen. Mögen Sach-

verständige als Personen Herrschaft ausüben – nach ihrer ureigenen
Kompetenz sind sie dazu außerstande. Wegen der methodischen
Kluft, die zwischen Sein und Sollen besteht, hat der Sachverstand
als solcher keinerlei handlungsleitende Kraft. Er klärt lediglich über
das, was ist, auf, dieses freilich in der Fülle der Themen und Gesichtspunkte. Sachverstand diagnostiziert beispielsweise eine Situation; er beschreibt einen Sachverhalt und eruiert dessen Ursachen;
er bestimmt, was nach Lage der heutigen Dinge und Kräfte morgen
zu erwarten ist; nicht zuletzt nennt er zu vorgegebenen Zielen die
erforderlichen Mittel und Wege.

Keine verantwortliche Politik verzichtet auf dieses weite Feld
von Wissen, wenn es denn verfügbar ist. Für den Nichtverzicht
spricht nicht bloß der innere Wert des Sachverstandes, sondern
auch eine segensreiche Folge. Bei der Übermittlung des Sachverstandes an die Politik findet nämlich weit mehr als lediglich eine
Auskunft über die Sachlage statt. Weil der Sachverstand als solcher,
mangels politischer Interessen und Macht, im strengsten Sinne apo-
litisch ist, erhält er politische Bedeutung. Das von sich aus Apoliti-
sche entfaltet paradoxerweise politisches Gewicht. Einmal mehr
zeigt sich, daß trotz der funktionalen Differenz zwischen wissen-
schaftlichem Sachverstand und politischer Gestaltung keine scharfe
Trennung besteht: Weil der Sachverstand ausschließlich den normativen Kriterien von Wahr und Falsch unterliegt, also seinem Wesen
nach der Konkurrenz von Interessen und Macht enthoben ist, hilft
er, das Konfliktpotential seitens der Interessen und der Macht
zu entschärfen. Seine alle Interessensabhängigkeit einklammernde
Wahrheitsverpflichtung entfaltet eine konsensstiftende Kraft.

Zusätzlich enthält der Sachverstand ein Legitimationspotential,
also erneut eine politische Bedeutung, nämlich daß nicht ein partikulares Interesse Einfluß auf die Politik nimmt, sondern allein die
Sache. Weiterhin wirkt Sachverstand entlastend, denn Entscheidungsträger sind in einer bestimmten Hinsicht verantwortungs-
scheu: Für den Fall, daß etwas schief läuft, heißen sie die Möglichkeit willkommen, die Verantwortung auf andere abzuwälzen. In all

diesen Hinsichten erhält der Sachverstand dadurch politische Bedeutung, daß er «bei seinen Leisten» bleibt und sich, pathetisch gesagt, auf die Wahrheit und nichts als die Wahrheit verpflichtet.

Für den Sachverstand spricht auch sein didaktisches Potential: Er zwingt beide, die Politik und die Medien, genauer hinzuschauen. Statt in der Politik eine Hau-Ruck-Entscheidung zu treffen oder in den Medien eine Ansicht zu zementieren, fordert er zu etwas auf, das zum tieferen Verständnis der längst komplexen Welt beiträgt: zum Nachfragen und zum Noch-einmal-Überdenken. Nicht zuletzt entfaltet er sich in einem größeren Zeithorizont. Politiker denken hingegen in Legislaturperioden, was bei Bundespolitikern eines föderalen Staates durch die nächste Landtagswahl noch einmal eingeengt wird.

Trotz dieses weiten Spektrums politischer Aufgaben folgt aus einem auch noch so kompetenten Sachverstand keine Politik. Dafür braucht es, wie gesagt, normative Gesichtspunkte («Werte»), ferner Ziele und Zwecke sowie eine Antriebskraft, die sie zu erreichen sucht. Ohnehin ist der Sachverstand zwar für die Fülle der Themen und Gesichtspunkte zuständig, dies trifft aber nur auf den Sachverstand im Singular zu, obwohl er stets im Plural gefragt ist: Für den Klimawandel sind andere Sachverständige als für die demographische Entwicklung zuständig, wieder andere für das Gesundheitswesen, für die Bildung, für die Rechtspflege oder für die Wirtschaft. Selbst in jedem dieser Bereiche hat sich der Sachverstand mehr und mehr spezialisiert, so daß viele Sachverständige für immer kleinere Sachgebiete kompetent sind. Nur in frühen Kulturen wie dem Alten Orient gab es annäherungsweise Fachleute für «den» Sachverstand. Denn im divinatorischen Frühwarnsystem der Babylonier waren Sterndeuter fähig, außergewöhnliche Sternkonstellationen für jedwedes politische Handeln als günstig oder aber ungünstig einzuschätzen (s. Kap. 3.2). Einen derart flächendeckenden, für die verschiedenen Politikthemen gleichermaßen zuständigen Sachverstand, den einen Sachverstand im Singular, gibt es heute längst nicht mehr.

Einer der Gründe liegt in der basalen Säkularisierung. Dort, wo sich die Götter in der Sternenwelt offenbaren, werden zwei Bedingungen für einen Singular-Sachverstand erfüllt: Für die Zukunft der verschiedenen Politikbereiche gibt es einen einheitlichen Gegenstand; bei den Babyloniern ist es die «Himmelsschrift». Zusätzlich existiert eine einheitliche Methode, die im Laufe der Zeit entwickelte Fähigkeit, die Himmelsschrift zu entziffern. Wegen der basalen Säkularisierung geht aber die Einheitlichkeit im Gegenstand und in der Methode verloren. Sobald die Sternenwelt ihre thematische Allzuständigkeit und die Hermeneutik der Himmelsschrift ihre methodische Rundum-Kompetenz aufgeben, treten die einzelnen Gegenstandsbereiche und gesellschaftlichen Teilsysteme in ihr theoretisches Eigenrecht, und deshalb, zusätzlich aus wissenschaftsinternen Gründen, schwindet die Einheitlichkeit der Methode: Der Sachverstand im Singular weicht einem vielfältig pluralistischen Sachverstand.

Teile der Öffentlichkeit nehmen zwar noch immer an, zumindest in den Naturwissenschaften gebe es einen einheitlichen Denkstil, der sich bei Bedarf in eindeutige und wirksame Rezepte für die Politik umsetzen lasse. Beide Annahmen, sowohl die Einheitlichkeit des Denkstils als auch die Rezeptfähigkeit, werden aber der Wirklichkeit der Naturwissenschaften nicht gerecht.

Eine weitere Grenze von Sachverstand läßt sich am Beispiel des Wohlstandes erläutern. Um den Wohlstand verschiedener Länder zu vergleichen, pflegt man ein ebenso einfaches wie angeblich objektives Verfahren: Man errechnet aus dem Bruttosozialprodukt das Pro-Kopf-Einkommen. Wohlstand ist aber mit dem Pro-Kopf-Einkommen nicht identisch. Erstens darf man nicht-finanzielle Werte schlicht wegdefinieren. Zweitens kommt es darauf an, ob die Personen, etwa dank langer Friedenszeiten, schon in einem wohlausgestatteten Haushalt leben oder noch fast alles anschaffen müssen. Drittens fällt zu wenig ins Gewicht, ob man vom Einkommen die Miete zahlen muß oder im Eigentum wohnt, ähnlich, ob man beispielsweise ein am See gelegenes Blockhaus mit Boot besitzt, folglich preisgünstiger Urlaub machen kann. Erstaunlicherweise bleibt viertens der sogenannte Warenkorb in der Regel unberücksichtigt: daß mancherorts ein höheres Einkommen durch noch höhere Preise aufgezehrt, eventuell sogar ins relative Minus gedrückt wird.

Es geht hier nicht darum, einen besseren Vorschlag zu machen, wohl aber einzusehen, daß die Bürger auf ihren tatsächlichen Wohlstand und nicht auf ein statistisches Pro-Kopf-Einkommen achten. Hier findet eine unzulässige Gleichsetzung statt: Etwas, das Pro-Kopf-Einkommen, wird als etwas anderes, als Wohlstand, interpretiert. Analoges gilt für viele andere Bereiche. Die Wissenschaft ist für Daten zuständig, die Politik aber an deren Interpretation interessiert, und zwischen beiden findet ein Beurteilungsprozeß statt, der nicht kriterienlos willkürlich verläuft; die den Daten zukommende Objektivität besitzt er aber in der Regel nicht.

Einwenden könnte man, es existiere doch auch ein Sachverstand für Ziele, Zwecke und Antriebskräfte. In der Tat gibt es beispielsweise hinsichtlich der politischen Ziele und Zwecke gesetzliche Vorgaben, für die die Juristen zuständig sind. Die verschiedenen Gesetzesvorgaben sind aber noch gegeneinander abzuwägen. Und vor allem stecken sie erst einen Rahmen ab, innerhalb dessen eine Politik konkret zu bestimmen und in ihrer konkreten Bestimmtheit anzuerkennen und zu verfolgen ist.

Während Juristen für den Rahmen des gesetzlich Erlaubten zuständig sind, können andere Wissenschaften politische Ziele, die im Plural aufzutreten pflegen, auf ihre Verträglichkeit untereinander, sogar auf ihre Wünschbarkeit hin untersuchen. Wieder andere Fachleute klären über Antriebskräfte samt den zugrundeliegenden Bedürfnissen und Interessen auf, zusätzlich, auf dem Weg der Demoskopie, über die derzeitigen Vorlieben und Abneigungen. Aus mehreren Gründen ist damit aber noch keine Politik festgelegt: Der Sachverstand kommt ohne nähere politische Vorgaben selten zu einer hinreichend konkreten Lösung, bestenfalls zu konkreten Szenarien. Selbst eine hinreichend konkrete Lösung ist allerdings

erst ein Vorschlag, den die Politik mit anderen Erfordernissen ab-
zustimmen hat: Ist der Vorschlag finanzierbar? Stößt er auf Zustimmung der eigenen Wählerklientel? Findet er eine parlamenta-
rische Mehrheit? Paßt er zu anderen Vorhaben oder erschwert er
sie? Ein weiteres Gegenargument ist formaler Natur: Auch ein noch
so umfassender und zugleich konkreter Sachverstand vollzieht sich
nicht selbst. Sogar der Hinweis «wie jeder Sachverständige behaupten würde» exekutiert die Behauptung nicht. Hier trifft Hobbes'
provokative These zu, nicht die Wahrheit, sondern die Autorität
mache ein Gesetz (*Leviathan*, Kap. 26; vgl. Höffe ²2008): Aus
welchen Antriebskräften auch immer ein Politiker agiert, sei es
pragmatisch-bescheiden um seiner Machtsicherung willen oder an-
spruchsvoller, um ein Programm oder eine Mission zu erfüllen –
er muß den Lösungsvorschlag anerkennen und zur eigenen Entscheidung machen.

Es kommt aber doch vor, läßt sich einwenden, daß Sachverständige die Entscheidung an sich reißen; und wo dies nachhaltig
geschehe, könne man eine Herrschaft von Sachverständigen nicht
leugnen. Dieser Einwand ist nicht falsch. Er unterschlägt aber die
Differenz, die zwischen Sachverstand und Sachverständigem, also
der Kompetenz und der kompetenten Person, besteht. Als Person
ist der Sachverständige mehr als lediglich Sachverständiger. Aus
diesem Mehr, etwa daß er Frau oder Mann, daß er jung oder alt ist,
daß er bestimmte Interessen und politische Vorlieben hat, außerdem eventuell ehrgeizig ist, speist sich, was ihn gegebenenfalls zur
Macht und schließlich zu deren Autorisierung, der Herrschaft,
drängt. Der bloße Sachverstand ist dazu außerstande.

Nun heißt das Unternehmen, das auf Macht und Herrschaft
basiert, Politik. Wissenschaftler, die sich mit ihrem Metier, dem in
der Regel eng begrenzten Sachverstand, nicht zufriedengeben, die
vielmehr erst Einfluß, dann Macht und schließlich Herrschaft
suchen, betreiben daher eo ipso Politik. Und erstreckt sich ihre
Machtsuche auf allgemeingesellschaftliche Themen, so bewegen sie
sich in der Politik im üblichen Verständnis. Allerdings genügt hier

ihr eng begrenzter Sachverstand nicht. Werden Fachleute zu Politikern, dann überschreiten sie, gewollt oder ungewollt, ihre bloße Fachkompetenz.

So findet sich eine glückliche Übereinstimmung. Alle drei hier entscheidenden Faktoren, die Demokratie, der Sachverstand und die Politik, verwerfen die Expertokratie. Und die Ablehnung erfolgt nicht aus kontingenten Gründen, sondern bei jedem der drei Faktoren aus deren Wesen: Eine Expertokratie ist weder wünschenswert, hier erheben Politik und Demokratie Einspruch, noch ist sie möglich. Infolgedessen hat der Sachverstand großes Gewicht, aber ohne in der Politik das erste oder das letzte Wort zu haben.

18.5 Wissenschaftliche Politikberatung

Macht ist das Medium der Politik, Sachverstand dagegen eine Leistung, die heute vor allem der Wissenschaft obliegt. Aus den Stärken beider Seiten und ihren Schwächen folgt die sachgerechte Lösung, die Kooperation. Eine verantwortliche Politik kann auf den an sich selbst apolitischen Sachverstand nicht verzichten, der für das Medium der demokratischen Politik, Macht und Herrschaft, keine Zuständigkeit besitzt.

Auf exemplarische Weise findet die Kooperation von Politik und Sachverstand in der wissenschaftlichen Politikberatung statt. Untersucht wird sie vor allem von Politik- und anderen Sozialwissenschaftlern (zur Situation der Politikberatung in Deutschland s. z. B. Falk u. a. 2006). Aber die Philosophie ist ebenfalls zuständig, zumal schon Aristoteles die einschlägigen Grundbegriffe Entscheidung (*prohairesis*), Beratung (*boulêsis*) und Klugheit (*phronêsis*) untersucht hat (vgl. die Artikel im *Aristoteles-Lexikon*: Höffe 2005).

Eine zeitgenössische Philosophie öffentlicher Entscheidungsprozesse stößt bei dem in den Wissenschaften, vor allem in der Ökonomie beliebten Paradigma Nutzenkalkulation auf grundsätzliche Grenzen. Hier sei nur einer von zahlreichen Kritikpunkten erwähnt: Vielfach werden hochkomplexe Zusammenhänge und

schwer meßbare Gesamtgrößen mit Durchschnittswerten und bestimmten Koeffizienten so kombiniert, daß man daraus Schlüsse
ziehen kann. Auf diese Weise werden eine Präzision und Plausibilität von Aussagen vorgetäuscht, die der näheren Untersuchung nicht
standhalten. Denn es kommt nicht darauf an, auf einer Skala eine
Zahl abzulesen, sondern zu überlegen, welchen Sinn die Skala und
welchen die Zahl auf der Skala hat.

Die Alternative besteht in einem kommunikativen Entschei-
dungsmodell, in dem freilich für nutzenkalkulatorische Elemente
Platz bleibt (vgl. Höffe ^{2}1985, auch Höffe ^{4}2003, Kap. 15). Als hinreichend komplexes Beispiel kann die Bildungspolitik gelten. Aufgrund des demokratischen und sozialen Verfassungsstaates hat
sie gleichermaßen für Chancengleichheit und für individuelle Förderung zu sorgen. Wegen der Funktionsanforderungen einer Indu-
strie- und Dienstleistungsgesellschaft hat sie zusätzlich den sozialen
und ökonomischen Bedarf an berufsfähig gebildeten Bürgern zu
decken und die materiellen und personellen Ressourcen effizient
einzusetzen. Hinzu kommt eine Aufgabe, die in Zeiten wachsender
kultureller Vielfalt noch dringlicher geworden ist: die Erziehung zu
wechselseitigem Respekt und Toleranz.

Seit einiger Zeit treten strukturell noch schwierigere Beratungs-
aufgaben in den Vordergrund. Die neueren bioethischen Debatten
etwa um die Präimplantationsdiagnostik, das Klonen und die em-
bryonale Stammzellenforschung kann man zwar für gesellschafts-
politisch marginal halten. Der Streit hat aber eine moralische Tiefen-
dimension, die, anders als in der Bildungspolitik, zu unlösbaren
moralischen Konflikten führt (für Deutschland vgl. Daele 2005).
Beim gewöhnlichen Streit, dem Interessenskonflikt, kann man
miteinander verhandeln; die Teilhabe an knappen Gütern läßt
sich durch Verteilungskompromisse lösen. Der außergewöhnliche
Streit, der Wertkonflikt, wird aber über etwas geführt, bei dem es
über die Anerkennung von Geltungsansprüchen nichts zu verhandeln gibt. Bei der Frage, ob etwas ein schützenswertes Gut, ob ein
Recht verletzt wird und ob ein Handeln oder ein Unterlassen mo-

ralisch geboten ist, sind Kompromisse anstößig. Hier, bei dem geradezu typischen Fall bioethischer Konflikte, hat die wissenschaftliche Politikberatung die fast unmögliche Aufgabe, selbst mit unlösbaren moralischen Konflikten so zivilisiert umzugehen, daß es nicht wieder zu einem konfessionellen Bürgerkrieg, jetzt einem moralischen Bürgerkrieg, kommt. Genau deshalb geben die dafür zuständigen Gremien, die Nationalen Ethikräte, kein Beispiel für eine genuin wissenschaftliche, sondern für eine «gemischte», teils wissenschaftliche, teils gesellschaftspolitische Politikberatung ab.

18.6 Ein kommunikativer Entscheidungsprozeß

Die kommunikationstheoretische Alternative zum Paradigma Nutzenkalkulation zeichnet sich durch drei Strukturelemente aus. Es findet, erstens, ein kommunikativer Entscheidungsprozeß statt, bei grundlegenden Fragen ein Diskurs. Ob Diskurs oder gewöhnliche Beratung, andere sprechen lieber von Deliberation – in der Regel sieht man sich mit praktischen Ziel- und theoretischen Mittel-Konflikten konfrontiert, für die eine konsensuelle Lösung zu suchen ist. Damit die Teilnehmer ernsthaft nach einem Konsens, und sei es einem Konsens über Nichtkonsens, suchen, müssen sie, zweitens, fähig und bereit sein, sowohl in praktischer als auch in theoretischer Hinsicht zu lernen, also wo erforderlich ihre bisherigen Ansichten ändern, gegebenenfalls sogar grundlegend umstoßen: Sie haben die Gegenseite anzuhören, deren Gründe zu prüfen, dort, wo sie überzeugen, sie in der eigenen, entsprechend veränderten Position anzuerkennen, und, wo die Gegenseite nicht überzeugt, sie mit Gründen zu überzeugen suchen. Wo aber beides, das eigene Überzeugtwerden und das Entkräften der Gegengründe scheitert, und dies nicht aus Halsstarrigkeit, dort muß man in die Beobachterperspektive treten und eine Art von moralischem Patt zu konstatieren bereit sein. Keinesfalls darf der Lernprozeß nach Maßgabe von Vorteil und Nachteil, von Macht und Ohnmacht erfolgen. Die Bedingung, um das zu verhindern, besteht in einer kommunikativen und bei Grundfragen in einer diskursiven Lernbereitschaft.

Diese Lernbereitschaft setzt, drittens, schon voraus, daß sich die Beratungs- oder Diskursteilnehmer wechselseitig als gleichberechtigte Personen anerkennen. Den Kern dieser Anerkennung bilden die Menschenrechte in ihren drei Dimensionen, den negativen und den positiven Freiheitsrechten (Sozial- und Kulturrechten) sowie den demokratischen Mitwirkungsrechten. Weil selbst dort, wo über die Anerkennung noch beraten wird, sie schon gelebt werden muß, haben die Menschenrechte den Charakter von Vorentscheidungen, von Präjudizien (dies als Kritik an Habermas' Diskursethik: Höffe ³1995, Kap. 13.3): Falls die Beratungsteilnehmer sich nicht gegenseitig die Integrität von Leib und Leben, die Meinungsfreiheit, die Religionsfreiheit usw. gewähren, kann von einer kommunikativen Beratung keine Rede sein. Die tatsächliche Anerkennung der Menschenrechte ist für wahrhaft kommunikative Entscheidungsprozesse unverzichtbar. Streiten kann man sich zwar über die Frage, wie umfassend die Menschenrechte anzuerkennen sind, damit ein Beratungsprozeß als kommunikativ gelten kann. Ohne ein erhebliches Maß von Anerkennung geht es jedenfalls nicht. Und zusätzlich müssen sich die Diskursteilnehmer gegenseitig Kompetenz und vor allem das zuschreiben, was im Lateinischen sinceritas (vgl. sincérité, sincerity) heißt, also Aufrichtigkeit, Lauterkeit und Ernst.

Innerhalb kommunikativer Entscheidungsprozesse ist die wissenschaftliche Politikberatung überall dort vonnöten, wo die Lebensverhältnisse so verwickelt sind, daß sie nicht mehr von jedem Bürger oder auch nur jedem professionellen Politiker überblickt werden können. Und in anderer Weise bedarf es Beratung bei den angedeuteten unlösbaren moralischen Konflikten.

Wenn nun die Politikberatung gelingen soll, muß sie in der Infrastruktur, der Binnenstruktur und der Außenstruktur bestimmte Grundbedingungen erfüllen. Das erste Prinzip, das der *Infrastruktur,* ist ebenso wichtig wie trivial: Wissenschaftliche Politikberatung hat den Methoden und Qualitätsmerkmalen wissenschaftlicher Rationalität zu genügen. Deshalb beginnt sie mit einer Bestandsaufnahme, sie arbeitet dabei Probleme, Risiken und Chancen heraus, sucht die einschlägigen Sachgesetzlichkeiten auf und macht sich mit dem neuesten Wissensstand vertraut. Weniger trivial ist, daß beide, sowohl die Sachgesetzlichkeiten als auch der neueste Wissensstand, oft strittig sind. Und vor allem vermögen die Wissenschaften nicht, was man von ihnen gern erwartet; sie können weder eindeutige noch zweifelsfrei richtige Entscheidungsvorschläge liefern. Die Gründe liegen teils in der Wissenschaft selbst, etwa in der Fehlbarkeit ihrer Forschung. Teils gründen sie in der besonderen Aufgabe einer wissenschaftlichen Politikberatung, so in den vielen Schwierigkeiten, die sich schon etwa bei der Bestreitung «konkreter wirtschaftspolitischer Probleme» auftürmen (Jöhr [2]1964, 110), oft zusätzlich in dem die Grenzen von Disziplinen sprengenden Charakter der Probleme. Zusätzlich fällt es manchem Wissenschaftler nicht leicht, die eigenen politischen Vorlieben und Machtinteressen auszublenden, um lediglich seinem Sachverstand und nichts als dem Sachverstand zu folgen. Schließlich gibt es unterschiedliche, schwer miteinander zu vermittelnde moralische Positionen.

Nun sind selbst empirische Aussagen letztlich nichts anderes als Meinungen, die auf andere Meinungen stoßen. Weil es für diesen Disput der Meinungen keine absolut verläßlichen Schiedsinstanzen gibt, haben in den Prozessen öffentlicher Entscheidungsfindung die Wissenschaften selbst wissenschaftsimmanent gesehen keine größere Bedeutung als die einer negativen Instanz. Sie besitzen eine Art Veto-Recht, freilich kein politisches, sondern ein rationales Veto-Recht: Aufgrund der Mannigfaltigkeit ihrer Sachkenntnisse und methodischen Verfahren können sie all die Handlungsvorschlage eliminieren, die wissenschaftlichen Anforderungen wie konsistente Begriffsbildung und methodische Bewährung an der Erfahrung nicht genügen. Dieses Eliminierungsverfahren führt in der Regel nur zu einem Lösungs*raum* und bloß in Sonderfällen zu einer einzigen Lösung.

Selbst in den Sonderfällen kommt den Wissenschaften nicht der Rang einer positiven Entscheidungsinstanz zu. Die Vorschläge setzen nämlich Ziele, Zwecke und normative Gesichtspunke («Werte») voraus, für die die Wissenschaften keine Entscheidungsbefugnis besitzen. Sie können zwar die Ziele und Zwecke den Qualitätskriterien der Konsistenz und der Präzision unterwerfen. Darüber hinaus müssen sie sich aber an außerwissenschaftlichen Faktoren wie den geltenden Verfassungsprinzipien und öffentlichen Diskussionslagen orientieren. Soweit es dazu unterschiedliche Ansichten gibt, sollte das Beratungsgremium nicht nur die einschlägigen Fachleute zusammenführen, sondern auch die Vielfalt der Gesellschaft widerspiegeln. Im Ausgang von gegebenenfalls nicht bloß fachlicher, sondern auch gesellschaftspolitischer Vielfalt soll es im Verlauf gruppeninterner Lernprozesse – zu denen es übrigens Zeit braucht – schließlich zu gemeinsamen Empfehlungen kommen, die sich zur Grundlage eines neuen gesellschaftspolitischen Konsenses eignen.

Die Empfehlungen sind nur auf der Grundlage eines Zielkonsenses möglich, für den die wissenschaftliche Politikberatung aufgrund ihrer Wissenschaftlichkeit nicht entscheidungsberechtigt ist. Aus diesem Grund hat sie den Charakter eines Experiments, das im Ergebnis zeigt, welche Handlungsentwürfe in der jeweiligen gesellschaftspolitischen Situation insofern «aufgeklärt» sind, als sie sich auf Gesichtspunkte der Rechts- und Verfassungsordnung, der Rationalität und der kommunikativen Beratung verpflichten. Folglich ist die Politikberatung ihrer *Binnenstruktur* nach ein *experimenteller Konsens*: Ein Gremium von Fachleuten, das zugleich die gesellschaftliche Vielfalt widerspiegelt, erprobt in relativer Distanz zu den politischen Kontroversen und Querelen einen gesamtgesellschaftlich akzeptablen Grund- oder Rahmenkonsens.

Ein derartiges Experiment gelingt nur, wenn beide Seiten, Wissenschaft und Politik, aufeinander zugehen, ohne sich einander zu bemächtigen. Nach dem dritten Gesichtspunkt, der *Außenstruktur*, darf es weder eine Herrschaftsanmaßung von Wissenschaftlern gegenüber der Politik noch die Anmaßung von Politikern gegenüber der Wissenschaft geben. Weder dürfen die Wissenschaftler die politischen Entscheidungen treffen; sie geben lediglich Empfehlungen ab. Noch dürfen sie sich als Alibi mißbrauchen lassen, indem sie beispielsweise eine von der Exekutive gewollte Entscheidung mit dem Purpurmantel des Sachverstandes schmücken und auf diese Weise sanktionieren. Statt dessen sucht die wissenschaftliche Politikberatung einen «dritten Weg»: die *partnerschaftliche Zusammenarbeit* von Wissenschaft und Politik unter Wahrung der je eigenen Prinzipien. Seitens der Wissenschaft gehört dazu, was sich für sie von selbst versteht: strenge Wissenschaftlichkeit. Wissenschaftler sind Sachwalter von Wissen und Methode. Trotzdem dürfen sie keine bloßen Wissenschaftler sein, da sie eine facettenreiche Zusatzfähigkeit brauchen: den Sinn für anstehende Probleme, für den richtigen Zeitpunkt, für Bedürfnisse der Politik und für deren Eigenlogik. Und die Politiker müssen die Empfehlungen der Wissenschaftler ohne die verbreitete (partei-)politische Selektion ernst nehmen.

19. Ist die Demokratie überlegen?

19.1 Partizipative Demokratie

Wenn es schon eine Herrschaft von Menschen über Menschen braucht, dann sollte sie von den Betroffenen ausgehen und ihren Interessen dienen. Legitimationstheoretisch ist deswegen die Demokratie allen Alternativen überlegen. Dies trifft um so mehr auf jene Gestalt zu, die wir «aufgeklärt liberal» nennen (Kap. 5.2): die Verbindung der formalen Demokratie, der Herrschaft des Volkes, mit dem Rechtsstaat und den Menschenrechten, der Gewaltenteilung, mit dem Sozialstaat und einer darin eingebundenen Marktwirtschaft. Hinzu kommen die drei Bausteine der partizipativen bzw. republikanischen Demokratie: die Zwischensphäre zwischen dem privaten und dem öffentlichen Bereich, die Zivil- bzw. Bürgergesellschaft; intensive, wo erforderlich auch grundlegende («diskursive») öffentliche Debatten, die die Demokratie «deliberativ» werden läßt; schließlich Elemente direkter Demokratie. Und diese Elemente treten tatsächlich hinzu. Die partizipative ist keine Alternative zur repräsentativen Demokratie, wohl aber eine Fortentwicklung.

Unter Konzentration auf ihre partizipative Gestalt überlegen wir, ob die Demokratie über ein besonderes Maß an Zukunftsfähigkeit verfügt oder ob sie im Gegenteil unter strukturellen Barrieren leidet? Gibt es analog zum Marktversagen auch Phänomene von Demokratieversagen? Und wie sieht nach Abwägen der Vor- und Nachteile die Bilanz aus: Ist die partizipative Demokratie ihren Alternativen nicht bloß legitimationstheoretisch, sondern auch hinsichtlich der Zukunftsfähigkeit überlegen?

Eine Bemerkung vorab: Nach einer verbreiteten Legende gelten Demokratien generell als reformunfähig; zumindest herrsche in ihnen ein Reformstau. Und für zahlreiche Teilgebiete wie die Schulen und Hochschulen, wie die Sozialversicherungen, die Steuergesetzgebung und den Bundesstaat sowie den Umweltschutz wird die Legende im speziellen vertreten. Tatsächlich sind diese und andere Bereiche vielfach reformiert worden. Nicht Reformunfähigkeit kann man den Demokratien vorwerfen, sondern allenfalls, daß sie die falschen Reformen durchführen oder die richtigen zu schnell und überhastet, ohne reifliche Überlegung und ausreichende Vorbereitung. Derartige Vorwürfe «handwerklicher Mängel» gehören aber in den üblichen politischen Streit.

Wer nur auf die funktionalen Imperative schaut, zusätzlich auf den in Bundesstaaten wie Deutschland fast dauerhaften Vorwahlkampf, nicht zuletzt auf die Schwierigkeit, Zukunftsbelange organisationsfähig zu machen, könnte schier verzweifeln. Denn die Chancen, in der Finanz-, der Sozial- und der Umweltpolitik an die Stelle einer gegenwartsfixierten Gesellschaftspolitik den fairen Ausgleich zwischen Gegenwart und Zukunft zu setzen (vgl. Kielmansegg 2003), erscheinen als denkbar schlecht.

Schon ein fairer Blick in die politische Wirklichkeit tritt dem Verzweifeln entgegen. Ein Beispiel bietet die Forschungsförderung, denn sie beschränkt sich nicht auf Forschungsgebiete, die einen kurzfristigen Nutzen versprechen. Ein anderes Beispiel bietet die Förderung der Kernenergie. Auch wer es heute lieber hätte, wenn die Förderung damals unterblieben wäre, kann nicht leugnen: In der Bundesrepublik setzte sie zu einer Zeit ein, als die Alternative zur Organisationsform «Demokratie», der Markt, noch kein nachdrückliches Interesse an einer Alternative zu den fossilen Energiequellen erkennen ließ.

Hier geht es aber nicht um einige Beispiele, sondern um die grundsätzliche Frage, gerichtet an die partizipative Demokratie: Steuert ihr erster Baustein, die Bürgergesellschaft, der Gefahr kurzsichtiger Politik entgegen? Im weiten Feld von Bürgerinitiativen, von Bürgerorganisationen und wenig organisierter Bürgertätigkeit findet eine partielle Politisierung der angeblich entpolitisierten Gesellschaft und spiegelbildlich dazu eine partielle Entstaatlichung der Verantwortung für das Gemeinwohl statt. In Übereinstimmung mit dem Prinzip der Subsidiarität entscheidet sich die Zukunftsfähigkeit eines Gemeinwesens nicht mehr ausschließlich in der Politik. Wegen der thematischen und organisatorischen Vielfalt der Bürgergesellschaft kann man nun die Frage, ob die Zukunftsverantwortung gestärkt werde, nicht generell, sondern nur mit Beispielen beantworten.

Ein neueres Beispiel bietet der veränderte Altersaufbau. Wie auf Dauer eine Gesellschaft mit weniger Kindern und Jugendlichen und mehr Älteren aussehen wird, kann heute niemand wissen. Die verbreitete Befürchtung, eine Gesellschaft, in der der Anteil junger Menschen sinkt, verliere zwangsläufig an Innovationskraft, Leistungsfähigkeit und Risikobereitschaft, ist durch die bisherigen Befunde nicht gedeckt. Auf einen Gesichtspunkt aber, einen gesamtgesellschaftlichen Hilfsbedarf, der in diesem Umfang in der

Menschheitsgeschichte unbekannt ist, gibt es schon zwei zukunftsfähige Antworten. Die eine erfolgt von seiten der traditionellen
Politik, die andere kommt aus der Bürgergesellschaft. Und weil die
Antworten sich ergänzen, zeigen sie, wie bei der Zukunftsfähigkeit
der Demokratie die traditionelle Politik und die Bürgergesellschaft
zusammenarbeiten können: Auf der einen Seite führt der Gesetzgeber die Pflegeversicherung ein. Auf der anderen Seite entwickelt
die Bürgergesellschaft eine derart vielfältige Hilfe (s. Kocka u. a.
2009b), daß man sie als ein «Wunder gegen den Zeitgeist» ansehen
darf: Seit etwa 1980 steigt die Freiwilligenhilfe; die Zahl der Nachbarschaftsvereine und der Selbsthilfegruppen wächst; die Hospizbewegung, die Aidshilfe und die Familienpflege werden stark.
Nicht zuletzt tragen Bürgerstiftungen dazu bei, daß das Gemeinwohl die Dominanz von Eigennutz und Marktorientierung aufbricht. Rund ein Fünftel der Bürger engagiert sich ehrenamtlich
in der Bürgergesellschaft. Ein erheblicher Teil der Gesellschaft hat
angefangen, die bisherige Zweiteilung der Woche in Arbeits- und
Freizeit zugunsten der Dreiteilung aufzuheben: Arbeitszeit, Sozialzeit und Freizeit. Andere Probleme des veränderten Altersaufbaus
bleiben freilich noch zu lösen, wobei erneut beide Seiten, die traditionelle Politik und die Bürgergesellschaft, gefordert sind. Da
beispielsweise niemand gern in ein Altersheim geht, sind Hilfen zu
schaffen, die dem neuen Muster folgen: Statt die Menschen zur
Hilfe, bringe man lieber die Hilfe zu den Menschen. (Für die weit
umfangreicheren Aufgaben, die der veränderte Altersaufbau der
Gesellschaft stellt, siehe die Empfehlungen und die Materialbände
der Akademiengruppe Altern in Deutschland.)

Demokratietheoretisch empfiehlt es sich, in den politischen Debatten zwischen öffentlicher und nichtöffentlicher Vernunft zu
unterscheiden. Die Unterscheidung kritisiert mitlaufend das
bloß prozedurale Verständnis der Demokratie, das die in den Verfahren auftauchenden Argumente allesamt auf dieselbe Stufe,
im Kern: bloße Gruppeninteressen und partikulare Ansichten,
stellt.

Ein anderes Beispiel für Zukunftsverantwortung bietet der Umweltschutz. Die Sensibilisierung für dieses so zukunftswichtige Thema und das schließliche Engagement dafür verdankt sich fraglos der Bürgergesellschaft. An drei Faktoren läßt sich exemplarisch zeigen, wie facettenreich, wortgewaltig und handlungsbereit die Bürgergesellschaft als Advokat der Zukunft auftritt: Die vom Club of Rome in Auftrag gegebene Studie «Zur Lage der Menschheit» hat unter dem Titel *Die Grenzen des Wachstums* (Meadows 1972) mit einer Flut von zustimmenden und ablehnenden Beiträgen die Öffentlichkeit für Jahre geprägt (vgl. Oltmans 1974, Mesarovic/Pestel 1974, Pestel 1988). Wenige Jahre später findet eine einzige Monographie, Hans Jonas' Schrift *Das Prinzip Verantwortung. Versuch einer Ethik für die technologische Zivilisation* (1979), weit über Deutschland hinaus eine überragende Resonanz. Und als Beispiel für die längst zahlreichen Umweltschutzorganisationen ist Greenpeace anzuführen.

Alle drei Arten, die wissenschaftlichen Studien, die ethisch-philosophischen Überlegungen und die Organisationen, einschließlich der Parteien, findet man auf allen Ebenen: von Stadtvierteln und Kommunen über Regionen, Staaten und Großregionen bis zur globalen Dimension. Mittlerweile sind die Aktivitäten und Veröffentlichungen so zahlreich, daß sie niemand auch nur annähernd übersieht. Trotz ihres eindrucksvollen Beitrages zur Zukunftsfähigkeit darf man aber ihre thematische Begrenzung nicht übersehen. Denn die Zukunft der Menschheit hängt nicht nur von ökologischen Fragen ab, sondern auch von den großen Wanderbewegungen, von den vielerorts herrschenden Phänomenen Armut, Wasserknappheit, kriegerische Gewalt oder Korruption und ferner von Neuerungen der biomedizinischen Forschung und von demographischen Veränderungen, nicht zuletzt von der enormen Verschuldung vieler Staaten.

Wegen dieser Themenvielfalt besteht die Gefahr, daß die öffentliche Dominanz eines Themas die anderen zukunftswichtigen Aufgaben verdrängt. Um dem eigenen Thema Dominanz zu verschaffen, werden sogar konkurrierende Themen diskreditiert. Trotz dieser Gefahr erscheint die Bilanz aber als weitgehend positiv: In vieler Hinsicht ist es der Bürgergesellschaft gelungen, die Zukunftsfähigkeit der Politik zu erhöhen.

Welchen Beitrag leistet der zweite Baustein der partizipativen Demokratie, das deliberative Moment? Historisch geht das deliberative Moment bis auf die Anfänge der Demokratie in Athen zurück, sichtbar in Perikles' berühmtem Lob auf seine Heimatstadt: «Wir fürchten nicht, daß Reden [Argumente: *logoi*] dem Handeln schadet, wohl aber, zur nötigen Tat zu schreiten, ohne sich vorher durch Argument [*logos*] zu belehren.» (*Geschichte des Peloponnesischen Krieges* II 40; zur neueren Debatte s. Elster 1998 und Nida-Rümelin 2006, Kap. 5). Deliberativ heißt eine Demokratie, deren Entscheidungsprozesse auf der Grundlage von Debatten, also Kritik und Gegenkritik, unter freien und gleichen, überdies rationalen bzw. vernünftigen Bürgern stattfinden. Bei der repräsentativen Demokratie verdichten sich die Debatten der Volksvertreter und führen schließlich, dann freilich auf nichtdeliberativem Weg, nämlich mittels Abstimmungen, zu Entscheidungen.

Daß Eitelkeit und Macht hereinspielen, braucht man nicht zu leugnen. Im Wettstreit um Qualität liegt den Medien aber mehr daran, Nachrichten und Analysen zu vermitteln, zu kritisieren und zu reflektieren; und oft genug pflegen sie noch eine schöne Sprache. Auf diese Weise versorgen vor allem die überregionalen Tages- und Wochenzeitungen im Idealfall die politische Öffentlichkeit mit den entscheidenden Themen, mit zuverlässig aufbereiteten Informationen und mit aufschlußreichen Kommentaren.

Die öffentliche Vernunft (public reason), ein prominent von John Rawls (1996, 6. Vorles.; s. auch Kersting 2006) erläuterter Gedanke, zeichnet sich durch drei Eigentümlichkeiten aus: Institutionell unterscheidet sie sich von jenem nichtöffentlichen Vernunftgebrauch, der die Debatten in nichtstaatlichen Vereinigungen wie den Universitäten und den Kirchen bestimmt. Falls sich die nichtöffentliche Vernunft in die öffentlichen Debatten wagt, darf sie dort aus demokratietheoretischen Gründen «zur Raison gerufen» werden. Sie darf nämlich aufgefordert werden, in der öffentlichen Argumentation die nichtöffentlichen, institutionell gesehen daher partikularen Anteile zurückzustellen und allein die öffentliche Vernunft in Anspruch zu nehmen.

Der öffentlichen Vernunft geht es, zweitens, vom Gegenstand her, nicht um beliebige Streitfragen des politischen Alltags, sondern lediglich um das öffentliche Wohl, um die Anforderungen, die die politische Gerechtigkeit stellt, und um deren Aufgaben und Ziele. Eine dritte Eigentümlichkeit liegt im normativen Wesen der öffentlichen Vernunft: Sie nimmt die Ideale und Grundsätze der politischen Gerechtigkeit in Anspruch, also jene Sozialmoral, die freie und gleiche Bürger miteinander teilen und die in der Verfassung der jeweiligen Gesellschaft konkrete Gestalt finden.

In der politischen Wirklichkeit werden die Debatten der deliberativen Demokratie sowohl von öffentlicher als auch von nicht-öffentlicher Vernunft getragen. Zusammen schaffen sie einen dynamischen Prozeß, der die Bürger über die Zeit der Wahlen hinaus in ein ständiges Sich-Informieren und Sich-Überlegen eintaucht. Dabei spielen vier Faktoren: Interessen, Meinungen und Einschätzungen sowie Werte, eine Rolle.

Die Bürger machen sich über die anstehenden Probleme kundig; sie lernen die dabei wichtigen Interessen kennen; sie werden mit Meinungen, insbesondere den Ansichten der zuständigen Fachleute, und mit den politischen Einschätzungen dieser Ansichten, gegebenenfalls auch mit den zugrundeliegenden moralischen Werten vertraut. Der kontinuierliche Informationsprozeß stellt aber nur einen kleinen Anteil der deliberativen Demokratie dar. Zu dem, worüber man informiert wird, bildet man nämlich seine eigenen Ansichten. Überdies werden die genannten vier Faktoren im Zuge der Debatte verändert oder aber als veränderungsresistent erfahren. Im Verlauf dieses komplexen Prozesses werden jedenfalls alle vier Faktoren: die Interessen, Meinungen, Einschätzungen und Werte, erstens rascher, nämlich schon zwischen den Wahlterminen be-

kannt. Sie kommen zweitens differenzierter zum Ausdruck, nämlich nicht nur in dem vagen Gesamtpaket, das die Parteien und Personen, die sich zur Wahl stellen, verkörpern. Auf diese Weise
werden alle vier Faktoren einer Aufklärung ausgesetzt: Sie werden
gewichtet, gegeneinander abgewogen und erweisen sich dabei als
verhandelbar oder, weil an unaufgebbaren Werten orientiert, als
allem Verhandeln entzogen.

Eine pure Aufklärung ist freilich nicht zu erwarten. Das bessere
Argument hat zwar gute Chancen auf breite Zustimmung. Aber in
aller Regel setzt sich das bessere Argument nur in rein wissenschaftlichen Debatten durch, und auch dort bloß auf lange Sicht, während
selbst in der deliberativen Demokratie politische Debatten mit
kürzerem Atem geführt werden. Zusätzlich sind die Debatten von
partikularen Interessen durchsetzt. Sie können nicht einmal ausschließen, daß sich einige Teilnehmer rein strategisch verhalten.
Schließlich spielen noch weitere diskursfremde Faktoren eine Rolle,
etwa der Zugang zu den Medien und innerhalb der Medien die
rhetorische Begabung samt deren sophistischem Mißbrauch. Die
faktische Aufklärung ist jedenfalls von Täuschung, Verzerrung und
Verzeichnung bedroht.

Diese Gefahr spricht allerdings nicht gegen die deliberative Demokratie. Sie wirft nicht einmal einen Schatten auf sie, denn es gibt
keine der genannten Gefahr grundsätzlich enthobene Verfassungsform. Die deliberative Demokratie bietet vielmehr den relativ besten Rahmen dafür, daß nicht bloß Reden gehalten, sondern Argumente vorgetragen werden und man bereit ist, auf sie zu hören.

Verbessert wird der Rahmen durch die vier Faktoren der aufgeklärt liberalen Demokratie: durch eine Verfassung, die die
Demokratie auf so wesentliche Elemente politischer Gerechtigkeit
wie das Recht, die Menschen- und die Grundrechte, zusätzlich eine
soziale Marktwirtschaft verpflichtet; durch die Gewaltenteilung,
namentlich eine unabhängige Justiz, die für eine verläßliche Durchsetzung von Recht- und Gerechtigkeit sorgt; durch eine Politik,
die sich wissenschaftlicher Politikberatung öffnet; und durch eine

Medienwelt, sofern sie in Verbindung mit einem guten Bildungsniveau der Bürgerschaft niveauvolle Debatten ermöglicht. Der
wachsende Einfluß der Massenmedien könnte das Debattenniveau
freilich beeinträchtigen. Wer sich mit Fernsehserien und Compu-
terspielen überfüttert, verspürt auf Streitgespräche zwischen Politikern oder gar zwischen Intellektuellen wenig Lust.

Unter dieser Voraussetzung bietet das Markenzeichen delibera-
tiver Demokratie, der komplexe Prozeß von Information, Arti-
kulation und Aufklärung, die relativ besten Chancen für eine zukunftsfähige Politik. Aus der unmittelbaren Leistung, der stärkeren
Bindung der Politik an die Interessen, Meinungen und Werte der
Bürger, folgt zwar nicht notgedrungen eine Übernahme von Zukunftsverantwortung. Auch die deliberative Demokratie kann sich
schwerlich jenem kurzsichtigen Denken entziehen, das die Gegenwart für wichtiger als die Zukunft und die nahe Zukunft für wichtiger als die ferne Zukunft hält. Statt der französischen Wendung zu
folgen «gouverner c'est prévoir» («Regieren heißt Vorausschauen»),
übernimmt auch eine deliberativ-demokratische Politik den oft zu
hohen Zukunftsdiskont. Abhängig von Wahlen und Meinungsumfragen, interessiert sie sich lediglich dann für übermorgen, wenn es
sich schon heute, spätestens morgen auszahlt. Die zynische Variante sagt: Warum die eigene politische Gegenwart mit der fernen
Zukunft des Gemeinwesens belasten?

Aus diesen Überlegungen folgt aber nicht analog zum Marktversagen ein Demokratieversagen. Nicht auf den ständigen Vorwahlkampf fixiert, enthält nämlich die deliberative Demokratie das Potential, Debatten zu verstetigen und der Zukunftsperspektive ein
größeres Gewicht zu geben, als es die auf Wahlen fixierte Politik zu
tun pflegt. Noch günstiger verhält es sich mit der öffentlichen Vernunft, denn zu ihrem Wesen, einer Gerechtigkeitskonzeption, gehört die Gerechtigkeit gegen künftige Generationen unaufhebbar
hinzu. Wenn nicht die deliberative Demokratie, so war es ihr normativer Anteil, die öffentliche Vernunft, die die Debatten über Zu-
kunftsthemen teils angestoßen, teils aufgenommen hat: Debatten

über den Umweltschutz und den demographischen Wandel samt Kinder-, aber auch Seniorenfreundlichkeit der Gesellschaft; Debatten über die Staatsverschuldung, die Globalisierung und die Zukunft der Europäischen Union; Debatten über die Notwendigkeit des Ehrenamtes und anderen Formen von bürgergesellschaftlichem Engagement; nicht zuletzt Debatten über die Zukunftsfähigkeit der Sozialversicherungen.

Einwenden läßt sich, die «Idee» der öffentlichen Vernunft mit ihrem Gedanken der Generationengerechtigkeit werde in der politischen Wirklichkeit nicht immer hinreichend ernstgenommen. Das ist richtig, gehört allerdings zum Wesen der Gerechtigkeit: Als ein Sollen ruft sie zwar die Wirklichkeit, das gesellschaftlich-politische Sein, «zur Vernunft»; sie kann aber nicht sicherstellen, daß die Wirklichkeit auf ihren Ruf immer hört.

19.2 Auf Gegenwart verzichten?

Welche Elemente helfen den Bürgern und den Politikern, sich auch bei niedriger Rückzahlung für langfristige Ziele zu engagieren? Wie motiviert und obligiert man die Gegenwart, sich von ihrer Überbewertung freizumachen; wie bringt man einen Gegenwartsverzicht zugunsten der Zukunft zustande?

Einen so wichtigen Faktor wie Bürgertugenden, namentlich einen Rechtssinn, einen Gerechtigkeitssinn und einen Gemeinsinn, habe ich schon andernorts betont (Höffe 2004, Kap. 6). Hier setze ich bei einem weiteren Faktor an, der Institutionalisierung, also einem zwar deliberativ vorzubereitenden, selber aber nicht mehr deliberativen Vorgehen: Wer entsprechende Gesetze, Institutionen und Organisationen schafft, stellt die Zukunftsverpflichtung auf Dauer und macht sie zugleich verläßlich. Ein Beispiel liefern Pflichtversicherungen. Ob mangels Fähigkeit oder mangels Bereitschaft – wenn die Bürger nicht selber für existentielle Schwierigkeiten wie Alter, Krankheit und Arbeitslosigkeit Vorsorge tragen, führt das Gemeinwesen eine gesetzliche Pflicht ein;

es richtet die Sozialversicherungen des modernen Sozialstaates ein.

Ein anderes Beispiel für Institutionalisierung: Das Gemeinwesen erläßt Gesetze, gibt ihnen vielleicht sogar den Rang eines Verfassungsartikels, die die zulässige Staatsverschuldung auf ein Höchstmaß fixieren. Politiker lieben aber derartige Bestimmungen nicht; werden sie trotzdem eingeführt, so versuchen sie, sie zu unterlaufen oder zu überdehnen. Artikel 115 des deutschen Grundgesetzes erklärt zwar: «Die Einnahmen aus Krediten dürfen die Summe der im Haushaltsplan veranschlagten Ausgaben für Investitionen nicht überschreiten.» Das Schlupfloch «Ausnahmen sind zulässig zur Abwehr einer Störung des gesamtwirtschaftlichen Gleichgewichts» und eine allzu großzügige Deutung des Begriffs der Investition haben es erlaubt, in offensichtlichem Widerspruch zum Geist des zitierten Grundgesetzartikels, Jahr für Jahr die Staatsverschuldung zu erhöhen und zugleich den Spielraum für Investitionen zu mindern. Im Jahr 1950 lag die pro-Kopf-Verschuldung in Deutschland bei 190 Euro, im Jahr 2008 beträgt sie laut Schätzung des Bundes der Steuerzahler 18 400 Euro, also fast das Hundertfache (Bund der Steuerzahler 2008).

Mehr Erfolg als ein Grundgesetzartikel mit Schlupflöchern verspricht eine selbstauferlegte Fremdbindung: die von der Politik vorgenommene Einrichtung eines von der Politik unabhängigen Instituts. Zu den schon genannten Beispielen, den Zentralbanken und Kartellämtern, kann man noch die weitgehend unabhängigen Forschungsinstitutionen und Forschungsstiftungen hinzufügen, in Deutschland die Deutsche Forschungsgemeinschaft und die Alexander von Humboldt-Stiftung, die Max-Planck-Gesellschaft, die Wissenschaftlichen Akademien und die diversen Bundesforschungsanstalten. Zu erwähnen sind auch die zahlreichen von der Regierung unabhängigen Beratungsgremien der Legislative und der Exekutive. (Zur demokratischen Legitimation unabhängiger Institutionen s. Bredt 2006.) Erfolg verspricht ferner eine selbstbestimmte Selbstbindung, etwa die Schaffung eines neuen Teils der

Exekutive, beispielsweise eines Ministeriums für Umweltfragen. Bei engagierter Leitung wird die neue Einrichtung ihre Aufgabe erfüllen, angefangen mit der Suche nach den erforderlichen Ressourcen und der nötigen öffentlichen Aufmerksamkeit. Man wird sogar einen moralischen Druck in der Öffentlichkeit aufzubauen suchen, gegen den niemand gern als Bedenkenträger oder gar Blockierer auftritt.

Hinzu kommt, vom klassischen Athen über die US-amerikanische Republik bis zu den west- und nordeuropäischen Demokratien, ein hohes Interesse an Bildung, Wissenschaft und Forschung. Nimmt man die griechischen Wanderlehrer, die Sophisten, und die Schulen von Platon und Aristoteles zum Vorbild, so reichen die Wurzeln des europäischen Bildungssystems in die Zeiten der griechischen Demokratie zurück. Die ehemalige Sowjetunion und das heutige China zeigen zwar, daß auch Nicht-Demokratien große Bildungs- und Ausbildungsanstrengungen unternehmen. Demokratien dürften aber immer noch über die leistungsfähigsten Bildungs- und Wissenschaftswesen der Welt verfügen. Allenfalls mit Ausnahme einiger Teilgesichtspunkte gibt ihr Schul- und Hochschulwesen, geben ihre Forschungsgemeinschaften und -institutionen weltweit anerkannte Vorbilder ab. Auf diese Weise leisten Demokratien einen dreifachen Zukunftsbeitrag: Sie investieren in ihre Zukunft, die Jugend; sie erziehen wißbegierige und lernfähige Bürger; und derartige Bürger, so zeigen empirische Untersuchungen (s. Göschel u. a. 1979, 311 f.), geben zukunftsbezogenen Anliegen ein größeres Gewicht.

Nicht nur der Legitimationsvorsprung der Demokratien, sondern auch ihre große Lernfähigkeit und ihre enormen Bildungs- und Forschungsressourcen verbieten daher, wofür ein so prominenter Autor wie Hans Jonas (1979, Kap. 9) plädierte, nämlich für eine mit der Planwirtschaft kombinierte Ökodiktatur bzw. Ökotyrannis. Jonas vermeinte, eine sozialistische Diktatur habe am ehesten das Potential, sich in eine «wohlwollende, wohlinformierte und von der richtigen Einsicht beseelte Tyrannis» der Zukunftsverantwortlichkeit zu verwandeln. In Wahrheit hat eine Ökodiktatur nicht nur zu hohe «Kosten», nämlich politische, gesellschaftliche und personale Nachteile von einem enormen Ausmaß. Auch politikinterne Gründe sprechen dagegen. Zum ersten läßt sich eine Diktatur auf ein so eng bestimmtes Ziel wie den Umweltschutz gar nicht verläßlich festlegen. Zum zweiten haben die realen sozialistischen Staaten eine verheerende ökologische Bilanz. Schließlich darf man die ökonomische Ineffizienz der Planwirtschaft nicht unterschlagen. Auch wenn ein realer sozialistischer Staat den Umweltschutz an die Spitze seiner Priorität setzte, wäre er nach aller Erfahrung nicht wirtschaftlich konkurrenzfähig genug, um dies zu finanzieren. Selbst die an Bodenschätzen armen Demokratien verfügen dagegen über die derzeit leistungsfähigsten Volkswirtschaften. Der ökonomische Effizienzvorsprung der Demokratien rundet jedenfalls den Legitimitäts-, den Lern- und den Wissensvorsprung noch ab. Zum Lernvorsprung: Es ist kein Zufall, daß nicht in den sozialistischen Staaten Jonas' Botschaft eine so hohe Resonanz fand, sondern in den westlichen Demokratien. Es war allerdings nur die von der Ökodiktatur befreite Botschaft; denn Jonas' Plädoyer für eine Ökodiktatur haben die meisten Leser gar nicht wahrgenommen. Mit der gereinigten Botschaft trug Jonas aber zur ökologischen Sensibilisierung der Demokratien bei und belegte zugleich deren hohe Lernfähigkeit und ebenso hohe Lernbereitschaft.

(Lernfähige Nicht-Demokratien entwickeln erfolgversprechende Alternativen. In China beispielsweise versucht die Regierung, sich durch regelmäßige Konsultationsverfahren an den Willen der Bürger zurückzubinden. Und nach der Devise «vom Punkt in die Fläche» erlaubt das Land zahlreiche wirtschaftliche und soziale Experimente, die nur im Fall, daß sie sich lokal bewähren, die Chance erhalten, regional oder national übernommen zu werden.)

Kann man die Zukunftsfähigkeit noch nach dem Vorbild von Bildung und Ausbildung, also mit der Verbindung von Druck und Anreizen, fördern? Im Bereich Bildung besteht der «Zukunftsanreiz» in der besseren Zukunftsaussicht, nämlich der berechtigten

Erwartung eines Arbeitsplatzes und einer höheren Chance, ein erfülltes Berufsleben zu führen. Weil man zusätzlich eine bessere Entlohnung und eine höhere Arbeitsplatzsicherheit erwarten kann, sind Bildung und Ausbildung eine klare Investition in die eigene Zukunft. Wo dieser Anreiz nicht genügt, hilft gelegentlich äußerer Druck: Man lernt, weil Eltern, Lehrer oder «die Gesellschaft» entsprechende Forderungen erheben. Andere folgen einem inneren Antrieb, der Lust am Lernen; mit gutem Grund spricht Aristoteles beim Menschen von einer natürlichen Wißbegier (*Metaphysik* I 1, 980a21). Weitere Motive liegen im Ehrgeiz, der mit anderen mithalten, sie eventuell sogar übertreffen will; im Leistungswillen, der seine eigenen Begabungen entwickeln und ausschreiten will; in Vorbildern, denen man nacheifert; in einem mitreißend spannenden Unterricht; und im Ansehen, das winkt, es sei denn, man wird als Streber abgetan.

In vielen Fällen kommen mehrere Motive zusammen und verstärken sich. Allerdings gibt es auch Gegenanreize: daß es «cool» ist, nicht zu lernen oder die Schule zu schwänzen; daß man überfordert oder fehlgefordert wird; daß man nicht mithalten kann und dafür noch Geringschätzung erfährt; oder daß die Hoffnung auf einen Arbeitsplatz gering bleibt. Offensichtlich gelingen Bildung und Ausbildung nur dort, wo die Bilanz der Motive hinreichend positiv ausfällt.

Gibt es für die Zukunftsbereitschaft der Bürger und Politiker analoge Motive zu einer Investition in die Zukunft? Den größten Erfolg verspricht wieder ein bunter Strauß: von innerem Antrieb und äußerem Druck, von Ansehen, Leistungswillen und Vorbildern, verbunden mit dem Bewußtsein, daß man nicht in eine fremde, sondern in die eigene Zukunft investiert:

Als innerer Antrieb bietet sich der Gerechtigkeitssinn bzw. Sinn für Fairneß an, der es ablehnt, auf Kosten der Kinder und Kindeskinder zu leben (s. Kap. 16.1).

Zum Motiv «Ansehen» darf man bei einem Beispiel ansetzen: Eine Generation, die sich mit einer Diktatur arrangiert hat, mag bei den Nachgeborenen ein wenig Verständnis finden. Denn das in Diktaturen erforderliche Maß an Zivilcourage, oft ein Heldenmut, ist keine Einstellung, die man von jedermann erwarten darf. Aber Ansehen erwirbt sich eine mutlose Generation nicht. Eltern, die von ihren Kindern und Kindeskindern geachtet werden wollen, geben sich daher mit einem opportunistischen Sich-Arrangieren nicht zufrieden. Auch in liberalen Demokratien braucht es gelegentlich die Zivilcourage; ohne sie kann man einem etwaigen Machtmißbrauch der Mächtigen nicht entgegentreten. Mindestens ebenso wichtig ist aber eine Courage, die sich dem natürlichen und zugleich subtilen Machtmißbrauch, dem kräftigen Zukunftsdiskont, widersetzt. Bei ihm lebt nämlich die gegenwärtig herrschende Generation zu Lasten der nachfolgenden.

Kann man auch auf Motive von Ehrgeiz und Leistungswillen setzen? Soweit es Überschneidungen mit dem Argument des Ansehens gibt, durchaus, unabhängig davon aber kaum.

Wie sieht es mit dem weiteren Motiv, Vorbildern, aus? Ohne Zweifel können führende Persönlichkeiten, die wirtschaftlichen, politischen und kulturellen Eliten, mit gutem Beispiel vorangehen, zumal eine Demokratie von den Eliten erwarten darf, daß deren Vorrang, ein soziales Privileg, nicht nur dem Eigeninteresse dient. Da ein zukunftsorientierter Gemeinsinn Ansehen verschafft und zusätzlich zur Achtung durch andere die Selbstachtung steigert (vgl. Höffe 2007, Kap. 8 und 25), ist es sogar klug, sich zu einem entsprechenden Vorbild zu entwickeln. Entgegen der Befürchtung, die liberale Demokratie verkürze die Menschen auf atomisierte Individuen (z. B. Sandel 1996, Kap. 1 und 2), zeigt die Bürgergesellschaft mit ihren Aktivitäten, daß ein hoch entwickelter Individualismus mit Gemeinsinn Hand in Hand gehen kann (vgl. Höffe 2004, Kap. 6). Auch ein wachsendes Bewußtsein für Standortkonkurrenz könnte die Zukunftsfähigkeit stärken.

Ein Motiv für Bildung ist noch nachzutragen: Die höhere Lebenserwartung dürfte die Chancen für den Gedanken einer Investition in die eigene Zukunft erhöhen. Rechnet man eine Generation mit 20 bis 25 Jahren, so lebt der Mensch bald im Durchschnitt ۱ Generationen lang. Ein vorausschauender Jugendlicher (erste Generation in einer Biographie) nimmt daher nicht bloß seine Berufszeit in den Blick (zweite Generation mit Ausgriff auf die dritte Generation). Er denkt auch an die vielen Jahre danach (dritte und vierte Generation) und trifft klugerweise dafür sowohl finanzielle als auch gesundheitliche, soziale und geistige Vorsorge. Aber hier muß man sich wie bei den anderen Motiven fragen, wieweit die Vorsorge über die persönliche Zukunft hinaus in die Dimension der kollektiven Zukunft reicht. Man hat jedenfalls mit Gedankenlosigkeit und mit Entschuldigungen zu rechnen («Die erlebbare Gegenwart ist mir näher als die nur vorgestellte Zukunft»), nicht zuletzt mit Phänomenen des Trittbrettfahrens («Mögen doch die anderen die soziale Verantwortung übernehmen»).

19.3 Mediendemokratie II: Hysteriegefahr

In Demokratien braucht die Politik die Aufmerksamkeit von Massenmedien, folglich einen prägnanten Auftritt, verbunden mit der Fähigkeit, Emotionen zu wecken. Die Rückfrage, welche Emotionen, spaltet sich in die zwei oft konkurrierenden Rückfragen auf: Welche Emotionen dienen der Macht; welche Emotionen stärken die Zukunftsfähigkeit?

Kein Leben ist vor Gefahren gefeit. Sie kommen aus allen Dimensionen: aus der Welt der Natur, aus der Welt des Sozialen und aus dem Inneren des Menschen, seinen teils chaotischen, teils destruktiven Antriebskräften. Zu den spontanen Gegenkräften gehören die Affekte der Angst, Furcht und Sorge. Auch wenn die Umgangssprache die Unterscheidung nicht zuverlässig trifft, ist es vernünftig, die Furcht vor konkreten Gefahren von einer unbestimmten Angst zu unterscheiden, die sich auf die Unsicherheiten des Lebens richtet. Da eine gewisse Angst die Aufmerksamkeit für potentielle Gefahren schärft, gehört sie zu einem lebensfähigen Seelenhaushalt wie die Luft zum Atmen. Befürchtungen soll man nicht verdrän-

gen, sondern lieber zum Anlaß nehmen, situationsgerechte Überlegungen anzustellen. Von Angst und Furcht ganz frei zu sein, ist
Zeichen von Insensibilität, auch von Torheit.

Es gibt freilich pathologische Ängste, etwa plötzliche Panikattak-
ken, ein chronisches Überbesorgtsein und Objekt- und Situations-
phobien wie die Agora- und die Klaustrophobie. Schon unterhalb
des Pathologischen kann ein Maß von Angst auftauchen, das den
Lebenssinn der Angst, die Sensibilität für mögliche Gefahren, verfehlt. Wo die Angst weniger für eine Gefahr sensibel macht, als die
nüchterne Überlegung verhindert, wie man der Gefahr am besten
begegnet, wo sie also lähmt, statt zur kreativen Gefahrenbewälti-
gung aufzufordern, verfehlt sie ihren Lebenssinn.

Die richtige Einstellung zu Gefahren läßt sich noch immer recht
gut als eine Mitte zwischen zu viel und zu wenig Angst bzw. Furcht
beschreiben. Gemeint ist kein Kompromiß, auch nicht der sogenannte Goldene Mittelweg. Denn für beide Richtungen, das Zuviel
und das Zuwenig, gibt es keine quantifizierbaren Werte, so daß man
auch keinen Mittelwert berechnen kann. Die Mitte steht für eine
neue Qualität, sogar für ein Optimum, für eine Haltung der Un-
erschrockenheit, die wegen ihrer Vorbildlichkeit den Rang einer
Tugend einnimmt. Wer sie besitzt, ist fähig, die Gefahr zunächst
wahrzunehmen, sie sodann nüchtern zu analysieren und im Licht
der eigenen Möglichkeiten eine Handlung zu überlegen, die er
schließlich ausführt.

Die Gegenstände der Angst sind so vielfältig wie die Situationen des Lebens. Man kann sich um seine Gesundheit, um sein be-
rufliches Fortkommen, die Karriere, und um das Wohlergehen
seiner Familie und Freunde ängstigen. Man kann den Verlust des
Arbeitsplatzes und eine zu geringe Rente befürchten; man kann
Diebstahl, Einbruch oder körperliche Gewalt, man kann den Verlust der Rechtssicherheit, den seiner Freiheit oder die verschiedenen Arten von Diskriminierung befürchten. Man kann sich vor In-
flation ängstigen, vor dem Einsatz neuer Techniken oder vor einem
Krieg.

Um die Gefahren zu bannen, die dem Zeitalter der immer noch wachsenden Technikmacht innewohnen, hat Hans Jonas (1979, 63 f.) eine Heuristik der Furcht propagiert. Ihr Vorbild ist die Büchse der Pandora, womit er einer einseitig pessimistischen Einstellung zur Welt das Wort redet. Denn Pandora läßt bekanntlich nur die Übel frei, sperrt dagegen die Hoffnung ein. Wegen dieser Einseitigkeit taugt die Heuristik der Furcht zum normativen Vorbild nicht (zur Kritik an Jonas s. Höffe ⁴2000, Kap. 5.3): Für die Zukunftsfähigkeit braucht es außer der zur Vorsicht mahnenden Furcht auch eine die positiven Gestaltungskräfte freisetzende Hoffnung.

Ihr könnte die Mediendemokratie das Leben schwer machen. Nach Ansicht des US-amerikanischen Juristen Cass R. Sunstein 2007 ist sie nämlich für hysterische Reaktionen auf Risiken besonders anfällig. Jonas ging es um technische Risiken, Sunstein vornehmlich um jene Ängste der Bevölkerung gegenüber dem Terrorismus, die dem von ihm so genannten Vorsorgeprinzip mehr und mehr Einfluß in der Politik einräumen. Nach Sunstein rechtfertigen demokratische Regierungen im Namen einer nur potentiellen, noch nicht realen Bedrohung ihre ungerechtfertigten Aktivitäten: Inhaftierungen, polizeiliche Übergriffe, rassistische und religiöse Diskriminierungen. Selbst vor Zensur, behördlicher Willkür, sogar Folter, sagt Sunstein, machen staatliche Instanzen nicht mehr halt. Um nun die Gefahr zu bannen, daß sich die Regierung mit der Bevölkerung zu einer dysfunktionalen Angstgemeinschaft zusammenschließt, schlägt der Autor ein ausgeklügeltes System der Kontrolle und des Ausgleiches vor.

Dieser Therapievorschlag klingt überzeugend, ist aber nicht sonderlich neu. Vor allem bedarf er der Ergänzung, die an drei Elemente einer aufgeklärt liberalen Demokratie erinnert. Erstens vermag eine selbstbewußte Judikative, zumal eine mit Verfassungsgerichtsbarkeit, allen drei Grobverstößen: der Zensur, der behördlichen Willkür und der Folter, Paroli zu bieten. Eine zusätzliche Barriere baut die deliberative Demokratie auf. Vorausgesetzt, die

öffentliche Debatte wird mit Hilfe der Judikative vor Zensur bewahrt, kann eine freie öffentliche Debatte auf die Weise der Hysterie Einhalt gebieten, daß sie staatliche Übergriffe und Diskriminierung kritisiert und behördliche Willkür und Folter brandmarkt.
Und angesichts außergewöhnlicher Gefahren wie Terrorismus
plädiert sie für Gesetze und Erlasse, die den berechtigten Sicher-
heitsinteressen die ebenfalls berechtigten Freiheitsinteressen, sogar Freiheitsrechte, nicht opfern. Die Bürgergesellschaft richtet
schließlich gegen staatliche Willkür weitere Dämme auf. Nur
ein einziges Beispiel: Sie kann für illegitim Inhaftierte oder für
illegitim behandelte Häftlinge Patenschaften einrichten, die sich
sowohl um die Inhaftierten als auch um deren nächste Angehörige kümmern.

Erneut darf man aber die Bürgergesellschaft nicht als schlechthin
zukunftsförderlich ansehen. Denn zu ihr gehören auch Bürger-
proteste und Bürgereingaben von Anrainern, die nicht im Regelfall,
gelegentlich aber doch gemeinwohlförderliche Planungsvorhaben
ungebührlich verlängern. Daß ein Rechtsstaat seinen Bürgern erlaubt, gegen neue Vorhaben Einspruch zu erheben, versteht sich.
Angesichts der üblich gewordenen Länge der Verfahren, der damit
verbunden Kosten und vor allem der die Zukunftsfähigkeit einschränkenden Inflexibilität, drängt sich aber eine Straffung der Verfahren auf.

Ein anderer zukunftsgefährdender Aspekt der Mediendemokratie liegt in ihrem – freilich untypischen – Marktcharakter. Gemeint
ist nämlich nicht der ökonomische Markt, sondern das Grundgesetz von Angebot und Nachfrage, das auch außerhalb der Welt
der Güter und Dienstleistungen eine beherrschende Rolle spielt:
In dem für die Mediendemokratie charakteristischen Markt, dem
Kampf um die dominierende Aufmerksamkeit, können nicht beliebig viele Themen auf dem Siegerpodest stehen. Für den sprichwört-
lichen Mittel*punkt* der Aufmerksamkeit oder den kleinen Mittel-
bereich gibt es eine Obergrenze. Vermutlich liegt sie bei drei oder
vier Themen, die um den veritablen Spitzenplatz kämpfen. Außer-

dem kann sich kein Thema beliebig lange auf diesem Platz halten. Die temporale Obergrenze ist nicht so leicht wie die thematische zu benennen, dürfte aber selten bei mehr als einigen Wochen, in Ausnahmefällen bei wenigen Monaten liegen.

19.4 Ist die Demokratie zukunftsfähig?

Rhetorisch eindrucksvoller wäre jene eindeutig positive oder aber negative Bilanz, die die Demokratien für uneingeschränkt zukunftsfähig oder im Gegenteil für rundum zukunftsunfähig erklärt. Wer die bisherigen Argumente Revue passieren läßt, muß sich diese Vereinfachung versagen. Weder verdient die Demokratie das pure Lob für eine bewundernswert hohe Zukunftsfähigkeit, noch ist bloße Schelte angebracht.

Die erste, vermutlich sogar am schwersten zu überwindende Barriere für die Zukunftsfähigkeit ist nicht demokratiespezifisch: Die starke Diskontierung der Zukunft hat anthropologische und ontologische Gründe, trifft daher alle Gemeinwesen. Auch Nicht-Demokratien scheuen sich, um der Zukunft willen die Gegenwart zu belasten (s. Kap. 2.3).

Wer nicht bloß an morgen oder übermorgen, sondern an die Ewigkeit denkt, der schafft Werke, beispielsweise jene Tempel und Kirchen, Burgen, Paläste und Plätze sowie Gärten und Parks, die die Menschen über die Jahrhunderte, mancherorts sogar Jahrtausende bewundern. Demokratien, so scheint es, sind wegen ihrer Gegenwartspräferenz hier, bei der Gebäude-, Stadt- und Landschaftskultur, kleinlicher. In der Tat fehlt es mancher der in Demokratien errichteten Fußballarenen und Sportstadien an architektonischer Eleganz. In Nicht-Demokratien sieht es aber kaum anders aus. Im übrigen darf man nicht die vielen Museen vergessen, manches Theater- und Operngebäude, auch Rathäuser, nicht zuletzt Brückenbauten, die auf funktionsspezifische Weise demokratische Offenheit mit ästhetischem Anspruch verbinden. Ferner herrscht vielerorts eine strenge Denkmalspflege, während frühere Generationen viele Gebäude ihrer Vorfahren als Steinbruch für Neubauten mißbrauchten. Man darf auch an die deutschen Bundesgarten-schauen erinnern, aus denen städtische Parks entstanden sind. Und bei den Naturschutzparks, die an vielen Orten der Welt neu einge-richtet werden, sind Demokratien kräftig beteiligt.

Gegenwartsbezogen, nicht selten sogar gegenwartsfixiert sind Demokratien wegen des zweifach begrenzten Zeithorizonts. In der Tagespolitik ist man abhängig von Meinungsumfragen, innen- und außenpolitischen Kompromissen und der ständig «vor der Tür» stehenden nächsten Wahl. Zusätzlich verlaufen politische Karrieren relativ kurz: Gewählte Politiker stehen selten länger als zwei oder drei Amtsperioden im ersten Glied. Begrenzt ist auch der Zeit-horizont sowohl der Wähler als auch der Medien. Ferner erweisen sich Zukunftsinteressen als schwerer organisierbar denn Gegen-wartsinteressen. Ein Rentnerbund läßt sich leichter und schlag-kräftiger aufbauen als eine Gesellschaft zur langfristigen Sicherung der Rentensysteme. Indes tauchen hier Gegenkräfte auf:

Um die «operative Kurzsichtigkeit» zu überspielen, werden be-stimmte Verantwortungen an unabhängige Organisationen und In-stitute delegiert. Auch beruft man wissenschaftliche Beratungsgre-mien, gibt es eine politische selbstbewußte Öffentlichkeit, und die zur Bürgergesellschaft offene Demokratie läßt dem Engagement der Bürger freien Raum. Vor allem ihm ist zu verdanken, daß die Sensibilität für Umweltschutz und Generationengerechtigkeit in vielen Demokratien stark gewachsen ist, sichtbar an der Konjunk-tur der Ausdrücke «Nachhaltigkeit» und «Klimaschutz».

Außerdem darf man nicht in den Fehler einer anderen, der hedo-nistischen Diskontierung verfallen und Zukunftsleistungen, die uns selbstverständlich geworden sind, für gering erachten: Trotz der Bedrohung durch das organisierte Verbrechen sichern die hoch-entwickelten Demokratien von Europa und von Nordamerika die beiden wichtigsten Zukunftsgüter ziemlich erfolgreich: den Rechts-frieden im Innern und den äußeren Frieden zumindest mit den Nachbarn. Trotz gelegentlicher Streiks und anderer Proteste ist auch der soziale Friede dieser Länder kaum gefährdet. Selbst die neuartigen Schwierigkeiten, der Terrorismus und Integrationsschwächen bei vielen Zuwanderern, gefährden in den europäischen Demokratien weder den inneren Frieden noch die Rechtssicherheit in einem kollektiv gesehen bedrohlichen Ausmaß.

Vier weitere Zukunftsgüter sind ebenfalls, zumindest in den europäischen Demokratien, in erheblichem Maß gesichert: ein zufriedenstellendes Existenzminimum, für viele sogar ein gutes finanzielles Auskommen; zahlreiche Bildungsangebote; eine weithin zuverlässige materielle Infrastruktur (vom Wasser über Strom und Telekommunikation bis zu Verkehrswegen); und, von manchem Ausland beneidet, gibt es eine ziemlich gute medizinische Versorgung. Derartige Zukunftsgüter sind den Bürgern allerdings so selbstverständlich geworden, daß sie deren überragenden Wert nicht immer hinreichend schätzen; weithin gesichert sind die Güter gleichwohl.

Beim Wettbewerb der politischen Systeme zählt ein wichtiger Faktor von heute, die Lohnkosten samt Nebenkosten, kaum, denn dieser Faktor ist gegen die Differenz von Demokratien und Nicht-Demokratien weithin indifferent. Rein ökonomisch gesehen könnten zwar zwei Kostenfaktoren gegen viele Demokratien sprechen: Weil sie ziemlich wohlhabend sind, haben sie hohe Lebens- und Lohnkosten, und noch einmal höher liegen diese Kosten wegen des guten Sozial- und Gesundheitswesens und eines schon relativ guten Umweltschutzes. Aus höherrangigen Gründen, wegen der Sozial- und der Umweltstaatlichkeit, wollen die betreffenden Staaten diesen Preis aber zahlen.

So verbleiben im politischen Wettbewerb die anderen Faktoren, für die sich pauschale Begriffe eingebürgert haben: das Humanvermögen, die materielle Infrastruktur, das Rechtskapital und das Kulturkapital sowie die Steuerlast und bürokratische Hindernisse:

Bürokratische Hindernisse fallen in den Nicht-Demokratien oft weit höher aus als in Demokratien, wobei mancherorts die Verantwortlichen noch eine «Erfolgsprämie», sprich: Bestechungsgeld, erwarten. Beim Rechtskapital sind die Demokratien den Nicht-Demokratien wegen ihrer Gesetzgebung, dem verläßlichen Gerichtswesen und der (weithin) korruptionsfreien Verwaltung noch deutlich überlegen, während dagegen in der Steuerlast die Demokratien untereinander konkurrieren. Beim Sozialkapital besitzen zumindest hinsichtlich der öffentlichen Vernunft die meisten Demokratien vor den Nicht-Demokratien einen deutlichen Vorsprung, der beim Humanvermögen, bei der materiellen Infrastruktur und beim Kulturkapital noch größer auszufallen pflegt.

Infolgedessen darf man diese vorsichtig positive Bilanz ziehen: Über eine stupende Zukunftsfähigkeit verfügen Demokratien nicht. Sie besitzen aber Ressourcen, mit denen Nicht-Demokratien teils gar nicht, teils schwerlich mithalten können: eine engagierte Bürgerschaft, ein hohes Bildungs- und Ausbildungsniveau, soziale und kulturelle Fundamente und nicht zuletzt eine politische Ordnung, die auf neue Herausforderungen, zuletzt das Finanzdebakel, flexibel zu reagieren vermag. Auf diese Weise haben im globalen Wettbewerb der politischen Systeme die Demokratien einen facettenreichen Wettbewerbsvorsprung: Die aufgeklärt liberale, darüber hinaus partizipative Demokratie erfreut sich eines Legitimitäts-, eines Wissens- und eines Wirtschaftsvorsprungs sowie zusätzlich eines selbstkritischen Lernvorsprungs, der die fraglos noch bestehenden Defizite an Zukunftsfähigkeit inskünftig noch stärker ausgleichen könnte.

Anhang

Literatur

Ambrosius, G., Petzinar, D., Plumpe, W. (Hrsg.) ²2006: Moderne Wirt-schaftsgeschichte. Eine Einführung für Historiker und Ökonomen, München.

Anderson, E. 1993: Value in Ethics and Economics, London.

Apolte, Th., Caspers, R. 1999: Standortwettbewerb, wirtschaftspolitische Rationalität und internationale Ordnungspolitik, Baden-Baden.

Aristoteles: Metaphysika, hrsg. v. W. Jaeger, Oxford 1963; dt.: Metaphysik, übers. v. H. Bonitz, neu hrsg. v. U. Wolf, Reinbek bei Hamburg 1994.

– Ethica Nicomachea, hrsg. v. I. Bywater, Oxford 1963; dt.: Nikomachische Ethik, neu übers. u. hrsg. v. U. Wolf, Reinbek bei Hamburg ²2006.

– Categoriae et Liber de Interpretatione, hrsg. v. L. Minio-Paluello, Oxford 1980; dt.: Hermeneutik, Peri Hermeneias, übers. u. erl. v. H. Weidemann, Berlin 1994.

– Politika, hrsg. v. W. D. Ross, Oxford 1990; dt.: Politik, übers. v. F. Susemihl, neu hrsg. v. W. Kullmann, Reinbek bei Hamburg 1994.

– Topica et Sophistici Elenchi, hrsg. v. W. D. Ross, Oxford 1958; dt.: Topik, übers. v. T. Wagner u. Chr. Rapp, Stuttgart 2004.

Atmosfair 2008: Der Emissionsrechner. [Online im Internet:] URL: https://www.atmosfair.de/index.php?id=rechner&L=0 [Stand 30. 10. 2008]

Bachmann, H. ²2002: Erdbebensicherung von Bauwerken, Basel u. a.

Bacon, F. 1627: New Atlantis, hrsg. v. A. Gough, Oxford 1915; dt.: Neu-Atlantis, übers. v. G. Bugge, Stuttgart 1997.

Badiou, A. 2003: Über Metapolitik, Zürich; frz.: Abrégé de métapolitique, Paris 1998.

Baudin, L. 1987: Das Leben der Inka. Die Andenregion am Vorabend der spanischen Eroberung, Zürich.

Bayertz, K. (Hrsg.) 1998: Solidarität. Begriff und Problem, Frankfurt/M.

Beck, U. ¹⁷2003: Risikogesellschaft. Auf dem Weg in eine andere Moderne, Frankfurt/M.

– 2007: Weltrisikogesellschaft. Auf der Suche nach der verlorenen Sicherheit, Frankfurt/M.

Behr, N. A. 2002: Die Entwicklung des Rheinschutz-Regimes. Unter besonderer Berücksichtigung des Sandoz-Unfalls vom 1. November 1986, München.

Behringer, B. 2007: Kulturgeschichte des Klimas. Von der Erdzeit bis zur globalen Erwärmung, München.

Ben Jelloun, T. 2004: Der letzte Freund, Berlin.

Berger, W., Reisbeck, G., Schwer, P. 2000: Lesben – Schwule – Kinder. Eine Analyse zum Forschungsstand, hrsg. v. Ministerium für Frauen, Jugend, Familie und Gesundheit des Landes Nordrhein-Westfalen, Düsseldorf.

Birnbacher, D. 1988: Verantwortung für zukünftige Generationen, Stuttgart.

Blenkinsopp, J. 1998: Geschichte der Prophetie in Israel. Von den Anfängen bis zum hellenistischen Zeitalter, Stuttgart.

Böckenförde, E.-W. 1976: Staat, Gesellschaft, Freiheit. Studien zur Staatstheorie und zum Verfassungsrecht, Frankfurt/M.

Brecht, B. 2008: Leben des Galilei, Frankfurt/M.

Bredt, S. 2006: Die demokratische Legitimation unabhängiger Institutionen. Vom funktionalen zum politikfeldbezogenen Demokratieprinzip, Tübingen.

Breidert, W. (Hrsg.) 1994: Die Erschütterung der vollkommenen Welt. Die Wirkung des Erdbebens von Lissabon im Spiegel europäischer Zeitgenossen, Darmstadt.

Brown, D. 2000: Mesopotamian Planetary Astronomy-Astrology, Groningen.

Brunkhorst, H. 2002: Von der Bürgerfreundschaft zur globalen Rechtsgenossenschaft, Frankfurt/M.

Bude, H. 2008: Die Ausgeschlossenen. Das Ende vom Traum einer gerechten Gesellschaft, München.

Bullock, C. H. 1986: An Introduction to the Old Testament Prophetic Books, Chicago, IL.

Bund der Steuerzahler 2008: Grafik «Staatsverschuldung in Deutschland pro Kopf». [Online im Internet:] URL: http://www.steuerzahler.de/webcom/show_article.php/_c-43/_lkm-24/i.html [Stand 31. 10. 2008].

Bundesministerium für Wirtschaft und Technologie, Bundesministerium für Umwelt, Naturschutz und Reaktorsicherheit 2006: Energieversorgung für Deutschland. Statusbericht für den Energiegipfel am 3. April 2006. [Online im Internet:] URL: http://www.bmu.de/files/download/application/pdf/statusbericht_0603.pdf [Stand 30. 10. 2008].

Busch, F. W. (Hrsg.) 2006: Familienvorstellungen zwischen Fortschrittlichkeit und Beharrung, Würzburg.

Campbell, A. L. 2003: How Policies Make Citizens. Senior Political Activism and the American Welfare State, Princeton, NJ.

Chao, P. 1977: Women Under Communism. Family in Russia and China, Bayside, NY.

Cohen, E. E. 1992: Athenian Economy and Society. A Banking Perspective, Princeton, NJ.

Crouch, C. 2008: Postdemokratie, Frankfurt/M.

Daele, W. van den (Hrsg.) 2005: Biopolitik, Wiesbaden.

Davies, B. (Hrsg.) 2000: Philosophy of Religion, Oxford.

Descartes, R. 1637: Discours de la méthode pour bien conduire sa raison et chercher la vérité dans les scienes; dt.: Abhandlungen über die Methode des richtigen Vernunftgebrauchs und der wissenschaftlichen Wahrheitsforschung, neu hrsg. v. H. Glockner, Stuttgart 1995.

Deutschmann, Chr. 2000: Geld als «absolutes» Mittel. Zur Aktualität von Sinn- und Geldtheorie, in: Berliner Journal für Soziologie 3, 301–312.

– 2008: Kapitalistische Dynamik. Eine gesellschaftstheoretische Perspektive, Wiesbaden.

Douglas, M., Wildavsky, A. 1983: Risk and Culture. An Essay on the Selection of Technical and Environmental Dangers, Berkeley, CA.

Durkheim, É. 1893: De la division du travail; dt.: Über soziale Arbeitsteilung, Frankfurt/M. ⁴2004.

Ebach, J. 2001: Noah. Die Geschichte eines Überlebenden, Leipzig.

Elster, J. (Hrsg.) 1998: Deliberative Democracy, Cambridge.

Emmerich-Fritsche, A. 2007: Vom Völkerrecht zum Weltrecht, Berlin.

Falk, S., Römmele, A., Rehfeld, D., Thunert, M. (Hrsg.) 2006: Handbuch Politikberatung, Wiesbaden.

Fischer, W. (Hrsg.) 1985: Handbuch der europäischen Wirtschafts- und Sozialgeschichte. Europäische Wirtschafts- und Sozialgeschichte von der Mitte des 19. Jahrhunderts bis zum Ersten Weltkrieg, Stuttgart, Bd. 5.

– (Hrsg.) 1987: Handbuch der europäischen Wirtschafts- und Sozialgeschichte. Europäische Wirtschafts- und Sozialgeschichte vom Ersten Weltkrieg bis zur Gegenwart, Stuttgart, Bd. 6.

Florida, R. L. 2003: Cities and the Creative Class, in: City and Community 2.1, März, 3–19.

Forsthoff, E. ²1971: Der Staat der Industriegesellschaft. Dargestellt am Beispiel der Bundesrepublik Deutschland, München.

Frenzel, B. (Hrsg.) 1991: Klimageschichtliche Probleme der letzten 130 000 Jahre, Stuttgart.

Friedman, M. 1970: The Counter-Revolution in Monetary Theory. First Wincott Memorial Lecture, Delivered at the Senate House, University of London, 16 Sept. 1970, Westminster.

– 1991: Monetarist Economics, Oxford.

Fritsch, M., Wein, Th., Ewers, H.-J. ⁷2007: Marktversagen und Wirtschaftspolitik. Mikroökonomische Grundlagen staatlichen Handelns, München.

Gerhardt, V. 2007: Partizipation. Das Prinzip der Politik, München.

Gertz, J. Chr. 2007: Noah und die Propheten. Rezeption und Reformulierung eines altorientalischen Mythos, in: Deutsche Vierteljahrsschrift für Literaturwissenschaft und Geistesgeschichte 81, 503–522.

Giger W. 2006: 20 Jahre nach dem Chemiebrand in Schweizerhalle. Überwiegend vorteilhafte Langzeit-Auswirkungen einer Umweltkatastrophe, in: Neue Zürcher Zeitung, 1. 11. 2006, S. 16.

Ginsborg, P. 2008: Wie Demokratie leben?, Berlin.

Global Carbon Project 2008: Carbon Budget 2007. [Online im Internet:] URL: http://www.globalcarbonproject.org/carbontrends/index.htm [Stand 30. 10. 2008].

Göschel, A. u. a. 1979: [ohne Titel], in: F.-X. Kaufmann (Hrsg.): Bürgernahe Sozialpolitik: Planung, Organisation und Vermittlung sozialer Leistungen auf lokaler Ebene, Frankfurt/M.

Günther, H. 2005: Das Erdbeben von Lissabon und die Erschütterung des aufgeklärten Europa, Frankfurt/M.

Haedrich, G., Berger, R. 1982: Angebotspolitik, Berlin.

Hecker, J. 2007: Marktoptimierende Wirtschaftsaufsicht. Öffentlich-rechtliche Probleme staatlicher Wirtschaftsinterventionen zur Steigerung der Funktionsfähigkeit des Marktes, Tübingen.

Hegel, G. W. F. 1807: Phänomenologie des Geistes, in: Gesammelte Werke. In Verbindung mit der Deutschen Forschungsgemeinschaft hrsg. v. W. Bonsiepen, R. Heede, Hamburg 1980, Bd. 9.

Herder, J. G. 1797: Vom Wissen und Nicht-Wissen der Zukunft, in: Herders Sämmtliche Werke, hrsg. v. B. Suphan, Berlin 1887, Bd. 16, 368–381.

Herodot: Historien, Bücher I–IX, gr.-dt., hrsg. v. J. Feix, 2 Bde., Düsseldorf 2001.

Hobbes, Th. 1651: Leviathan, or the Matter, Forme and Power of a Commonwealth, Ecclesticall, and Civill, hrsg. v. C. B. MacPherson, Harmondsworth 1968; dt.: Leviathan oder Stoff, Form und Gewalt eines kirchlichen und bürgerlichen Staates, hrsg. u. eingl. v. I. Fetscher, Frankfurt/M [12]2004.

Höffe, O. 1981: Sittlich-politische Diskurse. Philosophische Grundlagen – politische Ethik – biomedizinische Ethik, Frankfurt/M.

– [2]1985: Strategien der Humanität. Zur Ethik öffentlicher Entscheidungsprozesse, Frankfurt/M.

– [3]1995: Kategorische Rechtsprinzipien. Ein Kontrapunkt der Moderne, Frankfurt/M.

– [2]1998: Vernunft und Recht. Bausteine zu einem interkulturellen Rechtsdiskurs, Frankfurt/M.

– 1999: Gibt es ein interkulturelles Strafrecht?, Ein philosophischer Versuch, Frankfurt/M.

– [4]2000: Moral als Preis der Moderne. Ein Versuch über Wissenschaft, Technik und Umwelt, Frankfurt/M.

– [2]2002: Demokratie im Zeitalter der Globalisierung, München.

– [4]2003: Politische Gerechtigkeit. Grundlegung einer kritischen Philosophie von Recht und Staat, Frankfurt/M.

– 2004: Wirtschaftsbürger, Staatsbürger, Weltbürger. Politische Ethik im Zeitalter der Globalisierung, Frankfurt/M.

– (Hrsg.) 2005: Aristoteles-Lexikon, Stuttgart.

– (Hrsg.) [4]2006: Lesebuch zur Ethik, München.

– 2007: Lebenskunst und Moral, oder: Macht Tugend glücklich? München.

– ²2008: «Sed auctoritas non veritas facit legem». Zum Kapitel 26 des *Leviathan*, in: W. Kersting (Hrsg.), Thomas Hobbes. Leviathan (= Klassiker Auslegen, Bd. 5), Berlin, 193–212.

– 2008: Der Mensch als Endzweck (§§ 82–84), in: ders. (Hrsg.), Immanuel Kant. Kritik der Urteilskraft (=Klassiker Auslegen, Bd. 33), Berlin, 289–308.

– 2009: Subsidiarität: Eine Antwort des Staates auf die Zeiten der Globalisierung, in: Merkur 63.

Hölscher, L. 1999: Die Entdeckung der Zukunft, Frankfurt/M.

Holmberg, S. 1999: Down and Down We Go: Political Trust in Sweden, in: P. Norris (Hrsg.), Critical Citizens. Global Support for Democratic Government, Oxford, 103–122, u. 107, Abb. 5.1.

Holzer, B. 2008: Das Leiden der Anderen. Episodische Solidarität in der Weltgesellschaft, in: Soziale Welt 59, 141–156.

Hondrich, K. O., Koch-Arzberger, C. 1992: Solidarität in der modernen Gesellschaft, Frankfurt/M.

Houghton, J. Th. ³2008: Global Warming. The Complete Briefing, Cambridge.

Hurrelmann, K., Albert, M. (Hrsg.) 2006: Jugend 2006. 15. Shell Jugendstudie 2006, Eine pragmatische Generation unter Druck, Frankfurt/M.

Infratest dimap 2006: ARD-DeutschlandTREND November 2006. Umfrage zur politischen Stimmung im Auftrag der ARD-Tagesthemen und acht Tageszeitungen, Berlin. [Online im Internet:] URL: http://www.infratest-dimap. de/download/dt0611.pdf [Stand 22. 10. 2008].

Inglehart, R., Welzel, Ch. 2005: Modernization, Cultural Change and Democracy, Cambridge.

Inoue, Y. 1981: Das Tempeldach, Frankfurt/M.

Isensee, J. (Hrsg.) 1998: Solidarität in Knappheit, Berlin.

Jacobsen, T. 1943: Primitive Democracy in Ancient Mesopotamia, in: Journal of Near Easter Studies 3, 159–172.

Jeffrey, R. C. 1967: Logik der Entscheidungen, Wien/München.

Joas, H. ²2004: Braucht der Mensch Religion?, Freiburg.

Jöhr, W. A. ²1964: Die Nationalökonomie im Dienste der Wirtschaftspolitik, Göttingen.

Joines, D. H., Laffer, A. B. 1983: Foundations of Supply-side Economics. Theory and Evidence, New York.

Jonas, F. 1964: Das Selbstverständnis der ökonomischen Theorie, Berlin.

Jonas, H. 1979: Das Prinzip Verantwortung. Versuch einer Ethik für die technologische Zivilisation, Frankfurt/M. ¹⁵2003.

Kaelble, H. K. 2007: Sozialgeschichte Europas. 1945 bis zur Gegenwart, München.

Kant, I. 1784: Idee einer Geschichte in weltbürgerlicher Absicht, in: Gesammelte Schriften, hrsg. v. d. Königlich Preußischen Akademie der Wissenschaften, Berlin 1902 ff. (= Akademie-Ausgabe), Bd. 8, 15–32.

– 1790: Kritik der Urteilskraft, in: Akademie-Ausgabe, Bd. 5, 165–485.

– 1795: Zum Ewigen Frieden, in: Akademie-Ausgabe, Bd. 8, 341–386.

– 1797: Metaphysik der Sitten, 2. Teil: Metaphysische Anfangsgründe der Tugendlehre, in: Akademie-Ausgabe, Bd. 6, 372–493.

Kaufmann, F.-X. 1990: Zukunft der Familie, München.

– 2005: Rationalität hinter dem Rücken der Akteure: Soziologische Perspektiven, in: H. Siegenthaler (Hrsg.), Rationalität im Prozeß kultureller Evolution. Rationalitätsunterstellungen als eine Bedingung der Möglichkeit substantieller Rationalität des Handelns, Tübingen, 93–130.

Kennedy, P. 2007: «Parlament der Menschheit». Die Vereinten Nationen und der Weg zur Weltregierung, München; orig.: The Parliament of Man. The United Nations and the Quest for World Government, New York, NY.

Kepplinger, H. M., Post, S. 2007: Die Klimaforscher sind sich längst nicht sicher, in: Die Welt, 25. 9. 2007, S. 3.

Kersting, W. 2006: Gerechtigkeit und öffentliche Vernunft. Über John Rawls' politischen Liberalismus, Paderborn.

Kielmansegg, P. Graf 2003: Können Demokratien zukunftsverantwortlich handeln?, in: Merkur 651, 583–594.

Kippenberg, H. G. 2008: Gewalt als Gottesdienst. Religionskriege im Zeitalter der Globalisierung, München.

Kocka, J. 2007: Arbeiten an der Zukunft. Fragen, Ergebnisse, Vorschläge, in: ders. (Hrsg.), Zukunftsfähigkeit Deutschlands. Sozialwissenschaftliche Essays, Jahrbuch 2006 des Wissenschaftszentrum Berlin für Sozialforschung, Berlin, 9–24.

Kocka, J. u. a. (Hrsg.) 2009a: Empfehlungsband. (Altern in Deutschland Bd. 9), Stuttgart.

Kocka, J. u. a. (Hrsg.), 2009b: Altern: Familie, Zivilgesellschaft und Politik (Altern in Deutschland Bd. 8), Stuttgart.

König, R. ³1986: Die Familie der Gegenwart – ein interkultureller Vergleich, München.

Kratz, R. G. 2003: Die Propheten Israels, München.

Ladeur, K.-H., Augsberg, I. 2007: «Toleranz–Religion–Recht». Die Herausforderung des «neutralen» Staates durch neue Formen von Religiosität in der postmodernen Gesellschaft, Tübingen.

Lanczkowski, G. 1989: Die Religionen der Azteken, Maya und Inka, Darmstadt.

Lange, A. 2002: Vom prophetischen Wort zur prophetischen Tradition. Studien zur Traditions- und Redaktionsgeschichte innerprophetischer Konflikte in der Hebräischen Bibel, Tübingen.

Lauer, G. (Hrsg.) 2008: Das Erdbeben von Lissabon und der Katastrophendiskurs im 18. Jahrhundert, Göttingen.

Laux, H. ⁶2005: Entscheidungstheorie, Berlin/Heidelberg.

Lenz, S. 2006: Die Erzählungen, Hamburg.

Leonard, M. 2007: Warum Europa die Zukunft gehört, München; engl.: Why Europe Will Run the 21st Century, London 2005.

Liessmann, K. P. (Hrsg.) 2003: Die Kanäle der Macht. Herrschaft und Freiheit im Medienzeitalter, Wien.

Luhmann, N. 1984: Soziale Systeme. Grundriß einer allgemeinen Theorie, Frankfurt/M.

– 1988: Paradigm Lost. Die ethische Reflexion der Moral, Festvortrag anläßlich der Verleihung des Hegel-Preises der Landeshauptstadt Stuttgart am 23. November 1988 im Neuen Schloß Stuttgart, Stuttgart.

Machiavelli, N. 1513: Il principe/Der Fürst, ital.-dt., Stuttgart 1986.

Magris, C. 1999: Die Welt en gros und en detail, München.

Maul, S. M. 1994: Zukunftsbewältigung. Eine Untersuchung altorientalischen Denkens anhand der babylonisch-assyrischen Löserituale (Namburbi), Mainz.

– 2007: Ringen um göttliches und menschliches Mass. Die Sintflut und ihre Bedeutung im Alten Orient, in: E. Hornung, A. Schweizer (Hrsg.), Schönheit und Mass. Beiträge der Eranos Tagungen 2005 und 2006, Basel, 121–143.

Max-Planck-Gesellschaft 2008: Methan-Quelle im rechten Licht betrachtet. UV-Strahlung und steigende Temperaturen erhöhen die Methan-Emissionen von Pflanzen, Presseinformation vom 9. Mai 2008. [Online im Internet:] URL: http://www.mpg.de/bilderBerichteDokumente/dokumentation/pressemitteilungen/2008/pressemitteilung20080506/index.html [Stand 30. 10. 2008].

Meadows, D. 1972: Die Grenzen des Wachstums. Bericht des Club of Rome zur Lage der Menschheit, Stuttgart.

Meier, Chr. ⁴2001: Die Entstehung des Politischen bei den Griechen, Frankfurt/M.

Mesarovic, M., Pestel, E. 1974: Menschheit am Wendepunkt. 2. Bericht an den Club of Rome zur Weltlage, Stuttgart.

Mieroop, M. van de 1997: The Ancient Mesopotamian City, Oxford.

Morus, Th. 1516: De optime reipublicae statu, deque nova insula utopia; dt.: Utopia, hrsg. v. G. Ritter u. H. Oncken, Darmstadt 1990.

Müller, M. 2007: Der UN-Weltklimareport. Berichte über eine aufhaltsame Katastrophe, Köln.

Newton, I. 1713: Philosophiae naturalis principia mathematica; dt.: Die mathematischen Prinzipien der Physik, übers. u. hrsg. v. V. Schüller, Berlin/New York 1999.

Nida-Rümelin, J. ²2005: Ethik des Risikos, in: ders. (Hrsg.), Angewandte Ethik, Stuttgart ²2005, 863–885.

– 2006: Demokratie und Wahrheit, München.

Nietzsche, F. 1881: Morgenröthe. Gedanken über menschliche Vorurteile, in: Kritische Studienausgabe, hrsg. v. G. Colli, M. Montinari, München 1988, Bd. 3, 9–331.

Nippel, W. 2008: Antike oder moderne Freiheit? Die Begründung der Demokratie in Athen und in der Neuzeit, Frankfurt/M.

Nussbaum, M. C. 2008: Liberty of Conscience. In Defense of America's Tradition of Religious Equality, New York, NY.

Oltmans, W. 1974: Die Grenzen des Wachstums. Pro und Contra, Reinbek bei Hamburg.

Pamuk, O. [11]2003: Rot ist mein Name, Frankfurt/M.

– 2008: Die weiße Festung, Frankfurt/M.

Pannenberg, W. 1989: Art. «Zivilreligion», in: Staatslexikon, hrsg. v. d. Görres-Gesellschaft, 7. Aufl., Freiburg u. a., Bd. 5, 1169–1172.

Paris, R. 1998: Stachel und Speer. Machtstudien, Frankfurt/M.

– 2005: Normale Macht. Soziologische Essays, Konstanz.

Pestel, E. 1988: Jenseits der Grenzen des Wachstums. Bericht an den Club of Rome, Stuttgart.

Platon: Politeia/Der Staat, in: Werke in 8 Bänden, griech.-dt., übers. v. F. Schleiermacher, hrsg. v. G. Eigler, Darmstadt [2]1990, Bd. 4.

– Timaios/Timaios in: Werke in 8 Bänden, griech.-dt., übers. v. F. Schleiermacher, hrsg. v. G. Eigler, Darmstadt [2]1990, Bd. 7, 1–210.

Polanyi, K. 1944: The Great Transformation, New York, NY u. a.

Pongratz-Leisten, B. 1999: Herrschaftswissen in Mesopotamien, Helsinki.

Priddat, B., Wegner, G. (Hrsg.) 1996: Zwischen Evolution und Institution. Neue Ansätze in der ökonomischen Theorie, Marburg.

Rawls, J. 1971: A Theory of Justice, Cambridge, MA; dt.: Eine Theorie der Gerechtigkeit, Frankfurt/M. 1975.

– 1996: Political Liberalism. With a New Introduction and the «Reply to Habermas», New York, NY; dt.: Politischer Liberalismus, Frankfurt/M. 1998.

Reich, R. 2008: Der Superkapitalismus. Wie die Wirtschaft unsere Demokratie untergräbt, Frankfurt/M.

Reid, T. R. 2004: The United States of Europe. The New Superpower and the End of American Supremacy, New York, NY.

Ricardo, D. 1820: Funding System, in: P. Sraffa (Hrsg.), The Works and Correspondence of David Ricardo, Cambridge 1951, Bd. 4, 143–210.

Richter, E. 2008: Die Wurzeln der Demokratie, Weilerswist.

Rifkin, J. 2008: The European Dream, New York, NY.

Rochberg, F. 2004: The Heavenly Writing. Divination, Horoscopy, and Astronomy in Mesopotamian Culture, Cambridge, MA.

Roudinesco, E. 2008: Die Familie ist tot – Es lebe die Familie. Ein Plädoyer für die neue Familie, Stuttgart.

Rousseau, J.-J. 1755: Discours sur l'origine et les fondements de l'inégalité parmi les hommes, in: Œuvres complètes, Paris 1959 ff., Bd. 3, 111–237; dt.: Abhandlung über den Ursprung und die Grundlagen der Ungleichheit, in: Schriften, hrsg. v. H. Ritter, München 1978, 165–302.

– 1762: Du contrait social ou principles du droit politique, in: œuvres complètes, Paris 1959 ff., Bd. 3, 349–470; dt.: Vom Gesellschaftsvertrag oder Grundsätze des Staatsrechts, Stuttgart 1991.

Sandel, M. 1996: Democracy's Discontent. America in Search of a Public Philosophy, Cambridge, MA.

Schieder, R. 2008: Sind Religionen gefährlich?, Berlin.

Schiller, F.: Spruch des Confucius, in: Sämtliche Werke. Nationalausgabe, hrsg. v. N. Oeller, S. Seidel, Weimar 1983, Bd. 2.1, 412.

Schiller, T. (Hrsg.) 2002: Direkte Demokratie. Forschung und Perspektiven, Wiesbaden.

Schmidt, M. G. ⁴2008: Demokratietheorien. Eine Einführung, Wiesbaden.

Schmitt, C. 1963: Der Begriff des Politischen. Text von 1932 mit einem Vorwort und drei Corollarien, Berlin.

Schneider, G. 2004: Erdbeben, Heidelberg.

Schroeder, K. 1998: Der SED-Staat. Partei, Staat und Gesellschaft 1949–1990, München.

Schröder, W. M. 2003: Grundrechtsdemokratie als Raison offener Staaten. Verfassungspolitik im europäischen und im globalen Mehrebenensystem, Berlin.

Schumpeter, J. 1912: Theorie der wirtschaftlichen Entwicklung, Berlin ⁵1952.

Simmel, G. 1900: Philosophie des Geldes, in: Gesamtausgabe, hrsg. v. V. O. Rammstedt, Frankfurt/M. 1989, Bd. 6.

Sinn, H.-W., 2008: Das grüne Paradoxon: Plädoyer für eine illusionsfreie Klimapolitik, Berlin.

Smith, A. 1776: An Inquiry into the Nature and Causes of the Wealth of Nations; dt.: Der Wohlstand der Nationen. Eine Untersuchung seiner Natur und seiner Ursachen, München 1974.

Spaemann, R. ⁵2007: Das unsterbliche Gerücht. Die Frage nach Gott und die Täuschung der Moderne, Stuttgart.

Staatskanzlei des Landes Sachsen-Anhalt 2007: Pressemitteilung Nr.: 488/07. [Online im Internet:] URL: http://www.asp.sachsen-anhalt.de/presseapp/data/stk/2007/488_2007.htm [Stand 29. 10. 2008].

Stern, N. 2007: The Economics of Climate Change. The Stern Review, Cambridge.

Stürner, R. 2007: Markt und Wettbewerb über alles?, Gesellschaft und Recht im Fokus neoliberaler Marktideologie, München.

Sunstein, C. R. 2007: Gesetze der Angst. Jenseits des Vorsorgeprinzips, Frankfurt/M.; orig.: The Laws of Fear. Beyond the Precautionary Principle, Cambridge 2005.

Taylor, Ch. 2008: A Secular Age, Cambridge, MA.

The Gallup Organisation 2007: Flash Eurobarometer 2002. Young Europeans, Survey among young people aged between 15–30 in the European Union. [Online im Internet:] http://www.jugendpolitikineuropa.de/downloads/22-177-510/eurobaro%20youth.pdf [Stand 3. 11. 2008].

Thukydides: Historiae, hrsg. v. H. J. Jones, 2 Bde., Oxford 1900; dt.: Geschichte des Peloponnesischen Krieges, übers. v. G. P. Landmann, München 1991.

Tiggemann, A. 2004: Die «Achillesferse» der Kernenergie in Deutschland. Zur Kernenergiekontroverse und Geschichte der Entsorgung von den Anfängen bis Gorleben, 1955 bis 1985, Lauf.

Tocqueville, A. de 1835/1840: Über die Demokratie in Amerika, 2 Bde., übers. v. H. Zbinden, Nachwort v. Th. Eschenburg, Zürich 1987.

Trampedach, K. 2003: Platons Unterscheidung der Mantik, in: K. Piepenbrink (Hrsg.), Philosophie und Lebenswelt in der Antike, Darmstadt, 52–66.

Tschinag, G. 2007: Die neun Träume des Dschingis Khan, Frankfurt/M.

Unesco 1979: Socio-Political Aspects of the Palaver in Some African Countries, Paris.

Vargas Llosa, M. 1993: Tod in den Anden, Frankfurt/M.

Weber, M. 1922: Wirtschaft und Gesellschaft. Grundriß der verstehenden Soziologie, Tübingen ⁵1976.

Weidemann, H. 1994: Anmerkungen, in: Aristoteles: Hermeneutik, Peri Hermeneias, übers. u. erl. v. H. Weidemann, Berlin, 133–473.

Wissenschaftlicher Beirat der Bundesregierung Globale Umweltveränderungen (Hrsg.) 2008: Welt im Wandel. Sicherheitsrisiko Klimawandel, Heidelberg.

Xenophon: Cyri Anabasis, griech.-dt., übers. u. hrsg. v. W. Mürri, München 1954; dt.: Der Zug der Zehntausend, übers. v. W. Müri, hrsg. v. B. Zimmermann, Düsseldorf/Zürich 2003.

Personenregister

Sachregister

Zentrale Abschnitte sind kursiv hervorgehoben.

Sachregister